CATALOGUE

DE

LETTRES AUTOGRAPHES

COMPOSANT LE CABINET DE

M. ALFRED BOVET

ABRÉVIATIONS

L. A. S. = Lettre autographe signée.   P.   = Pièce.

L. S.   = Lettre signée.   p.   = page.

P. (à la fin de la description de la pièce) = Portrait.

N.-B. — Je n'ai pas indiqué en quelle langue les pièces sont écrites, quand elles l'ont été dans la langue nationale de celui dont elles émanent. Au cas contraire, j'ai donné l'indication nécessaire.

ÉDITION DE LUXE DU CATALOGUE

Il sera tiré de ce Catalogue cent cinquante exemplaires numérotés à la presse et imprimés en deux volumes de cinq cents pages chacun, sur magnifique papier à la forme, teinté, fabriqué sur format spécial grand in-quarto et de pâte extra par les papeteries d'Arches. Dans ces exemplaires, le texte sera encadré en rubrique; cinquante planches photogravées, tirées hors texte sur papier à la forme de fabrique spéciale, reproduiront les pièces les plus importantes. On peut dès à présent souscrire à cet ouvrage exceptionnel, qui coûtera, pour les premiers souscripteurs, cent vingt francs.

CATALOGUE DE LA PRÉCIEUSE COLLECTION

D'AUTOGRAPHES

COMPOSANT LE CABINET DE

M. ALFRED BOVET

SÉRIES VII VIII IX ET X

ARTISTES DRAMATIQUES. — PEINTRES SCULPTEURS
GRAVEURS ET ARCHITECTES. — HUGUENOTS. — FEMMES.

La Vente aura lieu à Paris

En l'Hôtel des Commissaires-Priseurs, rue Drouot, salle n° 5

Les Mardi 23, Mercredi 24 et Jeudi 25 Juin 1885

A deux heures et demie très précises du soir

Par le ministère de M. Maurice Delestre

Commissaire-Priseur, rue Drouot, 27

Assisté de M. Étienne Charavay

Archiviste-Paléographe, expert en Autographes

A PARIS. CHEZ ÉTIENNE CHARAVAY EXPERT

4 Rue de Furstenberg

. LONDRES		BERLIN
A.-W. THIBAUDEAU		AUGUST SPITTA
18, Green Street, St-Martin's place		Prinzenstrasse, 95, S.
MILAN	1885	LEIPZIG
LUIGI ARRIGONI		OTTO AUG. SCHULZ
Corso Venezia, 6		Kœnigsstrasse, 9

PRÉFACE

POUR LES SÉRIES VII VIII IX ET X

L E troisième et dernier catalogue de la collection d'autographes formée par M. Alfred Bovet comprend les séries suivantes :

VII. Artistes dramatiques. — VIII. Peintres, sculpteurs, graveurs et architectes. — IX. Huguenots illustres. — X. Femmes célèbres.

Ces séries sont de tous points dignes des précédentes, et j'ai fait mes efforts pour que la rédaction ne soit pas moins soignée. Succès oblige, et il m'est agréable de déclarer qu'il a été encore plus grand pour le second fascicule que pour le premier.

La série des *Artistes dramatiques* est la plus remarquable qui ait encore paru. La partie française s'ouvre par le comédien La Grange, l'ami de Molière, l'auteur du curieux *Journal* que le Théâtre-Français a tenu à honneur de publier en 1876. Après lui vient la femme de son maître, Armande Béjart, puis une lettre du grand Baron à Jean-Baptiste Rousseau et une précieuse épître d'Adrienne Lecouvreur à son jeune amoureux le comte d'Argental. Je citerai ensuite, parmi les hommes qui ont illustré l'art dramatique au xviie siècle, Grandval, Préville, une lettre à Beaumarchais, Bellecour, Lekain et Dazincourt, et, parmi les femmes, Dumesnil, Clairon, Favart et Sophie Arnould. Talma est le trait d'union entre notre siècle et le précédent. Il est représenté, comme il convient, par trois pièces intéressantes, dont une date de ses débuts. A sa suite viennent une pléiade de grandes actrices, Mars, une lettre à Louis-Philippe, George Weimer, la plus belle et la plus curieuse épître qu'on connaisse d'elle, Déjazet, une lettre merveilleuse, Marie Dorval et Rachel. La reine des tragédiennes est superbement représentée par son acte d'engagement au Gymnase et par deux lettres à la duchesse d'Orléans et au chanteur Duprez. Frédérick Lemaitre brille auprès de ses illustres camarades de gloire. Après lui le trio du Théâtre-Français, Samson, Provost et Regnier. Citons aussi la pauvre Aimée Desclée, sitôt enlevée à l'art dramatique.

Les vivants sont nombreux et bien choisis. Le doyen est Bouffé, qui porte gaillardement ses quatre-vingt-cinq ans. Lockroy le suit, puis Suzanne Brohan, la mère d'Augustine et de Madeleine. Le Théâtre-Français a une large part dans cette pléiade contemporaine : tour à tour nous voyons défiler dans leur ordre chronologique Bressant, Madame Arnould-Plessy, Got, Augustine Brohan, Delaunay, Thiron, Maria Favart, Madeleine Brohan, Febvre, Worms, Coquelin aîné, Mounet-Sully, Céline Montaland, Sophie Croizette, Emilie Broisat, Suzanne Reichenberg, Julia Bartet et Blanche Barretta. Je dois à Mademoiselle Bartet une mention particulière, car cette grande artiste a réuni une très belle collection d'autographes des sociétaires de ce Théâtre-Français dont elle est une des étoiles.

Enfin il me faut, pour terminer cette nomenclature, citer Adolphe Dupuis, Mademoiselle Agar, Alice Pasca, Blanche Pierson, Pierre Berton et Sarah Bernhardt.

La partie étrangère est moins nombreuse, mais aussi remarquable. L'Allemagne nous offre Éckhof, Unzelmann, Koch, Fleck, Iffland et Clara Ziegler; l'Angleterre, Garrick et Edmund Kean; l'Italie, Scaramouche et Romagnesi, Adélaïde Ristori et Ernesto Rossi.

Les peintres, sculpteurs, graveurs et architectes, constituent une série des plus importantes par le choix des noms et par l'intérêt des pièces. M. A. Bovet, avec sa nature d'artiste, a mis le plus grand soin à recueillir des lettres typiques, dont beaucoup sont ornées de croquis. La suite de l'école française de peinture est magnifique. C'est Simon Vouet qui l'ouvre, avec Nicolas Poussin et Claude Lorrain. Après eux viennent Mignard, Charles le Brun, Noël Coypel, trois pièces uniques par leur contenu, puis Jouvenet, Largillierre, Boucher, La Tour, Carle Vanloo, Joseph Vernet, Greuze et Fragonard. La plupart de ces noms sont des raretés autographiques. Le grand David ne compte pas moins de trois lettres importantes et un croquis représentant Bonaparte avec cette légende : *Le général de la grande nation.* Ses élèves Girodet-Trioson, Gérard, Gros et Guerin lui font cortège. Prud'hon est non loin de sa tendre amie Constance Mayer. Cinq lettres de Ingres témoignent de la place que ce grand dessinateur occupe dans l'histoire de l'art au xixe siècle. Son illustre rival Eugène Delacroix est représenté par huit lettres des plus curieuses, dont une, de 1814, est la plus ancienne connue. La lettre de Géricault à Horace Vernet sur l'école anglaise est une pièce de premier ordre. Elle est suivie de la lettre de Léon Cogniet sur la mort de son ami Géricault. Paul Delaroche et Hippolyte Flandrin représentent les traditions classiques. On voit que M. A. Bovet a un faible pour les paysagistes, car ils sont tous là au grand complet: Corot, Brascassat, Paul Huet, La Berge, Diaz, Marilhat, Troyon, Théodore Rousseau, Millet, quatre lettres, dont une très précieuse de sa jeunesse, Daubigny. Decamps et Fromentin, Louis Boulanger, Constant Dutilleux, Thomas Couture, Gustave Courbet et Manet, le portraitiste Ricard témoignent que M. Bovet a tenu à posséder tous les artistes de talent, à quelque école qu'ils appartiennent. Les caricaturistes sont représentés par Gavarni et Daumier, les dessinateurs par Charlet, Grandville, Raffet et Gustave Doré. Avant de passer aux vivants, il faut citer quatre peintres enlevés dans la force de l'âge et du talent, Alponse de Neuville, mort il y a quelques jours à peine, Louis Leloir, l'héroïque Henri Regnault et Bastien-Lepage.

Le doyen des peintres français vivants est le vénéré Robert-Fleury, né en 1797. Après lui, à dix ans de distance, vient Auguste Glaize, un artiste doublé d'un penseur, puis Chenavard et Jean Gigoux, deux maîtres de la période romantique. Les paysagistes nous offrent Jules Dupré, Cabat, Charles Jacque, Français, Harpignies, Ziem, Bernier, Jules Breton, Veyrassat, Rapin, Japy et Cazin. Meissonier tient la place qui convient à une des gloires de notre école française. Derrière

lui se groupent ses collègues de l'Institut, Hébert, Cabanel, Gustave Boulanger, Gérôme, Bouguereau, Élie Delaunay, Paul Baudry et Bonnat, puis ceux qui marchent sur les traces de ces maîtres,
Henner, Jean-Paul Laurens, Léon Glaize, Duez, Benjamin Constant, Aimé Morot. M. A. Bovet
n'a pas oublié ceux qui sont plus éloignés de l'école académique : Philippe Rousseau, Bonvin,
Ribot, Puvis de Chavannes, Chaplin, Gustave Moreau, Vollon, Fantin-Latour, Carolus Duran,
Édouard Detaille. Et il faut remarquer que la plupart des lettres de ces artistes sont des plus intéressantes, ce qui fait un ensemble véritablement merveilleux.

La sculpture française est admirablement représentée : elle s'ouvre par Germain Pillon et Pierre
Puget et se continue par Girardon, Coyzevox, Bouchardon, Lemoyne, Pigalle, Falconet, Caffieri,
Clodion, Houdon, Rude, Cortot, David d'Angers, Barye, Jouffroy et Carpeaux. L'école contempo-
raine, qui est sans rivale, nous présente, par ordre chronologique, Bonnassieux, Cavelier, Guillaume,
Thomas, Frémiet, Crauk, Paul Dubois, Falguière, Chapu, Bartholdi, Hiolle, Delaplanche, Dalou,
Barrias, Saint-Marceaux, Mercié et Suchetet.

La collection Bovet n'est pas moins riche en graveurs. Les deux premiers sont Robert Nanteuil,
dont la lettre à Mademoiselle de Scudéry est une merveille autographique, et Gérard Audran. Tous
les maîtres si charmants du xviii⁰ siècle sont présents : Gravelot, Cochin, Ficquet, Saint-Aubin,
J.-J. de Boissieu, Queverdo, Gaucher, Moreau le jeune, Duplessi-Bertaux et De Bucourt. Au
xix⁰ siècle il faut citer deux artistes d'un talent extraordinaire, dont la carrière a été courte,
Méryon et Jacquemart. Les vivants sont représentés par le vénérable Henriquel-Dupont, qui est
âgé de quatre-vingt-huit ans, et par Lalanne, Flameng, Bracquemond et Gaillard.

L'architecture nous offre Claude Perrault, Gabriel, Soufflot, dont le Panthéon vient de reprendre, pour notre grand Victor Hugo, sa destination première, Duc, Baltard, Lefuel, Viollet-
le-Duc et Ballu, mort pendant l'impression de ce catalogue. Charles Garnier et Vaudremer représentent les architectes vivants.

Le simple énoncé des noms qui composent la série des artistes français suffit pour en montrer
l'importance. La partie étrangère est plus restreinte, mais néanmoins remarquable. C'est l'Allemagne
qui ouvre la série par l'illustre Cranach, dont les autographes sont si précieux. Après lui viennent
les peintres Chodowiecki, Raphaël Mengs, Tischbein, Cornelius, Overbeck, Schadow, Schnorr,
Genelli, Schwind, Kaulbach, Lessing, Hildebrandt et Makart. Les vivants sont représentés par
Bendemann, Menzel, Camphausen, Pettenkofen, Richter, Piloty, Knaus, Werner, Munkaczy et
Grützner.

La sculpture allemande nous offre Danneker, Schadow, Rauch, Schwantaler, Kiss, Rietschel et
Drake ; la gravure, Wille, Bause, Muller, Bartsch et Felsing ; l'architecture, Schinkel.

L'Angleterre nous présente, parmi les plus célèbres représentants de son école, Hogarth, un do-
cument des plus curieux, Joshua Reynolds, Gainsborough, Flaxman, Thomas Lawrence, Turner,
Constable, Wilkie, Etty, Cruikshank, Bonington et Landseer. Nous trouvons, parmi les vivants,
Paton, Holman Hunt, Rossetti et Millais, les chefs des préraphaélites, et Leighton et Herkomer.

Dans la partie italienne il manque malheureusement des noms de premier ordre. Cependant
Michel-Ange et Paul Véronèse sont représentés par de précieux et intéressants documents. Il faut
citer aussi deux raretés, Cristoforo di Moretti et Bernardino Campi, puis Jacopo Chimenti,
l'Albane, le Guerchin, Artemisia Gentileschi, Mannozzi, Salvator Rosa et Cignani. La sculpture
nous offre Giacomo De Duca et Tiberio Calcagni, deux élèves de Michel-Ange, et Canova. Voici
aussi quelques graveurs : Stefano della Bella, Bartolozzi, Morghen, Longhi et Calamatta.

L'Espagne n'est, hélas! représentée que par le vieux sculpteur Berruguete, le peintre Federico Madrazo et son gendre, le brillant Fortuny.

Dans les Pays-Bas nous trouvons de grands noms, tels que Rubens, une pièce d'une admirable conservation, Hoeck, Philippe de Champagne et Rembrandt, un dessin, puis Porbus, Maria van Oosterwick, Karel van Moor, André Lens, Ommeganck, Ary Scheffer, Leys, Louis Gallait et Alfred Stevens, ces deux derniers encore vivants.

Le Danemark nous présente le peintre Pierre Als et les grands sculpteurs Thorvaldsen et Bissen; la Suède le peintre Roslin.

La Suisse a été tout naturellement la préoccupation filiale de M. A. Bovet. Les pièces ont été réunies *con amore* et la série est unique en son genre. Les notices et les analyses sont l'œuvre personnelle de M. Bovet, qui a eu l'heureuse fortune d'avoir pour collaborateur M. Auguste Bachelin, un des maîtres peintres et écrivains de la Suisse. Parmi les peintres je citerai Salomon Gessner, Angelica Kauffmann, A.-W. Tœpffer et son fils Rodolphe, l'illustre conteur, Maximilien de Meuron, Léopold Robert, très brillamment représenté par trois lettres et par un beau dessin, Lugardon, Diday, Gleyre et Alexandre Calame. Les vivants ne sont pas moins nombreux : tels Alfred van Muyden, Léon Berthoud, Albert de Meuron, Gustave Castan, Raphaël Ritz, Benjamin Vautier, Albert Anker, Auguste Bachelin, Arthur Calame, Edmond de Pury, Édouard Ravel, Charles Giron, Eugène Burnand et Eugène Girardet.

Dans la sculpture nous trouvons Pradier, Im-Hof, Schlöth, Vincenzo Vela, Iguel et la duchesse Colonna; dans la gravure Mechel, Droz, Abraham Girardet, Forster, Antoine Bovy et Frédéric Weber.

Les *Huguenots illustres* constituent une importante série. M. Bovet appartient à la religion protestante et il a tout naturellement apporté le plus grand soin au choix des noms et des pièces. C'est Guillaume Farel qui commence cette magnifique suite. La lettre a été obligeamment prêtée à M. A. Bovet par M. le baron Fernand Schickler, président de la Société de l'Histoire du protestantisme français. Qu'il en reçoive ici nos plus vifs remerciements. Puis viennent Calvin, Renée de France, l'amiral Coligny, Hubert Languet, Théodore de Besze, François Hotman, Jeanne d'Albret, une lettre typique, Gabriel de Montgomery, Lambert Daneau, le prince Louis Ier de Condé, magnifique lettre à Catherine de Médicis, Du Plessis-Mornay et Charlotte Arbaleste, sa femme, Agrippa d'Aubigné, Henri IV, très curieux document, Catherine de Parthenay, superbe pièce à Richelieu, le maréchal de Bouillon, Daniel Chamier, Pierre Du Moulin, Jean et Jacques de Jaucourt, Nicolas Vignier, Henri de Rohan, Saumaise, Jean Daillé, Samuel Bochart, Abraham Duquesne, Claude, Jurieu, document du plus haut intérêt, Jacques Basnage, Paul Rabaut. Cette simple énumération a son éloquence et je n'ai pas besoin d'y rien ajouter.

La série des *Femmes* qui termine le catalogue Bovet est extraordinaire. C'est Vittoria Colonna, l'amie de Michel-Ange, qui l'ouvre splendidement. A sa suite je citerai, pour les seizième et dix-septième siècles, Marguerite d'Angoulême, la sœur de François Ier, Leonora d'Este, qui eut l'honneur d'être aimée par le Tasse, Gabrielle d'Estrées, sainte Jeanne de Chantal, précieux autographe, la marquise de Rambouillet, Angélique Arnauld, la marquise de Sablé, pièce très rare, la duchesse de Chevreuse, lettre à Richelieu, la spirituelle madame Cornuel, Julie d'Angennes, Anne de Gonzague, la duchesse de Longueville, Gilberte Pascal, Madame de Miramion, Ninon de Lanclos, deux lettres typiques, dont une signée, la marquise de Sévigné, la duchesse de Montpensier, Madame de Maintenon, la comtesse de Soissons, Mademoiselle de La Vigne, lettre d'un style précieux, la marquise de Montespan, la princesse des Ursins, la duchesse de La Vallière, Madame Guyon, la comtesse de Grignan, la comtesse de Caylus. C'est, comme on le voit, un bouquet éblouissant.

Le dix-huitième siècle n'est pas moins bien partagé. Je vois défiler la marquise de Tencin, Madame de Grafigny, Madame Geoffrin, la baronne de Warens, la marquise Du Chastellet, quatre lettres, dont deux à Voltaire et à Saint-Lambert, Wilhelmine de Prusse, lettre à Voltaire, la marquise de Créquy, la marquise de Pompadour, deux lettres à Crébillon et au duc de Nivernois, la comtesse de Boufflers, trois lettres sur la maladie et la mort de la duchesse d'Orléans, mère de Philippe-Égalité, la marquise d'Épinay, la comtesse d'Houdetot, Mademoiselle de Lespinasse, Madame Necker, Charlotte von Stein, l'amie de Goëthe, la princesse de Lamballe, la duchesse de Polignac, la marquise de Monnier, Charlotte Kestner, l'héroïne de *Werther*, la baronne de Krudner, Charlotte Corday, autographe précieux.

Le dix-neuvième siècle nous offre Madame Tallien, Madame Récamier, Madame de Rémusat, la duchesse de Berry, important document, la comtesse Guiccioli, Charlotte Bonaparte, qui fut aimée par Léopold Robert, Madame Hugo, la duchesse d'Orléans et la princesse Mathilde Bonaparte.

Maintenant, ma tâche est achevée. J'y ai consacré plus de deux années, et ceux-là seuls qui ont l'expérience des études d'histoire et d'érudition pourront apprécier quelle somme d'efforts, de recherches et de patience a exigé la rédaction de ce catalogue. Si je parle de mon travail, ce n'est point par vanité ou par orgueil. Je sais combien ma tâche a été ingrate et que ce n'est point par des labeurs de ce genre que s'acquièrent la popularité ou la fortune. En me livrant à cette œuvre, j'ai obéi à ma nature, à mes goûts, au courant de mes études. La jouissance que j'ai ressentie à vivre pendant de longs mois dans l'intimité de tant d'illustres personnages par la lecture et par l'étude de leurs lettres, les révélations que m'ont apportées mes recherches, les erreurs que j'ai redressées, les éléments nouveaux que j'ai fournis à l'histoire générale ou particulière, tout cela m'a amplement récompensé de mes peines. D'ailleurs j'ai été soutenu par cette fortifiante pensée que mon œuvre était durable parce qu'elle était utile, et je suis certain que bien des livres à succès seront depuis longtemps oubliés alors que le catalogue Bovet sera constamment consulté par les historiens et par les érudits.

Si mon œuvre est bonne, je le dois à mon ami Alfred Bovet, qui, en formant avec un goût si parfait cette admirable collection, m'a permis d'en dresser l'inventaire, et qui a été pour moi un collaborateur aussi érudit qu'ingénieux.

Je le dois aussi à mon beau-frère Fernand Calmettes qui a dirigé toute la partie typographique et qui m'a assisté, avec une science et un dévouement qui ne se sont jamais démentis, pendant toute la durée de ce long et difficile labeur. Mes notices, illustrées si artistiquement et les fac-similés si habilement mis en valeur par la variété de leurs dispositions et le goût de leurs encadrements, doublent la valeur et l'intérêt de ce beau livre, qui a certainement une chance plus grande de durée, puisqu'il sera nécessairement conservé précieusement par les bibliophiles.

Enfin je ne saurais oublier deux autres collaborateurs qui ont droit à toute ma gratitude, l'imprimeur Claude Motteroz et le graveur Charles Gillot, deux praticiens consommés, que je suis heureux de compter parmi mes amis.

Je serais un ingrat si je n'adressais pas mes plus sincères remerciements à tous ceux qui m'ont soutenu par leurs encouragements et qui ont bien voulu relever les erreurs inévitables dans un aussi vaste travail. Je dois rendre grâces tout d'abord à M. Fischer von Röslerstamm, rédacteur des *Mittheilungen für Autographen sammler*, qui a révisé les dates de naissance et de mort des personnages et m'a signalé, surtout pour la partie étrangère, des inexactitudes et des erreurs qui venaient, pour la plupart, de biographies mal informées. Je ne saurais trop le remercier de son travail critique et je souhaite qu'il le continue pour les séries du présent catalogue. Je tiens aussi à témoigner ma gratitude à MM. Victorien Sardou, le célèbre auteur dramatique, qui est, comme on sait, doublé d'un érudit, Henri Bordier, le maître historien, Gustave Isambert, le savant éditeur des *Lettres de Mademoiselle de Lespinasse*, Jean de Couriss, si érudit dans tout ce qui concerne l'histoire russe, mon vieil ami Maurice Tourneux, le mieux informé de nos bibliographes, le capitaine De Lisle, le docteur Joseph Michel, qui a une si remarquable collection d'autographes modernes, etc., qui ont bien voulu répondre à mon appel et m'adresser des rectifications. C'est le plus grand service qu'on puisse me rendre que de me signaler des erreurs. En histoire et en biographie rien n'est plus facile que de se tromper, car les livres mêmes qu'on est forcé de consulter, et qu'il est difficile de contrôler, fourmillent d'inexactitudes et de faux renseignements que chacun répète tour à tour. Toutes les fautes qu'on m'a signalées seront corrigées dans l'édition de luxe à laquelle Calmettes et moi nous donnons tous nos soins. Je réclame la même faveur de mes bienveillants correcteurs pour le dernier fascicule du catalogue.

ÉTIENNE CHARAVAY.

PIÈCES RÉSERVÉES

Un certain nombre de pièces du présent catalogue ne seront pas vendues pour des raisons particulières. En voici la liste :

1530. Ingres.	1719. Rapin.	1896. Meuron.
1546. Mirbel.	1720. Japy.	1897. Vogel.
1550. Moine.	1724. Barrias.	1900. Forster.
1566. Johannot.	1726. Glaize.	1902. Robert.
1581. La Berge.	1727. Leloir.	1905. Robert.
1589. Glaize.	1731. Zuber.	1906. Bovy.
1597. Gigoux.	1732. Constant.	1908. Im-Hof.
1634. Baron.	1733. Saint-Marceaux.	1911. Lugardon.
1649. Schuler.	1734. Mercié.	1913. Diday.
1655. Hanoteau.	1735. Cormon.	1914. Disteli.
1668. Iselin.	1738. Detaille.	1915. Dietler.
1671. Bouguereau.	1740. Morot.	1916. Bodmer.
1675. Heilbuth.	1790. Pettenkofen.	1918. Gleyre.
1697. Doré.	1802. Munkaczy.	1921 à 1963.
1701. Ehrmann.	1858. Giacomelli.	1964. Farel.
1707. Fantin-Latour.	1885. Charles XV.	2094. Chénier.
1709. Lefebvre.	1892. Droz.	
1711. Neuville.	1895. Tœpffer.	

PHOTOGRAVURES DES SÉRIES VII VIII IX ET X

Les dix-neuf pièces suivantes seront reproduites en photogravure dans l'édition de luxe : Talma. — Charles Le Brun. — Robert Nanteuil. — Greuze. — Géricault. — Eugène Delacroix. — Lucas Cranach. — Hogarth. — Michel-Ange. — Paul Véronèse. — Rembrandt. — Rubens. — Léopold Robert. — Gleyre. — Farel. — Catherine de Parthenay. — La duchesse de La Vallière. — Wilhelmine de Prusse. — Charlotte Corday.

ARTISTES DRAMATIQUES

✥ FRANCE ✥

✛ 1338 ✛ **LA GRANGE** (Charles Varlet, sieur de), un des meilleurs acteurs de la troupe de Molière, dont il était l'orateur, n. en Picardie vers 1639, m. à Paris, 1 mars 1692. Élève préféré et ami de Molière, qui le considérait comme son second, il succéda à ce grand homme. Il eut l'honneur d'écrire la *Vie* de son illustre maître et de publier la première édition de son Théâtre complet en 1682. Il a laissé un *Journal*, qui a été conservé dans les archives du Théâtre-Français et qui a été mis au jour, en 1876, sur l'initiative des sociétaires de ce théâtre.

P. S., sur vélin; Paris, 21 août 1681, 1 p. in-4 oblong. Superbe pièce. *Très rare. (Coll. Chambry.)*

Intéressant document. Il reconnait avoir reçu, tant en son nom qu'en celui de la troupe des comédiens français de Sa Majesté, la somme de onze cent soixante-deux livres « ordonnée à ladite troupe, sçavoir cinq cens livres à compte des nouritures depuis le quinziesme avril dernier, y compris ledit jour, trois cens trente livres pour frais journaliers, et trois cens trente deux livres pour frais de symphonie et balets. »

✛ 1339 ✛ **MOLIÈRE** (Armande-Grésinde-Claire-Élisabeth Béjart), femme de l'illustre écrivain, excellente comédienne, n. vers 1643, m. à Paris, 30 novembre 1700.

P. S., sur vélin, signée aussi par Isaac-François Guerin, célèbre comédien de la troupe de Molière, son second mari (n. 1636, m. 1728); Paris, 20 septembre 1691, 1 p. in-4 oblong. — P.

Armande Béjart, veuve de Molière, et Isaac-François Guerin, son mari, tuteurs de Marie-Madeleine-Esprit de Molière, leur fille mineure, déclarent avoir reçu la somme de cent six livres six sous six deniers pour un quartier d'une rente constituée sur le clergé de France le 26 avril 1564. En voici le texte : « Isaac-François Guerin, officier du Roy, et demoiselle Armande-Grésinde-Claire-Élisabeth Béjard, sa femme, qu'il autorise, auparavant veuve de Jean-Baptiste Poquelin, sieur de Molière, valet de chambre du Roy, tant en leurs noms que comme conjointement tuteurs de demoiselle Marie-Magdeleine-Esprit de Molière, leur fille mineure, ont confessé avoir receu de. . . la somme de cent six livres six sols six deniers pour le second quartier de l'année mil six cents soixante deux, à cause de quatre cens vingt cinq livres six sols de rente constitués sur le clergé de France le vingt-six avril mil cinq cents soixante quatre, dont quittance. Fait et passé ès estudes l'an mil six cents quatre vingt unze le vingt septembre. » — (Armande Béjart avait épousé Molière le 20 février 1662, Elle en avait eu trois enfants, deux fils, morts jeunes, et une fille, Madeleine, née en août 1665. A la mort de Molière, en 1673, elle fut tutrice de sa fille mineure, qui était héritière de la fortune de son père et de celle de sa tante, Madeleine Béjart, décédée en 1672. Elle se remaria, le 31 mai 1677, avec Guerin, un des comédiens de la troupe de son premier mari. Ayant eu des contestations avec sa fille, elle dut rendre ses comptes de tutelle en 1691 et transiger le 26 septembre 1693. Madeleine Molière se maria à l'âge de quarante ans, le 5 août 1705, avec Claude-Rachel de Montalant; dans son contrat figure la rente mentionnée dans la présente quittance, rente provenant de Madeleine Béjart. La fille de Molière mourut à Paris, sans postérité, le 23 mai 1723. — Cf. *Recherches sur Molière et sa famille*, par Eudore Soulié et *Dictionnaire critique* de Jal.)

62

Numéro 1339.

[document manuscrit — reçu de quittance des rentes de l'Hôtel de Ville, signé Armande Grésinde Claire Élisabeth Béjart]

+ 1340 + BARON (Michel Boyron, dit), grand comédien, un des meilleurs élèves de Molière, n. à Paris, 8 octobre 1653, m. dans la même ville, 22 décembre 1729. Il fut le digne interprète des tragédies de Racine, se montrant ainsi supérieur dans le genre dramatique comme dans le genre comique. Il composa plusieurs comédies, dont la meilleure est *l'Homme à bonnes fortunes*, où il mit en scène ses propres aventures galantes. Comme son illustre maître, Baron fut frappé au milieu d'une représentation théâtrale par la maladie dont il mourut quelques mois plus tard.

L. A. S. à Jean-Baptiste Rousseau (le célèbre poète lyrique), à Bruxelles (où Rousseau vivait exilé); Paris, 30 décembre 1728, 2 p. in-8, trace de cachet. Belle pièce. *Très rare. (Coll. B. Fillon.)* — P.

Superbe et précieuse lettre, dont voici le texte : « Je croyois, Monsieur, que les personnes qui m'ont fait l'honneur et l'extrême plaisir de me faire sçavoir tout le bien que vous avez la bonté de dire de moy, je croyois, dis-je, que ces mesmes personnes auroient aussi celle de vous instruire avec quelle joye j'ay appris que non seulement vous vous souveniez encor de mon nom, mais que j'estois mesme un de ceux que vous souhaiteriez le plus de revoir. Je vous jure,

Monsieur, à mon tour que je pense la mesme chose et que je ne sache rien au monde qui put égaler celuy que j'aurois à pouvoir vous dire à vous mesme combien je vous ayme et vous et tout ce qui sort de votre plume. J'ay leu avec plaisir vos œuvres, j'ay veu dans votre dernière impression de Holande bien des choses admirables que je ne connoissois pas. Adieu, mon cher Monsieur. Je vous embrasse de tout mon cœur et vous proteste que je seray jusqu'à la mort

» Votre très humble et très obéissant serviteur, Baron. »

+ 1341 + LECOUVREUR (Adrienne Couvreur, dite), une des plus grandes tragédiennes qu'ait produites la France, n. à Damery (Marne), 5 avril 1692, m. à Paris, 20 mars 1730. Elle interpréta avec une passion et une grâce jusqu'alors inconnues les rôles des tragédies de Racine. Le charme merveilleux de sa voix et l'intensité touchante de son regard sont restés célèbres. Le refus de la sépulture ecclésiastique aux restes d'Adrienne Lecouvreur inspira à Voltaire une de ses plus belles pièces de vers.

L. A. (au comte Charles-Augustin d'Argental), 1 p. 1/2 in-4. *Très rare. (Coll. Monmerqué.)* — P.

Précieuse lettre, dont voici le texte : « Vous n'estes en vérité pas sage dans les querelles que vous me cherchés. Vous vous plaignés pour me prévenir, car sy je voulois je pourois être fort en colère du tour que vous me jouates hier; mais je ne suis cependant pas assés hardie pour vous metre le marché à la main. Ce seroit me vanger sur moy même que de me priver du plaisir de vous voir. Je vous verés donc malgré vos injustices et je vous aimerés malgré les défauts que l'on vous a dit que je vous trouve. Eh depuis quand prestés vous l'oreille à la tracasserie. Je vous l'ay déjà dit, et cela est très véritable, vous avés bien plus d'esprit que votre Thémire, mais elle a bien plus de raison. Adieu. Je conte vous voir demain, sy vous n'avès ny grand maitre, ny abé qui vous en empêche, et sy je n'ay point d'humeurs noires à cacher, car je vous avoue qu'en cet estat je ne veux point paroitre; je crains trop de me faire haïr. » — (Le jeune comte d'Argental était violemment épris d'Adrienne Lecouvreur, qui, amante de l'illustre Maurice de Saxe, ne répoudit pas à cet amour. Sainte-Beuve, dans ses *Causeries du lundi*, a écrit sur ce sujet des pages très remarquables.)

Numéro 1341.

vous n'estes en verité pas sage
dans les querelles que vous me
cherchés, vous vous plaignés
pour me prevenir car sy je vous
je pourois etre fort encolérée
du tour que vous me jouates
hier mais je ne suis cependant
pas assés hardie pour vous
metre l'marché a la main,
Ce seroit me vanger sur moy
mesme que de me priver du
plaisir de vous voir je vous
verés donc malgré vos injusties
et je vous ai mever, malgré les
défauts que l'on vous a dit que je vous
en depuis quand prestés vous l'oreille a la tracaserie

✛ 1342 ✛ QUINAULT (Jeanne-Françoise), célèbre soubrette du Théâtre-Français, amie de Voltaire et de Piron, la spirituelle amphytrionne des soupers philosophiques du dix-huitième siècle, n. 1700, m. 1783. Elle rassemblait à sa table les plus beaux esprits de son tèmps; d'Alembert, Duclos, Diderot, Destouches, Jean-Jacques Rousseau, le comte d'Argenson, Marivaux étaient au nombre de ses familiers.

L. A. (à Alexis Piron); (Fontainebleau), 28 avril (1730), 4 p. in-4. Belle pièce. *(Coll. Dubrunfaut.)*

Curieuse épitre d'une orthographe bizarre et où elle le prie de lui écrire. « Mon Dieu, le jolis païs. On ne m'i die que des choses agréables et je m'i déplais à mourir. Je suis logée dans la rue la plus tranquille qu'il y oît dans Fontainebleau, mais les jolie choses que j'entens. Je fus réveillée par un mot allemand, la nuit passée; ce matin c'ettoit un crec (grec). Quand me parlera-t-on fransois. A propos de françois, sçavez-vous que la première visitte que j'ay fait icy on m'a parlé de vous. Je ne connois point l'homme qui se trouva chés M. le duc de Rochoir (Rochechouart), fils de M. le duc de Mortemar. Cette homme dit un bien infinis de vous et je fus priés de chanter vos chansons. Je ne m'en acquittéz pas trop mal... »

✛ 1343 ✛ GRANDVAL (François-Charles Racot), un des maîtres de la comédie au dix-huitième siècle, élève d'Adrienne Lecouvreur et ami de mademoiselle Dumesnil, auteur de parades en vers, n. à Paris, 23 octobre 1710, m. dans la même ville, 24 septembre 1784.

L. A. S. (à la célèbre actrice Jeanne-Françoise Quinault); (Paris), 23 juillet 1737, 4 p. in-4. Rare. *(Coll. Hervey.)*

Superbe lettre où il lui fait part des corrections qu'il a dû apporter au rôle que doit jouer mademoiselle Quinault. « J'ay osé ajouter quelques mots dans la scène du Sénéchal pour anoncer de plus loin le divertissement. Vous restiés la seule à en parler sur la fin de la pièce, puisqu'on a supprimé la scène de monsieur Duchemin... » Il lui demande son avis sur ces corrections.

✛ 1344 ✛ DUMESNIL (Marie-Françoise Marchand, dite), une des meilleures tragédiennes de son temps, interprète puissante des tragédies de Racine et de Voltaire, rivale de Clairon, n. près d'Alençon (Orne), 7 octobre 1711, m. 20 février 1803.

L. A. S. à son camarade d'Alainval (Jean-Baptiste Canavas), semainier de la Comédie-Française; (Paris), dimanche, dix heures et demie (20 février 1774), 3/4 de p. in-4. *(Coll. Chambry.)*

Superbe lettre où elle lui mande que, faute de carrosse, elle est obligée de manquer l'assemblée des acteurs de la Comédie-Française. » Mon carosse d'habitude me manque ce matin de parole. Depuis une heure l'on m'en cherche et l'on en trouve point. Il n'est pas possible d'aller à pied. Vous voyez le temps... »

✦ 1345 ✦ RICCOBONI (Marie-Jeanne DE HEURLES DE LABORAS), actrice du Théâtre italien, renommée pour sa beauté et pour son esprit, romancière de talent, auteur d'*Amélie*, n. à Paris, 25 octobre 1713, m. dans la même ville, 7 décembre 1792.

L. A. S. à Bernardin de Saint-Pierre (l'illustre auteur de *Paul et Virginie*); (Paris), 10 décembre 1784, 3/4 de p. in-4, cachet. *(Coll. Chambry.)*

Très belle lettre où elle le remercie de l'envoi de ses *Études de la nature*. « Je suis très sensible à l'honneur de votre souvenir, Monsieur, et très reconnaissante du présent que vous voulés bien me faire. Je ne doute point du succès d'un ouvrage écrit par vous. L'agrément de votre style en donnera toujours à tous les sujets que vous traiterez et vous fera lire avec autant de plaisir qu'on pourra tirer d'avantage de vos études. »

✦ 1346 ✦ PRÉVILLE (Pierre-Louis DU BUS, dit), un des meilleurs comédiens de son temps, n. à Paris, 19 septembre 1721, m. à Beauvais, 18 décembre 1799. Il se montra l'acteur le plus varié, dans l'ancien répertoire et dans le nouveau, et fut, en 1795, nommé membre de l'Institut dans la section de musique et de déclamation.

Notes, pièce autographe; (Paris, vers 1770), 1 p. in-4. Très belle pièce. — P.

Curieuse pièce où il parle d'abord des spectacles de foire, qui ne doivent être admis chez les grands qu'aux fêtes éclatantes. Puis il raconte l'anecdote suivante sur *Beverlei* (tragédie de Saurin, représentée en 1768). « Le mauvais goût gagne même chez les gens qui n'ont professé que le bon longtems. A la quatorzième représentation de *Beverlei*, il entra au foyer un homme dans un état épouvantable, les yeux gros et rouges, remplis encore de larmes qu'un mouchoir à chaque main ne pouvoint étancher. Il me vit et vint à moy furieux en me demandant raison des comédiens qui, chargés des plaisirs du public et du jugement des pièces à luy présenter, avoient osé recevoir et jouer un ouvrage aussi attroce. L'ouverture de cette plainte première fut le prélude de l'explosion la plus violente; il fit une déclamation sans réserve sur le public, le ministère, les comédiens, et enfin épuisé, je le vis plus tranquille et je saisis un moment pour luy dire : Mais, Monsieur, voilà donc la première fois que vous la voyés, cette pièce? — Qu'appelés vous, me répondit-il avec une voix pressée et essuiant ses yeux des deux mains; voilà la quatorzième représentation, je n'en ai pas manqué une. — Le bon goût, réveillé en luy, l'avoit mis en colère, le mauvais l'aiant gagné et étourdi l'a consolé et engagé sous sa bannière. »

✦ 1347 ✦ PRÉVILLE (Pierre-Louis DU BUS, dit).

L. S. à Beaumarchais, signée par FLEURY (Abraham-Joseph Bénard, n. 1751, m. 1822), COURVILLE, MADAME MOLÉ (Pierre-Claude-Hélène Pinet, n. 1740, m. 1782), BRIZARD (Jean-Baptiste Britard, n. 1721, m. 1791), BELLEMONT (Jean-Baptiste Colbert de Beaulieu, n. 1728, m. 1803), LARIVE, DESESSARTS (Denis Dechanet, n. 1738, m. 1793), BELLECOUR, MADEMOISELLE D'OLIGNY (Louise-Adélaïde Berthon de Maisonneuve, n. 1746, m. 1823), BOURET (Claude-Antoine, m. 1783), MADEMOISELLE SUIN, DORIVAL, MOLÉ, AUGÉ, VANHOVE (beau-père de Talma, m. 1794), MADAME PRÉVILLE (Madeleine-Michelle-Angélique Drouin, n. au Mans, 17 mars 1731, m. à Senlis, 7 mai 1794), FLORENCE, ROSE VESTRIS (Françoise-Rose Gourgaud, n. 1743, m. 1804), MADAME THÉNARD (m. 1846), DUGAZON (Jean-Baptiste-Henri Gourgaud, n. 1743, m. 1809), DAZINCOURT, MADEMOISELLE RAUCOURT, MADEMOISELLE DE LA CHASSAIGNE et MADAME DUGAZON (Louise-Rosalie Lefèvre, n. 1755, m. 1821); (Paris), 2 juillet 1781, 3 p. in-fol. Superbe pièce. *(Coll. de Loménie.)*

Précieux document. Les artistes de la Comédie-Française répondent à Beaumarchais, qui s'opposait à une reprise du *Barbier de Séville*, prétendant que cette reprise avait pour but de lui faire perdre la propriété de sa pièce. Ils discutent et rétorquent les arguments de leur adversaire. « La Comédie vous réitère, Monsieur, l'avis qu'elle vous a donné de l'intention où elle est d'afficher la reprise du *Barbier de Séville* pour en acquérir enfin la propriété par sa chute dans les règles. Pour s'en tenir aux termes de l'ancien règlement approuvé par le nouvel arrêt du Conseil, elle désire que vous conveniez avec elle du temps où cette reprise aura lieu; elle avait pensé que, malgré la beauté de la saison, le malheur arrivé à l'Opéra (qui avait brûlé le 8 juin) rendait ce moment plus favorable, et vous le propose. S'il ne vous convient pas, indiquez-nous en un autre; nous tâcherons à notre tour qu'il nous convienne; mais veuillez bien, Monsieur, en réponse à celle-ci nous fixer un temps quelconque, car, à faute par vous de le faire, nous avons l'honneur de vous prévenir que nous passerons outre et que nous afficherons la reprise du *Barbier de Séville*. Nous ne devons ni ne pouvons plus nous écarter de la loi qui indique la nouveauté et la reprise d'un ouvrage. Tant que le vôtre ne sera pas repris, il sera absent du théâtre, et l'intérêt des plaisirs du public exige qu'il y soit. »

SIGNATURES DES ARTISTES DE LA COMÉDIE FRANÇAISE

Numéro 1347.

+ 1348 + **CLAIRON** (Claire-Josèphe-Hippolyte Legris de Latude, dite), grande tragédienne, une des reines de la scène française au dix-huitième siècle, auteur de *Mémoires,* n. à Saint-Wanon de Condé (Nord), 1723, m. à Paris, 18 janvier 1803.

L. A. S. au peintre Doyen (Gabriel-François, né à Paris en 1726, mort à Saint-Pétersbourg le 5 juin 1806); (Paris), 6 septembre 1790, 2 p. in-4, cachet brisé. Superbe pièce. — P. de Littret.

Très curieuse lettre où elle déclare qu'elle cherche en vain ce qui peut l'avoir blessé. « Actions, parolles, intentions m'élèvent également à mes yeux au dessu de tout reproche. Expliqués vous donc. Quel est votre sujet de plainte? Je ne le connais pas. Il n'est pas impossible que j'aie des momens d'impatience et de vivacité. Vous m'avés, je l'avoue, exitée longtems à l'un et à l'autre et, comme vous le dites vous-même, Monsieur, trente deux ans de liaison, d'intimité, de considération réciproque, me permettaient de croire que vous auriés plus de condescendence pour mes désirs. Vous ne l'avés pas fait : vous êtes sans doute le maitre de vos talens; je n'ai ni le droit ni la volonté de les forcer, mais j'ai la sensibilité et la réfléxion nécessaire pour apprécier les refus et le menque de complaisence, et, s'il est permis d'être blessé d'un menque d'égard, de douter d'une amitié qui six ans de suite élude toutes ses promesses et qui vous abandonne après comme une chemisse salle, vous avoueres sans doute que c'est à moi de me plaindre et point à vous... » — (Mademoiselle Clairon avait probablement demandé à son vieil ami Doyen de faire son portrait et avait essuyé un refus. — Doyen partit cette même année pour Saint-Pétersbourg, où il mourut.)

+ 1349 + **BELLECOUR** (Jean-Claude-Gille Colson, dit), le célèbre émule et ami de Lekain, n. à Paris, 16 janvier 1725, m. dans la même ville, 19 novembre 1778.

L. A. S. (à Des Entelles?); (Paris, septembre 1777), 7 p. in-4. *(Coll. Hervey et Dubrunfaut.)*

Importante lettre, la plus remarquable qu'on connaisse de cet artiste. Il se plaint des mauvais procédés de ses camarades, qu'il a signalés au maréchal de Richelieu. Il ne se dissimule pas que son zèle pour la compagnie et ses sacrifices d'amour-propre sont regardés par les autres artistes comme des preuves de faiblesse et d'imbécilité. « Quand je me prête à faire ce qu'ils ne feroient pas à ma place, c'est par probité que je le fais. Je crois que cent écus de plus à la recepte sont des objets très prétieux pour ceux qui n'ont pas leur part et que c'est un vol que je leur fais lorsque je les prive de ce que cela leur procure. Bête et honnête est un terme sinonime pour bien des gens. » La place de premier qu'il occupe est un objet d'envie et il voit qu'il est temps de la céder. Il a subi avec philosophie les vicissitudes de la fortune. Ainsi lorsqu'il fit une pièce (*Les fausses apparences,* représentées le 17 août 1761), il ne fut pas approuvé par ses supérieurs ni par ses camarades, tandis que Monvel (qui venait de faire *l'Amant bourru*) a été encouragé. Il a arrangé une douzaine de pièces, qui sont restées à la scène; il n'en a eu aucun remerciment. Le maréchal de Richelieu lui a commandé d'arranger *Les coups de l'amour et de la fortune;* il l'en a récompensé en diminuant sa gratification. Il conclut en ces termes : « N'est-il pas tems de finir une carrière parcourue sans bonheur? »

+ 1350 + **FAVART** (Marie-Justine-Benoit Duronceray), femme du célèbre auteur dramatique, excellente comédienne, qui inspira une vive passion au maréchal de Saxe, n. à Avignon, 15 juin 1727, m. à Belleville (Seine), 22 avril 1772.

L. A. S. à ses chers camarades, 1 p. 3/4 in-4. Déchirure et raccommodage. *Rare. (Coll. Chambry.)* — P. de Cochin.

Belle et noble épître où elle leur expose la triste situation d'un de leurs camarades, nommé Sodi, qui est devenu aveugle et qui ne peut, à cause de sa qualité d'étranger, obtenir une place aux Quinze-Vingts. Elle leur propose donc de donner à ce malheureux une gratification annuelle qui lui permettra de supporter ou de traîner le fardeau de ses jours.

quand a ce que je vous ai redemandé, le besoin
seul mén a fait vne loi, le tems présent ne
m'épargne pas plus qu'vn autre, et je n'ai pas
comme vous Monsieur, la ressource d'vn grand
talent et de puissans protecteurs vers de toutte que
je ~~ressources~~ me fuis vu forcée de rendre pour vivre
doit être vne chose permise et
simple a tous les yeux; et surtout a ceuse de
la personne qui nous oubli
j'ai l'honeur d'être Monsieur votre très humble
et très obéissante servante Clairon
ce 6 7bre 1790

Numéro 1348.

✛ 1351 ✛ **LEKAIN** (Henri-Louis Caïn, dit), le roi de la tragédie au milieu du dix-huitième siècle, n. à Paris, 31 mars 1729, m. dans la même ville, 8 février 1778.

L. A. S. (au comte d'Argental?); Bagnères-de-Bigorre, 24 août 1769, 2 p. 1/2 in-8. Légères taches.

Lettre des plus curieuses dans laquelle il le remercie de l'épitre de Voltaire qu'il lui a envoyée. Elle a été copiée dans une nouvelle édition et elle ne vaut pas, à son goût, la version primitive. « Vous sçavés aussi bien que moy que ce n'est pas la premierre fois que M. de Voltaire a affaibli quelques unes de ses productions, en voulant les corriger; la premierre jettée est souvent plus heureuse et plus bouillante que ce qui est revu avec réflexion et limé par une exactitude trop scrupuleuse. Les *Triumvirs* en sont la preuve. Est-il vrai que Du Belloy (l'auteur du *Siège de Calais*) s'emporte contre M. de Voltaire? Je ne conçois pas ce qui peut fonder ses plaintes, car ses ouvrages sont loués dans la préface des Guèbres et la modestie de l'anonyme ne peut être réputée ny suspecte ny satyrique. Il faut convenir que le peuple autheur est une horde bien difficile à conduire; si on leur donne de l'encens dans *le Mercure*, ils crient à la fadeur, si l'on se met au-dessous d'eux dans une préface très bien écrite, ils se plaignent de l'ironie, comend donc fuire? Si pour fuire sa cour à un vieux fou, les comédiens sont assés imbéciles pour gâter le cinquième acte d'*Iphigénie*, le public s'emporte, hue, et veut tout fracasser; en vérité, d'après cet exemple, je ne conçois pas comend les entrailles de maman Drouin (madame Préville) sont encore à leur place, et par quel miracle la cervelle de Brisard (le célèbre acteur) n'a pas encore sauté. » Il vient d'apprendre que *le Père de famille* (la célèbre comédie de Diderot) vient d'avoir un succès prodigieux. « Je n'en suis point étonné, car la pièce a dû être beaucoup mieux distribuée que dans sa nouveauté (en 1758, époque à laquelle elle n'obtint aucun succès). »

✛ 1352 ✛ **LEKAIN** (Henri-Louis Caïn, dit).

L. A. S. à un acteur comique; Paris, 28 novembre 1776, 2 p. 3/4 in-8. — P. de Littret.

Lettre des plus curieuses où il lui mande que l'acteur Augé a abandonné ses camarades au milieu du voyage de Fontainebleau et a été remplacé provisoirement par Dazincourt. Lekain est d'avis que son correspondant aurait été choisi pour remplacer Augé, si celui-ci n'était pas revenu. « Votre personnel et votre famille vous auraient ouvert la porte d'une maison où vous devés avoir le fauteuil... Il est vrai que l'on ne me fait pas l'honneur de me consulter en rien. On me regarde comme un vieux pédant qui n'a que de vieilles idées, et pour protocole, la vieille loy. Comme je ne puis pas me refondre et me mettre en tout à la mode, je demeure tapis dans mon coin, en attendant l'heureux moment de me retirer d'une société jadis remplie de gens à talent, d'esprit et de goût; mais touts ces gens sont morts pour le public. Et leurs successeurs... et leurs successeurs... Ah! bon Dieu! quels héritiers d'un si bel empire! c'est vraiment la dépouille d'Alexandre. »

✛ 1353 ✛ **MOLÉ** (François-René), célèbre acteur comique du Théâtre-Français, le rival et le successeur de Bellecour, membre de l'Institut (1795), auteur de *Mémoires*, n. à Paris, 24 novembre 1734, m. dans la même ville, 11 décembre 1802.

L. A. S. à son camarade Desbarreaux, à Toulouse; Bordeaux (où il donnait une série de représentations), 8 fructidor an VIII (26 août 1800), 3 p. in-4. Très belle pièce. — P. de Saint-Aubin.

Intéressante lettre sur les offres qu'on lui a faites d'aller donner des représentations à Toulouse. Il a demandé trois cents francs par représentation et une soirée à son bénéfice. « Il pourrait arriver qu'au lieu d'une somme fixée que je demande par représentation, on s'avisât de me proposer une part quelconque; or tu sauras que cette manière de rétribution est un tourment pour moi. L'idée du vol me révolte et, comme je le supposerois imperturbablement, ce n'est certainement point ce marché-là que j'accepterois. »

✛ 1354 ✛ **GRAND-MÊNIL** (Jean-Baptiste Fauchard de), avocat au Parlement de Paris et conseiller de l'Amirauté, acteur du Théâtre-Français (1790), un des plus brillants interprètes des pièces de Molière, membre de l'Institut (1795), n. à Paris, 19 mars 1737, m. dans la même ville, 24 mai 1816.

L. A. S. à M. de Cormeille, avoué, à Paris; 12 frimaire an XIV (4 décembre 1805), 2 p. 3/4 in-8. (*Coll. Cottenet.*)

Belle lettre où il déclare que, convalescent d'une maladie de deux mois, il ne peut assister à aucune des délibérations de ses camarades de la Comédie-Française.

Numéro 1351.

Numéro 1352.

harpe et pour son aimable moitié; pour l'ami Saur hasard lui j'embrasse de tout mon cœur, pour Messieurs de la ruwillesiere et poujet, si vous les rencontrés; daignés recevoir les miens et les assurances du véritable attachement avec lequel je serai toujours, monsieur,

Votre très humble et très obéissant serviteur Lekain

Je réserve à vous parler de baguières lorsque je serai de retour à paris - pour le moment, je puis vous assurer qu'en totalité une santé se raffermit, mais je ne puis pas encore me flatter de jouir d'un état bien tranquille, la machine a été trop vivement attaquée dans le physique et dans le moral -

Numéro 1351.

il serait bien à souhaiter que M. le maréchal de Richelieu lui fait faire autant dans la capitale du Royaume; mais comme le dit La Valine on ne peut pas songer à tout.

mille tendres civilités à votre aimable femme; je vous embrasse de tout mon cœur, et suis à vous, sans fadeur et sans autre titre que celui de votre ami -

Lekain

Numéro 1352.

✦ 1355 ✦ **ARNOULD** (Madeleine-Sophie), actrice et cantatrice, non moins célèbre par son esprit caustique que par son talent, n. à Paris, 14 février 1744, m. dans la même ville, 22 octobre 1802. Elle a eu les frères de Goncourt pour biographes.

L. A. S. à madame Belanger (mademoiselle Dervieux, femme du célèbre architecte, dont Sophie Arnould avait été la maîtresse et avec lequel elle entretint une très curieuse correspondance publiée par les frères de Goncourt), à Paris; Paris, 11 prairial an IX (31 mai 1801), 2 p. in-8, cachet. — P.

Charmante épître où elle remercie madame Belanger et son mari des preuves d'amitié qu'ils lui ont données. « Aimez-moy toujours. Eh! ne me plaignez plus tant, car je suis heureuse en ce moment. Je viens de recevoir une lettre de mon hussard, de mon Constant, de ce fils tant chéris par moy eh! qui mériite si bien toutes mes tendresses. Eh! comme s'il eut deviné toutes vos bontés pour moy, quels amis j'ay entre le mary et la femme, il me dit des choses si particulières pour vous, il me charge de le rappeller à votre souvenir d'une manière si distinguée, avec des expressions si amicale, si tendre, que je ne peux les exprimer... » —(Sophie Arnould avait eu du duc de Brancas-Lauraguais deux fils, Camille-Auguste et Antoine-Constant. Ce dernier, dont il est question dans la présente lettre, était alors chef d'escadron de hussards. Il devint colonel de cuirassiers et périt à la bataille de Wagram.)

✦ 1356 ✦ **MONVEL** (Jacques-Marie Boutet, dit), célèbre acteur du Théâtre-Français et auteur dramatique, le rival de Molé, membre de l'Institut (1795), père de mademoiselle Mars, n. à Lunéville, 5 mars 1745, m. à Paris, 13 février 1812.

L. A. S. à M. de Rémusat, préfet du palais de Napoléon I (père du célèbre philosophe, n. en Provence le 28 avril 1762, m. le 15 mai 1823); Metz, 23 thermidor an XI (11 août 1803), 2 p. in-4. — P.

Belle lettre où il sollicite une prolongation de congé. « Je me trouve à Metz et par conséquent à quatorze lieues de mon païs natal. Mon âge ne me permet plus l'espoir de le revoir encor, si je ne profite pas de la proximité où je me vois de Lunéville. J'y ai des parens que je brûle d'embrasser pour la dernière fois, quelques intérêts de famille à régler et le désir si doux à satisfaire de revoir sa terre natale... »

✦ 1357 ✦ **LA RIVE** (Jean Mauduit de), célèbre tragédien, élève et successeur de Lekain, n. à La Rochelle, 6 août 1747, m. à Montlignon (Seine-et-Oise), 30 avril 1827. Il a publié un *Cours de déclamation* ainsi que des *Réflexions sur l'art théâtral*.

L. A. S. au cit. Mahérault, professeur des écoles centrales; Paris, 28 vendémiaire, 1 p. in-4, cachet demi-brisé. Superbe pièce. *(Coll. Mahérault.)* — P.

Belle lettre où il le prie de lui envoyer son brevet de pension. « Il paroit, par une lettre que je viens de recevoir, que la Comédie est décidée à m'envoyer dans l'isle de Lemnos le primidi; et comme je crains que le nouveau Pirrhus n'ait pas assez de force pour m'en tirer, je me recomande à vos soins aimables pour me faire voyager à l'avenir dans des pays plus heureux... »

✛ 1358 ✛ **DAZINCOURT** (Joseph-Jean-Baptiste ALBOUIS, dit), sociétaire du Théâtre-Français, qui excella dans les rôles de valets, n. à Marseille, 11 décembre 1747, m. à Paris, 29 mars 1809. Il donna des leçons à la reine Marie-Antoinette.

1° L. A. S. (à Beaumarchais); (Paris), 26 novembre 1779, 1 p. 1/2 in-4. *(Coll. de Loménie.)* — P.

Très curieuse lettre dans laquelle il prie Beaumarchais de lui confier le rôle de *Figaro*, lorsque M. Préville y renoncera. Il fera tous ses efforts pour le contenter. « Je vous supplie, au nom de tous les *valets* tant parisiens que provinciaux, qui ne me dédiront pas, de nous fournir, dans vos moments de loisir, de nouveaux moyens de plaire, par des rôles aussi parfaits que ceux dont votre *Barbier* et vos autres ouvrages sont remplis... »

2° P. S.; Paris, 24 nivôse an V (13 janvier 1797), 1 p. in-fol. Jolie pièce.

Très curieux document pour l'histoire du Théâtre-Français. C'est le mémoire des fournitures livrées par le costumier Bourson à Dazincourt pour son habit de *Figaro*. Il s'élève à cent vingt livres quatorze sous. Intéressants détails.

✛ 1359 ✛ **RAUCOURT** (Françoise CLAIRIEN, dite), célèbre tragédienne, rivale de mademoiselle Clairon, n. à Dombasle (Meurthe-et-Moselle), 29 novembre 1753, m. à Paris, 15 janvier 1815. Ses funérailles donnèrent lieu à des désordres parce que le curé de Saint-Roch refusa l'entrée de son église aux restes de la comédienne.

L. A. S. à Lafon (le célèbre tragédien); la Chapelle-Saint-Ménier, près d'Orléans, 18 thermidor, 1 p. in-4, cachet. Jolie pièce. — P. de Devéria.

Belle lettre où elle lui rappelle qu'elle compte sur lui pour le 20 thermidor. On jouera *Cinna, Sémiramis, l'Orphelin de la Chine, Œdipe* et *Britannicus*. Intéressants détails.

✛ 1360 ✛ **CONTAT** (Louise), une des plus spirituelles comédiennes de son temps, interprète incomparable des pièces de Marivaux et créatrice du rôle de Suzanne dans le *Mariage de Figaro*, n. à Paris, 1760, m. dans la même ville, 9 mars 1813.

1° L. A. S. (au banquier Perregaux); Toulouse (où elle donnait des représentations), 5 frimaire an XII (27 novembre 1803), 2 p. in-8. Très jolie pièce. — P.

Belle lettre où elle le remercie d'un prêt de quinze cents francs. Elle a eu beaucoup de contrariétés avec la troupe de Bordeaux. « C'est un tripot si pitoyable qu'ils ont failli me faire perdre l'esprit. Je m'en repose ici, où j'ai trouvé un bon ordre, des acteurs heureux et un public empressé. »

2° L. A. S. à madame d'Haussy; (Paris), ce samedi matin, 3/4 de p. in-8. Très jolie pièce.

Charmante épître intime, signée *L. de Parny* et où elle l'invite à dîner avec son fils. « Tu n'as pas voulu, ma chère, être du gouter d'enfans dimanche, il faut que tu sois d'un dîner de papas lundi; il faut que tu m'amennes ton fils et que vous soyez tous deux bien certains du plaisir que mon mari et moi aurons à vous recevoir. » (Après s'être retirée du théâtre, elle avait épousé M. de Parny, neveu du fameux poète de *la Guerre des dieux*.)

✛ 1361 ✛ **TALMA** (François-Joseph), le plus grand tragédien qu'ait produit la France, n. à Paris, 15 janvier 1763, m. dans la même ville, 19 octobre 1826.

L. A. S. à son père, à Londres; lundi 1 mai 1786, 1 p. 1/2 in-4, cachet-camée. Légère déchirure.

Très intéressante lettre où il mande que Volange (le célèbre comédien) est parti de Melun le 17 avril pour aller donner six représentations à Genève et qu'il doit rentrer prochainement à Paris. De là il se rendra à Londres avec Talma et tous deux arriveront dans cette ville le 15 mai. Talma prie en conséquence son père d'annoncer leur prochaine arrivée à Londres et de faire faire les décorations nécessaires. — (Talma débuta au Théâtre-Français le 21 novembre 1787.)

✦ 1362 ✦ **TALMA** (François-Joseph).

L. A. S. à Monseigneur (le duc de La Ferté); (Paris, vers 1824), 3 p. 1/4 in-fol. Superbe pièce. — P.

Magnifique lettre dans laquelle il sollicite sa mise à la retraite. Il explique les raisons de famille et de fortune qui le forcent à cette demande. Des circonstances bizarres peuvent mettre tout ce qu'il possède dans la dépendance d'un étranger. D'autre part il a dû élever six neveux et de telles charges ont compromis sa fortune. « Les deux points essentiels qui font l'objet de ma sollicitude sont donc de mettre mes fonds hors d'une atteinte étrangère et d'un danger à venir et de pouvoir jouir cette année d'un congé tel que je puisse remplir un vuide considérable dans mes affaires, résultat de mes nombreuses charges et qui ont presque toujours rendu mes émolumens au théâtre insuffisans pour mes dépenses. Ces deux difficultés levées, la continuation de mon service au Théâtre français serait parfaitement conforme à mes désirs, à mon intérêt, comme je crois, à celui de la Comédie française... »

✦ 1363 ✦ **TALMA** (François-Joseph).

P. S., signée aussi par Saint-Fal, Demerson, Caroline Talma, Rose Dupuis, Lafon, Mademoiselle Mars, Mademoiselle Volnais, Émilie Leverd, Tousez, Cartigny, Caroline Dupont, Mademoiselle Bourgoin, De Vigny, Monrose, Desmousseaux, Grandville, Madame Paradol, Saint-Aulaire, Mademoiselle Mante, Michelot, Menjaud, Saint-Prix, Mademoiselle Desbrosses, Baptiste aîné, Madame Thénard et Mademoiselle Devienne, appartenant tous à la troupe du Théâtre-Français; Paris, 4 février 1826, 2 p. in-4. Superbe pièce. *(Coll. Dubrunfaut.)*

Intéressant document, en ce qu'il présente les signatures de tous les artistes du Théâtre-Français sous la Restauration. C'est un certificat accordé au sieur Pierre-Joseph Mongellas, qui a rempli pendant trente-quatre ans au Théâtre-Français les fonctions de premier garçon et de fourrier pour les voyages.

✦ 1364 ✦ **MÉZERAY** (Marie-Antoinette-Joséphine), actrice du Théâtre-Français, non moins célèbre par sa beauté et ses galanteries que par son talent, n. à Paris, 10 mai 1774, m. folle dans l'hospice de Charenton, 20 juin 1823.

L. A. S. à Caroline Branchu (célèbre cantatrice, n. 1780, m. 1850); 13 septembre 1816, 1 p. in-8. — P. de la coll. Vignères.

Très jolie lettre où elle exprime ses regrets de ce que madame Branchu ne puisse venir chanter dans sa représentation de retraite. — (Joséphine Mézeray avait quitté la Comédie-Française le 1 avril précédent.)

✦ 1365 ✦ **POTIER** (Charles-Gabriel), un des meilleurs et des plus populaires acteurs comiques de notre siècle, n. à Paris, 23 octobre 1774, m. à Fontenay-sous-Bois (Seine), 20 mai 1838.

L. A. S. à G. de Pixérécourt; 16 ou 17 octobre 1830, 1 p. 1/2 in-4. — P.

Très belle lettre dans laquelle il discute les termes d'un traité avec le théâtre de la Gaîté (dont Pixérécourt était directeur). D'après un article de ce traité, Potier se trouverait engagé pour quatre ans, tandis que l'administration du théâtre pourrait rompre avec lui après les quatre premiers mois expirés. « Vous concevez, mon bon ami, qu'à mon âge je ne puis pas me donner à l'essai. Si, d'ailleurs, vous l'aimiez mieux, nous ferons notre affaire pour quatre mois et je me trouverai dans la position d'un acteur en représentation, qui peut, à son choix, aller d'un théâtre à l'autre. »

Numéro 1363.

✦ 1366 ✦ JOANNY (Jean-Baptiste-Bernard BRISEBARRE, dit), tragédien, n. à Dijon, 2 juillet 1775, m. à Paris, 5 janvier 1849.

L. A. S. au baron (Taylor); Paris, 31 janvier 1824, 3 p. in-4. Belle pièce. *(Coll. Sapin.)* — P.

Superbe et intéressante lettre dans laquelle il sollicite instamment son appui pour la représentation qu'il doit bientôt donner à son bénéfice au deuxième Théâtre-Français.

✦ 1367 ✦ LAFON (Pierre), célèbre tragédien, émule de Talma, qu'il fut loin d'égaler, n. à la Linde (Dordogne), 13 septembre 1775, m. à Bordeaux, mai 1846.

L. A. S. à Gilbert Duprez (le célèbre chanteur); Paris, 19 décembre 1838, 2 p. in-8. Jolie pièce.

Très belle lettre dans laquelle il sollicite son concours pour une représentation à son bénéfice. « Votre nom, Monsieur, et l'appui de votre talent, joint à celui de mademoiselle Mars et de mademoiselle Rachel, ajouteraient beaucoup à l'intérêt que peut exciter un vétéran de la Comédie française, qui fut pendant vingt-cinq années le lieutenant de l'illustre Talma. »

✦ 1368 ✦ DUCHESNOIS (Catherine-Joséphine RAFIN, dite), célèbre tragédienne, n. à Saint-Saulves, près de Valenciennes (Nord), 5 juin 1777, m. 8 février 1835.

L. A. S. (au baron Taylor); (Paris), 22 janvier 1828, 1 p. 3/4 in-4. *(Coll. Taylor.)* — P.

Très intéressante lettre où elle se plaint vertement qu'on ait changé un spectacle sans la prévenir. « Vous savez, Monsieur le baron, que le spectacle avait été demandé pour lundi et que la députation du collège Charlemagne est venue deux fois et de son propre et premier mouvement réclamer la tragédie de Phèdre. Vous devez juger quel est mon étonnement de ce troisième changement. C'est une injure qui s'adresse directement à moi et que je ne puis attribuer qu'à l'intrigue du théâtre... »

✦ 1369 ✦ MARS (Anne-Françoise-Hippolyte BOUTET, dite), fille de Monvel, une des plus grandes comédiennes de notre siècle, l'impeccable interprète de Molière et de Marivaux, n. à Paris, 9 février 1779, m. dans la même ville, 20 mars 1847.

L. A. S. au roi Louis-Philippe; (Paris), 16 septembre 1831, 2 p. in-fol. Légères taches. — P.

Lettre des plus remarquables où elle se plaint amèrement des injustices commises à son égard. « Le Théâtre-Français, dit-elle, manque à tous ses engagemens avec moi. Je suis malade, je demande à me retirer; on me défend de quitter la société avant un an, on me refuse mes appointements parce que ma santé ne me permet pas de jouer; je suis privée de ma pension, de mes fonds, puisqu'on me garde comme sociétaire; en cette qualité je participe chaque jour aux dettes; c'est la seule chose qu'on ne me refuse pas, mais il me serait défendu de participer aux bénéfices, si le bonheur voulait qu'il y en eût. Est-ce une position tolérable et devais-je m'attendre à de pareils procédés de la part d'un théâtre à la fortune duquel e puis dire que je n'ai pas été étrangère. » Abandonnée par le ministre, qui refuse de l'entendre, elle en appelle au roi, l'auguste protecteur du Théâtre-Français.

✦ 1370 ✦ BOURGOIN (Marie-Thérèse-Étiennette), célèbre tragédienne, que la vivacité de son esprit caustique et de ses réparties fit comparer à Sophie Arnould, n. à Paris, 1785, m. dans la même ville, 11 août 1833. Elle fut l'élève de Talma.

L. A. S. à Joséphine Duchesnois; 22 septembre, 2 p. in-4. Jolie pièce.

Elle la félicite sur ses succès en province et sur l'éventualité de leur rentrée au théâtre. « Nous sommes bien vengées dans ce moment en voyant le pauvre Théâtre français entre les mains de cette médiocrité, et, quand ce ne serait que pour les effrayer, entretenons-les dans la crainte où ils sont de notre rentrée sur la scène française. »

LETTRE DE MADEMOISELLE MARS — FRAGMENT

Numéro 1369.

[Texte manuscrit]

+ 1371 + **GEORGE** (Marguerite-Joséphine-Georges Weimer, dite), célèbre tragédienne, qui n'eut pas de rivale dans les rôles de reines, n. à Bayeux, 23 février 1787, m. à Passy, 11 janvier 1867. Son éclatante beauté lui valut les faveurs de Napoléon I.

L. A. S. George Benckendorff à sa mère; Saint-Pétersbourg, 5 août 1808, 3 p. 3/4 in-4. — P.

Magnifique lettre, la plus belle qu'on connaisse de cette artiste. Elle raconte avec un orgueil naïf ses débuts à Saint-Pétersbourg dans le rôle de *Phèdre*. « Toute la famille impériale étoit donc pressante. On me prévien d'abord qu'il n'étoit point d'usage d'aplaudir en entrant, ainsi que cela ne me déconcerte pas. Mais au contraire, quand j'ai paru, j'ai été reçue comme à Paris, je te jure. Juge quel étonnement pour tout le monde. On applaudit jamais avant l'Empereur. C'est donc lui qui a commencé à toutes mes entrées. Juge, bonne mère, quel brillant succès. Jamais on n'en a vu un pareil. Toute la famille a envoyés chés moi pour me faire compliment. C'étoit un train dont tu ne (peux) pas te faire d'idée. L'Empereur surtout étoit en extase. S. M. l'Impératrice mère a dit à table : J'ai été à Paris dans le tems de mademoiselle Clairon, je l'ai beaucoup suivie, mais jamais elle n'a fait sur moi l'effet qu'a produit mademoiselle George. » L'Empereur lui a envoyé une très belle plaque en diamants pour servir de ceinture. Elle a débuté à la ville avec non moins de succès. Le grand duc la voit tous les jours et l'aime comme une sœur. Elle parle ensuite de son bon Benckendorff, qu'elle aime de plus en plus, ce qui rend tout le monde jaloux de leur bonheur. Elle la charge, en terminant, de dire à Talma qu'elle l'aime toujours. — (Cette lettre peint à merveille mademoiselle George, dont les compliments intéressés du critique Geoffroy et les adulations de ses nombreux adorateurs avaient excité démesurément l'orgueil. La célèbre tragédienne avait, cette même année, quitté Paris à l'improviste, pour un motif encore inexpliqué. Elle s'était rendue à Saint-Pétersbourg, où la cour lui fit fête, comme on le voit. Elle ne rentra à Paris qu'en 1813.)

+ 1372 + **GEORGE** (Marguerite-Joséphine-Georges Weimer, dite).

L. A. S. à Saint-Prix (le célèbre acteur du Théâtre-Français); (Paris), 12 avril 1817, 1 p. 1/2 in-8.

Très curieuse épître. Ayant besoin d'une somme de trois mille francs, elle s'est adressée à la Comédie-Française, ne voulant rien demander à l'autorité. Elle gourmande Saint-Prix d'avoir parlé de cette affaire à M. de la Ferté et elle le prie de ne point voir à ce sujet M. le duc de Duras. « Je n'ai jamais tenu à l'argent, mais je tiens aux procédés. Ainsi soyez bien sûr que sans aigreur mais avec fermeté j'agirai pour la comédie comme elle agira pour moi... »

+ 1373 + **SAMSON** (Joseph-Isidore), un des maîtres les plus estimés du Théâtre-Français, le célèbre et heureux professeur de Rachel et des Brohan, auteur dramatique et poète, n. à Saint-Denis (Seine), 2 juillet 1793, m. à Paris, 28 mars 1871.

1° L. A. S. à Eugène Scribe (le célèbre et fécond auteur dramatique); (Paris), samedi 8 février 1840, 2 p. 1/2 in-8. Très jolie et intéressante pièce. — P. photographié avec signature autographe.

Curieuse épître dans laquelle il proteste énergiquement contre le bruit qui a couru que son indisposition était fictive et avait pour but de retarder la première représentation de *la Calomnie* de Scribe. « Je sais que je me dois, sans restriction, sans arrière-pensée, à tous les auteurs qui m'honorent de leur confiance, et, si je mérite leurs reproches, ce ne sera du moins que sous le rapport du talent. »

2° L. A. S. au comte Walewski; (Paris), 24 octobre 1862, 1 p. 1/2 in-fol.

Superbe lettre d'envoi de la première partie de son poème sur l'art théâtral. « Auteur et comédien, j'ai reçu de vous, à ce double titre, des témoignages de bonté dont le souvenir me sera toujours précieux. »

+ 1374 + DÉJAZET (Pauline-Virginie), grande comédienne, que son talent inimitable, la bonté de son cœur et la vivacité de son esprit ont rendue la plus populaire des
artistes de ce siècle, n. à Paris, 30 août 1797, m. dans la même ville, 1 décembre 1875.

L. A. S. à Frédéric Bérat (compositeur de musique et chansonnier, n. à Rouen, 1810, m. 1855);
(Londres, 26 mai 1843), 7 p. in-4. Superbe pièce, la plus belle qu'on connaisse de Déjazet. — P.

Lettre des plus curieuses où elle raconte qu'elle a chanté à Londres la *Lisette* (célèbre chanson de Bérat). « La musique
a été comprise, voilà tout. Mais vos si suaves paroles sont trop françaises pour eux ! Cependant il y a eu succès, mais, je
vous le dis avec ma conviction, pas à la hauteur de ce que vous méritez. Il est vrai qu'hier n'était pas un jour de souscription, ce qui veut dire que la haute société n'était pas là comme les autres jours. Le public, devant lequel je suis venue
chanter la bonne Lisette, ne comprenait presque pas notre langue, et l'on espère que devant l'aristocratie elle produira la
prochaine fois plus d'effet. J'étais pourtant en voix et doute que je la chante jamais mieux. » Déjazet se plaint ensuite d'être
restée quinze jours à Londres sans avoir reçu un seul mot de celui qu'elle aime. Elle ne peut rendre ce qu'elle a ressenti
pendant ces mortelles heures. La colère, la douleur, le mépris, la haine, tout cela s'est heurté à la fois dans sa pauvre tête,
et le soir, après un grand succès, elle sanglotait à son aise. La lettre qu'elle a reçue était bien froide. Sa réponse a été courte,
car elle craint d'être importune. « Je sais
par expérience combien l'amour malheureux est ridicule et fatiguant pour celle
ou celui qui ne le partage pas... »

+ 1375 + DÉJAZET (Pauline-Virginie).

L. A. S. à M. Lefebvre; Saint-Étienne, jeudi, août 1854, 4 p. pl. in-8. Très belle pièce. — P.

Charmante épître, pleine de cœur. Elle a été désolée de n'avoir pu, à cause de son état de souffrance et de fatigue, assister à son banquet. Elle est très satisfaite de ses représentations à Saint-Étienne. Les soirées lui ont rapporté plus de
quatre cents francs en moyenne. « Cela m'a rappelé notre cher Lyon du côté de l'argent ! mais du côté du cœur, il est
toujours veuf. »

+ 1376 + PROVOST (Jean-Baptiste-François), célèbre sociétaire du Théâtre-
Français, n. à Paris, 28 janvier 1798, m. dans la même ville, 24 décembre 1865.

1° P. S., signée aussi par LOUIS-BENOIT PICARD (le célèbre auteur comique, n. à Paris, 1769,
m. 1828), directeur de l'Odéon; Paris, 15 décembre 1819, 1 p. in-fol. *(Coll. B. Fillon.)* — P.

Curieux document. C'est l'engagement de Provost au second Théâtre-Français, « pour y jouer les premiers, seconds
et troisièmes rôles dans les deux genres, et, au besoin, les
confidents », moyennant un traitement fixe de quatre mille
francs. — (Provost resta à l'Odéon jusqu'en 1828, passa à
la Porte-Saint-Martin et enfin débuta, en 1835, au Théâtre-
Français, qu'il ne quitta plus depuis.)

2° L. A. S. à Auguste Romieu (le publiciste);
30 mars 1852, 3 p. in-8, enveloppe. Jolie pièce.

Intéressante lettre relative à la demande qu'avait faite le
docteur Archambault d'ouvrir une maison de santé, bien
qu'il fût attaché au service de Charenton.

+ 1377 + ARNAL (Étienne-Nicolas-Joseph), un des comiques les plus originaux
de notre siècle, n. à Paris, 31 décembre 1798, m. à Genève, 7 décembre 1872.

1° Pièce de vers aut. sig., 3/4 de p. in-8. Jolie pièce. — 2° Pièce autographe, prose et vers;
(Paris, 1837), 1 p. 1/2 in-4. Très belle et très intéressante pièce. *(Coll. Dubrunfaut.)* — P.

Très curieux document où il donne sa biographie. Il déclare être né à Paris le 31 décembre 1798 et être entré en 1812
aux pupilles de la garde; d'où il sortit en 1814. Il exprime, en huit vers, les raisons qui lui firent quitter le service. Puis il
raconte qu'il entra alors chez un fabricant de boutons, nommé Hesse, et qu'en
même temps il s'exerçait à jouer au théâtre de Doyen. Il cite à ce sujet un
passage de son épître en vers à Bouffé, et termine en disant qu'il entra au
Vaudeville en 1827. — (C'est par erreur que le dictionnaire de Vapereau dit
qu'Arnal naquit à Meulan le 1 février 1794.)

LETTRE DE DÉJAZET — FRAGMENT

Numéro 1375.

LETTRE DE MARIE DORVAL — FRAGMENT

Numéro 1382.

+ 1378 + **MONNIER** (Henri-Bonaventure), célèbre acteur, caricaturiste et écrivain, dont les *Scènes populaires dessinées à la plume* et les *Bourgeois de Paris* ont obtenu le plus vif et le plus durable succès, le populaire créateur du type si juste et si piquant de Joseph Prudhomme, qu'il a mis en scène dans sa fameuse comédie *La grandeur et la décadence de Joseph Prudhomme,* jouée par lui-même au théâtre de l'Odéon en 1852, n. à Paris, 6 juin 1799, m. dans la même ville, 3 janvier 1877.

L. A. S. Prudhomme à Charles Blanc, « membre des classes dangereuses de la société, à Paris (le siège), près Belleville »; (1848), 1 p. 3/4 in-8. — P. photographié avec signature autographe.

Curieuse épître, portant la signature qu'Henri Monnier avait inventée pour son héros Joseph Prudhomme. Il se plaint de ne pas voir plus souvent Charles Blanc. « Qui peut nous empêcher de co-dîner quelquefois simulta-nément ? Donnez-moi deux jours par mois, un seul, si mieux vous aimez, deux fois l'an, si mieux aimez encore, mais voyons-nous, au nom du ciel ! voyons-nous. Que faut-il faire pour rentrer dans vos bonnes grâces, si je m'en suis écarté? Je dois dire que monsieur votre frère (Louis Blanc) m'a toujours parfaite-ment accueilli. Je me plais à lui rendre cette justice. Ré-pondez-moi, je vous en prie, je vous en supplie même au besoin, que je sache à quoi m'en tenir à ce sujet. »

+ 1379 + **LEMAITRE** (Frédérick), grand comédien, l'immortel interprète de Ruy-Blas et de Robert-Macaire, n. au Havre, 9 juillet 1800, m. à Paris, 27 janvier 1876.

L. A. S. à M. Joly, rédacteur en chef du *Vert-Vert;* le Havre, 7 octobre 1832, 1 p. in-4. — P.

Belle lettre d'envoi d'un article d'un journal du Havre, qui rend compte d'une de ses représentations. « Je compte d'ici à quelques jours être à Paris et vous remettre mes notes sur ce que j'ai observé en province relativement à l'art dramatique. Il est grandement temps que des gens courageux viennent à son secours, car le gâchis est à son comble, et cela est d'autant plus cruel pour l'artiste que, secondé par un public qui n'écoute plus que la raison et qui foule aux pieds préjugés et tradi-tions, le moment est on ne peut plus opportun pour une bonne et saine révolution théâtrale. »

✚ 1380 ✚ BOUFFÉ (Marie), célèbre acteur comique du Gymnase et des Variétés, n. à Paris, 4 septembre 1800. Il est actuellement le doyen des artistes dramatiques.

L. A. S. à Poirson (directeur du Gymnase, n. 1790, m. 1859); Rennes, 4 juillet 1837, 2 p. in-4.—P.

Très curieuse épître où il refuse catégoriquement de jouer un rôle qu'il lui a destiné. Trop souvent il a été forcé d'accepter des rôles qu'il ne sentait pas. Cette fois il veut créer un caractère comique, afin de ne pas se fatiguer le sang. Il proteste contre les prétentions de son directeur et se plaint de la persécution dont il est l'objet. « Vous avez le droit de me faire accepter le rôle, mais, je vous le répète, ce sera par la voix des tribuneaux. » — (Bouffé ne tarda pas à abandonner le Gymnase et à entrer aux Variétés.)

✚ 1381 ✚ BEAUVALLET (Pierre-François), célèbre tragédien, auteur dramatique distingué, n. à Pithiviers (Loiret), 13 octobre 1801, m. à Paris, 21 décembre 1873.

1° L. A. S. à M. de Beauchesne (secrétaire du Conservatoire); (Paris, 25 février 1870), 1 p. in-8.—P.

Belle lettre où il lui mande qu'il est malade et qu'il a grand besoin d'argent. Il sollicite l'autorisation de toucher par avance son traitement de professeur au Conservatoire. « Ce n'est pas une grosse somme, mais elle m'est plus qu'utile en ce moment, car je suis horriblement gêné. Je vous confie cela comme à un bon ami avec qui on ne se gêne pas pour parler à cœur ouvert... »

2° Trois dessins à la plume, représentant d'abord le portrait du célèbre critique d'art Charles Blanc, ensuite un portrait d'abbé, enfin un paysage. — 3° Portrait photographié avec signature autographe.

✚ 1382 ✚ DORVAL (Marie-Amélie-Thomas DELAUNAY, femme), tragédienne, la sublime interprète des drames de l'école romantique, n. à Lorient, 1801, m. à Paris, 18 mai 1849. Elle était non moins remarquable par les qualités de son cœur.

L. A. S. à M. Catelin; Lyon, 3 novembre 1836, 1 p. in-8, enveloppe et cachet.—P. de J. Gigoux.

Belle et amicale lettre dans laquelle Marie Dorval remercie M. Catelin de ses compliments. « J'aurais été bien aise de pouvoir jouer Kitty-Bell demain, mais la chose est impossible. Je joue Tisbé d'*Angelo*. Ce n'est que jeudi qu'on pourra donner *Chatterton*. Je serai très heureuse si vous pouvez assister à cette représentation. » — (Marie Dorval compta parmi ses plus belles créations le rôle de Kitty-Bell dans le *Chatterton* d'Alfred de Vigny et celui de Thysbé dans l'*Angelo* de Victor Hugo. — Voir le fac-similé page 508.)

✚ 1383 ✚ DORVAL (Marie-Amélie-Thomas DELAUNAY, femme).

L. A. S. au baron James de Rothschild; Paris, 19 juillet 1843, 1 p. 1/2 in-8.

Curieuse épître où elle lui demande l'autorisation d'aller voir dans sa galerie le tableau d'Ary Scheffer représentant *Lénore*. « Devant jouer après-demain un drame nouveau dont la ballade de Burger a fourni le sujet, je désirerais beaucoup connaître la pensée poétique d'un peintre aussi distingué que M. Schœffer sur la physionomie, la pose et le costume de Lénore. Pardonnez, Monsieur le Baron, mon indiscrétion, que justifieront aisément, je l'espère, l'intérêt que vous portez aux arts et la protection généreuse que vous accordez à ceux qui les cultivent. » — (Madame Dorval devait jouer dans un drame des frères Cogniard intitulé *Lénore ou les morts vont vite* et représenté au théâtre de la Porte-Saint-Martin. Cette pièce n'eut, au dire de Jules Janin, qu'un très médiocre succès. Elle était, d'après l'affiche, tirée d'une nouvelle d'Henri Blaze.)

✦ 1384 ✦ **BOCAGE** (Pierre-Martinien Tousez, dit), célèbre comédien, qui excella dans le drame, directeur de l'Odéon, n. à Rouen, 1801, m. à Paris, 30 août 1863.

L. A. S. à M. Girard, 3 p. in-32. — P. de Léon Noël.

Curieuse épitre où il parle d'un article d'Alphonse Karr sur une pièce où il jouait un rôle. « Il ne pensait pas de bien de la pièce ni de l'acteur. Il l'a dit, un peu durement peut-être, mais il est notre ami et qui aime bien châtie bien, dit-on, puis l'intérêt de l'art avant tout. Je sais que ce n'est pas avec des épigrammes qu'on corrige, qu'il faudrait plutôt indiquer la route à suivre pour effacer le mal et arriver au bien, mais cette critique serait plus difficile, moins brillante, et probablement notre ami a pensé que nous étions si malades qu'il n'y avait pas de guérison possible et il nous a mis le pied sur la gorge pour nous enterrer plus vite. C'est charité. »

✦ 1385 ✦ **LOCKROY** (Joseph-Philippe Simon, dit), excellent acteur, qui interpréta les drames romantiques et fut aussi auteur dramatique, n. à Turin, 17 février 1803.

1° L. A. S. à Bocage (le célèbre acteur dramatique); (Paris, 1828), 2 p. 1/2 in-4. Très jolie pièce.

Très curieuse épitre où il lui explique les raisons qui l'ont amené à jouer à l'Odéon dans *Le dernier jour de Missolonghi* le rôle de Capsali, créé par Bocage. Celui-ci ayant, à la suite d'une discussion avec Sauvage, directeur du théâtre, refusé de jouer, Lockroy a accepté de le remplacer momentanément pour ne pas empêcher la représentation. Il a ainsi rendu service au théâtre et à ses camarades et il ne croit pas avoir mérité les reproches que Bocage lui a adressés. — (*Le dernier jour de Missolonghi* était un drame de Georges Ozaneaux, dont Herold avait fait la musique.)

2° P. S., avec deux lignes autographes; Paris, 9 avril 1829, 4 p. in-fol. *(Coll. Dubrunfaut.)*

Très curieux document. C'est l'engagement de Lockroy au théâtre de la Porte-Saint-Martin pour jouer l'emploi des jeunes premiers et premiers rôles moyennant la somme de dix mille francs par an.

✦ 1386 ✦ **ROUVIÈRE** (Philibert), tragédien d'un talent puissant et original, interprète heureux des chefs-d'œuvre de Shakespeare, peintre de genre très distingué, n. à Nîmes, 19 mars 1806, m. à Paris, 19 octobre 1865.

L. A. S. à Cherubini (directeur du Conservatoire); Paris, 22 septembre 1838, 2 p. in-4. *(Coll. B. Fillon.)* — P. photographié avec signature autographe.

Très belle lettre dans laquelle il sollicite une pension et son admission au Conservatoire de musique. — (Rouvière fut admis au Conservatoire et débuta, l'année suivante, à l'Odéon.)

✦ 1387 ✦ **BROHAN** (Augustine-Suzanne), excellente comédienne, qui quitta prématurément la scène en 1842, mère d'Augustine et de Madeleine, n. 29 janvier 1807.

L. A. S. à madame Alexis Pastelot, artiste du grand théâtre de Bordeaux; Paris, 10 janvier 1840, 2 p. 1/2 in-8.

Curieuse épitre où elle donne des nouvelles du théâtre du Vaudeville et de son directeur, qui mange beaucoup d'argent. Piquants détails. « M. Trubert galoppe après madame Albert, qu'il veut engager absolument. Mademoiselle Fargueil tient bon et ne veut point démordre de ses prétentions. Les procès vont toujours leur petit chemin. M. Trubert dit qu'il voudrait bien, mais qu'il n'a pas le temps d'aller te voir à Bordeaux. Enfin rien n'avance, rien ne marche que le temps qui va toujours, lui. On dit tout bas, et ceci entre nous deux seulement, que ce bon M. Trubert est déjà bien embarrassé de sa conquête, que deux ou trois bailleurs de fonds, qui devaient le suivre, se sont arrêtés en route et qu'une dizaine de mille francs qu'il possédait en tout sont déjà mangés. Il est sûr et très sûr qu'il ne fait pas d'argent et que toutes les pièces qu'on a données depuis qu'il est directeur sont tombées plus ou moins lourdement... »

╋ 1388 ╋ **REGNIER DE LA BRIÈRE** (François-Joseph-Philoclès), un des plus célèbres artistes du Théâtre-Français, qui fut l'émule de Monrose et de Samson, professeur au Conservatoire, n. à Paris, 1 avril 1807, m. dans la même ville, 27 avril 1885.

1° **L. A. S.** Philoclès Regnier à l'acteur Ferville; Nantes, 27 février 1831, 1 p. in-8. *(Coll. Sapin.)*

Intéressante lettre où il mande que ses camarades ont été d'avis de ne pas faire venir à Nantes mademoiselle Colon. « Ma mère vous aura remis sans doute mon engagement signé. Je serai à Paris le 24, mais il me sera impossible d'y être plutôt. » — (Regnier débuta au Théâtre-Français en novembre 1831. — Voir, au sujet de son prénom de Philoclès, la lettre cataloguée sous le numéro suivant.)

2° Croquis dessiné par Regnier au Conservatoire (où il est professeur de déclamation depuis 1854) pendant la séance du Comité des études du 19 juin 1860, in-32. *(Coll. de Beauchesne.)* — 3° **L. A. S.** à un littérateur; (Paris), 10 février 1874, 1 p. 1/2 in-8. *(Coll. Sapin.)* — P. photographié.

Curieuse épître. « Mon parrain, un vieux soldat républicain, voulut absolument, en 1807, que l'on ajoutât à mes deux prénoms, François-Joseph, celui de *Philoclès*. L'église ne voulut point de ce nom païen, les officiers de l'état civil l'acceptèrent, et c'est sous ce dernier prénom que l'on m'appelait dans mon enfance, en pension, au collège et dans ma famille. Presque toujours on en retranchait la dernière syllabe et j'en ai longtemps gardé l'initiale devant ma signature. » Il félicite ensuite son correspondant à propos d'un travail qu'il vient de publier sur Molière. Très intéressants détails à ce sujet.

╋ 1389 ╋ **REGNIER DE LA BRIÈRE** (François-Joseph-Philoclès).

1° **L. A. S.** à Charles de La Rounat (directeur du théâtre de l'Odéon); 9 janvier 1876, 1 p. 1/2 in-8.

Jolie lettre d'envoi de la copie d'une pièce de vers adressée par Émile Augier à Regnier et datée de Londres, 10 juin 1850. Cette belle poésie est relative à la mort de la fille du célèbre comédien. Elle comprend trois strophes, et en voici la dernière :

« Le reflet d'un bonheur hélas! sitôt perdu, « Et met notre amitié, pauvre cœur désolé,
« Comme un tiède rayon, dans mes vers répandu, « Sous l'invocation de votre ange envolé
« Pour vous y brille encore, « Qui les a fait éclore. »

2° **L. A. S.** à Charles de La Rounat; (Paris), 8 février 1876, 4 p. pl. in-8. Très jolie pièce.

Superbe lettre où il déclare que Talma savait admirablement l'anglais. « Bien souvent, dit-il, je lui ai entendu parler cette langue, qu'alors je n'entendais pas. » « Talma possédait dans sa bibliothèque beaucoup de livres anglais et il a dû, pour jouer en français Macbeth, Hamlet, Othello, recourir aux sources mêmes de ses rôles. Regnier raconte ensuite qu'il a joué *Gabrielle* à Londres en 1850 et que c'est alors qu'Émile Augier lui adressa une pièce de vers (celle qui est mentionnée plus haut). Les journaux anglais ont traité *Gabrielle* de pièce immorale, tandis que l'Académie française a donné un prix de sept mille francs à Augier pour cette comédie, ouvrage de style et utile aux mœurs. Enfin Regnier déclare qu'il se nomme François-Joseph-Philoclès Regnier de la Brière. « Si je m'appelle *Philoclès*, c'est que Willand (Wieland, le critique allemand) a écrit un roman-poème qui se nomme *Agathocle*. Le traducteur français, ne trouvant pas probablement à son goût le nom d'Agathocle, l'a changé en celui de Philoclès, et mon parrain, plus passionné encore pour ce joli nom, me l'a collé. »

╋ 1390 ╋ **MÉLINGUE** (Étienne-Marin), un de nos comédiens les plus populaires, interprète heureux de *La Tour de Nesle* et des autres drames d'Alexandre Dumas, n. à Caen, 1808, m. à Paris, 27 mars 1875. Il cultiva la sculpture avec un certain succès.

L. A. S. au peintre Yvon; 1 janvier 1856, 1 p. in-8. — P. de Gavarni.

Jolie lettre où il le félicite sur sa nomination de chevalier de la Légion d'honneur.

╋ 1391 ╋ **LHÉRITIER** (Paul Thomas, dit), un des acteurs les plus remarquables du Palais-Royal, n. à Paris, septembre 1809, m. dans la même ville, 23 février 1885.

L. A. S. à M. Hizel, 4 p. in-8. Légère déchirure. — P. photographié avec dédicace autographe.

Très intéressante lettre où il fait sa propre biographie. Il raconte ses débuts dans des théâtres d'amateur, puis au théâtre Molière, après la révolution de juillet, et enfin au Palais-Royal où il entra le 1 octobre 1831. Il cite la plupart de ses principaux rôles et se réjouit d'être, par ses succès, heureusement placé dans l'opinion des auteurs et du public.

or, à la suite de ces articles, j'ai placé le rapport
de M. Villemain à l'Académie Française qui
décerne à Augier un prix de 3000 f pour sa
Gabrielle, ouvrage de style, et utile aux mœurs.

Je me nomme François, Joseph, Philodès Regnier
de la Brière; Et si je m'appelle Philodès, c'est que
Wieland a écrit un roman-poème qu'il nomme Agathode.
Le traducteur français ne trouvant pas probablement
à son goût le nom d'Agathode l'a changé en celui de
Philodès, et mon parrain plus passionné encore pour
ce joli nom me l'a collé. Mais l'Église qui commençait en 1807 à ne plus vouloir donner des noms
païens aux baptisés, craignant d'en faire des Anacharsis
Clotz ou autres révolutionnaires a changé mon nom de
Philodès en celui de Charles; Puis la Commune ayant
brûlé les registres des mairies, a aussi brûlé Philodès,
ce qui m'a donné de l'embarras quand il m'a
fallu reconstituer mon état civil. Je crois pourtant
qu'on ne refusera pas de m'enterrer avec mon nom
de Confident. — Mille amitiés Regnier

Numéro 1389.

✛ 1392 ✛ **BRESSANT** (Jean-Baptiste-Prosper), un des meilleurs artistes du Théâtre-Français, le brillant interprète des pièces d'Alfred de Musset et d'Émile Augier, n. à Chalon-sur-Saône, 24 octobre 1815.

L. A. S. à un ami; (Paris), 16 juin 1867, 1 p. in-8. Très jolie pièce. — P. photographié avec signature autographe.

Charmante épître dans laquelle il mande qu'il fera tous ses efforts pour procurer à son correspondant une place à la représentation d'*Hernani*.

✛ 1393 ✛ **FARGUEIL** (Anaïs), célèbre actrice, qui fit preuve dans tous ses rôles d'un talent supérieur, n. à Toulouse, 21 mars 1819.

L. A. S. à Charles de La Rounat; 18 février 1881, 1 p. 1/4 in-8.

Très belle lettre où elle accepte définitivement un rôle (dans le drame de *Madame de Maintenon* de Coppée). Elle a besoin de n'être pas découragée, car elle sait qu'elle a des ennemis déclarés et obstinés. « Certes à la fin extrême de ma carrière, j'aurais bien dû m'épargner ces sortes d'épreuves devenues inutiles puisqu'elles sont sans avenir. Enfin, quoiqu'il arrive, ma parole est donnée et vous n'avez plus en moi qu'une artiste dévouée à tous nos intérêts. »

✛ 1394 ✛ **ARNOULD PLESSY** (Jeanne), une des meilleures comédiennes du Théâtre-Français, qui obtint les plus vifs succès dans le répertoire d'Émile Augier, n. à Metz, 7 septembre 1819.

L. A. S. à Samson (le *célèbre* comédien); (Paris), samedi 31 décembre, 3/4 de p. in-8. — P.

Charmante et amicale épître où elle s'excuse de ne pouvoir, à cause de la grippe, se rendre à sa gracieuse invitation.

✛ 1395 ✛ **RACHEL** (Élisabeth-Rachel Félix, dite), la plus grande tragédienne de notre siècle, la sublime interprète des tragédies de Corneille et de Racine, n. à Mumpf, canton d'Argovie (Suisse), 28 février 1821, m. au Cannet (Var), 3 janvier 1858.

P. S. Élisa Félix, avec quatre mots autographes; Paris, 7 janvier 1837, 3 p. in-8. — P.

Document des plus intéressants. C'est l'engagement contracté par Rachel au théâtre du Gymnase dramatique, moyennant trois mille francs par an, du 1 février 1837 au 1 mai 1843. Chaque année le traitement de l'artiste devait être augmenté de mille francs. Un congé annuel d'un mois lui était accordé. En cas de non-exécution du contrat, le dédit était fixé à quatre-vingt mille francs. — Cet acte porte aussi les signatures de *Delestre-Poirson* et de *Cerfberr*, directeur et administrateur du Gymnase, et du père et de la mère de Rachel, alors mineure. — (Rachel débuta au mois d'avril, mais elle quitta au bout d'un an le Gymnase pour continuer ses études dramatiques au Conservatoire. Elle débuta au Théâtre-Français le 12 juin 1838.)

✛ 1396 ✛ **RACHEL** (Élisabeth-Rachel Félix, dite).

L. A. S. à la duchesse d'Orléans (Hélène de Mecklembourg); Paris, 21 avril 1839, 1 p. 1/2 in-fol. — P.

Précieuse lettre, dont voici le texte : « Madame, daignerez-vous encourager par votre auguste présence une jeune fille qui, par un travail assidu, s'efforce de ramener sur la scène française les poëtes classiques? Vous, Madame, dont l'esprit égale la bonté, vous me pardonnerez si j'ose solliciter une si grande faveur; mais l'honneur de jouer devant madame la duchesse d'Orléans, le jour de ma représentation, sera pour moi une si belle récompense que j'ose à peine l'espérer. » — Au dos de cette lettre se trouve une note autographe de la duchesse d'Orléans ordonnant d'exprimer par une lettre le regret qu'elle a de ne pouvoir assister à cette représentation, à cause de la perte récente qu'a faite la famille royale. — (Il s'agit de Marie d'Orléans, duchesse de Wurtemberg, morte à Pise le 6 janvier 1839.)

Le présent engagement aura même force et valeur que s'il était passé par-devant notaire. Voulons qu'aucun de nous ne puisse y manquer sous quelque prétexte que ce soit, à peine d'un dédit de la somme de *Quatre vingt mille Francs* ——————— payable comptant et dont la valeur ne pourra être diminuée à quelque époque que ce soit, pas même dans les derniers jours de l'exécution du présent engagement.

Fait ~~double~~ entre nous, dont un pour l'*Administration*, et l'autre pour M.*lle Félix (Élisa)* le *Sept janvier* —— dix-huit cent *trente sept*.

Numéro 1395.

✝ 1397 ✝ **RACHEL** (Élisabeth-Rachel Félix, dite).

   L. A. S. à madame Duprez (femme du célèbre chanteur), 1 p. in-8. Très belle pièce. — P.

Très jolie épitre, d'un tour charmant, dans laquelle Rachel exprime le plaisir qu'elle a éprouvé en entendant Duprez et son regret de ne pouvoir retourner le vendredi suivant à l'Opéra. « Permettez-moi d'espérer que ce n'est que partie remise... »

✝ 1398 ✝ **GOT** (François-Jules-Edmond), un des plus célèbres acteurs comiques du Théâtre-Français, dont il est le doyen, n. à Lignerolles (Orne), 1 octobre 1822.

   L. A. S. à un ami ; Paris, 6 octobre 1875, 2 p. in-18. Très jolie lettre. — P. photographié.

Très curieuse épitre où il donne des renseignements sur sa carrière dramatique. « Quant à ce que j'ai joué dans ma carrière, qui s'est passée toute à la Comédie-Française, c'est deux cents rôles environ, dont soixante-quinze créés dans des genres assez divers, je m'en vante, et parmi lesquels mes habitudes d'éducation et mes goûts m'ont naturellement porté de verve vers les plus littéraires ou les plus élevés d'aspiration, soit dans le répertoire d'Emile Augier, presque entier, soit dans Balzac, de Musset, Dumas, Laya, Scribe, Mélesville, Foussier, Pailleron, Labiche, Sardou, Barbier, Gondinet, etc. De la concentration, de la timidité, de l'audace par bouffées, de l'enthousiasme parfois jusqu'à la passion et plus souvent de l'impuissance, dont j'enrage, voilà peut-être mon bilan devant la rampe...Vous, spectateur, vous me connaissez mille fois mieux que je ne me connais moi-même... » Précieux détails.

✝ 1399 ✝ **GOT** (François-Jules-Edmond).

   L. A. S. à un ami ; Paris, 3 novembre 1875, 1 p. 1/2 in-8. Très jolie et intéressante pièce.

Très belle lettre dans laquelle il fournit de très intéressants détails pour sa biographie. Il a débuté le 17 juillet 1844 par des pièces de Molière et est allé passer six mois à Nantes. Puis il est entré, le 1 avril 1845, au Théâtre-Français, qu'il n'a plus quitté, sauf, en 1866, où il joua pendant six mois à l'Odéon (La Contagion, d'Émile Augier). « Mes premières créations au Théâtre-Français ont été dans La Chasse aux fripons, de M. Camille Doucet, dans la reprise de La Ciguë et dans Il ne faut jurer de rien, qu'on a donné le 23 juin 1848, le premier soir de l'émeute. »

✝ 1400 ✝ **CHÉRI** (Rose-Marie Cizos, dite Rose), une des plus gracieuses comédiennes du Gymnase, femme de l'auteur dramatique Lemoine-Montigny, n. à Étampes (Seine-et-Oise), 27 octobre 1824, m. à Passy, du croup, en soignant ses enfants, 21 septembre 1861. Cette charmante actrice a créé, avec le plus vif succès, les principaux rôles du répertoire d'Émile Augier et d'Alexandre Dumas fils.

   1° **L. A. S.** (à Montigny, qui devint son mari) ; Londres, 25 juin 1846, 1 p. in-8. Jolie pièce. — P.

Charmante épitre où elle le remercie du supplément de congé qu'il lui a accordé. Elle ne rentrera donc à Paris que le 2 juillet.

   2° **L. A. S.** (à Auber, directeur du Conservatoire) ; Paris, 15 juillet 1846, 1 p. in-8. (Coll. Trémont.)

Elle sollicite une loge pour le prochain concours de violon, son frère, Victor Chéri, étant un des concurrents.

LETTRE DE MADEMOISELLE RACHEL A MADAME DUPREZ

Numéro 1397.

Madame,

J'ai eu tant de plaisir à entendre
monsieur Duprez lundi que j'aurais été
trop heureuse d'y retourner vendredi,
mais malheureusement j'ai un engagement
pris et qu'il faut tenir. J'y ai
autant plus de regret, que peut-être,
madame, c'est avec vous que je me serais
trouvée dans la loge. Permettez-moi
d'espérer que ce ne sera que partie
remise, et veuillez agréer l'expression
de mes sentiments les plus affectueux

Rachel

Rappelez-moi je vous prie au bon souvenir
de monsieur Duprez et dites-lui que j'ai eu
un véritable bonheur à l'entendre.

✦ 1401 ✦ BROHAN (Joséphine-Félicité-Augustine), fille aînée de Suzanne Brohan, grande artiste, dont l'esprit égale le talent, n. à Paris, 2 décembre 1824. Elle fut, pendant trente années, la plus franche et la plus spirituelle interprète de Molière et du répertoire ancien et moderne. Elle a été jugée digne de succéder à Rachel comme professeur au Conservatoire. Elle est l'auteur de proverbes joués avec succès.

L. A. S. (à Eugène Scribe); (Paris), jeudi matin (1861), 1 p. 1/4 in-8. *(Coll. Mahérault.)* — P.

Curieuse épître, signée *Brohan aînée*. Elle félicite Scribe de sa pièce *Les Contes de la reine de Navarre* et elle le remercie d'avoir destiné un rôle à sa sœur Madeleine. Elle se met à son entière disposition, s'il a songé à elle pour un des autres rôles. « Pardonnez-moi de vous dire ceci, comme je le fais, à tout hazard. J'y suis forcée par un sentiment que vous comprendrez. De méchants journaux m'accusent d'une jalousie impossible pour ma sœur. Cela a pris créance, comme toutes les choses défavorables et malveillantes, et quelques charitables personnes ayant répété *que je ne voulais pas jouer à côté d'elle*, il me faut bien vous prévenir, s'il arrivait que vous eussiez pensé à moi, comme on croit, et que l'on vous eût répété le propos. Encore une fois je m'en rapporte à votre excellent esprit pour apprécier mes raisons et pour croire, comme je vous l'affirme, que, sans désirer m'imposer à vous, je serai toujours heureuse d'être d'un de vos succès, et plus encore, s'il est possible, quand celui de ma sœur s'y trouve si étroitement lié... »

✦ 1402 ✦ DUPUIS (Adolphe), un des meilleurs artistes du Gymnase, l'excellent interprète des pièces d'Émile Augier et d'Alexandre Dumas fils, n. à Paris, 1825.

L. A. S. à un écrivain; Saint-Pierre-lès-Nemours, 12 août, 4 p. in-8. — P. photographié.

Jolie lettre où il mande qu'il est disposé à créer un rôle à l'Odéon, vu qu'il ne doit pas jouer dans les pièces que va monter le Vaudeville. « Il y a gros à parier que Barrière et Gondinet, Sardou et madame Damala (puisque Damala il y a) devront indubitablement me créer des loisirs que je serai très heureux, Monsieur, d'employer à jouer un ouvrage de vous. »

✦ 1403 ✦ DELAUNAY (Louis-Arsène), célèbre sociétaire du Théâtre-Français, un des plus brillants interprètes de la comédie moderne, n. à Paris, 21 mars 1826. Il a créé notamment les principaux rôles des pièces d'Alfred de Musset et d'Émile Augier.

L. A. S. (à Amédée Achard); mardi soir, 1 p. in-8. — P. photographié.

Jolie lettre où il le remercie des éloges qu'il lui a adressés. « J'espère que les répétitions de votre drame amèneront entre nous une sincère et durable amitié. »

✦ 1404 ✦ THIRON (Charles-Jean-Joseph), acteur comique, sociétaire du Théâtre-Français, qui excelle surtout dans le répertoire de Molière, n. à Paris, 29 mai 1830.

L. A. S. à son ami Marnet; 13 juillet 1867, 2 p. 1/2 in-8. — P. photographié avec signature autographe.

Intéressante lettre sur son engagement aux Variétés. Il s'est mis à la disposition de Léon Cogniard, mais celui-ci ne lui a pas répondu. Il ne sait que penser de ce silence et il prie Marnet de prendre des renseignements à ce sujet.

✦ 1405 ✦ DUMAINE (Louis-François), un des plus puissants interprètes du drame moderne, successeur de Frédérick Lemaître, n. à Lieusaint (Seine-et-Marne), août 1831.

L. A. S. à Charles de La Rounat (directeur de l'Odéon); Paris, 2 février 1866, 2 p. 1/4 in-8.

Curieuse épître où il déclare qu'il ne peut ni ne veut céder son pensionnaire Berton pour jouer dans une pièce d'Émile Augier à l'Odéon. — (Berton n'en alla pas moins jouer, par ordre supérieur, *La Contagion* à l'Odéon le 17 mars suivant.)

LETTRE D'AUGUSTINE BROHAN — FRAGMENT

Numéro 1401.

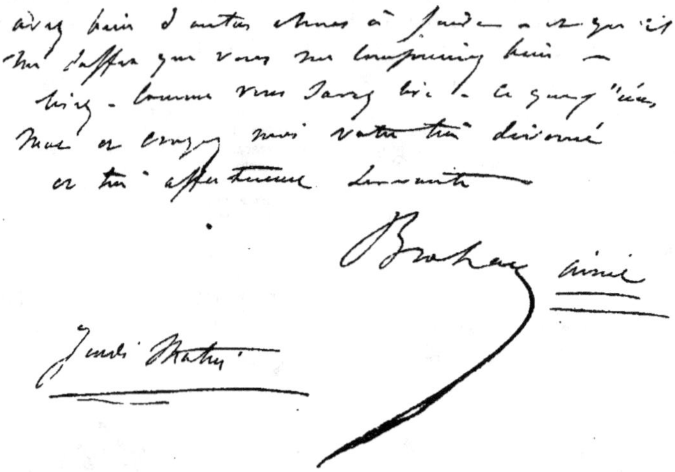

LETTRE DE MADELEINE BROHAN — FRAGMENT

Numéro 1407.

✛ 1406 ✛ **FAVART** (Pierrette-Ignace PINGAUD, dite Marie), célèbre actrice, une des plus remarquables sociétaires du Théâtre-Français, n. à Beaune (Côte-d'Or), 16 février 1833.

L. A. S. (à Charles de La Rounat); mardi soir (1884), 2 p. 3/4 in-8. — P. photographié.

Belle lettre où elle lui demande son pensionnaire M. Victor Achard pour aller en province interpréter *Severo Torelli* (le beau drame de François Coppée).

✛ 1407 ✛ **BROHAN** (Émilie-Madeleine), célèbre actrice, sœur et émule d'Augustine, renommée par son talent, sa grâce et sa beauté, n. à Paris, 21 octobre 1833.

L. A. S. à un médecin, 2 p. in-8. Très jolie pièce. — P. de Gaucherel.

Belle lettre où elle remercie son médecin de ses bons soins et lui envoie un billet de cinq cents francs. « Cette pauvre somme, dit-elle, est si loin de m'acquitter même matériellement que je n'oserais vous la remettre en mains propres, mais je ne suis pas riche et vous êtes généreux envers les artistes, vous qui l'êtes plus que quiconque... » —Voir le fac-similé, page 519.

✛ 1408 ✛ **FEBVRE** (Alexandre-Frédéric), excellent artiste de l'Odéon, du Vaudeville et du Théâtre-Français, dont il est sociétaire, n. à Paris, 21 février 1835.

L. A. S. à Charles de La Rounat; (Paris, 1860), 4 p. in-8. — P. avec dédicace autographe signée.

Très curieuse épître où il rappelle les rôles qu'il a joués à l'Odéon et où il se plaint que son directeur ne lui donne pas un jeune premier rôle qu'il lui avait promis. Il exprime le découragement qu'il éprouve de cette injustice.

✛ 1409 ✛ **AGAR** (Florence-Léonide CHARVIN, dite), célèbre tragédienne, qui joua longtemps à l'Odéon, n. à Valence (Drôme), 18 septembre 1836.

L. A. S. (à Charles de La Rounat); (Paris), 27 septembre 1861, 1 p. in-8.—P.

Jolie lettre où elle le remercie de ses bons conseils. « Croyez que j'ai conscience de mon peu de mérite. Je n'ai qu'un seul désir, c'est de travailler et de mériter les encouragements que l'on daignera me donner. » Elle se prépare pour ses prochains débuts. — (Mademoiselle Agar avait commencé à être chanteuse dans les cafés-concerts, puis elle avait joué sur la scène du petit théâtre de La Tour-d'Auvergne. C'est de là qu'elle passa à l'Odéon, où elle débuta quelque temps après qu'elle eut écrit cette lettre et obtint le plus grand succès.)

✛ 1410 ✛ **DESCLÉE** (Olympe-Aimée), une des actrices de génie qu'ait produites la France contemporaine, l'interprète inspirée et inimitable des comédies d'Alexandre Dumas fils, n. à Paris, 16 novembre 1836, m. dans la même ville, 8 mars 1874.

L. A. S. (à Charles de La Rounat, directeur de l'Odéon), 4 p. in-18, papier à son chiffre. *Rare.*

Jolie lettre où elle le prie de recommander à Victor Borie son père, qui est employé dans les bureaux du Comptoir d'Escompte.

✛ 1411 ✛ **WORMS** (Gustave-Hippolyte), sociétaire du Théâtre-Français, qui obtint les succès les plus mérités à Paris et à Saint-Pétersbourg, n. à Paris, 26 novembre 1836.

L. A. S. à Charles de La Rounat (le critique dramatique); (1875), 1 p. in-8. — P. photographié.

Jolie lettre où il le remercie de son charmant feuilleton sur *Ferréol* (la pièce de Victorien Sardou, jouée au Gymnase en novembre 1875). « Je suis très heureux de voir que mes efforts pour arriver à la vérité vraie (sans le secours des conventions routinières du théâtre) ont été appréciés par vous... »

+ 1412 + **PASCA** (Alice), actrice et cantatrice, grande artiste, d'un talent supérieur, qui a créé avec le plus heureux succès plusieurs rôles des comédies d'Alexandre Dumas fils, n. à Lyon, 1836.

L. A. S. à un journaliste; (Paris), 23 mars 1870, 2 p. 1/2 in-32. Très jolie pièce. — P. photographié.

Belle lettre dans laquelle elle lui indique les noms du couturier et de la couturière qui ont fait les toilettes qu'elle portait dans son dernier rôle. — (Madame Pasca a débuté au Gymnase, en 1864, dans le rôle de la baronne d'Ange, du *Demi-Monde*; puis elle remplit des rôles dans *Héloïse Paranquet* et dans *Les Idées de Madame Aubray*, où elle remporta un véritable triomphe. — Le peintre Bonnat a fait d'elle un magnifique portrait.)

+ 1413 + **COQUELIN** (Benoît-Constant), un des plus brillants comédiens et des plus célèbres sociétaires du Théâtre-Français, n. à Boulogne-sur-Mer, 23 janvier 1841.

L. A. S. (à Amédée Achard), 3 p. 1/2 in-8, papier à en-tête de la Comédie-Française. — P. charge photographié par Carjat, avec signature aut.

Très intéressante lettre où il lui mande qu'il ne pourra, malgré son désir, jouer dans ses *Souvenirs de voyage* (représentés le 16 mars 1853) le rôle dont il s'était chargé par un mouvement de grande sympathie. « J'ai eu tort de croire qu'il pouvait être bon que je jouasse un rôle créé par Delaunay. Depuis ce temps, j'ai été dans tous les journaux l'objet d'attaques incessantes à cause des excursions que je me permettais sur le terrain des autres, et il est absolument de mon intérêt artistique de ne pas donner raison à la presse et à la plupart de mes camarades. » Il le prie donc d'agréer toutes ses excuses. « Je suis un peu découragé d'être attaqué pour mon trop de dévouement aux auteurs qui me font l'honneur de me désirer...»

+ 1414 + **MOUNET SULLY** (Jean), tragédien d'un talent vigoureux et original, sociétaire du Théâtre-Français, puissant interprète du répertoire classique et des drames modernes, n. à Bergerac (Dordogne), 27 février 1841.

L. A. S. à un ami; (Paris), 1873), 3 p. in-32. Jolie pièce. — P. photographié.

Belle lettre où il le prie de venir causer avec lui dans sa loge, des vers qu'il lui a adressés. « Je suis entièrement à votre disposition, mais je voudrais bien en parler un peu avec vous avant de m'engager définitivement. Venez donc fumer une cigarette dans ma loge pendant le quatrième acte de Marion. Nous bavarderons un brin et ce sera toujours cela de gagné pour moi. » — (Mounet-Sully jouait alors le rôle de Didier, dans le célèbre drame de Victor Hugo, Marion Delorme.)

✛ 1415 ✛ **PIERSON** (Blanche), la célèbre interprète des comédies d'Alexandre Dumas fils et de Victorien Sardou, n. à Saint-Paul (île de la Réunion), 9 mai 1842.

L. A. S. à M. Arnold ;
7 octobre 1878, 1 p. 1/4
in-8, papier à son chiffre. Jolie pièce. — P.

Belle lettre relative à un
échange de tableaux de Diaz
et de Charles Jacque.

✛ 1416 ✛ **MONTALAND** (Céline), actrice, célèbre par sa beauté et par la finesse de son jeu, n. à Gand (Belgique), 10 août 1843. Elle a récemment débuté avec éclat au Théâtre-Français, où elle avait jadis joué des rôles d'enfant.

L. A. S. à Charles de La Rounat ; 17 juillet 1880, 1 p. 1/3 in-8. Très jolie pièce. — P. photographié.

Charmante épître par laquelle elle accepte de créer le rôle d'Ida, la mère de Jack, dans la pièce d'Alphonse Daudet, dont la première représentation aura lieu.à l'Odéon le 15 novembre 1880, et ce moyennant un cachet de cent francs par représentation. « Je serai à votre disposition pour les répétitions, quand vous le jugerez nécessaire. »

✛ 1417 ✛ **BERTON** (Pierre), un de nos meilleurs comédiens, qui a obtenu de grands succès au Gymnase et au Vaudeville, auteur dramatique, n. à Paris, 1843.

L. A. S. à Édouard Plouvier ; Paris, 8 avril 1870, 1 p. 1/2 in-8. — P.

Il lui mande que les directeurs de l'Odéon ont du pain sur la planche pour la saison prochaine, ayant des engagements avec Bouilhet, Barrière, Touroude et Belot. Néanmoins aucune de ces pièces, sauf *Mademoiselle Aïssé*, de Bouilhet, n'étant terminée, il lui conseille de présenter la sienne, qui peut-être passera avant les autres. « J'ai vu, dit-il, l'esprit des directeurs changer comme les flots de la mer et les pièces qu'ils vantaient tomber comme les feuilles des bois. »

✛ 1418 ✛ **BERNHARDT** (Rosine Bernard, dite Sarah), célèbre comédienne, une des gloires du théâtre contemporain, n. à Paris, 22 octobre 1844. Elle a montré dans plusieurs de ses rôles une passion et une puissance qui ont rappelé la grande Rachel.

L. A. S. à son cher maître, 1 p. 1/2 in-32, papier à son chiffre avec encadrements violets. — P.

Charmant billet d'une tournure vive et spirituelle où elle lui demande de lui fixer un rendez-vous. « Voulez-vous bien m'indiquer un moment, celui qu'il vous plaira, mais que je vous parle. C'est pressé, pressé ! Oh ! c'est pressé ! »

✛ 1419 ✛ **BERNHARDT** (Rosine Bernard, dite Sarah).

L. A. S. à un ami, 1 p. in-32, papier à son chiffre avec encadrements violets. — P. photographié.

Jolie lettre amicale dans laquelle Sarah Bernhardt mande qu'elle est toute malade et qu'elle ira le voir demain. Elle réclame son docteur, qu'elle serait heureuse de voir, et prie qu'on donne sa robe à son domestique.

LETTRE DE SARAH BERNHARDT

Numéro 1419.

✢ 1420 ✢ **CROIZETTE** (Sophie-Alexandrine), la belle sociétaire du Théâtre-Français, qui excelle dans la comédie moderne, n. à Saint-Pétersbourg, 19 mars 1847.

L. A. S. à une de ses amies; (Paris), 28 janvier, 4 p. in-8. Très jolie pièce. — P. photographié.

Charmante épître intime et amicale, dans laquelle elle parle de son fils. « Je suis très contente à mon théâtre dans ce moment-ci. Je joue beaucoup et dam ce sont des feux. Nous faisons un argent insensé et tout prospère. »

✢ 1421 ✢ **BROISAT** (Émilie), excellente comédienne de l'Odéon et sociétaire du Théâtre-Français, du talent le plus fin et le plus distingué, n. à Turin, 1848.

L. A. S. à un ami; (Paris), 1 mai (1876), 1 p. in-8, papier à son chiffre. — P. photographié.

Jolie lettre où elle le prie de venir la voir jouer dans l'*Étrangère*.

✢ 1422 ✢ **REICHENBERG** (Suzanne), la charmante sociétaire du Théâtre-Français, où elle tient à ravir les rôles d'ingénue, n. à Paris, 7 septembre 1853.

L. A. S. à un ami; mercredi, 1 p. 1/2 in-8, papier à son chiffre. — P. photographié.

Très jolie lettre où elle le prie d'appuyer la demande qu'elle fait pour obtenir la prolongation de la bourse dont jouit son frère comme élève au lycée de Versailles.

✢ 1423 ✢ **BARTET** (Jeanne-Julia REGNAULT, dite), une des plus remarquables actrices du Théâtre-Français, où elle a conquis une des premières places, n. à Paris, 28 octobre 1854. Elle a formé une collection d'autographes des sociétaires du Théâtre-Français.

L. A. S. à un ami; (Paris), lundi soir, 3 p. 1/2 in-8. Très jolie pièce. — P. photographié.

Très remarquable épître, qui fait grand honneur au caractère de mademoiselle Bartet. « Je ne suis pas contente de vous, mon cher ami. Vous avez mérité d'être enrôlé dans le régiment des *Oh! Mademoiselle, c'est exquis!* Vous savez pourtant bien quelle confiance j'ai en votre jugement, surtout depuis que vous avez eu le courage, un soir, au foyer de la Comédie-Française, de me faire des observations, quand tout le monde autour de moi me répétait en chœur : *C'est parfait!* Vous seul avez hasardé un mais, qui m'a prouvé que vous étiez un ami sincère. C'est bien ennuyeux, je vous assure, des compliments sans réserves: ils grisent les sots et énervent ceux qui sont à la recherche de ce mieux que l'on calomnie quelquefois en le prétendant l'ennemi du bien. N'est-ce pas déjà beaucoup de constater qu'on a vaincu bien des difficultés. La joie est presqu'égale en regardant tout ce qui reste à vaincre; mais il faut être un peu aidé, et voyez-vous alors votre rôle dans tout ceci, mon ami? Il n'est pas très désobligeant et vous le jouez à merveille... »

✦ 1424 ✦ BARRETTA (Marie-Rose-Blanche), sociétaire du Théâtre-Français, où elle a obtenu de brillants succès, femme de Gustave Worms, n. à Avignon, 22 avril 1855.

L. A. S. à un é-
crivain; 3 novem-
bre, 3 p. in-8, pa-
pier à son chiffre.
— P. photographié.

Jolie lettre où elle ex-
prime ses regrets de ne
pouvoir répondre favo-
rablement à sa demande.

✿ ALLEMAGNE ✿

✦ 1425 ✦ ECKHOF (Konrad), célèbre acteur, le puissant créateur de l'art tragique en Allemagne, n. à Hambourg, 12 août 1720, m. 16 juin 1778.

P. A. S.; Gotha, 1 janvier 1778, 1/4 de p. in-fol. Belle pièce. — P.

Quittance donnée par Eckhof. C'est un autographe de la plus grande rareté.

✦ 1426 ✦ UNZELMANN (Karl-Friedrich-Ferdinand), un des plus remarquables acteurs comiques de son temps, n. à Brunswick, 1 juillet 1753, m. à Berlin, 21 avril 1832.

L. A. S. au conseiller privé Kirmes, à Weimar; Berlin, 26 septembre 1815, 1 p. in-4. — P.

Jolie épître. Il y a longtemps qu'il désire se faire connaître
à Weimar, et il sollicite l'honneur d'être autorisé à y donner
quelques représentations, en qualité d'artiste étranger.

✦ 1427 ✦ KOCH (Siegfried-Gotthelf Eckardt, dit), grand acteur tragique, dont le meilleur rôle était le Nathan de Lessing, n. à Berlin, 26 octobre 1754, m. à Alland, près de Vienne (Autriche), 11 juin 1831.

L. A. S. à Iffland (le célèbre acteur et auteur dramatique), à Berlin; 30 septembre 1799, 2 p. in-4, cachet. Très belle pièce. Rare. — P. de Bause.

Belle lettre. Il ne comprend rien à son silence. Il lui a écrit pour le prier de permettre à son fils
Charles de faire ses débuts sous sa direction. Bien que la paresse d'Iffland lui soit connue, il lui semble
que sa demande méritait quelques mots de réponse.

✦ 1428 ✦ FLECK (Johann-Friedrich-Ferdinand), célèbre acteur, n. à Breslau, 12 janvier 1757, m. à Berlin, 20 décembre 1801.

L. A. S.; 10 août 1798, 1 p. in-4. Rare. Très belle pièce. — P.

Il le remercie de sa communication et fait des vœux pour que les dispositions prises
pour réaliser les désirs du roi (il est question de travaux d'art) soient couronnés de succès.

✦ 1429 ✦ IFFLAND (August-Wilhelm), illustre acteur comique, qui excita par la perfection de son jeu l'enthousiasme de ses contemporains et qui n'eut pas moins de vogue par ses remarquables productions dramatiques, n. à Hanovre, 19 avril 1759, m. à Berlin, 22 septembre 1814. Il eut l'honneur de deviner le génie de Schiller.

L. A. S. à un de ses amis; Berlin, 28 mai 1812, 6 p. in-4. Superbe pièce. — P.

Très belle et intéressante lettre écrite en qualité de directeur général des théâtres royaux de Berlin à un de ses amis qui désire envoyer ses enfants à Berlin pour les vouer à la carrière dramatique sous sa direction. Iffland ne peut l'encourager à donner suite à ce projet; la place est encombrée d'acteurs sans emploi et les jeunes gens n'y ont aucun avenir; même les enfants d'artistes connus, comme ceux d'Unzelmann entre autres (le célèbre comique), ne trouvent rien et sont obligés de chercher ailleurs. Renseignements circonstanciés sur le personnel des théâtres de Berlin et sur les pièces qu'on joue.

✦ 1430 ✦ BETHMANN (Friederike-Auguste-Konradine FLITTNER), illustre actrice, qui triompha surtout dans les rôles naïfs, femme du célèbre comique Unzelmann, puis de l'acteur Bethmann, n. à Gotha, 24 janvier 1766, m. à Berlin, 1814.

L. A. S. au docteur Schütte, à Brême; Berlin, 24 janvier 1810, 1 p. in-4, cachet brisé. — P. de Bolt.

Belle épitre amicale, pleine de détails intimes et artistiques. Elle se réjouit de revoir le docteur Schütte et de causer avec lui du bon vieux temps. Elle se demande si elle sera bien accueillie à Brême (où elle allait donner des représentations).

✦ 1431 ✦ JAGEMANN HEYGENDORF (Caroline von), grande tragédienne, formée sous la direction de l'illustre Goethe, amie de Charles-Auguste, grand duc de Saxe-Weimar, n. à Weimar, 1778, m. à Dresde, 10 juillet 1848.

L. A. S. (au poète L. Tieck); Brückenau, 25 juillet 1842, et Weimar, 1 août 1842, 4 p. pl. in-4.

Superbe et très intéressante lettre, concernant une jeune fille (mademoiselle Schwabhausen) qui désire se vouer à la carrière théâtrale et qu'elle recommande chaudement à Tieck pour les rôles tragiques, tels que ceux d'Iphigénie, de lady Macbeth, de Sapho et d'Elizabeth.

✦ 1432 ✦ SCHRŒDER (Sophie BURGER), une des plus grandes tragédiennes de l'Allemagne, mère de Wilhelmine Schrœder-Devrient, n. à Paderborn (Prusse), 23 février 1781, m. à Munich, 23 février 1868.

L. A. S. à un directeur de théâtre; Munich, 15 septembre 1832, 3 p. in-4. — P.

Belle lettre relative à un engagement qui lui est proposé. Elle indique les conditions auxquelles elle serait disposée à accepter. Très intéressants détails à ce sujet.

✦ 1433 ✦ DEVRIENT (Ludwig), grand acteur, l'interprète inspiré de Shakespeare, n. à Berlin, 15 décembre 1784, m. dans la même ville, 30 décembre 1832.

L. A. S. (à Teichmann); Kœnigsberg, 15 octobre 1818, 2 p. in-4. Superbe pièce. Rare. — P.

Jolie lettre. Il demande une prolongation de congé et le prie de faire les démarches nécessaires pour qu'on n'opère pas de retenue sur son traitement.

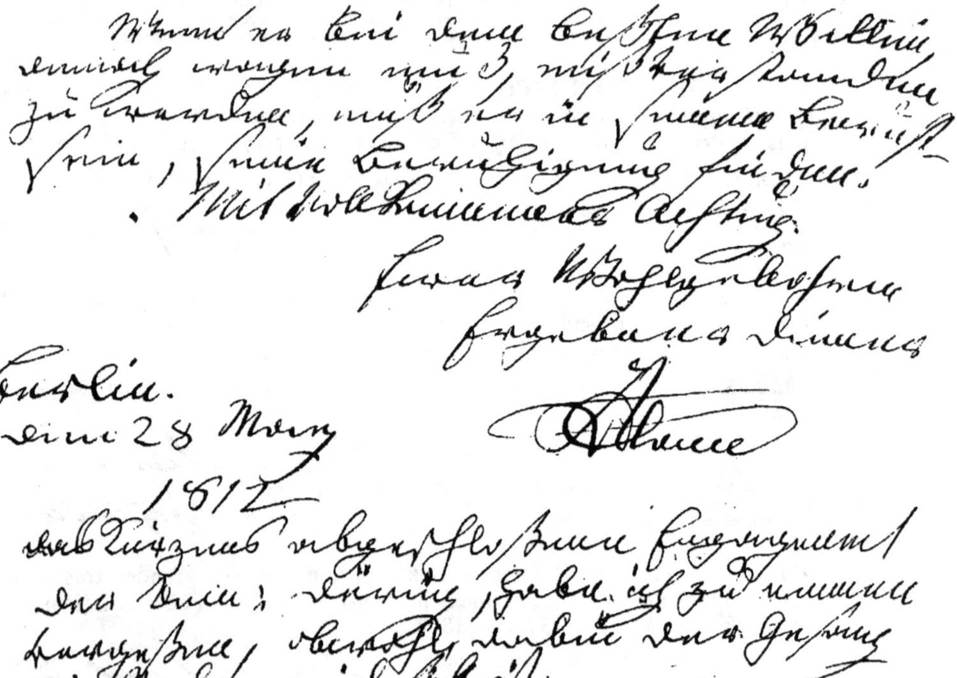

+ 1434 + **ZIEGLER** (Clara), excellente tragédienne, n. à Munich, 27 avril 1844.

L. A. S. à un littérateur; Hambourg, 29 mai 1875, 4 p. in-8. Superbe pièce.

Belle et intéressante lettre artistique. « Je suis fort occupée depuis quelque temps. J'ai étudié consciencieusement les rôles de Sapho et de Phèdre, dans lesquels j'ai obtenu de brillants succès. On m'a même fait l'honneur de me comparer dans Phèdre à Rachel. J'ai joué également la Judith de Hebbel. Je ne sais trop si cette dernière pièce a été appréciée par le public de Berlin... A Dresde, par contre, le succès a été très grand, le public y étant en général plus intelligent... » Très curieux détails sur ses principaux rôles.

ANGLETERRE

+ 1435 + **GARRICK** (David), l'illustre tragédien, qui fit comprendre Shakespeare à ses compatriotes, n. à Hereford, 20 février 1716, m. à Londres, 20 janvier 1779.

L. A. S. à « Monsieur, monsieur la Place, chez mons. Goffin, marchand des bas, Halle au Bled, à Bruxelles »; Londres, 3 décembre 1773, 3 p. pl. in-4, cachet camée. — P. de Hogarth.

Précieuse lettre. « Je parais toujours sur la scène et suis si flatté de la faveur que me témoignent mes compatriotes, que je n'ai pu me décider jusqu'à ce jour à prendre ma retraite. Peu avant Noël j'ai figuré dans le rôle du « jeune » Hamlet (Garrick avait alors 57 ans) et ai recueilli plus d'applaudissements que lorsque je le jouais à l'âge de vingt-cinq ans. — Toutefois le temps est venu pour moi de « cæstus artemque reponere », et je le ferai à la première occasion favorable. — I am still upon the stage, and am so flattered by my country's partiality to me, that I have not yet been able to retire — just before Christmas I appeared in the character of the « young » Hamlet and received more applause than when I acted it at five and twenty — however it is time for me « cæstus artemque reponere, » and I shall do it, the first convenient opportunity. » Il a eu l'audace, dit-il, de faire des changements à Hamlet (changements qui, par parenthèse, ne furent pas toujours heureux), et cela avec le plus grand succès. Le cinquième acte entre autres a été entièrement refondu. Détails sur ces changements. « C'était certes une entreprise hardie, mais le résultat a dépassé tout ce que j'osais espérer. Si vous êtes en relations avec des journalistes, le fait vaudrait la peine d'être mentionné, vu qu'il fait époque dans l'histoire de notre théâtre. — It was a bold deed, but the event has answered my most sanguine expectations. If you correspond with any of the journalists, this circumstance will be worth telling, as it is a great anecdote in our theatrical history. » — Le cachet représente le buste de Shakespeare.

+ 1436 + **KEMBLE** (John-Philip), célèbre acteur tragique et auteur comique, n. à Preston (Lancaster), 1 février 1757, m. à Lausanne (Suisse), 26 février 1822.

L. A. S. à Thomas Hill, à Quennhithe; Londres, 9 novembre 1806, 1 p. in-4. Belle pièce. — P.

Jolie lettre amicale et pleine de sentiments élevés. Kemble remercie son correspondant de son aimable lettre et il l'assure qu'il n'attache aucune importance à ce que certaine personne a pu dire de lui. « Pourvu, ajoute-t-il, que des hommes de votre valeur me conservent leur estime et leur bienveillance, je m'inquiète fort peu de l'opinion des malveillants. »

— it was a bold Deed, but y Event has answer'd my most sanguine expectation: if you correspond with any of the Journalists, this circumstance will be worth telling, as it is a great Anecdote in our theatrical history —

I have some thoughts of printing my works y next winter, if I should You may depend upon having them before they are publish'd — in y mean time, think of us, & love us as we do of You — & Heaven will bless You for a just Man.

most truly & affectionately
Yours D Garrick

✛ 1437 ✛ KEAN (Edmund), grand tragédien, successeur de David Garrick et rival de Kemble, n. à Londres, 4 novembre 1787, m. à Richmond, 15 mai 1833.

1º L. A. S. à Henry Sigell, avocat, à Londres; Portsmouth, 6 avril (1825), 2 p. in-4, cachet.

Il lui envoie une lettre de Smithson, à laquelle il le prie de répondre, n'ayant pas assez de ruse pour le faire lui-même. Smithson l'a engagé pour le théâtre royal et non pour un théâtre de second ordre et encore moins pour celui de Bruxelles, qui ne produit que soixante-dix livres sterling, lorsqu'il est plein. « Vous n'avez pas besoin de lui dire que le diable l'emporte, mais c'est ce que je pense au fond de l'âme. »

2º Lettre écrite et signée en son nom par sa femme MARY KEAN à Henry Johnson, au théâtre royal, à Glasgow; (Londres), 27 décembre 1815, 2 p. in-4. Belle et intéressante pièce.

Il mande qu'ayant obtenu un congé, il se rendra à Glasgow où il donnera dix représentations moyennant deux cents livres sterling. Il vient d'écrire à Edimbourg son refus de jouer dans cette ville. Très intéressants détails à ce sujet.

3º L. A. S. de MARY KEAN à Henry Johnson, au théâtre royal, à Glasgow; (mars 1817), 1 p. 1/2 in-4, cachet. Belle pièce.

Elle mande que son mari donnera trois représentations à Glasgow et trois à Greenock moyennant quatre cents livres sterling.

✛ 1438 ✛ MACREADY (William-Charles), célèbre tragédien, qui fut le digne successeur de Kemble et d'Edmund Kean, n. à Londres, 3 mars 1793, m. 27 avril 1873.

L. A. S., en français, à Regnier (le célèbre sociétaire du Théâtre-Français); (Londres, où il venait jouer la pièce de *Gabrielle* d'Émile Augier), 21 mai (1850), 2 p. in-32. *(Coll. Dubrunfaut.)*

Charmante épître où il lui mande que le Garrick Club recevra Regnier comme membre honoraire, pendant le temps que celui-ci séjournera à Londres.

⚜ ITALIE ⚜

✛ 1439 ✛ SCARAMOUCHE (Tiberio FIORILLI, dit), un des plus célèbres acteurs de la Comédie italienne, dont il fut le type le plus accompli, n. à Naples, 1608, m. à Paris, 7 décembre 1694. Molière goûtait fort le talent original de cet artiste.

P. S., sur vélin; Paris, 29 août 1656, 1 p. in-4 oblong. Jolie pièce. *Très rare. (Coll. Villenave.)*

Intéressant document dans lequel Scaramouche déclare avoir reçu la somme de trois cents livres tournois en louis d'or, « dont il a pleu à Sa Majesté luy faire don, en considération de ses services et pour luy donner moyen de les continuer. »

✛ 1440 ✛ ROMAGNESI (Marco-Antonio di), dit *Cintio*, excellent acteur de la Comédie italienne, où il joua avec le plus grand succès les rôles d'amoureux, élève et successeur de Scaramouche, n. à Rome, vers 1633, m. à Paris, 28 octobre 1706.

P. S., sur vélin; Paris, 14 juin 1692, 1 p. in-8 oblong. *Rare. (Coll. B. Fillon.)* — P.

Très jolie pièce. C'est un reçu de trois cent soixante-quinze livres pour un semestre d'une rente constituée le 5 juillet 1683 sur les aides et gabelles.

QUITTANCE SIGNÉE PAR SCARAMOUCHE

[Document manuscrit ancien, texte difficilement lisible]

Numéro 1439.

✛ 1441 ✛ **RICCOBONI** (Elena-Virginia BALETTI), célèbre actrice et femme de lettres, femme de Louis Riccoboni, n. à Ferrare, 1686, m. à Paris, 29 décembre 1771.

L. A. S., en français, à Jean-Baptiste Rousseau (le célèbre poète lyrique), à Bruxelles (où Jean-Baptiste Rousseau était exilé); Paris, 16 mai 1730, 2 p. 1/2 in-4, cachet. Superbe et rare pièce. *(Coll. B. Fillon.)*

Très curieuse épitre toute relative à son fils (Antoine-François, n. 1707, m. 1772), qui était à Bruxelles auprès de Jean-Baptiste Rousseau. « Je veux me flater que, assisté par vostre généreuse amitié, mon fils pourra un jour remplir ce que ses amis et les miens m'ont volu faire espérer lorsque il a voulu entreprendre la profession de comédien, c'es qu'il poura égaler Molier par des ouvrages d'esprit, réglés par la sagesse, qui pouront le mestre au dessus du vulgaire. » Elle se rend donc à ses conseils et le prie de veiller sur la conduite, les mœurs et l'esprit de son fils. « Tenez luy, je vous prie, lieu de père; je le confie entre vos bras, faittes en ma consolation... » — (Sans égaler Molière, comme le croyait naïvement sa mère, Antoine-François Riccoboni se distingua à la fois comme acteur et comme auteur.)

✛ 1442 ✛ **RISTORI** (Adélaïde), grande tragédienne, qui obtint à Paris un grand succès dans la *Médée* et la *Béatrix* de Legouvé, n. à Cividale (Frioul), 26 janvier 1821.

1° L. A. S. à son amie Luigia; Madrid (où elle donnait des représentations), 14 octobre 1857, 4 p. pl. in-8. Superbe pièce. — P. photographié avec quatre vers et la signature autographes.

Épitre des plus curieuses sur ses représentations à Madrid. La bonne reine d'Espagne (Isabelle II) lui a fait cadeau d'une épingle de brillants d'une valeur de dix mille francs. « Elle a un tel fanatisme pour moi, qu'il est indescriptible. Quand elle vient au théâtre, toujours elle me sourit, me salue affectuensement, soit en scène ou dans les entractes. Le roi (François d'Assise) partage son enthousiasme. Tous les ambassadeurs me font fête, de concert avec les ministres. Le public m'idolâtre. » Elle compte gagner une soixantaine de mille francs. Elle partira, le 19, pour Valence. Elle a joué la *Judith* de Giacometti avec grand succès; c'est une de ses plus belles créations. Elle est en pourparlers pour aller donner des représentations à Saint-Pétersbourg.

2° L. A. S. à M. Joseph de Filippi; Rome, 30 mars 1874, 3 p. in-8 oblong, enveloppe. Très belle pièce.

Jolie épitre intime où elle le charge d'une vérification dans un livre sur Marie-Antoinette.

✛ 1443 ✛ **ROSSI** (Ernesto), tragédien d'un rare talent et auteur dramatique, puissant interprète de Shakespeare, surnommé *le Talma italien*, n. à Livourne, 1829.

L. A. S., en français, au directeur d'un théâtre parisien; Paris, 4 septembre 1866, 2 p. in-8. *(Coll. B. Fillon.)* — P. avec ex-dono autographe signé.

Belle et noble épitre où il marque qu'il est forcé de partir pour Barcelone avec sa troupe et de refuser la proposition qu'il lui a faite de jouer en français sur son théâtre. « Mon honnêteté avant tout ! Je ne puis pas mettre à la grâce de Dieu tant d'individus qui demain n'auraient de quoi manger, étant l'Italie sous une terrible crise. » Il espère être plus heureux à son retour et se promet d'étudier plusieurs rôles pendant son voyage.

FIN DE LA

SEPTIÈME SÉRIE

PEINTRES ET SCULPTEURS

GRAVEURS ET ARCHITECTES

FRANCE

+ 1444 + **PILLON** (Germain), illustre sculpteur, un des plus grands artistes de la Renaissance, n. à Paris vers 1535, m. dans la même ville, 3 février 1590.

P.S., sur vélin; Paris, 5 mai 1564, 1 p. in-4 oblong. Superbe pièce. *Très rare. (Coll. Boilly et Fillon.)* — P. de la collection Vignères.

Il déclare avoir reçu la somme de cinquante livres tournois pour un quartier d'une rente de deux cents livres tournois constituée sur l'hôtel de ville de Paris. — (Germain Pillon signait son nom, tantôt avec un seul *l* et tantôt avec deux.)

+ 1445 + **VOUET** (Simon), peintre d'histoire, chef de l'école qui produisit Le Sueur, Le Brun et Mignard, n. à Paris, 9 janvier 1590, m. dans la même ville, 30 juin 1649.

L. A. S., en italien, à un grand seigneur; Gênes, 4 septembre 1621, 1 p. 1/2 in-fol. *Très rare.*

Superbe lettre où il parle de la grave maladie de M. Cochet. Il en a été tellement affecté que MM. Doria l'ont emmené à San-Pietro d'Arena et l'ont prié de faire leur portrait. Quoiqu'il ait toujours refusé jusqu'ici de telles offres, il n'a pu, à cause de leur courtoisie, leur dire non, et il se trouve par conséquent encore retenu ici quelques jours. — (Simon Vouet était en Italie depuis 1612. Il habitait ordinairement Rome, mais il était venu, l'année précédente, à Gênes, sur la demande des Doria, qui lui firent peindre un Christ en croix, qui orne encore l'église de Saint-Ambroise. Il retourna à Rome peu après et rentra en France en 1627.

✦ 1446 ✦ **POUSSIN** (Nicolas), un des plus grands peintres de la France, n. au hameau de Villiers, commune des Andelys, juin 1594, m. à Rome, 19 novembre 1665.

P. S., sur vélin; Paris, 16 septembre 1641, 1 p. in-8 oblong. *Très rare. (Coll. Boilly et Fillon.)* — P.

Importante pièce, dont voici le texte : « En la présence des notaires du Roy au Chastelet de Paris soubsignés, Nicolas Poussin, premier peintre ordinaire du Roy, a confessé avoir receu comptant de noble homme Charles Lebesgue, conseiller du Roy, trésorier général de ses bastimens, la somme de deux mil livres à luy ordonnée pour un tableau de la Cène qu'il a faict par le commandement du Roy pour la chapelle de Saint-Germain-en-Laye; de laquelle somme de deux mil livres ledit sieur Poussin se contente et en quite ledit sieur Lebesgue, trésorier susdit, et tous autres. » — (Cette pièce est d'autant plus précieuse que les lettres italiennes du Poussin au chevalier del Pozzo, considérées autrefois comme autographes, ont été reconnues depuis peu de temps comme écrites et signées par un secrétaire.)

✦ 1447 ✦ **GELLÉE** (Claude), dit Le Lorrain, illustre peintre et dessinateur, le plus grand paysagiste de l'école française, n. à Chamagne (Vosges), 1600, m. à Rome, 21 novembre 1682. Cet artiste a gravé à l'eau-forte une suite de paysages.

Lettre d'envoi de deux lignes autographes signées à M. Passart, au verso d'un très beau dessin à la plume représentant un paysage, in-12 oblong. Superbe pièce. *Très rare. (Coll. B. Fillon.)* — P.

Précieux autographe, car on ne connait pas jusqu'ici, dans les collections particulières, de lettres de cet illustre artiste.

✦ 1448 ✦ **DUBOIS** (Jean), peintre, fils et élève du célèbre Ambroise Dubois, auquel il succéda, en 1644, comme conservateur des peintures du château de Fontainebleau, n. à Fontainebleau (Seine-et-Marne), 23 février 1604, m. dans la même ville, 1679.

P. S., signée aussi par son fils Louis Dubois, peintre du Roi (né en 1646, mort au château de Fontainebleau le 12 avril 1702), Martin Jamyn, jardinier du Roi, Saincte Jamyn, fille de ce dernier, Louis Jamyn, frère de Martin, et Gilles Paulmier, sieur d'Orgemont, ci-devant valet de garderobe du Roi; Fontainebleau, 17 septembre 1670, 3 p. 1/2 in-fol. Superbe et rare pièce.

Important document. C'est le contrat de mariage de Louis Dubois, fils de Jean, avec Saincte Jamyn. — Cette curieuse pièce donne d'intéressants détails sur la situation de fortune de la famille Dubois, qui fournit plusieurs peintres à cette école de Fontainebleau, sur laquelle on possède si peu de renseignements. Elle commence ainsi : « Furent présens Louis Dubois, peintre du Roy, demeurant à Fontainebleau, fils de noble homme Jean Dubois, peintre et vallet de chambre ordinaire de Sa Majesté, ayant l'entretenement des peintures du chasteau de Fontainebleau, et de deffunte damoiselle Marie Outrebon, jadis sa femme, dudict sieur Dubois, son père, assisté à l'effect des présentes, d'une part, et Martin Jamin, jardinier du Roy et concierge de la maison de la fontaine et escuries de la Reyne au chasteau dudit Fontainebleau, y demeurant, au nom et comme stipullant pour Saincte Jamin, sa fille, et de deffunte Antoinette de Caën, jadis sa femme, à ce présente et de son consentement, pour elle et en son nom, d'autre part, lesquels en la présence, de l'advis et consentement de leurs parens et amis cy après nommez, qui sont Louis Jamin, oncle paternel, et Gilles Paulmier, sieur d'Orgemont, cy devant vallet de garderobbe du Roy, cousin issu de germain, du même costé de ladicte Saincte Jamin, ont recogneu et confessé avoir faict et accordé entr'eux de bonne foy le traicté de mariage qui ensuit... »

Numéro 1447.

✢ 1449 ✢ MIGNARD (Pierre), illustre peintre de Louis XIV, rival de Charles Le Brun, ami de Molière, n. à Troyes, novembre 1610, m. à Paris, 30 mai 1695.

L. A. S. (à Édouard Colbert, marquis de Villacerf, surintendant général des bâtiments du Roi de 1691 à 1699); (Paris), 12 décembre 1693, 2 p. in-fol. Superbe et rare pièce. — P. d'Edelinck.

Magnifique lettre dans laquelle il rend compte de l'examen d'un tableau envoyé par Daniel Sarabat, élève de l'Académie de France à Rome, et représentant le changement d'Io en vache. « Celuy qu'il a fait ne colore pas mal; le desseing en est fort débille ; la situation du lieu, qui est propement le font de son tableau, est pressé. Il ne comprend rien de l'espasse. Pour estre dans le peis où l'on voit des palmiés, il en a fait un qui semble un panache que l'on met sur la teste d'un mulet. Il faut sur tout qui ne s'acoutume pas affaire cest drasperies de practique, voir le naturel et mesme, si ce peut, varié les estoffes, prendre bien garde au testes. Il y a qattre femmes dans son tableau; une est veue par derire (derrière) et trois de profils. C'est les endrois qui faut varié. La décoration ni est pas obeservée. L'on ne met jamais un fleuve empied que qand il cour après Arétusze. Le chois de sont subjet est obesuzre. Qui s'acoustume à fini davantage. Ils onts de si beaux tableaux qui n'i a qu'à suivre et imité. Qui voye une fois la semaine le tableau de la Sainte Cécile d'après Rafaël ou celuy de Saint Pietro in Montorio. L'on voy qui n'a dans son esperit que les peintres du temps qui sont à Rome, ce qui fait cognoistre qui néglige les ensiens... » Il lui indique ce qu'il devra écrire sur cet élève à M. de la Teulière (directeur de l'Académie de France depuis 1687). Il cite ensuite un tableau de Carlo Maratta, si plein de nudités que le roi ne l'a pas voulu dans son cabinet. — (Cette lettre est une des plus importantes qu'on connaisse de Mignard, parce qu'elle expose les doctrines artistiques du maitre. Elle est, comme on l'a vu par les précédentes citations, d'une langue et d'une orthographe des plus fantaisistes. — C'est en sa qualité de chancelier de l'Académie de peinture que Mignard examinait les envois des élèves de l'Académie de France.)

✢ 1450 ✢ LE NOSTRE (André), contrôleur général des bâtiments du Roi, le grand dessinateur de jardins, auquel on doit les admirables parcs de Versailles et de Trianon, la terrasse de Saint-Cloud, les jardins des Tuileries, de Clagny, de Chantilly, de Meudon, de Chaillot, de Livry et de Sceaux, n. à Paris, 12 mars 1613, m. au château des Tuileries le 15 septembre 1700.

P. S., sur vélin; Paris, 7 octobre 1681, 1/2 p. in-4 oblong. Très jolie pièce, avec le timbre de la généralité de Paris. .

Intéressant document. Reçu de deux mille deux cent cinquante livres pour un quartier de ses gages de contrôleur général des bâtiments du Roi. — (André Le Nostre occupait cette fonction depuis l'année 1650 environ.)

✢ 1451 ✢ PERRAULT (Claude), célèbre architecte, écrivain et naturaliste, l'auteur de la superbe Colonnade du Louvre et de l'Observatoire de Paris, frère aîné de l'illustre conteur, n. à Paris, 1613, m. dans la même ville, 9 octobre 1688.

P. S., sur vélin; Paris, 16 juillet 1683, 1 p. in-8 oblong. Rare. (Coll. B. Fillon.)—P. d'Edelinck.

Reçu de la somme de quatre-vingt livres dix sous pour un semestre d'une rente sur l'hôtel de ville de Paris, dont il a hérité, conjointement avec son frère Charles, contrôleur des bâtiments du Roi, par suite du décès de ses neveux Claude et Jean Perrault, fils de Pierre Perrault, receveur général des finances à Paris, et de Catherine Lormier. — (Cet autographe est très important par sa rareté même, car presque tous ceux qu'on a attribués à Claude Perrault doivent être restitués à son frère Charles.)

✢ 1452 ✢ LE BRUN (Charles), un de nos plus grands peintres, l'admirable décorateur de Versailles, n. à Paris, 24 février 1619, m. aux Gobelins, 12 février 1690.

L. A. S. à Monseigneur (Jean-Baptiste Colbert, surintendant général des bâtiments du Roi); Paris, 24 mai 1666, 1 p. 1/2 in-4. Très rare. (Coll. Chambry et Dubrunfaut.) — P. de Lubin.

Précieuse lettre relative au château des Tuileries. « Il est très nécessaire pour avancer les ouvrages du dedans des Tuileries qu'il vous plaise de donner un quart d'heure d'audiance pour résoudre toutes les choses qui sont nécessaires à y exécuter, parce que autrement l'on ne peut rien faire qu'à tâtons. Ainsi, Monseigneur, si vous agréez que j'aille à Sainct Germain pour cela, j'yray sitost que vous me le permettrez et je porteray avec moy un mémoire de tout ce qu'il faut résoudre pour aprez travailler avec toute sorte de diligence... »

cy enfants, paisage et quelque morceau d'architecture, alors le
tableau viendra Riche et plaisant, S'il y veulent peu d'ouvrages,
un homme une famme et un enfant, La variété est tousiours
agreable, Sur tout qui s'a coutume afini, les magnieres broissés
ne sont jamais degrand prix, et ne sont pas desirée, lorsque je
parle dela decoration, Celuy de carle marato que nous auons
dans nostre garde meuble, Il est Si plain de nudities que le Roy
nela pas uoulu dans Son Cabinet, Il faut en uerité que la teste tourne
àun peintre de faire un fleune aupres de sa fille dafphne, qui montre
des parties qui doiuent estre tousiours Cachée, C'est outré la decoration
que le peintre Sage doit tousiours garder, Lon peu dire Jcy que je me
Contre dit puisque Jl y a eu de nos enciens qui onts fait lamesme chose,
Je dit qu'il faut marché Sur leurs pas et les suiures, mais Jl ne faut
pas Laissé que de Regarder quelque fois a uispieds, et tout ce quil
ont fait debeau et debrun limité autant que l'on peu, Je suis

Monsieur

Vostre tres humble et tres
obeyssans Seruiteur
Mignard.

des ceque Je Sauray que uous Seres
Aparis Je uous enuoyeray le tableau.
que Jay deja fait uoir, a deuos officiers

✦ 1453 ✦ LE BRUN (Charles).

L. A. S. (au ministre du grand-duc de Toscane Côme III de Médicis); (Paris), 19 avril 1685, 2 p. in-4. Superbe et très rare pièce. — P. de Saint-Aubin.

Magnifique lettre. Il est enchanté que le portrait et les estampes qu'il a envoyés au grand-duc de Toscane soient arrivés en bon état et aient été agréables à Son Altesse. « J'aurais souaitté que ces choses eussent esté plus dignes d'elle et répondissent davantage à toutes les grâces et aux honneurs qu'elle me faict. »

✦ 1454 ✦ PUGET (Pierre), un des plus grands sculpteurs qu'ait produits la France, n. à Marseille, 31 octobre 1622, m. dans la même ville, 2 décembre 1694.

L. A. S. (à Édouard Colbert, marquis de Villacerf, surintendant des bâtiments du Roi); Marseille, 21 avril 1692, 3 p. in-4. Superbe pièce. *Très rare.(Coll. Boilly.)* — P. de Jeaurat d'après le fils de Puget.

Précieuse lettre, dont voici le texte : « Monsieur, après vous avoir tesmoigné mes très humble respects, Monsieur de Vauvré, intendant de la marine, vous aura présanté un estact d'unne partie de marbres que j'avois vandu au Roy et qu'il me reste encorre deu depuis acès longtemps 1835 livres 15 sols et encorre d'unne autre partie des despances faictes à un bas relief que j'ay achevé d'Alezandre et Diogènes, un ouvrage de très grande considération, selon la comune opinont, reste dû par le rolle qu'il en a esté dressé par Monsieur de Vauvré la somme de 1299 livres 11 sols. Monseigneur le marquis de Louvois m'aiant donné ces avis que sa Majesté désiroit la continuation de mes ouvrages et qu'elle avoit esté très satisfaicte de mon *Andromède* et du *Milon* qu'on y avoit présanté, et come sa Majesté aime lé grande chosses, jé creu, Monsieur, de m'ocuper à quelques beaux ouvrages pour son scrvisse. A sette bonne intention j'ay faict venir une très belle piesse de groseur estraordinaire de marbre pour m'ocuper au servisse de ce grand preince. Je m'i suis espuisé en manière que jé beaucoup inportuné le paiement de ce qu'il més deut tant des mabres que jé fourni que des dépance pour le bas relief d'Alexandre Mousieur de Vauvré, qu'aiant mon paiement de ce qu'il mé deu je ferois les dépances qu'il me convient faire à ma grande piesse, car les grands ouvrages trainent de grands fraiz. Par ainsy, Monsieur, honnorés moi de cette grace de me faire hordonner le paiement de quy mé deu par le moien de Monsieur de Vauvré; je pourai satisfaire aus intentions du Roy, et de prier Dieu qu'il vous conserve et suis avec beaucoup de respect, Monsieur, vostre très humble et très obéisant serviteur, P. Puget, sculpteur du Roy. » — (Cette lettre est d'autant plus remarquable que Puget y mentionne ses trois chefs-d'œuvre, Milon de Crotone, Andromède et Alexandre et Diogène. Elle resta sans réponse et le grand artiste dut renouveler sa juste réclamation et dire qu'il serait forcé de quitter la France si on ne lui payait pas ce qui lui était dû. — Cf. *Revue des documents historiques* par Etienne Charavay, t. I, p. 3 et suiv.)

✦ 1455 ✦ NANTEUIL (Robert), notre plus célèbre graveur de portraits, n. à Reims vers 1623, m. à Paris, 9 décembre 1678. Son œuvre se compose de plus de deux cents portraits, parmi lesquels les plus estimés sont ceux de Pomponne de Bellièvre, du maréchal de Castelnau, de la reine Anne d'Autriche, de Louis XIV, du cardinal Mazarin, du chancelier Le Tellier, de Colbert, de Loret et du duc d'Orléans.

L. A. S. à Madeleine de Scudéry (la célèbre et féconde romancière), 2 p. in-4. Superbe pièce, de la plus grande rareté. *(Coll. Monmerqué et Chambry.)* — P. de Romanet.

Précieuse et noble lettre où il refuse le payement du portrait de mademoiselle de Scudéry, qu'il avait gravé : « Votre générosité m'offense et n'augmente point du tout vostre gloire, du moins selon mon opinion. Une personne comme vous, à qui j'ay tant d'obligations, que je considère si extraordinairement et pour laquelle non seulement je devrois avoir fait tous les efforts de ma profession mais avoir témoigné plus de reconnoissance à touttes ses civilités que je n'ay fait, m'envoier de l'argent et vouloir me paier en princesse un portrait je le luy dois il y a si long tems, est sans doutte pousser trop loin la générosité et me prendre pour le plus insensé de tous les hommes? Vous me permettrez donc, Mademoiselle, de vous en faire une petitte réprimande, et comme vous me permettrez encor de chérir tout ce qui vient de vous, je prens volontiers la bourse que vous avez faitte et vous remercie de vos louis que je ne crois pas estre de vostre façon. Cependant si en quelque jour un peu moins nébuleux qu'il n'en faict en ce tems cy, vous me vouliez donner deux heures de vostre temps pour aller achever chez vous l'habit de vostre portrait, je serois ravi de me rendre ponctuel à vos ordres. J'aurois la liberté de vous expliquer plus franchement mes sentiments parce que cela ne m'attacheroit pas si fort que quand on travaille au visage et après avoir achevé de vous rendre ce petit service, je commencerois de m'estimer heureux puis que vous auriez une autre vous même près de vous qui vous persuaderoit éloquement que je suis, Mademoiselle, vostre très humble et très obéissant serviteur, Nanteuil. »

quarant mon paiement decequiL me deu je ferois les depanes
quil me Convrent faire amagrande piesle far les grands ouvrages
vrainent degrands fraz par ainsj Monsieur honnores moy decette
grace deme faire hordonnes le paiement decequy me deu par cemoin
Jepouvraj satisfaire aux Jntentions du Roj, et deprier dieu quils
vous Conterve et suis avec beaucoup de Respects

Monsieur

Votretres humble etres
obeisant Servitevr
Puget
Sculptevr du Roj

Numéro 1454.

+ 1456 + **GIRARDON** (François), grand sculpteur, élève de François Anguier, auteur du tombeau de Richelieu à la Sorbonne, un des décorateurs de Versailles, n. à Troyes, 17 mars 1628, m. à Paris, 1 septembre 1715, le même jour que Louis XIV.

P. S., sur vélin, signée aussi par les sculpteurs Thomas Regnaudin (n. à Moulins, 1627, m. à Paris le 3 juillet 1706), Balthasar Marsy (n. à Cambrai en janvier 1628, m. à Paris, 16 mai 1674) et Gaspard Marsy (n. à Cambrai, 1629, m. à Paris le 10 décembre 1681); Paris, 16 août 1671, 1 p. in-8 oblong.

Très intéressant document, qui porte les signatures de quatre maîtres sculpteurs qui ont travaillé à la décoration de Versailles et du Louvre. Ils reconnaissent avoir reçu la somme de trois mille livres acompte des ouvrages qu'ils ont faits dans la galerie d'Apollon au château du Louvre.

+ 1457 + **COYPEL** (Noël), célèbre peintre d'histoire et graveur, qui a décoré la grande salle des machines du palais des Tuileries et le maître autel de l'église des Invalides, n. à Paris, 25 décembre 1628, m. dans la même ville, 24 décembre 1707.

L. A. S. (à Édouard Colbert, marquis de Villacerf); Paris, 21 août 1696, 2 p. in-fol. — P.

Superbe lettre sur les questions de préséance à l'Académie de peinture (dont il fut directeur du 13 août 1695 au 7 avril 1699). Il donne son opinion et proteste contre les calomnies dont il est l'objet. « Je m'apperçoy, Monsieur, que des gens que je sçay qui ont eu l'honneur de vous voir ce voyage, dont les manières, composées de miel et d'absinte, m'ont attribué auprès de vous les choses qu'ils font et dont ils se lavent les mains. Je suis au désespoir, Monsieur, que l'on me fasse passer auprès de vous pour ce que je ne suis pas, et si j'ay quelque qualité désagréable à ceux qui m'en imposent, c'est d'estre trop droit et trop intègre. Je sçay que c'est le vice des honnestes gens et que la fourberie et l'imposture sont plus à la mode et plus utile pour parvenir à ces fins. Mais je croy, Monsieur, que sy ces qualitez d'honneste homme me sont préjudiciables, elles méritent d'autant plus vostre protection. » Il se plaint ensuite que certain officier de l'Académie affecte de manquer de convenance à son égard.

+ 1458 + **LE CLERC** (Sébastien), célèbre graveur et dessinateur, graveur ordinaire de Louis XIV, n. à Metz, 26 septembre 1637, m. à Paris, 25 octobre 1714.

P. S., sur vélin; Paris, 14 novembre 1681, 1 p. in-4 oblong. Très jolie et rare pièce. (Coll. Fossé Darcosse et Dubrunfaut.)

Reçu de cent cinquante livres pour un semestre de ses appointements de dessinateur ordinaire du Roi en sa manufacture des Gobelins.

EN la presence des Notaires du Roy au Chaftelet de Paris, fous-fignez,
François Girardon, Thomas Regnauldin, Gafpard & Baltazar Marfy
freres Comte fealt prince ordinaires du Roy ⸺

ont confeffé avoir receu comptant de Charles le Befgue Ecuyer, Seigneur de
Majainville, Confeiller Secretaire du Roy, Maifon, Couronne de France &
de fes Finances, & Trèforier general des Baftimens & Iardins de fa Ma-
jefté, Arts & Manufactures du Royaume, la fomme de *trois mil*
livres à eux ordonnée à compter pour un acompte
des ouvrages qu'ils font dans la gallerie d'Apollon au
Chafteau du Louvre ⸺

De laquelle fomme de *trois mil livres à eux fus dits devus contant*
fe font quitté & quitten ledit Sieur le Befgue Trèforier fufdit, & tous
autres. FAIT & paffé *en l'eftude defd Notaires* l'an mil fix cens
foixante-unze le ... *ième jour d'* ... *Et ont figné*/

Girardon   *Regnaudin*   *Baltafar Marfy*   *Gafpard Marfy*

Numéro 1456

✛ 1459 ✛ AUDRAN (Girard), illustre graveur, qui exécuta d'admirables planches d'après les œuvres de Charles Le Brun et de Pierre Mignard, n. à Lyon, 2 août 1640, m. à Paris, 25 juillet 1703.

P. S., sur vélin; Paris, 22 février 1698, 1 p. in-8 oblong. Jolie pièce. — P. de la collection Odieuvre.

Reçu de cent huit livres six sols huit deniers acompte d'une rente de sept cent cinquante livres constituée sur les aides et gabelles.

✛ 1460 ✛ COYZEVOX (Antoine), illustre sculpteur, dont les magnifiques productions décorent les jardins de Versailles et de Marly, n. à Lyon, 29 septembre 1640, m. à Paris, 10 octobre 1720. Il exécuta pour le parc de Marly les superbes chevaux ailés qui sont placés aujourd'hui à l'entrée du jardin des Tuileries à Paris.

P. S., sur vélin, avec deux lignes autographes; Paris, 1 mai 1696, 1 p. in-4 oblong. Superbe et rare pièce, signée *Coyzevox*, qui est la véritable orthographe de son nom. *(Coll. B. Fillon.)* — P.

Reçu de deux cent soixante-neuf livres sept sous cinq deniers pour le premier quartier de l'année 1696, « à cause de huict cens huit livres deux sols quatre deniers d'augmentations de gages créés par sérail du mois de décembre 1691. » — (Cette pièce est intéressante en ce qu'elle nous montre l'orthographe que ce grand artiste, qui signa d'abord sous cette forme étrange *Quoyzevaux*, avait adoptée définitivement pour son nom.)

✛ 1461 ✛ JOUVENET (Jean), célèbre peintre d'histoire, dont la fécondité égalait le talent, un des décorateurs de Versailles, n. à Rouen, 1 mai 1644, m. à Paris, 5 avril 1717. Devenu paralytique à la fin de sa vie, il se mit à peindre de la main gauche et il exécuta de cette manière le plafond du Parlement de Rouen et plusieurs tableaux.

P. A. S.; Paris, 12 juillet 1695, 1/2 p. in-4. Très belle et rare pièce.

Il reconnaît avoir reçu du prince de Conti (François-Louis, n. 1664, m. 1709) la somme de quatre cents livres pour une année d'arrérage d'une rente à lui constituée par celui-ci le 21 mai 1689. — Une copie du contrat est jointe à cette pièce.

✛ 1462 ✛ CLÈVE (Corneille Van), célèbre sculpteur, dont les meilleures œuvres ornent le jardin des Tuileries et ceux du palais de Versailles, n. à Paris, 1645, m. dans la même ville, 31 décembre 1732.

P. S., sur vélin; Paris, 18 décembre 1686, 1 p. in-4 oblong. Très belle pièce. — P. de J.-B. Poilly.

Intéressant document. Corneille Van Clève déclare avoir reçu la somme de deux cents livres acompte d'un bassin de marbre qu'il fait pour la colonnade du petit parc de Versailles.

✛ 1463 ✛ HARDOUIN MANSART (Jules), illustre architecte, qui construisit les châteaux de Marly et de Versailles et le dôme des Invalides, surintendant général des bâtiments du Roi (1699), n. à Paris, 16 avril 1646, m. à Marly, 11 mai 1708.

P. S., sur vélin, au bas d'un acte signé par Louis XIV (par le secrétaire de la main) à Versailles, le 13 février 1704; Versailles, 15 février 1704, 1 p. in-4 oblong. — P. d'Edelinck.

Lettres patentes par lesquelles Louis XIV accorde à Jacques Pallas la survivance de la charge de concierge de la maison joignant la ménagerie de Vincennes, « qui servoit cy devant de sérail pour divers animaux. » — Hardouin-Mansart a contresigné cette pièce en sa qualité de surintendant général des bâtiments du roi.

400 lt

J'ay re ceu de S.A.S Monseigneur
le Prince de Conti par les mains de
Monsieur Bauyer tresorier general
de S.A.S la somme de quatre cents livres
pour une année d'arrerage d'un
Contrae de Constitution escheue le vingt
et un may dernier Sans pre Judistte
du courant fait apans ce douze
Juillet mil Six cents quatre vingt
quinze Jouvenet

L 087

Bon ce 14 Juillet
1695. M

Numéro 1461.

✦ 1464 ✦ LARGILLIERRE (Nicolas de), célèbre peintre de portraits, dit le Van-Dyck français, n. à Paris, 10 octobre 1656, m. dans la même ville, 20 mars 1746.

1° P. S., sur vélin; Paris, 12 février 1700, 1 p. in-8 oblong. — P. de la collection Odieuvre.

Reçu donné par Nicolas de Largillierre de deux cent cinquante livres pour un semestre d'une rente à lui constituée sur les aides et gabelles.

2° L. S., signée aussi par les peintres CARLE VANLOO et CAZES (Jacques-Pierre, n. à Paris en 1676, m. 1744) et par le graveur LÉPICIÉ (Bernard, n. à Paris en 1698, m. 1755) (au surintendant Orry); Paris, 31 mars 1742, 2 p. in-fol.

Superbe lettre où ils demandent, au nom de l'Académie de peinture, qu'il donne des ordres pour qu'on fasse partir pour Rome les sieurs Mignot, Adam et Châles, qui ont remporté, en 1740 et en 1741, les grands prix de sculpture et de peinture. — (Les deux fac-similés montrent la véritable orthographe du nom du peintre que les biographes écrivent, à tort, *Largillière*. Ils prouvent également que ce peintre avait, comme beaucoup de ses contemporains, deux signatures distinctes, une pour les actes et une pour les lettres particulières.)

✦ 1465 ✦ COUSTOU (Nicolas), sculpteur, neveu et élève de Coyzevox, auteur du groupe *la Seine et la Marne*, n. à Lyon, 9 janvier 1658, m. à Paris, 1 mai 1733.

P. S., sur vélin; Paris, 9 avril 1691, 1 p. in-8 oblong. Très jolie et rare pièce. *(Coll. B. Fillon.)*

Reçu donné par Nicolas Coustou de cinquante-six livres pour un semestre d'une rente à lui constituée sur les aides et gabelles en date du 6 octobre 1690.

✦ 1466 ✦ RIGAUD (Hyacinthe), célèbre peintre, qui fit les portraits des rois Louis XIV et Louis XV et des plus grands personnages de son temps, parmi lesquels Bossuet, La Fontaine, Girardon, Mignard, le marquis de Dangeau, le duc d'Antin, le fondeur Keller, n. à Perpignan, 18 juillet 1659, m. à Paris, 29 décembre 1743.

P. S.; Paris, 5 avril 1714, 3 p. in-4. Jolie et rare pièce. *(Coll. B. Fillon.)* — P. de la collection Odieuvre.

Signature au bas d'un acte par lequel Claude Robillard de Beaufort, contrôleur de l'hôpital établi au fort des Bains, dans la province de Roussillon, donne sa procuration à Hyacinthe Rigaud, noble citoyen de Perpignan, peintre ordinaire du Roi, pour toucher des arrérages de rentes sur l'hôtel de ville de Paris.

✦ 1467 ✦ CHABRY (Marc), peintre et sculpteur, un des meilleurs élèves de Puget, n. à Barbantane (Vaucluse), 1660, m. à Lyon, 1727.

L. A. S. à Monseigneur...; Carrare, 3 novembre 1714, 5 p. in-fol. *(Coll. Cottenet.)*

Très intéressante lettre sur ses achats de marbre à Carrare. Elle est d'une orthographe des plus fantaisistes.

+ 1468 + DREVET (Pierre), un de nos plus célèbres graveurs de portraits, élève de Germain Audran, n. à Sainte-Colombe (Isère), 1664, m. à Paris, 9 août 1738. On cite, parmi ses œuvres les plus remarquables, les portraits de Louis XIV, de Louis XV, de Nicolas Boileau-Despréaux, du cardinal de Fleury, du maréchal de Villars, d'Hyacinthe Rigaud, du cardinal de Noailles, de Girardon, etc.

P. S., sur vélin ; Paris, 5 juillet 1711, 1 p. in-12 oblong. Pièce un peu jaunie, surtout sur les bords. *(Coll. Chambry.)*

Document par lequel Drevet donne un reçu de la somme de soixante-dix-neuf livres pour un semestre d'une rente constituée sur les aides et gabelles.

+ 1469 + MARIETTE (Pierre-Jean), graveur habile, libraire et amateur, dont la magnifique collection de dessins et d'estampes fut dispersée après sa mort, n. à Paris, 7 mai 1694, m. dans la même ville, 10 septembre 1774. Son précieux recueil de notes sur les artistes a été publié sous le titre d'*Abecedario* par MM. de Chennevières et de Montaiglon.

L. A. S. à Antonio-Francesco Gori (savant archéologue italien, n. 1691, m. 1757), à Florence ; Paris, 19 septembre 1750, 2 p. 1/2 in-4, cachet. Superbe pièce. — P. de Saint-Aubin.

Très intéressante lettre où il le remercie de ses compliments sur son ouvrage (*Traité historique des pierres gravées du cabinet du roi*).. « Présentement que me voici tout-à-fait hors du commerce et débarrassé de tous les soins tumultueux qui en sont inséparables, je vais m'occuper à d'autres travaux aux quels je dois souhaiter le même sort qu'à celui-ci, c'est-à-dire le bonheur de vous plaire et de mériter votre approbation. » Il lui mande ensuite que les Pères Jésuites ont fait une mention très honorable de l'excellente *Vie de Michel-Ange* par Gori dans leur *Journal de Trévoux*.

+ 1470 + BOUCHARDON (Edme), célèbre sculpteur, élève de Guillaume Coustou, auquel on doit la superbe fontaine de la rue de Grenelle-Saint-Germain à Paris, n. à Chaumont en Bassigny (Haute-Marne), 29 mai 1698, m. à Paris, 27 juillet 1762.

1° L. A. S. (au duc d'Antin); Rome, 10 juillet 1732, 2 p. in-fol. *Très rare. (Coll. Chambry.)* — P.

Superbe lettre où il mande qu'il attend ses ordres pour quitter Rome et rentrer en France. « En attendant je fais dégrossir une petite figure que j'avois commencé et que je serois ravi de finir pour mon étude et pour servir M. le Cardinal de Polignac (dont il avait fait le buste). Lorsqu'elle sera dégrossie, j'emporterai plus facilement le marbre en France. » Il demande la faveur d'emporter les études qu'il a faites et la grâce de la gratuité du transport, qui a déjà été accordée à Natoire (qui avait eu le grand prix en 1721). — (Bouchardon avait remporté le grand prix de sculpture en 1722 et il était resté à Rome depuis cette époque. Il rentra en France en 1732 et fut, en 1744, nommé membre de l'Académie de peinture et de sculpture.

2° Dessin au crayon rouge représentant deux femmes nues vues de dos, in-4. *(Coll. Chambry.)*

Très belle étude faite probablement par Bouchardon pendant son séjour à Rome, qui dura dix années, de 1722 à 1732.

LETTRE D'EDME BOUCHARDON. — FRAGMENT

ainſi j'eſpere que uotre Girandeur me faiſant

faire par M.ʳ Vleugle le même auantage quil a fait

a m.ʳ natoire et a quelquautre. que je pourai garder

et porter en france ce que jai fait ici je lui demande

cette grace et ſuis auec reſpet —

Monſeigneur

Votre tweſ humble et
tweſ obeiſſant ſerviteur

E. Bouchardon

Numéro 1470.

✦ 1471 ✦ GRAVELOT (Hubert-François Bourguignon), un de nos plus habiles graveurs et dessinateurs, dont les vignettes et les illustrations sont très recherchées, n. à Paris, 26 mars 1699, m. dans la même ville, 20 novembre 1773.

L. A. S. à son frère Jean-Baptiste Bourguignon d'Anville (le célèbre géographe, né à Paris, en 1697, mort en 1782) ; Londres, 21 août 1734, 2 p. 1/2 in-4. *Très rare.* — P. de la collection Vignères.

Très belle lettre. Il croit que la relation du docteur Shaw (voyageur anglais en Afrique) a paru (elle ne parut qu'en 1738). Il lui envoie une liste de cartes de plusieurs comtés d'Angleterre. Il le félicite de son ouvrage sur la mesure de la terre. Il le charge de ses amitiés pour sa belle-sœur et il donne son adresse à Londres : *In King street, Covent garden, at Gold cup.* — (Gravelot habitait alors l'Angleterre, d'où il ne revint à Paris qu'en 1745.)

✦ 1472 ✦ CHARDIN (Jean-Baptiste-Siméon), célèbre peintre de genre et de nature morte, qui sut répandre une harmonie intime et profonde sur les sujets les plus simples, n. à Paris, 2 décembre 1699, m. dans la même ville, 6 décembre 1779.

Dessin à la sépia, repris à la gouache, signé en bas à droite, in-4. Très belle et intéressante pièce. — P.

Beau dessin représentant un savant vu de dos et assis devant un pupitre sur lequel il écrit. En face de lui sont une mappemonde et une esquisse. Au bas à droite est un coffret sur le côté duquel Chardin a signé.

✦ 1473 ✦ GABRIEL (Jacques-Ange), illustre architecte, qui restaura le Louvre et construisit l'École militaire et les magnifiques bâtiments qui décorent la place de la Concorde, n. à Paris, 1699, m. 1782. Il fut le dernier et le plus célèbre d'une dynastie d'architectes. Cet artiste de génie se fit surtout remarquer par la pureté de son goût et par la grandeur de ses conceptions.

L. S. (à l'architecte Jacques-Denis Antoine) ; Paris, 24 septembre 1777, 2 p. 1/4 in-4. Jolie pièce. *(Coll. Boilly.)*

Belle lettre où il lui mande qu'il a écrit au comte d'Angiviller pour appuyer la demande adressée par Antoine de faire le voyage d'Italie. Il transcrit sa lettre à M. d'Angiviller. — (L'architecte Jacques-Denis Antoine, n. à Paris en 1733, m. en 1801, s'est rendu célèbre par la construction de l'Hôtel des Monnaies de Paris.)

✦ 1474 ✦ BOUCHER (François), le célèbre peintre des grâces et des amours, n. à Paris, 29 septembre 1703, m. dans la même ville, 30 mai 1770. Cet artiste, qu'avait injustement éclipsé la gloire de David, a reconquis toute la faveur du public.

     P. A. S.; Paris, 18 mai 1740, 3/4 de p. in-8 oblong. *Très rare. (Coll. Dubrunfaut.)* — P.

Précieux autographe et très intéressant document. Boucher reconnaît avoir reçu du président de Thunis la somme de six cents livres pour un tableau de paysages et pour un petit plafond qu'il doit lui faire dans sa bibliothèque.

✦ 1475 ✦ BOUCHER (François).

     P. S., signée aussi par CARLE VAN LOO (le célèbre peintre), LOUIS DE SILVESTRE (peintre d'histoire et de portraits, n. 1675, m. 1760), JEAN-BAPTISTE-MARIE PIERRE (peintre d'histoire, n. à Paris en 1713, m. le 15 mai 1789) et BERNARD LÉPICIÉ (le célèbre graveur); Paris, 14 mai 1754, 2 p. in-fol.

Très précieux document. Ils déclarent s'être, sur la demande de M. de Vandières (frère de Madame de Pompadour), transportés au Luxembourg, « dans la galerie de Rubens, à l'effet d'examiner les tableaux qui demandent à être restaurés et décider si l'opération proposée par la veuve Godefroy et le sieur Colins, peintre, pour enlever les gris desdits tableaux sans les déplacer, peut, indépendamment de la réussite de ladite opération, ne leur apporter et causer par la suite aucun dommage. » Ils ont, après examen, donné leur complète approbation à cette opération.— (Il s'agit des magnifiques tableaux que Marie de Médicis avait commandés à Rubens et qui ornaient autrefois le palais du Luxembourg, d'où ils ont été apportés au Louvre.)

✦ 1476 ✦ LEMOYNE (Jean-Baptiste), célèbre sculpteur, dont les œuvres ornent les galeries de Versailles, n. à Paris, février 1704, m. dans la même ville, 25 mai 1778.

     L. A. S. (au marquis de Marigny, directeur général des bâtiments du Roi); (Paris), 30 janvier 1761, 1 p. in-4. *(Coll. Dubrunfaut.)*

Belle lettre où il le prie de lui faire donner le bloc de marbre nécessaire pour l'exécution du buste de Louis XV qui lui a été commandé pour la Faculté de médecine de Montpellier

600^{tt}

jay recüe de monsieur le prehident
de thunis la somme do six cent livres
pour un tableau de payillage et
un jetit plaffont que je dois luy
fuivé dans sa bibliothec fait a paris
ce 19 may · 1740   Boucher

Numéro 1474.

✦ 1477 ✦ LA TOUR (Maurice-Quentin de), l'inimitable peintre de portraits au pastel, n. à Saint-Quentin, 5 septembre 1704, m. dans la même ville, 18 février 1788. On cite parmi ses chefs-d'œuvre les portraits de Voltaire, de Jean-Jacques Rousseau, de Crébillon, de d'Alembert, de Marivaux, de Rameau, de Diderot, de Louis XV, de Duclos, du maréchal de Belleisle, du maréchal de Lowendal, de la marquise de Pompadour, etc.

P. A. S. ; Paris, galeries du Louvre, 5 juillet 1781, 3/4 de p. in-8 oblong. Jolie et rare pièce. — P.

· Il certifie, en qualité de conseiller de l'Académie de peinture, avoir trouvé les crayons du sieur Nadaux très dignes de l'approbation de MM. Renou et Descamps (peintres et professeurs distingués).

✦ 1478 ✦ LOO (Charles-André, dit Carle Van), peintre, célèbre par ses gracieuses compositions, n. à Nice, 15 février 1705, m. à Paris, 15 juillet 1765. Son tableau *La halte de chasse* et son portrait de la reine Marie Leczinska ornent le musée du Louvre.

P. S., signée aussi par DE LATRAVERSE, AUGUSTIN PAJOU (le sculpteur), PIERRE HUTIN (le sculpteur), GABRIEL-FRANÇOIS DOYEN (le peintre), EDME DUMONT (le sculpteur) et DELARUE, élèves protégés de l'école de peinture et de sculpture ; Paris, 12 avril 1749, 1 p. in-fol. Superbe pièce. — P. de Miger.

En sa qualité de gouverneur de l'école royale des élèves protégés, Carle Van Loo déclare que la conduite desdits élèves a été bonne et prie M. Coypel, premier peintre du Roi, de leur payer le quartier de leur gratification. — Au-dessous les six élèves protégés donnent quittance de la somme de quatre cent cinquante livres, à raison de soixante-quinze livres pour chacun d'eux.

✦ 1479 ✦ SOUFFLOT (Jacques-Germain), grand architecte, intendant général des bâtiments (1776), le constructeur du Panthéon et de l'École de droit, n. à Irancy (Yonne), 5 janvier 1709, m. à Paris, 29 août 1780. On lui doit aussi la magnifique façade de l'Hôtel-Dieu de Lyon. Soufflot a publié en 1767 ses *Œuvres* qui forment deux volumes.

L. A. S. (au comte d'Angiviller) ; Paris, 22 janvier 1774, 1 p. in-fol. Superbe pièce. — P.

Très belle lettre toute relative à l'estimation du terrain dans lequel on travaille les marbres du Roi. Longs et intéressants détails.

✦ 1480 ✦ VERNET (Claude-Joseph), notre meilleur peintre de marines, chef d'une célèbre dynastie d'artistes, n. à Avignon, 14 août 1712, m. à Paris, 23 décembre 1789. Sa magnifique suite des vues des ports de France est conservée au Louvre.

L. A. S. (au marquis de Marigny) ; Cette, 11 novembre 1756, 4 p. in-fol. Superbe pièce. — P.

Magnifique lettre sur son tableau du *Port de Cette*. Joseph Vernet discute les observations que lui avait faites le marquis sur le point de vue qu'il se proposait de prendre. Il persiste à croire que le seul point intéressant est celui du côté de la mer. Pour se conformer à l'itinéraire, il faudrait exécuter six tableaux et non un seul. Celui qui a rédigé l'itinéraire, M. Pellerin, premier commis de la marine, peut bien être entendu à bien des choses, mais il ne sait guère ce qu'il faut pour faire un bon tableau. Vernet maintient aussi son idée de représenter une tempête dans ce tableau. Enfin il répond au reproche que lui avait adressé le marquis d'avoir proposé d'aller exécuter ce tableau à Bordeaux. « Je sçay, Monsieur, que le Roy me paye mes tableaux pour que j'y donne toute la perfection dont je puis être capable. Aussi l'ai-je toujours fait, et mon intention sera toujours de faire tous mes efforts pour que mes tableaux aillent de mieux en mieux. Permettés, je vous prie, Monsieur, que je vous découvre un secret en cette occasion ; c'est que si le Roy payoit cent fois plus qu'il ne fait mes tableaux, je ne sçache pas qu'il me fût possible de les mieux faire que je les fais, et ne les farois pas plus mal s'il m'en donnoit cent fois moins. Mon amour propre étant plus avide de la gloire que de l'argent, quant je fais un tableau, je ne suis occupé que du soin de bien faire et je pense plus à ce qui peut me faire honneur qu'à la somme qu'on m'en donne. Quant j'ay eu l'honneur de vous dire que selon le point de vue que je prendrois, après mes études faittes, j'aurois pût exécuter le tableau à Bordeaux, ce que n'étant plus nécessaire d'être sur le lieu, j'aurois eu plus de secours et de facilité pour cette exécution dans une grande ville que j'en auray ici ; mais je resteray icy, d'abord parce que vous le voulez et en même temps pour que, si mon

je soussigné Conseiller de L'académie Royale de
peinture et sculpture, certifie avoir Trouvé
les Crayons du sieur Nadaux Tres dignes de L'approbation
de Mrs Renou et desclamp.
aux galeries du Louvre Ce 5 juillet 1781

Delatour

Numéro 1477.

incapacité m'empêche de faire tout ce que je désirerois, on ne puisse l'attribuer à quelque négligeance de ma part. J'ay pour cela arrêté une maison icy et m'y suis établis. Je fairay le tableau de Cette icy sur le lieu et finiray celuy d'Antibe où il me reste quelque chose à faire. » —

(Joseph Vernet avait été chargé par Louis XV, en octobre 1753, de peindre tous les grands ports de mer de la France, moyennant six mille livres par tableau, et le marquis de Marigny avait tracé l'itinéraire de l'artiste. Vernet commença par Marseille, puis s'occupa de Bandol, de Toulon et d'Antibes. La vue du port de Cette fut sa huitième toile; elle fut exécutée selon le projet présenté par Vernet et d'abord combattu par le marquis de Marigny. Elle fut exposée au Salon de 1757 et elle est conservée actuellement au musée du Louvre.)

+ 1481 + PIGALLE (Jean-Baptiste), célèbre sculpteur, auteur du tombeau du maréchal de Saxe à Strasbourg et des statues de Louis XV et de Voltaire, n. à Paris, 26 janvier 1714, m. dans la même ville, 21 août 1785.

L. A. S. (au marquis de Marigny); Paris, 27 juin 1754, 2 p. in-4. (Coll. A. Sensier.) — P. de Saint-Aubin.

Très belle lettre où il demande la pension vacante par le décès du peintre Cazes (mort le 25 juin). Il s'appuie sur le succès de sa statue de Louis XV. « Tous ceux qui ont été chargés des figures du Roy ont été honorés de pareilles récompenses, indépendament du prix de leur travail. M. le Moine (le sculpteur) en particulier jouit d'une pension de 800 livres sur la cassette, outre le présent considérable que lui a fait la ville de Bordeaux. Vous sçavez, Monsieur, le besoin que j'en ai... »

+ 1482 + DESCAMPS (Jean-Baptiste), peintre, neveu de Louis Coypel, auteur des Vies des peintres flamands, allemands et hollandais, publiées de 1753 à 1763, fondateur de l'école de dessin de Rouen, n. à Dunkerque, 1714, m. à Rouen, 1791.

L. A. S. à M. de Saint-Pierre, ingénieur à l'île Bourbon (l'illustre auteur des Etudes de la nature et de Paul et Virginie); Rouen, 6 mars 1770, 2 p. in-4, cachet brisé. Superbe pièce.

Belle lettre où il lui mande qu'il a appris avec plaisir son arrivée à l'île Bourbon. Il lui annonce qu'il vient de faire paraître le Voyage pittoresque de la Flandre et du Brabant (faisant suite aux Vies des peintres flamands) et qu'il a accepté de revoir les articles Peinture de l'Encyclopédie. Il parle ensuite du prochain mariage du dauphin et se livre à de curieuses considérations sur Voltaire et sur Jean-Jacques Rousseau. « Les arts sont toujours un peu accueillis, les lettres de même. On se déchire, on se fait des excuses, c'est à dire ces écrivains de rapine, qui forgent des romans, des petits vers, sans autre mérite que des petites pointes ou des épigrammes qui retournent sur eux-mêmes le plus souvent. M. de Voltaire existe tout en entier; il n'i a que son habit qui s'use. Rousseau existe dans une terre près de Grenoble; il n'est point aimable, il erre même dans ses résolutions; il sçait trop ce qu'il est et pas assés ce qu'il devroit être. C'est un héros qui s'expose trop à découvert et qui ne sçait se ménager ni retraite ni amis. Prions Dieu pour eux comme pour les sots... »

+ 1483 + COCHIN (Charles-Nicolas), célèbre dessinateur et graveur, dont les estampes sont très recherchées, n. à Paris, 1715, m. 29 avril 1790. Il fut le dernier d'une remarquable dynastie d'artistes. Son œuvre comprend quinze cents pièces.

L. A. S. (aux membres de l'Académie de Marseille); (Paris), 18 février 1769, 1 p. in-fol. — P.

Très belle lettre où il les remercie, au nom de l'Académie de peinture (dont il était secrétaire perpétuel), des vœux qu'ils ont exprimés à cette compagnie à l'occasion du renouvellement de l'année.

+ 1484 + COCHIN (Charles-Nicolas).

L. A. S. (à Grosley ?); (Paris), 11 juillet 1784, 4 p. in-4. Superbe pièce, une des plus belles connues.

Lettre des plus curieuses. Cochin s'excuse de ne pas lui avoir répondu plus tôt sur sa collaboration à l'édition de la Gerusalemme liberata, entreprise par les ordres de Monsieur (le comte de Provence, depuis Louis XVIII). Il donne son opinion sur la Vestale du sculpteur Legros (Pierre, né à Paris en 1666, mort à Rome en 1719), dont il fait le plus grand éloge. Il expose les raisons qui lui font affirmer que le beau groupe de Lepautre (Pierre, né à Paris en 1659, mort en 1744), qui est aux Tuileries, représente Aria et Pœtus et non, comme quelques-uns le prétendent, Lucrèce et Brutus. Il parle ensuite de son pauvre ami M. de La Tour (le célèbre peintre de pastels). « Je suis bien de votre avis et je pense aussi que c'est le régime extravagant auquel il s'est livré qui l'a amené à cet état affligeant. Que n'a-t-il pas fait pour nous persuader à tous de suivre son exemple; mais il n'a point trouvé de prosélites, quoiqu'il connût bien des peintres et des poëtes. M. de La Tour, après avoir donné beaucoup de marques de délire, qui nous ont occasionné du chagrin et de l'inquiétude, a enfin été déterminé par son frère à se retirer à Saint-Quentin, sa patrie, où il a été accueilli avec reconnoissance et humanité. Depuis ce temps nous n'avons eu de ses nouvelles que rarement, mais elles disent touttes qu'il est dans le même état. » Cochin termine par une plaisanterie piquante sur le peintre Pierre (Jean-Baptiste-Marie, premier peintre du Roi, directeur de l'Académie de peinture, né à Paris en 1713, mort en 1789) et il cite un dixain épigrammatique composé à l'occasion d'une maladie de cet artiste. Voici le fac-similé de ce curieux passage :

✦ 1485 ✦ COUSTOU (Guillaume), habile sculpteur, fils et élève de l'illustre auteur des Écuyers de Marly, n. à Paris, 19 mars 1716, m. dans la même ville, 13 juillet 1777. Cet artiste distingué fut protégé par le grand Frédéric et par la marquise de Pompadour.

L. A. S. (au marquis de Marigny, frère de la marquise de Pompadour); Rome, 15 décembre 1751, 2 p. in-fol. Très belle pièce. *Rare.* *(Coll. Chambry.)* — P. de Cochin gravé par Saint-Aubin.

Superbe lettre de félicitations sur sa nomination à la charge de directeur général des bâtiments du Roi (dans laquelle le marquis de Marigny venait de succéder à Lenormand de Tournehem).

✦ 1486 ✦ FALCONET (Étienne-Maurice), sculpteur d'un grand talent, écrivain sur les beaux-arts, ami et correspondant de Diderot, n. à Paris, 1 décembre 1716, m. dans la même ville, 24 janvier 1791. Il fut appelé, en 1754, par Catherine II à Saint-Pétersbourg, où il exécuta une statue équestre colossale de Pierre le Grand.

L. A. S. à M. Mouette; Chatenay, 5 mars 1782, 1 p. in-4, cachet. *(Coll. Chateaugiron et A. Sensier.)*

Curieuse épître qui peint bien le caractère original de son auteur. Elle est relative à un de ses livres. « Comme dans les endroits d'érudition je ne marche guère que la preuve à la main, il vous sera d'autant plus facile de voir si je bronche ou si je vais droit. Pour mes erreurs, de quelque espèce qu'elles soient, je ne les connois pas; et vous pouvez croire que, si en travaillant je les eusse aperçues, vous en trouveriez peu dans mon livre : mais quelques âmes charitables me les feront apercevoir; je les en remercie d'avance. Notez bien, Monsieur, que j'écris pour vous et pour les autres hommes honnêtes, instruits et qui pensent, jamais pour les pédans, ni pour les garçons perruquiers, encore moins pour les méchans et pour ces olibrius qui, toujours de mauvaise humeur et prévenus contre un sentiment nouveau, parce qu'il est nouveau, parlent sans cesse des arts où ils voient comme dans un four. Ce n'est pas à de tels lecteurs que j'offre mes écrits... »

✦ 1487 ✦ CAFFIERI (Jean-Jacques), célèbre sculpteur, dont les bustes sont très remarquables, n. à Paris, 29 avril 1725, m. dans la même ville, 21 juin 1792.

L. S. aux sociétaires du Théâtre-Français; Paris, 24 août 1785, 3 p. in-fol. — P. de Saint-Aubin.

Très intéressante lettre. Il leur donne des renseignements sur les bustes qu'il leur a offerts et qu'ils ont acceptés. Les bustes de Colbert et de Jean Racine sont d'Antoine Coyzevox. Celui de Pierre Corneille a été fait d'après le portrait peint par Le Brun; celui de Thomas Corneille d'après la peinture de Jean Jouvenet. Le buste de Rotrou a été exécuté d'après un portrait peint communiqué par un arrière-neveu du poète. « Les bustes de Piron et de Belloy sont l'ouvrage de l'amitié. Après la mort du premier j'ai été chargé, en 1744, de son buste en marbre pour le foyer de la Comédie française, et je suis sur le point de finir le marbre de de Belloy pour la même comédie. » Le buste de La Fontaine a eu pour modèle le portrait d'Hyacinthe Rigaud, celui de La Chaussée le portrait de La Tour. Le buste de Philippe Quinault a été exécuté en marbre pour le foyer de l'Opéra en 1771, celui d'Helvétius pour madame Helvétius. Le buste de Boileau a été fait d'après le portrait de Rigaud, celui de Jean-Baptiste Rousseau d'après la peinture d'Aved. Enfin les bustes de Crébillon, Fontenelle, Montesquieu et Diderot sont l'œuvre de Jean-Baptiste Le Moyne (le maître de Caffieri). — (Cf. pour les dons faits par Caffieri à la Comédie-Française le beau livre de mon confrère et ami J.-J. Guiffrey sur les Caffieri.)

✛ 1488 ✛ GREUZE (Jean-Baptiste), un des plus célèbres maîtres de la peinture de genre au dix-huitième siècle, l'inimitable auteur de *la Cruche cassée* et de *la Malédiction paternelle*, n. à Tournus (Saône-et-Loire), 21 août 1725, m. à Paris, 21 mars 1805.

L. A. S. (au président de l'Académie de Dijon) ; Paris, 9 mars 1766, 1 p. in-4. *Très rare.* — P.

Précieuse lettre, dans laquelle il le remercie de la place qu'il veut bien lui offrir dans son Académie. « Je l'accepte avec autant de reconnoissance que de plaisir, et je puis vous protesté que l'honneur que vous me faite vas renouvellé mes soins et mon asiduité pour me rendre encore plus digne d'un corps aussi respectable. » — Greuze donne son adresse en ces termes : « Greuze, peintre du Roy et de l'Académie royal de peinture et de sculpture, rue de Sorbonne. » — (Greuze ne fut admis comme membre de l'Académie royale de peinture et de sculpture que le 23 août 1769. Il n'était alors qu'agréé.)

✛ 1489 ✛ FICQUET (Étienne), graveur, qui excella dans les portraits de petit format, n. à Paris, 1731, m. 1794. On a de Ficquet de charmants portraits de La Fontaine, de Descartes, de madame de Maintenon, de Molière, de Pierre Corneille, de Voltaire et des plus célèbres écrivains du dix-septième et du dix-huitième siècles.

P. S. ; Paris, hôtel de la Bibliothèque du Roi, 13 novembre 1757, 1 p. in-4 oblong. Deux traits de plume ont été faits sur la signature. *Très rare. (Coll. B. Fillon.)*

Il reconnaît que M. Joly, garde du cabinet de la Bibliothèque du Roi, lui a prêté deux portraits, l'un de Cicéron par Rubens et l'autre de Vandermeulen par Largillière, et il s'engage à les lui rendre à première réquisition. — C'est lorsque Ficquet rendit les portraits que Joly annula de deux traits de plume la signature de l'emprunteur. — Cette pièce donne l'adresse de Ficquet : rue des Grands-Dégrés, près de la place Maubert.

✛ 1490 ✛ FRAGONARD (Jean-Honoré), peintre de genre, élève de Boucher, célèbre par ses compositions érotiques, n. à Grasse, 1732, m. à Paris, 22 août 1806.

L. A. S. au citoyen Sauvigny (président d'une société artistique), 1/2 p. in-8. Très jolie et rare pièce. *(Coll. Boilly.)* — P. gravé à l'eau-forte par G. Le Carpentier, de la plus grande rareté.

Intéressante pièce. Il donne ses nom, prénoms et adresse : « Jean-Honoré Fragonard, gallerie du Louvre, n° 29. »

✛ 1491 ✛ SAINT AUBIN (Augustin de), célèbre graveur et dessinateur, charmant vignettiste, dont les nombreux portraits sont très estimés, n. à Paris, 3 janvier 1736, m. dans la même ville, 10 novembre 1807.

L. A. S. au directeur François Barthélemy (n. 1747, m. 1830) ; (Paris, 1796), 1 p. 1/2 in-fol. — P. de la collection Vignerés.

Il demande un logement au Louvre, qui lui a été promis depuis longtemps et qui lui serait nécessaire, car il est peu fortuné et âgé de soixante ans. « Depuis plus de dix ans il m'a été promis un logement aux galleries du Louvre, retraite ordinaire et honorable des artistes de la cy-devant académie, qui avoyent vieillis avec quelque distinction dans l'exercice de leur art. J'ai des lettres de différents ministres qui me donnoient l'expectation du premier logement qui viendroit à vacquer dans ce lieu. Cependant depuis quatre ans en voilà plus de six qui ont été donné sans que je m'en sois ressenti... » — En marge se trouve une recommandation autographe signée du directeur Barthélemy.

LETTRE DE JEAN HONORÉ FRAGONARD

Numéro 1490.

Citoyen Président

*selon le vœu de la société
je vous remets mon nom
et prénom ainsi que ma demeure
Jean honoré Fragonard
Gallerie du Louvre N° 29
Salut et fraternité
Fragonard*

+ 1492 + **BOISSIEU** (Jean-Jacques de), un de nos plus habiles graveurs à l'eau-forte, dont les merveilleux paysages sont très recherchés, ami de Joseph Vernet et de Soufflot, n. à Lyon, 29 novembre 1736, m. dans la même ville, 1 mars 1810.

L. A. S. à J.-F. Frauenholz, à Nuremberg; Lyon, 11 novembre 1807, 2 p. 1/4 in-4. — P.

Intéressante lettre relative à un envoi de gravures et à la remise en état de planches qui ont beaucoup tiré. « J'accepte avec plaisir la proposition que vous me faite de vous graver deux autres planches qui fussent parfaitement pendant avec les premières pour le même prix de trois mille francs, et vous pouvez être très assuré que j'y mettrai les plus grands soins, soit pour le choix des sujets, soit pour l'exécution. Je tâcheray de me surpasser, si cela est possible... »

+ 1493 + **CLODION** (Claude MICHEL, dit), habile sculpteur, dont les figurines sont pleines de grâce et de finesse, n. à Nancy, 20 décembre 1738, m. à Paris, 28 mars 1814.

L. A. S. au comte (d'Angiviller); Paris, 1 août 1776, 2 p. in-4. Belle et rare pièce. *(Coll. Chambry.)*

Clodion réclame le remboursement d'une somme de onze cent trente-quatre livres qu'il a avancée pour des blocs de marbre. « J'ai l'honneur de vous informer que d'après les ordres que vous m'avés donné, je me suis rendu sur le port aux marbres avec M. Darcy pour qu'il prenne connoissance des quatre blocs de marbres blanc statuaire, qu'il a bien examiné et mesuré. Il a trouvé le nombre de pieds cubes et même au delà des cent vingt et un pieds dont il était question... »

+ 1494 + **QUÉVERDO** (François-Marie-Isidore), dessinateur et graveur à l'eau-forte, un de nos plus charmants vignettistes, n. en Bretagne, 1740, m. à Paris, 1808.

P. A. S. ; Paris, 2 septembre 1773, 1/2 p. in-8 oblong. Jolie pièce. *Rare. (Coll. A. Sensier.)*

Il déclare avoir reçu de M. Le Brun (Jean-Baptiste-Pierre, peintre et marchand de tableaux, n. à Paris, 1748, m. 1813) la somme de deux cents livres pour une eau-forte représentant *Diane au bain,* qu'il a gravée d'après Polimbourg.

✦ 1495 ✦ GAUCHER (Charles-Étienne), un de nos plus habiles graveurs de portraits, n. à Paris, 1740, m. 1804.

L. A. S. à Wille (le célèbre graveur); jeudi matin, 1 p. 1/2 in-4. *Rare. (Coll. Dubrunfaut.)*

Très belle lettre où il le remercie de l'envoi d'une estampe. Il lui demande des renseignements sur le graveur allemand Schmidt. « Ce n'est que la crainte d'abuser de votre complaisance qui est cause que je me suis renfermé dans la simple notice que je vous ai demandé sur M. Schmidt. Si vous souhaitiés m'ajonter quelque renseignement sur ses voyages, sur les honneurs qu'il aurait reçus, sur quelques anecdottes particulières, je serais très flatté d'en faire usage, et son article serait plus intéressant. »

✦ 1496 ✦ HOUDON (Jean-Antoine), un des plus grands sculpteurs de son temps, dont les bustes sont renommés, n. à Versailles, 20 mars 1741, m. à Paris, 15 juillet 1828.

L. A. S. au citoyen Bayard, inspecteur général du mobilier national; Paris, 11 floréal an III (30 avril 1795), 1 p. 3/4 in-4. Belle pièce. — P. de Boilly.

Intéressante lettre où il demande s'il faut conserver ou détruire l'aigle de Tournay et la statue équestre de Charles de Lorraine, qu'on avait réservés pour servir dans des occasions de fêtes.

✦ 1497 ✦ MOREAU (Louis-Michel), dit LE JEUNE, un de nos plus célèbres graveurs, le prince des illustrateurs de livres, n. à Paris, 1741, m. 30 novembre 1814.

L. A. S. au président (de la classe des Beaux-Arts de l'Institut); (Paris), 23 brumaire an V (13 novembre 1796), 1 p. 1/4 in-4. Superbe et rare pièce. — P. de la collection Vignères.

Remarquable lettre où il s'étonne que, dans la liste des objets d'art que les commissaires envoyés à Rome ont choisis pour être transportés en France, il ne se trouve aucun tableau de Jules Romain. « Et cependant le nom de cet artiste figure avec assez de distinction dans l'histoire des grands maîtres pour que l'on regrette de ne posséder de lui au muséum françois qu'un tableau peu capital. Aujourd'hui que ce muséum va s'enrichir de tant de chefs-d'œuvre des écoles d'Italie, ne conviendroit-il pas d'y placer Jules Romain au rang qui lui appartient, en se procurant tel de ses ouvrages qui donneroit une grande et juste idée de ses talents. » Il signale particulièrement le tableau du maître autel de l'église Sainte-Marie dell'anima, qui représente une Vierge couronnée par des anges, avec saint Joseph, saint Jacques et un autre qui l'invoquent.

✦ 1498 ✦ MÉNAGEOT (François-Guillaume), peintre d'histoire, élève de Boucher, directeur de l'Ecole de France à Rome (1787), membre de l'Institut (1809), n. à Londres (Angleterre), de parents français, 9 juillet 1744, m. à Paris, 4 octobre 1816.

L. A. S. au roi Louis XVIII ; (Paris, 1814), 2 p. in-fol. Superbe pièce.

Importante lettre par laquelle il sollicite une pension. « Quarante ans d'études et de travaux consacrés à l'enseignement et au progrès des arts, tant à l'Académie de Paris que pendant mon directorat à celle de France à Rome, et pendant lesquels j'ai longtems soutenu de mes moyens cet établissement; la majorité des artistes dans les trois arts qui honorent aujourd'huy les écoles françaises de peinture, sculpture et architecture, et qui ont été mes élèves à Rome; enfin, si j'ose le dire, le succès de plusieurs de mes ouvrages, notamment de la *Mort de Léonard de Vinci* et du tableau de *Méléagre*, voilà, Sire, les titres sur lesquels je supplie votre majesté de jeter un regard favorable, en sollicitant une pension qu'ont eue mes prédécesseurs... »

✦ 1499 ✦ DENON (Dominique-Vivant, baron), dessinateur et graveur, ami de Bonaparte, qu'il accompagna en Égypte, directeur général des Musées, membre de l'Institut (1803), n. à Chalon-sur-Saône, 4 janvier 1747, m. à Paris, 27 avril 1825. Il a laissé le récit de ses Voyages en Sicile et dans la haute et la basse Égypte et un charmant et piquant opuscule intitulé *Pas de lendemain*, et souvent réimprimé.

1° L. A. S. (à Hennin); Chambéry, 10 juillet 1775, 1 p. 3/4 in-4. Très belle pièce.

Il mande que M. d'Aigue-Blanche l'a accueilli avec bonté et que le roi de Sardaigne lui a accordé une audience particulière de trois quarts d'heure. Il part pour la Bourgogne et sera bientôt rentré à Paris.

2° L. S. au célèbre peintre Gros; Paris, 11 germinal an XI (1 avril 1803), 1 p. 1/4 in-8, tête imprimée. Superbe pièce.

Intéressante lettre où il lui annonce que le premier consul lui accorde dix mille francs pour ses deux tableaux.

✦ 1500 ✦ DUPLESSI BERTAUX (Jean), habile dessinateur et graveur à l'eau-forte, auquel on doit une très belle et très intéressante suite de scènes de la Révolution française et d'épisodes militaires, n. à Paris, 1747, m. dans la même ville, 1813.

1° L. A. S. au graveur Tardieu (Pierre-Alexandre, n. 1756, m. 1844); 5 janvier 1809, 1 p. in-8. *Rare.* — P. de Bonneville.

Très jolie lettre dans laquelle il demande le payement de ce qui lui est dû pour les travaux faits par les ordres de M. Lespinasse.

2° Pièce signée par les membres du Comité civil de la section des Tuileries ; Paris, 25 floréal an III (14 mai 1795), 1 p. in-fol., vignette et tête imprimée. Très belle et très intéressante pièce.

Curieux document. Ils certifient que Jean Duplessi-Bertaux, graveur en taille-douce, demeurant rue de la Révolution, n° 688, a commencé de servir dans la garde nationale parisienne au mois d'août 1789, où il a été successivement sergent-major, lieutenant et capitaine de grenadiers, puis commandant en second de la force armée de la section des Tuileries; qu'il est parti pour l'armée, en qualité de lieutenant des grenadiers le 16 septembre 1792 et qu'il en est revenu, pour cause de maladie, le 1 janvier 1793; qu'il a continué son service dans la garde nationale et est devenu, de nouveau, commandant en second de la section et peu après commandant en chef, poste dans lequel il est actuellement en activité. — (Ce document nous fournit le prénom de Duplessi-Bertaux, inconnu jusqu'ici des biographes, et des renseignements nouveaux sur les faits et gestes de cet artiste pendant la Révolution.)

+ 1501 + **DAVID** (Jacques-Louis), illustre peintre d'histoire, le chef de l'école classique, député de Paris à la Convention, membre de l'Institut (1795), premier peintre de Napoléon I, n. à Paris, 30 août 1748, m. exilé à Bruxelles le 29 décembre 1825.

L. A. S. (au peintre Topino-Lebrun, à Marseille); (Paris), 24 décembre 1792, 4 p. pl. in-4. — P.

Document des plus curieux. Il a lu sa lettre à la Convention, qui a frémi d'indignation et a pris les mesures les plus promptes pour arrêter les foudres de l'Inquisition. Le Pape s'est empressé de faire sortir de prison Chinard et Rater. « Il a été heureux pour eux d'avoir eu un ami chaux comme vous, et je dirai un amant de l'humanité comme moi. » Il s'est aussi préoccupé des plaintes portées par les pensionnaires de l'Académie de France à Rome contre leur directeur. Sachant que Ménageot (le directeur) quittait sa place et que le *vertueux Roland* avait laissé à l'Académie de peinture le soin de nommer le remplaçant de cet artiste, David alla trouver le ministre. « Je lui dis qu'il donnoit de la consistance à un corps éteint et que sûrement l'Académie alloit nommer non seulement un aristocrate, mais le plus encuirassé des aristocrates. Ma prédiction s'accomplit. Qui nomment-ils ? Qui ? Devinez. Suvée, l'horrible aristocrate Suvée, l'ignare Suvée. Que fis-je alors ? comme je suis du comité d'instruction publique, que j'y suis très aimé, je me sers du prétexte de votre lettre par laquelle je prouvois la nécessité d'envoyer un directeur patriote dans le tems qu'on persécutoit les François, que l'Académie avoit nommé Suvée, le plus aristocrate de son corps, et je finis par conclure qu'il seroit plus à propos d'abolir cette place qui n'étaloit qu'un faste insolent, qui étoit inutile pour les jeunes gens et qu'on épargneroit par là les deniers de la nation, qu'il seroit suffisant d'en charger l'agent en cette cour, que les jeunes gens et sçavoient plus que le directeur et que le meilleur directeur étoit un bon cuisinier. » La Convention décréta donc la suppression de la place de directeur, au grand mécontentement des académies et surtout du cafard Suvée, qui faisait déjà ses malles et qui avait fini toutes ses visites et fait ses adieux à toutes les bornes de Paris. « De plus j'ai fait chargé l'agent de France à Rome de faire un auto-da-fé de tous les portraits, figures de roi, princes et princesses qui [se] trouvent dans l'Académie de France, de faire abattre le trône et que les beaux appartemens du directeur serviront dorénavant aux pensionairs pour en faire des attelliers, mais, comme on ne pense pas à tout, j'ai oublié de leur faire augmenter la pension sur le gain que faisoit la nation. Mais patience, je trouverai une autre fois l'occasion et je la saisirai. » Il l'engage vivement à quitter Marseille et à venir à Paris, où il lui fera gagner de l'argent. « Venez, mon ami, car je n'ai plus d'amis, Giroust (le peintre) étant à l'armée et ne pensant pas comme nous. Gérard (le peintre) est farouche. » — (Joseph-Benoit Suvée, que David malmène si fort, était né à Bruges en 1740 et avait obtenu le grand prix de Rome en 1771. Il était membre de l'Académie de peinture depuis 1780. S'il n'alla pas, en 1792, occuper le poste de directeur, il prit sa revanche sous le Consulat. Nommé à cette place pour la seconde fois le 26 octobre 1801, il fit tous ses efforts pour réorganiser l'école et mourut dans ses fonctions à Rome le 9 février 1807.)

+ 1502 + **DAVID** (Jacques-Louis).

Dessin au crayon représentant Bonaparte avec cette légende autographe : *Le général de la grande nation*, in-32. Ce précieux dessin est fixé sur une feuille de papier bleu.

Très curieux dessin représentant Bonaparte de profil. Il a probablement été fait pendant le Consulat.

+ 1503 + **DAVID** (Jacques-Louis).

L. A. S. (à Talleyrand); (Paris), 26 mai 1806, 1 p. in-4.

Très belle lettre où il lui demande de lui faire porter l'habillement complet qu'il avait le jour du sacre. Ces vêtements lui sont nécessaires pour son tableau du couronnement. Il recommande à Talleyrand son fils, qui est élève auprès de M. Stamati, commissaire des relations extérieures à Civita-Vecchia, et qui désirerait un vice-commissariat. — (Il s'agit de son fils aîné, Charles-Louis-Jules, né à Paris le 15 février 1783, qui suivit d'abord la carrière diplomatique, devint un helléniste et un professeur distingué et mourut à Paris le 25 janvier 1854.)

+ 1504 + **DAVID** (Jacques-Louis).

1° L. S. à l'archi-chancelier de l'Empire (Jean-Jacques-Régis de Cambacérès, son ancien collègue à la Convention, né à Montpellier en 1753, mort en 1824); Paris, 15 juillet 1808, 1 p. 3/4 in-fol.

trouvant dans l'académie le pouvoir, de faire
abattre le trône et que les Beaux appartemens du
directeur serviront dorénavant aux pensionaires
pour en faire des attelliers, mais comme on ne
pense pas à tout, j'ai oublié de leur faire augmenter
la pension sur le gain que faisoit la nation mais
patience, j'en trouverai une autre fois l'occasion, et
je la saisirai, quant à vous Mon bon ami
si vous pouvez Revenir ici, je vous le conseille bien
fort, car à Marseille vous ne pouvez avoir les
encouragemens que vous auriez ici, d'ailleurs vous
connoissez mon amitié pour vous et avec quel
plaisir je vous donnerai mes avis. consultez la
fortune de Mr votre père aqui je vous prie
de dire bien des choses pour moi et d'ailleurs encore
je pourrois ici vous faire gagner de l'argent
vous êtes en train d'avoir du mérite, vous en avez
même et sous mes yeux vous profiterez davantage
vous connoissez la sincérité de mes offres, je ne
ferai pas de plus longues protestations. si Rodel
vient de mourir il paroit qu'il n'a pas reçu les lettres
que je lui ai addressés une entre autres dans laquelle
j'en avois inseré une pour vous adieu mon ami pour.
ce 24 Xbre 1792 l'an 1er de la
republique francaise   David Votre Concytoyen DAVID

71

Curieux document, dont voici le commencement : « Jacques-Louis David, né à Paris le 3o août 1748, premier peintre de sa Majesté l'Empereur et Roi, membre de l'Institut et de la légion d'honneur, demeurant à Paris, rue de Seine, n. 10, supplie votre Altesse sérénissime de vouloir bien, en exécution des articles 11 et 12 du statut impérial du 1 mars 1803, dont l'un porte que les membres de la légion d'honneur porteront le titre de chevalier, lui faire expédier des lettres patentes. » Il joint à sa demande des pièces prouvant qu'il a un revenu fixe et net de plus de trois mille francs, et qu'il a acquis de M. et de madame Dehérain la ferme de Marcoussis dans l'arrondissement de Melun, laquelle est louée six mille francs.

2° P. A. S.; Paris, 25 octobre 1808, 1/2 p. in-4.

Pièce par laquelle il déclare avoir reçu de M. Armet, avocat au Conseil d'État, les lettres patentes du titre de chevalier, plus son acte de naissance et son brevet de membre de la Légion d'honneur qui avaient été fournis à l'archi-chancelier.

3° L. A. S. de la femme de David (Marguerite-Charlotte Pécoul, qu'il avait épousée le 16 mai 1782 et qui était sœur d'un architecte, compagnon de David à Rome) à l'avocat Armet; 25 août 1808, 1 p. in-8.

Elle lui envoie soixante francs pour les peines qu'il a prises d'obtenir les lettres patentes de chevalier demandées par David.

✦ 15o5 ✦ **DROLLING** (Martin), peintre d'intérieur, dont les tableaux rappellent la manière de l'école hollandaise, n. à Oberhergheim, près de Colmar (Alsace), 1750, m. à Paris, 1817.

L. A. S. (au comte de Blacas, ministre de la maison du Roi); Paris, 30 août 1814, 3/4 de p. in-4. Jolie pièce. *(Coll. Boilly.)*

Belle lettre dans laquelle Drolling sollicite quelques minutes d'audience.

✦ 15o6 ✦ **DE BUCOURT** (Philibert-Louis), peintre de genre et graveur, dont les jolies estampes en couleur sont très recherchées, n. à Paris, 13 février 1755, m. dans la même ville, 22 septembre 1832.

P. A. S.; Paris, 29 avril 1817, 1/2 p. in-4. *Très rare. (Coll. B. Fillon.)* — P.

Quittance de cent vingt-cinq francs pour le prix de cinq épreuves de sa gravure représentant l'arrivée de la duchesse de Berri à Fontainebleau, qu'il a fournies au duc d'Angoulême.

✦ 15o7 ✦ **LE BRUN** (Élisabeth-Louise Vigée, dame), célèbre peintre de portraits, dont le Louvre et le musée de Versailles possèdent des chefs-d'œuvre, auteur d'intéressants *Souvenirs*, n. à Paris, 16 avril 1755, m. dans la même ville, 30 mars 1842.

L. A. S. à Joséphine Duchesnois (la célèbre tragédienne, née en 1777, morte en 1835); Labrie, ce dimanche (28 juillet 1828), 2 p. in-8. Jolie pièce. — P.

Belle lettre dans laquelle madame Le Brun exprime ses regrets d'être obligée de renoncer à faire jouer une comédie de salon, vu le manque d'acteurs pour remplir deux des rôles. — (Cette lettre est écrite sur papier vert; on sait que madame Le Brun affectionnait les papiers de couleur.)

✦ 15o8 ✦ **CARTELLIER** (Pierre), habile sculpteur, auquel on doit le bas-relief de la capitulation d'Ulm de l'arc de triomphe du Carrousel, membre de l'Institut (1810), n. à Paris, 12 décembre 1757, m. dans la même ville, 12 juin 1831.

L. A. S. au comte de Chabrol, préfet de la Seine; (Paris), 17 novembre 1825, 1 p. in-4. — P.

Belle lettre dans laquelle il lui mande qu'il est occupé à terminer le modèle d'une statue représentant la Force et deux bas-reliefs en marbre pour le monument qui doit être élevé à la mémoire du duc de Berri. Il sollicite un acompte de quinze mille francs sur ces travaux. Il termine par des condoléances sur la mort d'un artiste (probablement son confrère le sculpteur Charles Dupaty, mort le 12 novembre 1825).

+ 1509 + **PRUD'HON** (Pierre-Paul), un de nos plus grands peintres, membre de l'Institut (1816), n. à Cluny (Saône-et-Loire), 4 avril 1758, m. à Paris, 16 février 1823.

P. A. S.; (Paris, 1816), 3/4 de p. in-4. Belle pièce. — P. de Prud'hon gravé par J. Boilly.

Curieux document ainsi conçu : « P.-P. Prud'hon, chevalier de Légion d'honneur et membre de l'Institut, a fait, pour le gouvernement et à titre de prix d'encouragement, le tableau placé en plafond au palais de Saint-Cloud, représentant la Sagesse et la Vérité descendant sur la terre pour dissiper les ténèbres de l'erreur et en chasser le crime. A fait également pour la salle des séances de la cour criminelle le sujet de la Justice et de la Vengeance divines poursuivant le crime, tableau qui lui a valu la décoration et le titre de la légion d'honneur. Chargé dans ce moment-ci par le ministre de la maison du Roi du maître autel de la chapelle des Tuileries devant représenter une Assomption. Chargé de plus par le ministre de l'Intérieur d'un des grands tableaux qui doivent décorer l'église de la Madeleine et qui doit être placé au-dessus du monument de la reine Marie-Antoinette. » — (Le Louvre possède deux de ces compositions de Prud'hon, la Justice poursuivant le crime et l'Assomption de la Vierge. Il possède aussi le Christ sur la croix et deux portraits.)

+ 1510 + **PRUD'HON** (Pierre-Paul).

L. A. S. (au comte de Forbin, directeur général des musées); Paris, 12 septembre 1822, 1 p. 1/4 in-4.

Superbe lettre où il demande la permission pour le graveur Girard de faire copier deux tableaux de mademoiselle Mayer qui sont dans la galerie de Saint-Cloud et que celui-ci a l'intention de graver. — (Il s'agit probablement des deux charmants tableaux de Constance Mayer, *la Mère heureuse* et *la Mère abandonnée*, qui sont conservés au musée du Louvre.)

+ 1511 + **VERNET** (Antoine-Charles-Horace, dit Carle), célèbre peintre de genre et de chevaux, fils de Joseph et père d'Horace, élève de Bernard Lépicié, membre de l'Institut (1815), n. à Bordeaux (Gironde), 14 août 1758, m. à Paris, 27 novembre 1836.

L. A. S. (au maréchal Berthier); (Paris), 15 mars (1806), 1 p. in-fol. *(Coll. B. Fillon.)* — P.

Très belle lettre, où il signe comme *peintre du dépôt de la guerre*. Il mande que, sur l'ordre de l'Empereur, il termine son tableau de la bataille de Marengo pour le Salon prochain. « Je me suis conformé, pour les dispositions de la bataille, aux nouveaux plants qui m'ont été donnés au dépôt de la guerre, mais pour les devants il seroit nécessaire que votre Excellence voulût bien faire mettre à ma disposition pour quelques jours seulement le tableau du même sujet qu'elle a de moi. Je prends la liberté de prier son Excellence d'ordonner que ce tableau me soit prêté. J'en aurai le plus grand soin. » — En marge se trouve une note autographe de Berthier ainsi conçue : « Accordé. M. Denniée fera porter le tableau sans le cadre. Ce tableau est à moi et non au gouvernement. Le cadre seul a été payé par le département de la guerre. Recommander à M. Vernet de ne pas garder longtems ce tableau. »

+ 1512 + **LE THIÈRE** (Guillaume GUILLON, dit), peintre d'histoire, élève de Doyen, auteur de *Brutus condamnant ses fils à mort*, membre de l'Institut (1818), n. à Quartier-Sainte-Anne (Guadeloupe), 10 janvier 1760, m. à Paris, 21 avril 1832.

L. A. S. à MM. Auguste et Bullok; (Rome, vers 1816), 2 p. in-4. Très belle lettre. — P. de Boilly.

Intéressant document par lequel il les charge de diverses commissions. « M. Auguste défendra mes intérêts avec M. Bullok pour la vente de mon tableau de *Brutus*. Ce tableau m'a été commandé par Lucien Bonaparte. Il devoit me le payer cinquante mille francs. Si M. Bullok veut m'en donner mille guinées, en me réservant le droit de le faire dessiner et d'en publier la gravure, ce sera une affaire fait. J'accorderai des facilités pour le payement. » — (Ce tableau de *Brutus* est actuellement au Louvre, où il est entré par voie d'achat en 1819. Il fut payé quinze mille francs.)

Numéro 1509.

P. P. Prudhon Ch.er de la Légion
d'honneur et Membre de l'Institut.

a fait pour le gouvernement et à titre de Prix d'Encouragement
le Tableau placé en plafond au Palais de St Cloud, représentant
la Sagesse et la Vérité descendant sur la terre pour dissiper les ténèbres
de l'Erreur et en chasser le Crime.

à fait également pour la salle des séances de la Cour criminelle le
sujet de la Justice et de la Vengeance divines poursuivant le Crime,
Tableau qui lui a valu la Décoration et le titre de chevalier de la
Légion d'honneur.

Chargé dans ce moment-ci par le Ministre de la Maison du Roi
du tableau du Maître-autel de la chapelle des Tuileries devant
représenter une Assomption.

Chargé de plus par le Ministre de l'Intérieur, d'un des grands
Tableaux qui doivent décorer l'Église de la madeleine et qui doit
être placé au-dessus du monument de la Reine Marie Antoinette.

Prudhon

✚ 1513 ✚ **CHAUDET** (Antoine-Denis), habile sculpteur, auteur de la statue de Napoléon pour la colonne Vendôme, membre de l'Institut (1805), n. à Paris, 3 mars 1763, m. dans la même ville, 19 avril 1810.

L. A. S. au préfet du département de la Seine (Frochot, qui exerça ces fonctions de 1800 à 1812); (Paris), 18 frimaire an XIII (9 décembre 1804), 1 p. in-4. Belle pièce. — P.

<small>Il lui mande qu'il lui envoie une des premières épreuves du buste de l'Impératrice (Joséphine), sur l'ordre de Molinos, architecte du département de la Seine.</small>

✚ 1514 ✚ **GIRODET** (Anne-Louis), dit Girodet-Trioson, peintre d'histoire, un des meilleurs élèves de David, auteur du *Sommeil d'Endymion,* membre de l'Institut (1815), n. à Montargis (Loiret), 5 janvier 1767, m. à Paris, 9 décembre 1824.

L. A. S. à Talleyrand (le célèbre homme d'État, alors ministre des Affaires étrangères); Paris, 11 thermidor an V (28 juillet 1797), 3/4 de p. in-fol. Très belle pièce. *(Coll. Dubrunfaut.)* — P.

<small>Curieuse lettre, qui commence ainsi : « Le citoyen Girodet, jaloux d'offrir à sa patrie l'hommage de ses faibles talents, désire les employer à l'exécution d'un tableau national du plus grand intérêt, *la présentation de l'ambassadeur de la Porte au Directoire de la République française.* L'opposition et le contraste du luxe asiatique et de la dignité du costume constitutionel, l'expression respectueuse de l'ambassadeur ottoman, mais surtout l'attitude imposante du Directoire et des ministres de la République, enfin les glorieux trophées qui ont encore rehaussé l'éclat de cette pompe ont excité son enthousiasme. » Les moyens de Girodet ne lui permettent pas de faire à sa patrie l'hommage gratuit d'un ouvrage d'aussi longue haleine et qui demanderait plus de deux années de travail, mais il se repose sur la munificence nationale. — (Les offres de Girodet ne furent pas acceptées.)</small>

✚ 1515 ✚ **ISABEY** (Jean-Baptiste), le célèbre miniaturiste de Napoléon I, élève de Dumont et de Louis David, n. à Nancy, 11 avril 1767, m. à Paris, 18 avril 1855.

L. A. S. à Louis Cherubini (le célèbre compositeur de musique) ; (Paris, octobre 1830), 1/2 p. in-4. Jolie pièce.

<small>Il le prie de recommander à Habeneck un élève du Conservatoire, nommé Adolphe Ampenot, qui désire entrer dans l'orchestre des Italiens.</small>

✚ 1516 ✚ **BOSIO** (François-Joseph, baron), sculpteur, auquel on doit le quadrige de l'arc de triomphe du Carrousel et la statue de Louis XIV de la place des Victoires, membre de l'Institut (1816), n. à Monaco, 19 mars 1768, m. à Paris, 29 juillet 1845.

L. A. S. à Delaunay, rédacteur en chef de *l'Artiste ;* Paris, 29 septembre (1842), 1 p. in-4, cachet. *(Coll. B. Fillon.)* — P. de Boilly.

<small>Il le prie de venir voir sa statue de la Reine qui est très avancée. « Amenez, si vous le désirez, quelques connaisseurs. Les artistes sont, comme les coquettes, insatiables de suffrage. Le vôtre, Monsieur, sera mis à part et sera toujours pour moi une pure satisfaction. »</small>

✛ 1517 ✛ GÉRARD (François-Paschal-Simon, baron), célèbre peintre d'histoire, le meilleur élève de David, auteur de *Bélisaire, de Psyché recevant le premier baiser de l'Amour,* et de l'*Entrée de Henri IV à Paris,* membre de l'Institut (1812), n. à Rome, de parents français, 11 mars 1770, m. à Paris, 11 janvier 1837. On lui doit d'admirables portraits de l'impératrice Joséphine et de madame Récamier.

L. A. S. à Trioson (le tuteur de Girodet); Paris, 7 messidor an III (25 juin 1795), 2 p. in-8. — P.

Belle lettre dans laquelle il lui demande des nouvelles de Girodet, qu'on attend vainement à Paris. Il le prie aussi de lui envoyer une autorisation « par laquelle, dit-il, je pourrai retirer son tableau d'Andimion, afin de le mettre dans le lieu qu'on lui destine et de prendre par là acte de possession en son nom, ou s'il y avait du retard je le placerois chez M. Charles, phisicien (célèbre aéronaute, né en 1746, mort en 1823), mon voisin, ardent amateur des arts et qui sera charmé de recevoir chez lui un ouvrage qui les honore autant que son auteur. » — (Le *Sommeil d'Endymion* de Girodet est aujourd'hui conservé au Louvre.)

✛ 1518 ✛ GROS (Antoine-Jean, baron), grand peintre d'histoire, élève de David, l'auteur des *Pestiférés de Jaffa* et du *Champ de bataille d'Eylau,* membre de l'Institut (1815), n. à Paris, 16 mars 1771, m. par suicide à Meudon le 26 juin 1835.

P. A. S.; Milan, 4 ventôse an VII (22 février 1799), 3/4 de p. in-fol. *(Coll. B. Fillon.)* — P.

Curieux document. Il donne ses nom, prénoms, qualité (artiste en peinture), lieu de naissance et âge, et déclare qu'il est entré en Italie en janvier 1793 et qu'il a exercé, du 18 nivôse au 21 prairial an V, les fonctions d'adjoint à la commission des arts à Rome. Il déclare aussi être en activité de service à Milan dans l'équipage d'artillerie de l'armée d'Italie en qualité d'inspecteur aux revues depuis le 1 frimaire dernier. — Le commissaire civil près l'armée d'Italie annota, le 20 ventôse an VII, la déclaration de Gros en ces termes : « Permis de rester à l'armée d'Italie en produisant dans six décades son certificat de non émigration.»

✛ 1519 ✛ GROS (Antoine-Jean, baron).

Dessin original à la plume, avec sa signature et quatorze lignes autographes, 1 p. in-4 oblong.

Ce dessin représente un homme nu assis sur un fauteuil et entrant les ongles dans sa poitrine. La tête a l'expression du remords. — Gros a expliqué son sujet en reproduisant un passage d'un écrit de Mirabeau, dans lequel ce grand orateur décrit les remords dont furent assaillis Olivier Cromwell et lord Clive (le fondateur de l'empire britannique dans l'Inde).

✛ 1520 ✛ GROS (Antoine-Jean, baron).

L. A. S. au comte (de Forbin, directeur général des musées); (Paris), 24 février 1828, 1 p. in-4.

Curieuse épître. « N'osant vous importuner d'une réflexion que cependant longues années me forcent de faire, j'ai voulu m'assurer de sa justesse en demandant à M. de Cailleux (secrétaire général des musées) si, depuis vingt-quatre ans que j'ai fait la *Peste de Jaffa* et vingt ans que je suis légionnaire, je n'étois pas assez vétéran pour aspirer à la croix d'officier. Il trouva cela tellement juste qu'il me promit de vous en parler. En effet vous avez eu la bonté d'accueillir cette réflexion en vous plaisant à en reconnoître toute l'évidence. Puis-je espérer, Monsieur le Comte, que dans ces mêmes sentiments vous voudriez bien appuyer ma demande auprès de Monsieur le vicomte de la Rochefoucault, comme le feroit un général équitable pour l'un de ses grenadiers qu'il auroit toujours vu depuis vingt-quatre ans à la tête de ses colonnes... » — (Gros reçut, peu après cette lettre, la croix d'officier de la légion d'honneur.)

LETTRE D'ANTOINE JEAN GROS — FRAGMENT

Puis-je espérer Monsieur le Comte que dans les mêmes
sentiments vous voudriez bien appuyer ma demande auprès de
Monsieur le Vicomte de La Rochefoucauld comme le ferait
un Général équitable pour l'un de ses Grenadiers qu'il
aurait toujours vu depuis 24 ans à la tête de ses colonnes
Rajeuni par votre bonté j'oublierai mes vétérans
et redoublerai pour justifier par mes efforts l'intérêt que
vous auriez bien voulu y prendre.

Veuillez agréer Monsieur
le Comte
mes respectueux hommages
et sentiments de reconnaissance
profonde — Bn Gros

Ce 24 février 1828

Numéro 1520.

✛ 1521 ✛ **LEMOT** (François-Frédéric, baron), célèbre sculpteur, auquel on doit la statue de Henri IV sur le Pont-Neuf et celle de Louis XIV sur la place Bellecour à Lyon, membre de l'Institut (1809), n. à Lyon, 4 novembre 1772, m. à Paris, 6 mai 1827. Il a fait une notice sur le château de Clisson, dont il possédait les ruines.

L. A. S. au comte de Lezay-Marnesia (Albert-Madeleine-Claude, n. à Saint-Julien en Franche-Comté, 1772, m. 1857), préfet du Rhône; Paris, 12 avril 1821; 3 p. in-4. *(Coll. Dubrunfaut.)* — P.

Très belle lettre où il le remercie de lui avoir fait remettre un mandat de vingt mille francs, montant du premier terme de l'entreprise de la statue équestre de Louis XIV pour la ville de Lyon. « L'achèvement du petit modèle touche à sa fin. Le cavalier est moulé et coulé en plâtre; quelques parties du cheval sont également moulées et je désire, avant de le mouler entièrement, consulter quelques beaux chevaux arabes qui viennent d'arriver au haras du bois de Boulogne et que le ministre doit faire mettre à ma disposition la semaine prochaine. » — (La statue de Louis XIV fut inaugurée à Lyon sur la place Bellecour le 4 novembre 1826.)

✛ 1522 ✛ **GUERIN** (Pierre-Narcisse, baron), célèbre peintre de l'école classique, membre de l'Institut (1815), n. à Paris, 13 mars 1774, m. à Rome, 16 juillet 1833.

L. A. S. au peintre Bourdon, à Paris; Rome, 24 janvier 1826, 4 p. in-4, enveloppe. — P.

Superbe lettre, écrite de Rome, où il était directeur de l'Académie de France depuis 1822. Il est tout à fait rétabli, tellement qu'il vient de faire une course de trois lieues à pied. « C'est dans ces promenades solitaires au milieu de l'inculte et sauvage campagne de Rome, c'est entre le cours sinueux du Tibre et des roches volcaniques qui s'élèvent près de ses bords que l'on ne saurait regretter les rives de la Seine. Mais de retour dans sa chambre et le soleil une fois couché!... Mais quoi ? N'avons-nous pas la Mariani ? la Catalani ? les bals ? le carnaval et le Miserere ? Oui, mais nous n'avons pas trois ou quatre amis de cœur à rassembler autour d'une petite table ou d'un bon feu, et quand je me suis étourdi chez moi ou chez les autres au milieu de trente convives, je ne me couche ni moins fatigué ni plus satisfait. » Il parle ensuite de la gravure de son tableau d'*Andromaque* (actuellement au Louvre) par Théodore Richomme. Il se plaint des lenteurs de cet artiste, qui a pendant plus d'un an abandonné ce travail, sous prétexte de découragement. Il veut continuer à diriger l'exécution de cette planche de manière à ce que le tableau n'en souffre pas. Les graveurs Girard et Jazet n'ont pas davantage tenu leurs engagements envers lui. D'autre part Guerin se loue des procédés du loyal Forster, qui lui a envoyé une épreuve satisfaisante de *Didon*. Il fait quelques observations sur les ombres de la figure d'Enée qui lui paraissent avoir trop de ton et pas assez de transparence. « M. Forster a trop de jugement et trop de désir de bien faire pour se formaliser de ce que M. Richôme appelle-rait des leçons. » Il mande que Casimir Delavigne et son frère n'ont pas encore passé à Rome. « Mais si les littérateurs sont rares, nous avons en revanche une multitude d'artistes ou pour mieux dire d'étu-dians qui viennent chercher à Rome un brevet d'ha-biles gens qu'ils retournent ensuite faire viser par les sots de notre pays. Cela est fort commode, mais procure une réputation de peu de durée. Tant pis pour eux. » — (Guerin ne rentra en France qu'en 1828. Il reçut le titre de baron l'année suivante.)

✛ 1523 ✛ **GRANET** (François-Marius), peintre de genre, dont les tableaux d'inté-rieur, la plupart peints à Rome, sont célèbres, membre de l'Institut (1830), n. à Aix (Bouches-du-Rhône), 17 décembre 1775, m. dans la même ville, 21 novembre 1849.

L. A. S. (au peintre Dupré); Rome (où il vivait depuis 1802), 28 février 1818, 1 p. in-4. Jolie pièce.

Il le prie de lui envoyer son beau dessin. « J'attends Monsieur le comte de Forbin de son voyage à Jérusalem et je serai bien satisfait de pouvoir le lui présenter au moment de son arrivée à Rome. »

+ 1524 + MAYER (Marie-Françoise-Constance), célèbre peintre, élève et amie de Prud'hon, n. à Paris, 1775, m. par suicide dans la même ville le 26 mai 1821.

L. A. S. (à Amable Tastu, la célèbre femme de lettres, alors âgée de dix-neuf ans et qui venait de se marier) ; (Paris), 27 janvier 1817, 1 p. 1/2 in-4. *Rare.* — P. de L. Flameng d'après Prud'hon.

Charmante lettre, signée *C. Mayer et Prud'hon* et écrite au nom des deux amis. Elle parle du voyage de noces de leur jeune amie. Ils ont eu des détails par son père (le peintre Voiart), qui s'est complu dans le récit de la réception qui lui a été faite. « Nos cœurs s'épanouissoient en nous reportant au bonheur que vous deviez ressentir de vous voir entourée d'une famille plaine d'affabilité et de graces. Nous en avons jugé par ces gracieuses surprises ménagées avec une attention si délicate dans ces premiers moment. Nous ne doutons pas un instant de tout ce qu'ils auront en retour de votre part, la nature vous ayant prodigué tant de qualités aimables. Les vœux de nos cœurs étoient bien en harmonie pour votre bonheur ; aussi votre cher Tastu, qui en est le tipe, partage-t-il avec vous tous les sentiments d'attachement que nous vous portons. »

+ 1525 + HERSENT (Louis), célèbre peintre d'histoire et de portraits, membre de l'Institut (1822), n. à Paris, 10 mars 1777, m. dans la même ville, 2 octobre 1860.

1° L. A. S. à l'architecte Hippolyte Lebas (n. 1782, m. 1867) ; Paris, 20 décembre 1834, 1 p. 1/2 in-8.

Belle lettre où il parle du portrait de Turgot, qu'on l'avait chargé de peindre. Il propose de faire copier celui peint par Michel Van-Loo. « Quand au Boileau, j'y donne les dernières retouches. Je ne manquerai de vous la remettre à la fin du mois... »

2° P. A. S., avec corrections ; (Paris, vers 1855), 2 p. 1/2 in-4.

Intéressant rapport sur la nouvelle toile à peindre préparée selon les procédés du peintre de marines Ambroise-Louis Garneray (n. 1783, m. 1858). Il donne son approbation à cette découverte, au nom de l'Académie des Beaux-Arts.

+ 1526 + DESNOYERS (Auguste-Gaspard-Louis, baron BOUCHER-), habile graveur, qui a reproduit les Vierges de Raphaël et de Léonard de Vinci, membre de l'Institut (1816), n. à Paris, 20 décembre 1779, m. dans la même ville, 16 février 1857.

L. A. S. au graveur Jacob Felsing (n. à Darmstadt en 1802, m. en 1875), à Darmstadt ; (Paris, 14 septembre 1836), 2 p. 1/2 in-4, cachet.

Très belle lettre où il le remercie de ses compliments et de l'envoi d'une planche. Il fait l'éloge du talent de Felsing, qu'il engage à se consacrer maintenant à la reproduction d'un tableau important. Il lui transmet les salutations de Forster (le célèbre graveur).

72

✛ 1527 ✛ INGRES (Jean-Auguste-Dominique), illustre peintre d'histoire, un des plus grands artistes de notre siècle, le chef vénéré de l'école classique, membre de l'Institut (1825), n. à Montauban, 29 août 1780, m. à Paris, 13 janvier 1867.

P. S.; Paris, 23 janvier 1829, 1 p. in-4 oblong. Jolie pièce. *(Coll. B. Fillon.)* — P. de Masson.

Curieux document. Reçu de trois mille francs comme solde de la somme de vingt mille francs à lui allouée pour l'exécution d'un plafond du musée Charles X au Louvre représentant Homère déifié. — (C'est une des plus célèbres compositions de Ingres.)

✛ 1528 ✛ INGRES (Jean-Auguste-Dominique).

L. A. S. à Dumon, secrétaire perpétuel de l'école des Beaux-Arts, à Paris; Rome, 23 octobre 1838, 3 p. in-4. Superbe pièce, une des plus belles connues de Ingres. *(Coll. L. Veydt.)* — P.

Importante lettre écrite de Rome, où il était directeur de l'Académie de France depuis 1834. Il exprime son angoisse au sujet de sept caisses qui contenaient les envois des élèves et qui ne sont pas encore parvenues à destination. Tout va bien à l'école et on travaille avec amour et ardeur. « Je ne crains pas de recommander à vos soins judicieux mon ami et élève Flandrin (Hippolyte, grand prix de 1832, qui revenait se fixer à Paris). Je crois pouvoir espérer et par vos soins et ceux de vos amis que ce jeune peintre devra être chargé de travaux dignes de son beau et sévère talent. » Il lui recommande également le sculpteur Briant, qui a beaucoup de talent et qui, comme Flandrin, a une modestie et une timidité qui lui sont très préjudiciables. « L'école vient de nous enrichir de trois graveurs en taille-douce. Je trouve que c'est trop. Ces arts qui ne dérivent que des trois grands, la peinture, sculpture et architecture, les seuls, à mon avis, qui devraient être encouragés à l'école de Rome, envahissent, je le dis avec conviction et justice, les douceurs d'un meilleur bien-être dont auraient besoin ces trois belles sections, qui sont dévorées de dépenses indispensables et trop coûteuses pour dignement les exercer. » Il y a bien d'autres abus à signaler, et il ne pourra les taire lors de sa rentrée en France, « car, dit-il, l'école de France à Rome est une des plus belles conceptions de notre société en ce qui touche les beaux-arts, aussi utiles qu'indispensables, quoiqu'on puisse dire, au bonheur des hommes. » Il le charge de mille amitiés pour le bon Gatteaux (le célèbre graveur).

✛ 1529 ✛ INGRES (Jean-Auguste-Dominique).

L. A. S. au ministre d'État (Walewski); Paris, 2 juillet 1862, 1 p. in-4. — P. photographié.

Curieuse épître. « Je profite avec reconnaissance de votre gracieuse entremise pour présenter à l'Empereur les projets de frontispice dont je me suis occupé pour l'ouvrage de César. Je suis très obligé à votre Excellence pour la peine qu'elle veut bien prendre à cette occasion et je la prie de recevoir d'avance tous mes remerciments. Si l'Empereur avait quelques observations à me faire, je me rendrais avec empressement auprès de Sa Majesté. » — (Ingres avait été nommé sénateur par décret du 25 mai 1862.)

✛ 1530 ✛ INGRES (Jean-Auguste-Dominique).

L. A. S. à Claudius Lavergne (le célèbre peintre verrier); (Paris), 10 décembre 1863, 1 p. in-8.

Épître typique où il remercie son élève et ami d'un article publié dans l'*Univers*. « Je ne puis que vous remercier de me placer si haut, mais j'accepte l'honneur de mes actes puisqu'ils sont pour le bien, pour le juste et la gloire des études classiques dans toute leur force et leur beauté, et puis aussi, cher ami et digne élève et tous vos frères en art, de vous voir groupés autour de votre maître octogénaire, qui vous appelle avec tendresse et fierté ses chers et glorieux enfants. » Il signe : « Votre maître *in Rafaello*. » — (Le peintre Claudius Lavergne est né à Lyon le 3 décembre 1814.)

✛ 1531 ✛ HUYOT (Jean-Nicolas), habile et savant architecte, qui explora l'Égypte et l'Asie Mineure, membre de l'Institut (1822), n. à Paris, 27 décembre 1780, m. dans la même ville, 2 août 1840.

L. A. S. à l'évêque de Nancy (Forbin-Janson); Paris, 19 mars 1830, 2 p. 1/2 in-4.

Très intéressante lettre sur les travaux du fameux calvaire du Mont-Valérien. Il insiste sur la nécessité de terminer certaines parties, car le maire pourrait soulever des discussions, pour la plus grande satisfaction de messieurs les libéraux.

Paris 2 Juillet 1862,

Monsieur le Ministre,

Je profite avec reconnaissance de votre gracieuse entremise pour présenter à l'Empereur les projets de frontispice dont je me suis occupé pour l'ouvrage de César. Je suis très obligé à votre Excellence, pour la peine qu'elle veut bien prendre à cette occasion & je la prie de recevoir d'avance tous mes remerciements.

Si l'Empereur avait quelques observations à me faire, je me rendrais avec empressement auprès de Sa Majesté.

Veuillez agréer je vous prie, Monsieur le Ministre l'assurance de ma haute Considération

J. Ingres

à Son Excellence Monsieur le Ministre d'État.

✦ 1532 ✦ RUDE (François), grand sculpteur, le puissant artiste du bas-relief de *l'Invasion* à l'arc de triomphe de l'Étoile, du tombeau de Godefroy Cavaignac et de la statue du maréchal Ney, n. à Dijon, 4 janvier 1784, m. à Paris, 8 novembre 1855.

1° L. A. S. au secrétaire...; Paris, 4 avril 1838, 1 p. in-4. Très jolie pièce. — P. de Masson.

Lettre par laquelle il lui mande qu'il met à sa disposition les bustes de David qu'il a dans son atelier. « Mais comme ils sont de différentes grandeurs, il faudrait peut-être que vous prissiez la peine de voir vous-même ce qui conviendrait le mieux. »

2° P. S.; Paris, 15 décembre 1849, 1 p. in-fol., tête imprimée du ministère de l'Intérieur.

Intéressant document dans lequel Rude donne un reçu de douze mille francs pour le prix de l'exécution d'une statue en marbre représentant Jeanne d'Arc. — (Cette œuvre remarquable est conservée au Musée du Luxembourg.)

✦ 1533 ✦ CORTOT (Jean-Pierre), célèbre sculpteur, auquel on doit *le Soldat de Marathon*, le fronton de la Chambre des députés et la statue de Corneille, membre de l'Institut (1825), n. à Paris, 20 août 1787, m. dans la même ville, 12 août 1843.

1° L. A. S. à Alexis-Blaise Eymery de Saintes (son beau-frère, libraire et écrivain, n. 1774, m. 1854), à Bruxelles; Paris, 19 avril 1831, 1 p. in-4. Il le prévient qu'il a arrangé une affaire d'intérêts dont il l'avait chargé. — A la suite est un post-scriptum autographe signé de madame Eymery et de sa fille.

2° P. S.; Paris, 31 mai 1837, 1 p. in-4, papier à en-tête imprimé du ministère de l'Intérieur.

Intéressant document. Cortot donne un reçu de huit mille francs comme solde de la somme de vingt mille francs à lui allouée pour l'exécution du modèle en plâtre de sa statue de *l'Immortalité*, destinée à être placée sur la lanterne du Panthéon.

3° Cinq croquis originaux au crayon sur trois feuillets de papier in-8 et in-4. Belles pièces.

Un de ces croquis représente l'esquisse du *Triomphe de Napoléon*, composition destinée à l'arc de triomphe de l'Étoile.

✦ 1534 ✦ SIGALON (Xavier), habile peintre d'histoire, élève de Pierre Guerin, auteur de *Locuste*, n. à Uzès (Gard), 1788, m. du choléra à Rome le 18 août 1837.

L. A. S. à M. Rossi, dentiste, à Paris; Nîmes, 31 décembre 1831, 3 p. in-4. — P. de Jean Gigoux.

Curieuse épître. « Depuis mon arrivée dans Nîmes (aux premiers quinze jours près) je travaille du matin au soir, je brave la pruderie du pays, les portraits à domicile, tout m'est égal. J'oublie Paris, Dargou et toutes les illustrations des mémorables journées. Je suis enragé d'argent; je ne vois que ça, je me f... de la bonne peinture, je suis tout à Nîmes et à l'exploitation de ces têtes bourgeoises. L'histoire, la grande peinture, les vieux maîtres, perruques, trois fois perruques. Il n'y a que le portrait, je vis et ne respire que pour le portrait. Vive le portrait et au diable Dargou et l'avenir qu'il nous promet. » — (Sigalon désigne ainsi le comte d'Argout, qui était alors ministre des Beaux-Arts depuis le 13 mars 1831.)

✦ 1535 ✦ DAVID (Pierre-Jean), dit DAVID D'ANGERS, un des plus grands sculpteurs de notre siècle, membre de l'Institut (1826), représentant du peuple en 1848, exilé en 1851, n. à Angers (Maine-et-Loire), 12 mars 1789, m. à Paris, 6 janvier 1856.

L. A. S. à son maître le sculpteur Roland (Philippe-Laurent, n. 1746, m. 1816), à Paris; Rome, 23 mai 1812, 2 p. 3/4 in-4. Déchirure par la rupture du cachet enlevant quelques mots. — P.

Très intéressante lettre, écrite de Rome, où il était pensionnaire de l'Académie de France depuis l'année précédente. Il s'excuse de son silence, mais il ne voulait pas lui écrire sans lui envoyer le croquis de sa figure. Il a eu beaucoup à voir dès son arrivée; c'est ce qui l'a engagé à faire une figure de jeune homme, qui ne lui prendra pas beaucoup de temps. Le modèle est très beau. Il donne ensuite des détails sur ses études, qu'il dirige selon les enseignements de son maître. « Je

LETTRE DE FRANÇOIS RUDE

Numéro 1532.

Monsieur le Secrétaire,

Je mets à votre disposition les bustes de David que j'ai à mon atelier, mais comme ils sont de différentes grandeurs, il faudrait peut-être que vous prissiez la peine de venir vous même ce qui conviendrait le mieux. Je suis tous les jours à mon atelier rue d'Enfer 63.

J'ai l'honneur d'être

Monsieur le Secrétaire

Votre très humble
Serviteur

Paris le 4 avril 1838.

vais souvent voir les statues de Monte-Cavallo. Je vais tâcher de dessiner ces figures de tous les côtés et de les mesurer. Il me semble que ces figures sont un type qui montre ce que doivent être des figures exposées à l'air. Elle me paraissent beaucoup plus grandes qu'elles ne sont réellement; de quelque manière qu'elle soient éclairées, c'est toujours de la sculpture surprenante. Voilà l'effet que ces figures me font. Après cela j'attends votre sentiment sur cette sculpture, parce que je me défie de mon inexpérience. Je pourrais peut-être voir avec les yeux d'un jeune homme qui est enthousiaste de ce que les Grecs ont produits. » — Le croquis original de la figure de jeune homme dont David d'Angers parle est joint à la lettre.

✢ 1536 ✢ DAVID (Pierre-Jean), dit DAVID D'ANGERS.

L. A. S. à un écrivain allemand; Paris, 6 août 1843, 3 p. in-4. Superbe pièce, d'un grand intérêt.

Très remarquable lettre où il exprime sa reconnaissance du placement de son buste de Goëthe dans une bibliothèque allemande. « J'ai travaillé à cet ouvrage avec toute l'ardeur que m'inspiraient mon admiration et ma vénération pour le grand homme qui m'avait reçu avec tant de bienveillance dans son intimité. C'est une belle et noble mission que celle de l'artiste, de la statuaire qui, par sa durée, parle à l'avenir le plus reculé. C'est aussi pour cela que l'art ne doit consacrer que les types qui honorent l'humanité. Goëthe aimait beaucoup la proportion colossale pour de certaines personnifications. Il me disait : Rien ne me parait absurde comme l'idée d'élever à une très grande hauteur les ouvrages d'une grande dimention. Il faut, au contraire, les rapprocher du spectateur, afin qu'il voye bien que l'on a eu l'intention de réaliser ce que l'imagination inspire quand un homme est grand par son génie. » Il envoie un dessin des proportions du piédestal du buste. Il s'excuse de ne pouvoir lui envoyer les autographes qu'il désire. « Les autographes des hommes de la Révolution sont rares, actuellement surtout que l'on comprend toutes les gigantesques et miraculeuses choses faites par la sublime Convention; l'admiration pour ces nobles républicains a grandi à mesure que les brouillards amoncelés par l'Empire et les Bourbons se sont dissipés devant la lumière de l'histoire. On ne peut penser sans un vif sentiment de vénération à cette formidable Convention luttant avec succès contre toute l'Europe, créant les écoles primaires, les écoles centrales, l'école politechnique, des bibliothèques et des musées dans toute la France, des écoles d'arts et métiers, enfin créant un muséum d'antiquités nationales pour sauver tous les monumens historiques de la France (ce monument des Petits Augustins a été détruit par les Bourbons en 1815!!) Il serait trop long d'énumérer ici toutes les merveilleuses pensées sorties du cerveau de la nation affranchie pour un moment du despotisme abrutissant de ses maîtres couronnés. » — Le croquis annoncé plus haut est joint.

✢ 1537 ✢ VERNET (Émile-Jean-Horace), le célèbre peintre de batailles, membre de l'Institut (1826), n. à Paris, 30 juin 1789, m. dans la même ville, 17 janvier 1863.

1° L. A. S. à son père; Paris, 5 octobre 1812, 1/2 p. in-8. *(Coll. A. Sensier.)* — P. de Boilly.

Joli billet ainsi conçu : « A deux heures et demie, mon petit papa; je n'irai pas chez M. de Forbin. Je me porte bien. Nous dînerons chez toi, je t'embrasserai de tout mon cœur et nous serons contents. En attendant reçois l'assurance des sentiments de ton aimable et vertueux fils. »

2° L. A. S. à son père, à Rome; Pise, 22 mai 1834, 1 p. in-8. Très jolie pièce.

Belle lettre où il lui donne des nouvelles de son voyage. Il est à Pise, où il est venu au lieu de s'ennuyer à Livourne.

✢ 1538 ✢ VERNET (Émile-Jean-Horace).

L. A. S. au peintre Gérome ; Paris, 5 juillet 1858, 3 p. in-8.

Très intéressante pièce. Il lui transcrit la copie d'une lettre qu'il vient d'écrire à M. Masson, ministre des Etats-Unis en France. — Horace Vernet s'excuse de ne pouvoir exécuter pour le Gouvernement des Etats-Unis un tableau dont le sujet devait être puisé dans l'histoire de la guerre de l'indépendance américaine. L'état de sa santé lui interdit un tel travail. Il prie en conséquence le ministre de transmettre ses regrets à M. Pierce (président des Etats-Unis). Il croit qu'il sera facile de trouver un artiste digne de retracer sur les murs du Capitole de Washington un fait aussi mémorable que le triomphe de la liberté dans le nouveau monde et les traits des grands hommes qui y ont si vaillamment contribué. « Si cet honneur était réservé à un artiste français, je n'hésiterais pas à recommander M. Gérome, dont le talent, déjà couronné de succès, me parait être à la hauteur de cette œuvre. »

Numéro 1536.

Gœthe aimait beaucoup la proportion colossale pour de certaines personnifications, il me disait, rien ne me paraît absurde comme l'idée d'élever à une très grande hauteur les ouvrages d'une grande dimention, il faut au contraire les rapprocher du spectateur afin qu'il voye bien que l'on a eu l'intention de réaliser ce que l'imagination inspire quand un homme est grand par son génie; j'ai été heureux de voir ainsi confirmer ce que j'avais toujours pensé.

Vous trouverez ci-joint la proportion d'un piédestal comme je pense qu'il devrait être sous le rapport des proportions, bien entendu que vous n'en tiendrez compte qu'autant que cela ne dérangera en rien vos projets de symétrie architecturale.

David d'Angers.

+ 1539 + COUDER (Louis-Charles-Auguste), peintre d'histoire, auquel on doit les toiles de *l'Ouverture des États généraux*, du *Serment du Jeu de Paume* et de la *Fête de la Fédération*, et les peintures de la salle d'Apollon au Louvre, membre de l'Institut (1839), n. à Paris, 1 avril 1790, m. dans la même ville, 23 juillet 1873.

L. A. S. à Gaultier de Claubry, conservateur des collections chimiques et industrielles à l'École polytechnique; Paris, 28 février 1838, 1 p. in-4, cachet. — P. photographié avec signature autographe.

Belle lettre dans laquelle il réclame contre l'établissement d'une fabrique de goudron à Charenton. « Ma belle-mère, madame veuve Stouf (femme du célèbre sculpteur, mort à Charenton en 1825), possède pour toute fortune une maison dont le revenu serait perdu par cet établissement. »

+ 1540 + GÉRICAULT (Jean-Louis-André-Théodore), un des plus grands maîtres de l'école moderne de peinture, élève de Carle Vernet et de Guerin, l'auteur de la magnifique composition du *Radeau de la Méduse,* qui est conservée au musée du Louvre, n. à Rouen, 26 septembre 1791, m. à Paris, 18 janvier 1824. Le Louvre possède également de Géricault le *Cuirassier blessé* et l'*Officier de chasseurs.*

L. A. S. à Horace Vernet; Londres, 6 mai (1821), 3 p. in-4. *Très rare. (Coll. Boilly et B. Fillon.)*

Précieuse lettre, la plus remarquable qu'on connaisse de Géricault. Le grand peintre y fait le plus grand éloge de l'école anglaise. Il commence par gourmander Horace Vernet sur sa paresse épistolaire et par l'assurer du plaisir qu'il a ressenti du succès de son dernier tableau; mais il ne lui fera son compliment que lorsqu'il aura vu cette toile. C'est ainsi qu'on doit procéder entre artistes. « Je disais, il y a quelques jours, à mon père, qu'il ne manquait qu'une chose à votre talent, c'était d'être trempé à l'école anglaise, et je vous le répète parce que je sais que vous avez estimé le peu que vous avez vu d'eux. L'exposition qui vient de s'ouvrir m'a plus confirmé encore qu'ici seulement on connait ou l'on sent la couleur et l'effet. Vous ne pouvez pas vous faire une idée des beaux portraits de cette année et d'un grand nombre de paysages et de tableaux de genre, des animaux peints par Ward et par Landseer, âgé de dix-huit ans. Les maîtres n'ont rien produit de mieux en ce genre. Il ne faut point rougir de retourner à l'école; on ne peut arriver au beau dans les arts que par des comparaisons. Chaque école a son caractère. Si l'on pouvait parvenir à la réunion de toutes les qualités, n'aurait-on pas atteint la perfection? Cela demande de continuels efforts et un grand amour. Je les vois ici se plaindre de n'avoir pas un bon caractère de dessin et envier l'école française comme beaucoup plus habile. Que ne nous plaignons-nous aussi de nos deffauts? Quelle est cette sotte orgueil qui nous porte à fermer les yeux dessus, et est-ce en refusant de voir le bien où il est et en répétant follement que nous sommes ce qu'il y a de mieux, que nous pensons honorer notre patrie? Serons-nous toujours nos juges et nos ouvrages, un jour mêlés dans les galeries, ne porteront-ils pas témoignage de notre vanité et de notre présomption? Je faisais à l'exposition le vœu de voir placés dans notre musée une quantité de tableaux que j'avais sous les yeux. Je désirais cela comme une leçon qui serait plus utile que de parler longtems. Que je voudrais pouvoir montrer aux plus habiles mêmes plusieurs portraits qui ressemblent tant à la nature, dont les poses faciles ne laissent rien à désirer et dont on peut vraiment dire qu'il ne leur manque que la parole. Combien aussi seraient utiles à voir les expressions touchantes de Wilky (David Wilkie). Dans un petit tableau et d'un sujet le plus simple il a su tirer un parti admirable. La scène se passe aux Invalides; il suppose qu'à la nouvelle d'une victoire ces vétérans se réunissent pour lire le bulletin et se réjouissent. Il a varié tous les caractères avec bien de naturel. Je ne vous parlerai que d'une seule figure qui m'a paru la plus parfaite et dont la pose et l'expression arrachent les larmes, quelque bon que l'on tienne. C'est une femme d'un soldat qui, toute occupée de son mari, parcourt d'un œil inquiet et hagard la liste des morts. Votre imagination vous dira tout ce que son visage décomposé exprime. Il n'y a ni crêpes, ni deuil; le vin au contraire coule à toutes les tables et le ciel n'est point sillonné d'éclairs d'un présage funeste. Il arrive cependant au dernier pathétique, comme la nature elle-même. Je ne crains pas que vous me taxiez d'anglomanie; vous savez, comme moi, ce que nous avons de bon et ce qui nous manque. » — (Cette lettre est une véritable profession de foi artistique et elle fait le plus grand honneur au sens critique de Géricault.)

+ 1541 + GÉRICAULT (Jean-Louis-André-Théodore).

Dessin original à la plume, avec une minute de lettre autographe de cinq lignes au verso, 1 p. in-4.

Ce dessin représente un homme nu vu de dos, à demi courbé et s'appuyant sur ses mains. — La minute de lettre est la demande du prêt d'un cheval pour aller à la campagne.

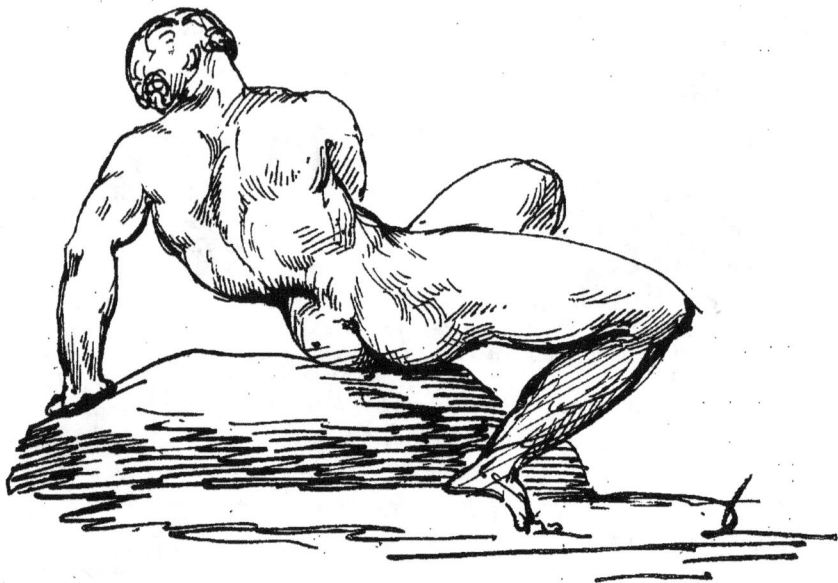

DESSIN ET LETTRE DE GÉRICAULT

Numéro 1541.

Si vous ne vous servez pas aujourd'hui de
votre cheval veuillez me le prêter
pour aller à la Campagne je ne =
vous le demande qu'autant que vous =
n'en aurez nullement besoin

✦ 1542 ✦ **CHARLET** (Nicolas-Toussaint), le peintre populaire des scènes militaires de la République et de l'Empire, n. à Paris, 20 octobre 1792, m. dans la même ville, 29 décembre 1845. Il a lui-même lithographié la plupart de ses œuvres.

L. A. S. au ministre de l'Intérieur (Adolphe Thiers, qui occupa ce poste du 4 avril au 18 novembre 1834) ; (Paris), 26 avril 1834, 1 p. in-fol. Très belle et remarquable pièce. *(Coll. B. Fillon.)* — P.

Superbe lettre. « Charlet a l'honneur de vous rappeler que la statue de Napoléon a été rétablie par ordonnance du Roi en date du 8 avril 1831, mais que la rue Napoléon n'a point encore repris son nom. Il vous demande, au nom de tous les enfants de l'Empire, au nom de tous les bons Français, amis de tout ce qui est noble et grand, amis de tout ce qui rappelle une époque où l'ignoble émeute était inconnue, il vous demande, Monsieur le Ministre, de faire reprendre à la rue de la Paix son beau nom primitif, rue Napoléon. » Il annonce ensuite qu'il demandera sous peu la décoration de la légion d'honneur.

✦ 1543 ✦ **FOYATIER** (Denis), habile sculpteur, auteur du *Spartacus* qui est dans le jardin des Tuileries, n. à Beson (Loire), 1793, m. à Paris, 16 novembre 1863.

L. A. S. à M. Félix Drouin (amateur d'autographes) ; Paris, 27 août 1846, 1 p. in-8. Jolie pièce. *(Coll. B. Fillon.)* — P.

Belle lettre dans laquelle Foyatier lui mande qu'il tient à sa disposition le petit bronze de son *Spartacus*. « Le retard de tout cela est causé par mon travail de la statue de Pandore. C'est un ouvrage grave qui m'occupe sérieusement. »

✦ 1544 ✦ **COGNIET** (Léon), célèbre peintre d'histoire et de portraits, dont le tableau du *Tintoret peignant sa fille morte* est populaire, membre de l'Institut (1849), n. à Paris, 29 août 1794, m. dans la même ville, 20 novembre 1880. Il a décoré un des plafonds du Louvre. La plupart des maîtres contemporains ont été ses élèves.

L. A. S. à M. de Musigny (l'ami de Géricault) ; Paris, 18 février 1824, 2 p. 1/2 in-8. — P.

Très belle lettre sur la mort de son ami Géricault (décédé le 18 janvier précédent). « Il ne nous reste de notre ami qu'une triste effigie qui rappelle sa mort et ses souffrances bien plus que sa force et son énergie. Son visage a été moulé. Avant ses derniers moments aucun de nous n'a eu le courage de lui parler de faire son portrait, de crainte de lui faire pressentir sa fin prochaine, qu'heureusement il ne prévoyait point. Son courage seul a pu égaler ses souffrances ; sa mort était inévitable, les os étaient attaqués, et pourtant huit jours avant un chirurgien habile nous donnait de l'espoir. Son père n'est pas mal : il est si âgé. On le distrait comme un enfant. Il ne sait pas, comme nous, toute l'étendue de sa perte : tant mieux. » On doit élever un monument à Géricault, mais il n'est pas encore question de souscription. « Quelques amis se sont réunis pour rassembler leurs souvenirs afin de faire un portrait que l'on placera en tête de ses œuvres. » — (Géricault avait été enterré dans le cimetière du Père-Lachaise. On lui éleva un monument surmonté de sa statue sculptée par Etex.)

✦ 1545 ✦ **BARYE** (Antoine-Louis), grand sculpteur, qui excella dans la reproduction des animaux, un des plus puissants artistes de ce siècle, membre de l'Institut (1868), n. à Paris, 24 septembre 1795, m. dans la même ville, 25 juin 1875.

1° L. A. S. au préfet de la Seine ; Paris, 25 juin 1842, 1 p. in-fol. *Rare.* — P. photographié.

Belle lettre dans laquelle il réclame contre la contribution mobilière qui lui a été imposée pour l'année 1842.

2° L. A. S. à Diaz (le célèbre peintre) ; (Paris), 12 décembre 1855, 1/2 p. in-8. *(Coll. A. Sensier.)*

Jolie lettre dans laquelle Barye donne à son ami Diaz l'adresse de M. Jumière, auquel il doit envoyer une esquisse.

Numéro 1545.

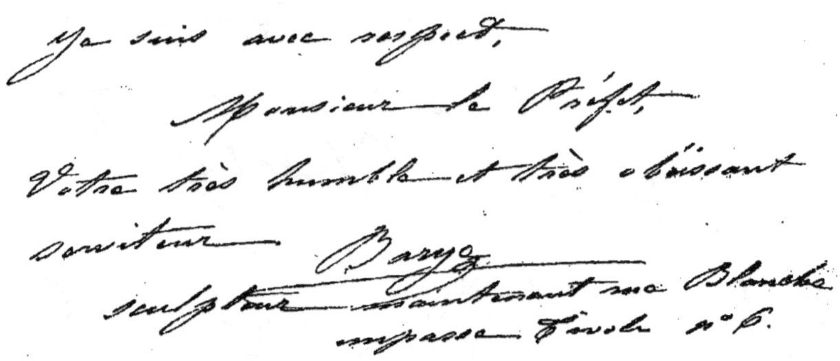

Je suis avec respect,

Monsieur le Préfet,

Votre très humble et très obéissant

serviteur   Barye

sculpteur maintenant rue Blanche

impasse Finch n° 6.

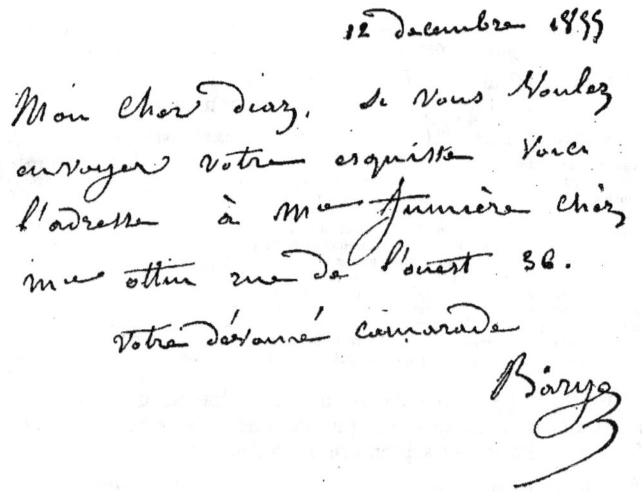

12 décembre 1855

Mon cher Diaz, si vous voulez

envoyer votre esquisse voici

l'adresse à M. Jumière chez

me ottin rue de l'ouest 36.

Votre dévoué camarade

Barye

✦ 1546 ✦ MIRBEL (Lizinska-Aimée-Zoé Rue, dame de), femme du botaniste, peintre en miniature, qui fut célèbre sous la Restauration, n. à Cherbourg, 26 juillet 1796, m. à Paris, 31 août 1849. Elle entretint un commerce littéraire avec Louis XVIII.

L. A. S. au peintre Jean Gigoux ; (Paris), mercredi 15 avril, 3/4 de p. in-8. Très jolie pièce.

Charmante épître du tour le plus aimable dans laquelle elle lui rappelle qu'elle reçoit les 1 et 15 de chaque mois. « Aujourd'hui est le 15 avril et, si vous êtes libre, je serai charmée de vous voir. »

✦ 1547 ✦ COROT (Jean-Baptiste-Camille), célèbre peintre, un de nos plus grands paysagistes, n. à Paris, 29 juillet 1796, m. dans la même ville, 22 février 1875.

L. A. S. au peintre Constant Dutilleux ; Paris, 4 janvier 1858, 1 p. 1/2 in-8. — P. photographié.

Précieuse lettre. Il le remercie de ses compliments sur la récompense qu'il vient d'obtenir à l'exposition de Genève. « Colin m'a remis les verres. J'en ai déjà fait un. Je vais tâcher de faire des chefs-d'œuvre dessus. Je vous trace de l'autre côté les trois projets de tableaux que je vais entreprendre. » — A la troisième page se trouvent les croquis des trois tableaux avec leurs titres : *Le Dante et Virgile, Jeu de cache-cache, La solitude.* — (Le premier de ces tableaux, resté très célèbre, fut exécuté en 1859, et le troisième en 1866.)

✦ 1548 ✦ COROT (Jean-Baptiste-Camille).

L. A. S. à Alfred de Beauchesne (secrétaire de l'administration du Conservatoire de musique et amateur d'autographes, n. 1803, m. 1876) ; Paris, 5 février 1871, 3/4 de p. in-8. *(Coll. B. Fillon.)*

Curieuse épître, dont voici le texte : « Monsieur, d'après votre désir, je vous remets quelque note biographique. J'ai été au collège de Rouen jusqu'à dix-huit ans. De là, j'ai passé huit ans dans le commerce. Ne pouvant plus y tenir, je (me) suis fait peintre de paysages ; élève de Michalon, d'abord. L'ayant perdu, je suis entré dans l'atelier de Victor Bertin. Après je me suis lancé, tout seul, sur la nature, et voilà ! »

✦ 1549 ✦ BOILLY (Julien-Léopold), habile peintre de portraits, élève de Gros, auteur de *l'Iconographie des membres de l'Institut de France,* suite de portraits lithographiés, d'une ressemblance parfaite, n. à Paris, 30 août 1796, m. dans la même ville, 14 juin 1874. Il avait réuni une très remarquable collection d'autographes.

L. A. S. (à Jacques Charavay, le célèbre expert en autographes, n. à Lyon, 1809, m. 1867) ; Montpellier, 8 mars 1855, 2 p. in-8.

Belle lettre où il exprime ses regrets d'avoir, par son séjour dans le Midi, manqué plusieurs belles ventes d'autographes ; « mais, dit-il, j'ai eu presque toujours du soleil et de la chaleur ; c'est une fameuse compensation. » Il lui donne deux commissions pour des autographes de Vauban et de Saint-Hyacinthe. Intéressantes considérations à ce sujet.

✦ 1550 ✦ MOINE (Antonin), peintre et sculpteur, qui excella dans les portraits au pastel, n. à Saint-Étienne (Loire), 22 avril 1797, m. par suicide à Paris le 18 mars 1849.

L. A. S. au peintre J. Gigoux, 1 p. in-8.

Jolie lettre où il s'excuse de ne pouvoir se trouver, par suite de son départ pour la campagne, à un rendez-vous.

CROQUIS DE COROT

Numéro 1547.

✦ 1551 ✦ **HENRIQUEL DUPONT** (Louis-Pierre Henriquel, dit), un de nos plus célèbres graveurs, qui a reproduit l'hémicycle de Paul Delaroche, membre de l'Institut (1849), n. à Paris, 13 juin 1797. Il est le doyen des artistes français.

L. A. S. à Auber (le célèbre compositeur de musique et directeur du Conservatoire) ; Sèvres, 18 juillet, 2 p. 1/4 in-8, enveloppe. — P. de Louis d'après Paul Delaroche.

Belle lettre dans laquelle Henriquel-Dupont recommande à Auber son ami Massart (le violoniste) pour la décoration de la Légion d'honneur. Il ne croit pas nécessaire de rappeler les titres de cet artiste comme musicien et comme professeur, mais il tient à déclarer qu'il a pour son caractère la plus grande estime et pour sa personne la plus vive amitié.

✦ 1552 ✦ **DELAROCHE** (Hippolyte, dit Paul), célèbre peintre d'histoire, dont les tableaux, d'un style sévère et froid, ont été popularisés par la gravure, membre de l'Institut (1832), n. à Paris, 17 juillet 1797, m. dans la même ville, 4 novembre 1856. Son œuvre capitale est la grande fresque de l'hémicycle de l'école des Beaux-Arts.

1° L. A. S. de ses initiales à son ami Alphonse de Méricourt, à Paris ; Rome, 9 décembre 1834, 3 p. in-8. Déchirure par la rupture du cachet enlevant trois mots. — P.

Très curieuse épître où il lui mande son prochain mariage. « Oui, mon cher Méricourt, je me marie; j'épouse une jeune et jolie fille, spirituelle, distinguée de manières, instruite, simple et bonne musicienne. Je crois pouvoir vous affirmer que tout ce que j'avance est à peu près vrai. Je ne crois pas que ma lunette me fasse voir les choses de travers. Je serai heureux, je l'espère et je le mérite, car je me donne b.... du mal pour cela. Quand ma mission romaine sera terminée, je reviendrai bien vite à Paris me replonger dans les boues de notre bonne ville pour étaler mes ordures sur les murs de la Madeleine. D'ici là je vais travailler comme un galérien à l'effet de ne pas trop me faire jetter des pommes cuites lorsqu'on découvrira mes tartines... » — (Paul Delaroche épousa la fille unique d'Horace Vernet, alors directeur de l'Académie de France à Rome. Elle s'appelait Anne-Elisabeth-Louise; elle mourut prématurément à Paris au mois de décembre 1845.)

2° L. A. S. à son ami Le Blond, à Vesoul ; (Paris), 25 juin 1841, 1 p. in-8. Très jolie pièce.

Remarquable lettre sur le célèbre peintre Gérôme (qui était alors un tout jeune homme de dix-sept ans et travaillait dans l'atelier de Paul Delaroche). « Oui, mon ami, il y a dans cet enfant une grande énergie de travail et une grande intelligence dans la manière de rendre, soit la nature, soit l'antique. Je ne doute pas que s'il continue il ne devienne un homme distingué. Voilà ce que je pense en mon âme et conscience. Dis bien à son père (orfèvre à Vesoul) qu'il est de toute nécessité qu'il ne soit pas distrait de l'étude sérieuse de son art par la nécessité de gagner de l'argent. Cette obligation tue les plus belles dispositions, souvent même le talent. » — (On voit que Paul Delaroche a été bon prophète, car son élève est devenu un de nos peintres les plus célèbres.)

✦ 1553 ✦ **ROBERT FLEURY** (Joseph-Nicolas-Robert Fleury, dit), célèbre peintre d'histoire, un des maîtres les plus estimés de l'école moderne, membre de l'Institut (1850), n. de parents français à Cologne (alors département français), 8 août 1797.

1° L. A. S. à un marchand de tableaux ; Bruxelles, 2 septembre 1848, 1 p. 1/2 in-8. Très jolie pièce. — P. photographié avec signature autographe.

Belle lettre dans laquelle il répond à sa demande de cession de son tableau de *Jane Shore*. « Vous me donnerez votre portrait de Rembrant et six mille francs, dont quatre comptant et deux en un billet, si vous voulez, à six mois. »

2° L. A. S. au peintre Jalabert (Charles-François, n. à Nîmes en 1819) ; (Paris), 31 mai 1857, 2 p. in-8.

Il l'invite à venir voir le portrait de Paul Delaroche, qu'il est en train de terminer. Il le félicite sur son tableau de *Roméo* qu'il a vu au Salon.

✢ 1554 ✢ DUBAN (Félix-Jacques), célèbre architecte, l'habile restaurateur du château de Blois et du Louvre, membre de l'Institut (1854), n. à Paris, 14 octobre 1797, m. à Bordeaux, 8 octobre 1870.

L. A. S. à Édouard Boilly (compositeur de musique, grand prix de Rome, n. 1800, m. 1854), à Naples ; Rome, 17 septembre 1825, 1 p. in-8.

Jolie lettre, écrite alors qu'il était pensionnaire de l'Académie de France à Rome (il avait remporté le prix en 1823). Il le prie de lui rapporter de Naples une paire de bracelets en corail et le charge de ses compliments pour son frère (le peintre Julien). « Mon cher Boilly, je vais abuser de ta complaisance et de ta bourse. Fais-moi le plaisir de prendre chez le marchand de corail en question une paire de bracelets semblables à ceux que j'ai déjà emportés ; je les ai payés quatre ducats environ ; il peut les faire du matin au soir. Peut-être cette avance te génera-t-elle et alors qu'il n'en soit plus question...»

✢ 1555 ✢ DELACROIX (Ferdinand-Victor-Eugène), un des plus grands peintres de notre siècle, le glorieux chef de l'école coloriste et le régénérateur de l'art moderne, décorateur du palais du Luxembourg et de la Chambre des députés, membre de l'Institut (1857), n. à Saint-Maurice (Seine), 26 avril 1798, m. à Paris, 13 août 1863.

L. A. S. à son camarade de collège Félix Louvet (fils de Jean-Baptiste Louvet, auteur de *Faublas*), à Montargis ; (Paris), 10 janvier 1814, 3 p. in-4. Superbe pièce. — P. de David d'Angers.

Précieuse lettre, inédite, la plus ancienne qu'on connaisse d'Eugène Delacroix. (On considérait jusqu'ici comme telle celle de la collection B. Fillon, écrite en 1815 et publiée par M. Philippe Burty en tête de la correspondance du peintre.) Il entretient Félix Louvet, son camarade au lycée Louis-le-Grand, d'un de ses amis nommé Jousse. « Il désire beaucoup te connaître et admirer ton père comme je l'admire moi-même et comme tous les véritables Français doivent l'admirer, tant par ses ouvrages que par ses actions. D'ailleurs un peu enthousiaste et grand admirateur de Voltaire et surtout de Rousseau.... » Delacroix a passé ses vacances en Normandie et visité plusieurs villes, entre autres Rouen, dont les monuments l'ont étonné, quoique leur architecture ne vaille pas la noble simplicité de l'architecture grecque et romaine. « Mais un monument plus digne de fixer les regards des curieux, c'est l'humble chaumière où est né le grand Corneille. Les habitans de Rouen s'en font un orgueil ; j'entends les habitans un peu au-dessus du commun, car le peuple passe devant cette maison sans trop se soucier de ce que signifie l'inscription qui y est gravée en lettres d'or, et quelque jour quelque possesseur ignorant la fera démollir sans s'en inquiéter beaucoup davantage. » Il donne ensuite des détails sur la maison d'un de ses cousins dans laquelle il a demeuré C'est une ancienne abbaye de bénédictins, dont tous les objets lui inspiraient une foule d'idées tout à fait *romantiques*. (Ce mot est souligné par Delacroix.) « La nuit le vent sifflait au travers des croisées mal jointes et les chouettes, s'introduisant par l'église, venaient nous réveiller. Mais toutes ces choses, qui seraient des désagréments pour bien des personnes, étaient pleines de charmes pour moi. J'aimais beaucoup à me promener seul, en rêvant, parmi les ruines de cette église silencieuse et dont les murs sonores répétaient jusqu'au bruit de mes pas... » — (Cette lettre, écrite par Delacroix à l'âge de seize ans, est des plus caractéristiques. Elle dénote un tempérament d'artiste et une intelligence précoce, des idées larges, des aspirations *romantiques*, un véritable don de style et d'expression. On y remarquera la préférence qu'il marque pour l'architecture grecque et romaine. Delacroix est resté fidèle à ce culte de sa jeunesse, car dans son testament il demanda que son tombeau fût copié très exactement sur l'antique. Cette lettre ajoute aussi un nom à la liste des amis d'Eugène Delacroix. Félix Louvet resta fidèle à son camarade de collège, car il écrivit, au-dessous de la signature de celui-ci, ces mots : « Et mon cher Delacroix est maintenant au rang des premiers peintres de son époque. Ah ! oui, en allant demeurer à Paris, je l'y retrouverai, ce grand peintre et vertueux républicain. »)

✢ 1556 ✢ DELACROIX (Ferdinand-Victor-Eugène).

Pièce autographe, avec croquis à la plume rehaussés d'aquarelle ; (Tanger, 1832), 1 p. in-4.

Précieux croquis, faits pendant son célèbre voyage au Maroc en 1832. Ils représentent entre autres les portes d'une maison juive, l'entrée de la mosquée de l'Empereur, des hommes et des femmes en costumes arabes. — Cette pièce provient de la vente faite après le décès d'Eugène Delacroix.

✢ 1557 ✢ DELACROIX (Ferdinand-Victor-Eugène).

L. A. S. au ministre de l'Intérieur (le comte Adrien-Étienne-Pierre de Gasparin, n. à Orange le 29 juin 1783, m. dans la même ville le 7 septembre 1862) ; Paris, 18 octobre 1838, 2 p. in-4. *(Coll. B. Fillon.)*

Très belle lettre où il le remercie de l'avoir choisi pour exécuter les peintures qui doivent décorer la bibliothèque de la Chambre des députés. « Voudrez-vous bien recevoir en même temps l'assurance de tout l'empressement que je mettrai à me rendre digne de votre bienveillance par le soin et l'assiduité que je m'efforcerai d'apporter à la conduite et à l'achèvement de travaux aussi importans. » — (Les peintures de la Chambre des députés comptent parmi les chefs-d'œuvre d'Eugène Delacroix.)

Mais l'espace que le papier me laisse, commence à devenir trop court ; je ne finirais pas si je pouvais te dire tout ce que je pense. Sache seulement, cher ami, que le vœu le plus ardent que je puis former, est que tu reviennes bientôt en pleine santé. Maman est bien sensible à ton aimable souvenir. Assure ta bonne mère de mon respect, qu'elle mérite si bien même quand elle ne serait pas la mère de mon ami.

Numéro 1555.

E. Delacroix.

Vous avez bien fait de me mettre sur un chapitre que j'aime. Voilà quatre pages d'un malade que ces souvenirs ont un peu reposé. Je serai très heureux que tout cela puisse vous être utile. Vous connaissez ma reconnaissance et le plaisir que j'ai à vous être agréable.

Votre tout dévoué

E. Delacroix.

Numéro 1560.

+ 1558 + **DELACROIX** (Ferdinand-Victor-Eugène).

L. A. S. à Gustave Planche (le célèbre critique), à Naples ; (Paris), 9 août (1842), 3 p. in-4.

Très remarquable lettre où il mande qu'il a souffert d'une affection de la gorge (qui devint chronique et dont il mourut). Il parle ensuite de Rachel, dont il lui a demandé des nouvelles. Il est son admirateur, quoi qu'en puisse penser Planche. « Je la trouve toujours rarissime. Je n'ai rien vu et ne verrai probablement rien comme cela, ni vous non plus, croyez-moi. » Il est fort en retard pour la décoration de la Chambre des députés et celle de la Chambre des pairs. « Maintenant j'ai repris l'un et l'autre et ne suis pas trop mécontent, mais il y a fort à faire. J'ai trouvé pour le Luxembourg un sujet qui sort un peu de la banalité des Apollon et des Muses. C'est pour une bibliothèque. C'est le moment où le Dante, comme disaient nos pères, et non point Dante, comme disent aujourd'hui les savants qui ne veulent rien faire comme les autres, est présenté par Virgile à Homère et à quelques grands poètes qui se trouvent dans une sorte d'Elysée de la façon du poète, où ils jouissent d'un bonheur sérieux, à ce qu'il dit. Bref on y voit tous les grands hommes possible se promenant et s'asseyant pour varier leur plaisir. Vous verrez cela : cela a pour moi un très grand attrait, mais la place est des plus fatigantes. »

+ 1559 + **DELACROIX** (Ferdinand-Victor-Eugène).

P. A. S. ; (Paris, 1855), 2 p. 3/4 in-4.

Intéressant document. C'est la note des trente et un tableaux qui figurèrent à l'Exposition universelle de 1855, avec la mention des possesseurs. Le dernier tableau de la liste est *Les deux Foscari*. Delacroix fait, en dix lignes, la description du sujet de cette toile (qui appartient actuellement au duc d'Aumale). En tête de la pièce il donne son adresse : rue Notre-Dame-de-Lorette, 58.

+ 1560 + **DELACROIX** (Ferdinand-Victor-Eugène).

L. A. S. (au critique d'art Théophile Silvestre, à Londres) ; Paris, 31 décembre 1858, 4 p. pl. in-4.

Superbe lettre où il parle des peintres anglais qu'il a connus dans son voyage à Londres (fait en 1825). De tous ceux qui l'accueillirent alors avec tant de bonté, aucun ne survit. Tels Wilkie, Lawrence, les Fielding, grands artistes, Copley, qui excellait dans le paysage et l'aquarelle, Etty. « Je ne parle pas de Bonington, mort aussi dans sa fleur, qui était mon camarade et avec lequel, ainsi que Poterlet, autre mort prématuré, en qui la peinture a perdu beaucoup (celui-ci était Français), je passais ma vie à Londres au milieu des enchantements que donnent dans ce pays-là à un jeune homme ardent la réunion de mille chefs-d'œuvre et le spectacle d'une civilisation extraordinaire. Je ne me soucie plus de revoir Londres ; je n'y retrouverais aucun de ces souvenirs-là et surtout je ne m'y trouverais plus le même pour jouir de ce qui s'y voit à présent. L'école même est changée. Peut-être m'y verrais-je forcé de rompre des lances pour Reynolds, pour ce ravissant Gainsborough (Gainsborough) que vous avez bien raison d'aimer. » Il n'est pas cependant l'adversaire de la nouvelle école anglaise qui porte dans l'imitation des primitifs italiens un sentiment infiniment personnel, à l'encontre de ce qui se fait chez nous. Peut-être aussi ses impressions d'autrefois seraient-elles modifiées et trouverait-il dans Lawrence une exagération de moyens d'effets qui sent un peu trop l'école de Reynolds. « Mais sa prodigieuse finesse de dessin, la vie qu'il donne à ses femmes qui ont l'air de vous parler, lui donne, comme peintre de portrait, une sorte de supériorité sur Vandyk lui-même, dont les admirables figures posent tranquillement. L'éclat des yeux, les bouches entr'ouvertes sont rendus admirablement par Laurence. » Il parle ensuite de David Wilkie, dont l'esquisse de *John Knox prêchant* l'avait beaucoup frappé. Il définit Constable un homme admirable et une des gloires anglaises. « Lui et Turner sont de véritables réformateurs. Ils sont sortis de l'ornière des paysagistes anciens. Notre école, qui abonde maintenant en hommes de talent dans ce genre, a grandement profité de leur exemple. Géricault était revenu tout étourdi de l'un des grands paysages qu'il nous a envoyés. » Delacroix rappelle qu'il s'est trouvé en Angleterre en même temps que Charlet et Géricault. « Charlet est un des plus grands hommes de notre pays ; mais on ne dressera jamais chez nous une statue à un homme qui n'a fait autre chose que de jouer avec un petit bout de crayon pour faire de petites figures. Le Poussin a attendu deux cent cinquante ans cette fameuse souscription à sa statue, laquelle, je crois, n'existe pas encore, grâce à l'insuffisance de fonds. S'il eut seulement brûlé deux villages, il n'eut pas attendu aussi longtemps. » — (Si Charlet n'a jamais eu de statue, Eugène Delacroix aura bientôt la sienne sur une des places de Paris et il ne l'aura pas attendue aussi longtemps que le Poussin. — Cf. sur Charlet la lettre n° 1562.)

+ 1561 + **DELACROIX** (Ferdinand-Victor-Eugène).

L. A. S. au ministre d'État (Achille Fould) ; (Paris), 29 juillet 1861, 1 p. in-4. Superbe pièce.

Belle lettre dans laquelle il lui mande qu'il vient de terminer à l'église Saint-Sulpice les travaux dont il avait été chargé par le ministère d'État. Il serait heureux que le ministre lui fit l'honneur de visiter ses peintures. — On a joint à cette pièce un exemplaire de la lettre imprimée par laquelle Eugène Delacroix invitait la presse et ses amis à venir visiter la décoration de la chapelle des Saints-Anges à Saint-Sulpice.

+ 1562 + **DELACROIX** (Ferdinand-Victor-Eugène).

L. A. S. (au critique d'art Ernest Chesneau) ; Champrosay, 7 juin 1863, 3 p. 1/4 in-8.

Très belle lettre où il le remercie de l'envoi de ses études sur les peintres modernes. Il lui exprime son étonnement de ne pas y voir figurer un des peintres les plus remarquables de ce siècle, un homme admirable qu'il place fort haut dans son estime. « Je veux parler de Prudhon, le plus original peut-être de tous ces hommes dont vous êtes occupé, et que la postérité placera, je n'en doute pas, avant plusieurs de ceux qui ont exercé votre plume. » Il voudrait aussi une grosse place pour Charlet. « Ce n'est pas un caricaturiste, c'est un homme énorme. Il a peint avec le crayon. » — (Voir sur Charlet la lettre n° 1560.)

+ 1563 + LEPRINCE (A.-Xavier), peintre de genre, artiste de talent dont le musée du Louvre possède deux remarquables toiles, n. à Paris, 1799, m. à Nice, 1826.

L. A. S. au comte de Forbin; (Paris), 1 octobre 1824, 1 p. in-4. *Très rare. (Coll. A. Sensier.)* — P. lithographié par lui-même.

Très belle lettre où il accepte le prix de trois mille francs pour son tableau du port de Honfleur, « considérant tout l'avantage qu'il y a pour moi à le voir au Luxembourg. » — (Ce joli tableau est actuellement au musée du Louvre.)

+ 1564 + DEVÉRIA (Jacques-Jean-Marie-Achille), peintre d'histoire, habile lithographe, un des illustrateurs des ouvrages de l'école romantique, n. à Paris, 6 février 1800, m. à Pau, 23 décembre 1857. Il a exécuté un certain nombre de cartons de vitraux d'église. Il a été conservateur des estampes à la Bibliothèque nationale.

L. A. S. au peintre Claude-Louis Ziegler (né à Langres en 1804, mort à Dijon le 29 décembre 1856), « électeur, à Soyers, par Bourbonne-les-Bains »; (Paris), 2 février 1831, 3 p. in-4. Superbe pièce.

Epître des plus curieuses où il mande que son frère Eugène n'a pas réussi dans un concours. Nouvelles de leurs amis. « L'Espagne vient de nous rendre Mérimée qui, l'ayant parcouru seul et en tous sens, ne voit qu'Espagne, Allambra, Grenade, Burgos et combats de taureaux. Il est admirable à entendre conter les mœurs de ces gens-là... Eugène (son frère) travaille peu à son tableau et a la bassesse de faire des aquarelles pour le pot au feu; ma sœur fait des airs et des fleurs; Planche (le critique) est insupportable; Hugo corrige les épreuves de son *Louis XI ou Notre-Dame de Paris;* moi je fais des images pour vendre en couleurs sur les ponts. Vous, vous réalisez des liquidations. Tâchez d'y trouver de l'argent et sachez ne pas le perdre, car c'est une bonne chose, une chose essentielle à l'art et la tranquillité. »

+ 1565 + BELLANGÉ (Joseph-Louis-Hippolyte), célèbre peintre de batailles, dont les tableaux, conservés dans les musées de Versailles et de Rouen, ont été popularisés par la lithographie, n. à Paris, 18 février 1800, m. dans la même ville, 10 avril 1866. Ses meilleures toiles sont les *Batailles de Fleurus, de Wagram* et de *l'Alma.*

1° L. A. S. au secrétaire de la Société des amis des arts; ce lundi, 1 p. in-4. Très belle pièce. — P.

Belle lettre dans laquelle Hippolyte Bellangé lui envoie deux petits tableaux, l'un représentant une attaque par un régiment d'infanterie française, l'autre une jeune cauchoise indiquant le chemin à un soldat allant en congé. Il demande cinq cents francs du premier et trois cents francs du second. — Bellangé indique son adresse, rue de Furstenberg, n° 8 ter.

2° L. A. S. à M. L. de Saint-Vincent, à Paris; Rouen, lundi (10 juillet 1848), 2 p. in-8.

Jolie lettre dans laquelle Hippolyte Bellangé mande qu'il aura à dîner Léon Cogniet qui arrive avec son Tintoret. Il fait des jeux de mots et termine sa lettre par un rébus.

✦ 1566 ✦ JOHANNOT (Charles-Henri-Alfred), peintre d'histoire et graveur, qui illustra avec un réel talent un grand nombre de livres de l'école romantique, n. à Offenbach-sur-le-Mein, 21 mars 1800, m. à Paris, 7 décembre 1837.

1º L. A. S. à un critique d'art, 1 p. in-8.

Jolie lettre dans laquelle Alfred Johannot le remercie de l'article qu'il a consacré à son tableau du Salon.

2º L. A. S. de TONY JOHANNOT (frère et collaborateur du précédent, un de nos plus habiles dessinateurs de vignettes, n. à Offenbach, le 9 novembre 1803, m. à Paris, le 4 août 1852) au peintre Jean Gigoux; (Paris, décembre 1837), 3/4 de p. in-8.

Belle lettre où il fait allusion à la mort de son frère Alfred et où il le remercie des marques de sympathie qu'il lui a données dans d'aussi affreuses circonstances. Intéressants détails.

✦ 1567 ✦ GAVARNI (Sulpice-Paul CHEVALIER, dit), le plus célèbre et le plus remarquable des caricaturistes de notre siècle, n. à Paris, 13 janvier 1801, m. dans la même ville, 23 novembre 1866. Sa biographie a été écrite par Edmond de Goncourt.

1º L. A. S. (à M. Delaunay, directeur de *l'Artiste*); (Paris), dimanche (vers 1840), 1 p. pl. in-8. *(Coll. B. Fillon.)* — Les autographes et les dessins de Gavarni sont très recherchés. — P.

Très belle lettre où il recommanda Émile Forgues, dit Old-Nick, pour les fonctions de rédacteur en chef de *l'Artiste*. « Vous voulez, n'est-ce pas, un homme de bon goût, un écrivain élégant et surtout, chose rare, distingué. Old Nick a encore quatre fois plus de savoir qu'il n'en faut pour la littérature qui court et c'est, par dessus le marché, un garçon de cœur et un homme parfaitement convenable en toute chose.... »

2º L. A. S. à l'empereur Napoléon III; Auteuil, 2 avril 1864, 1 p. in-fol. *(Coll. B. Fillon.)*

Épître des plus curieuses, dont voici le texte : « Sire, il n'est pas possible que votre Majesté sache ce qui se passe, que, par le fait d'un rapport envoyé du cabinet de l'Empereur et que je ne pouvais pas ne pas prendre au sérieux, j'attends depuis sept mois, cloué dans une insupportable incertitude, et qu'enfin, ce soir, on me fait, au nom du préfet (à son insu sans doute) sommation de quitter ma maison dans vingt-quatre heures ! L'indemnité, je ne sais laquelle, ayant été, dit-on, déposée à la caisse des consignations. Sire, vous êtes l'Empereur Napoléon. » — (Une consultation lithographiée de Berryer, jointe à la lettre, nous apprend que Gavarni avait des difficultés avec la préfecture de la Seine relativement à l'expropriation de la maison qu'il possédait aux bords de la Seine, avec entrée sur la route de Versailles, nº 49. Gavarni demandait une indemnité de sept cent cinquante mille francs, tandis que le jury ne lui attribuait que cent quatre-vingt-dix mille francs. De là refus par l'artiste de quitter sa maison et menace d'expulsion de la part de l'administration, qui entrait dans la voie d'exécution.)

✦ 1568 ✦ ROQUEPLAN (Joseph-Étienne-Camille ROCOPLAN, dit), peintre de genre, élève du baron Gros, excellent coloriste, un des chefs de l'école romantique, n. à Malemort (Bouches-du-Rhône), 18 février 1802, m. à Paris, 30 septembre 1855.

L. A. S. au comte de Forbin (directeur général des musées) (avant 1830), 1 p. 1/2 in-8, cachet.

Très curieuse lettre où il se plaint qu'on ait enlevé son tableau du grand salon carré, pour mettre à sa place un tableau du peintre anglais Thomas Lawrence. « Je suis loin d'oser entrer en concurrence avec M. Lawrence, dont j'admire le talent, mais un règlement, fait pour tout le monde, est une garantie qu'on ne doit détruire en faveur de qui que ce soit. » — (Roqueplan a peint des batailles pour le musée de Versailles et des plafonds pour le palais du Luxembourg.)

✦ 1569 ✦ **GUDIN** (Théodore), fécond peintre de marines, un des maîtres de l'école romantique, n. à Paris, 15 août 1802, m. à Boulogne-sur-Seine, 12 avril 1880.

1° L. A. S. à Mocquard (secrétaire de Napoléon III); Beaujon, 30 octobre 1852, 4 p. in-8. — P.

Curieuse épître où il exprime le désir de faire un tableau représentant la délivrance d'Abd-el-Kader par le prince président de la République. « Abd-el-Kader, avec lequel j'avais des relations d'amitié par le poëte de Constantine, notre ami commun, et les autres Arabes que j'ai reçus chez moi, m'a embrassé, lorsque je suis entré dans sa loge à l'Opéra, avec une effusion toute fraternelle. Hier je lui ai fait part de mon désir; il en a apprécié l'importance et le partage avec moi... »

2° Croquis à la plume, signé, avec une ligne autographe, 1 p. in-4 oblong. Superbe pièce. *(Coll. Mahérault.)*

Joli croquis fait comme carte de visite à M. Mahérault, qu'il n'avait pas rencontré. Il représente une marine très agréablement dessinée.

✦ 1570 ✦ **DUC** (Joseph-Louis), célèbre et habile architecte, auteur de la colonne de Juillet et de la façade de la Cour de cassation, qui lui valut, en 1869, le prix extraordinaire de cent mille francs institué par l'empereur Napoléon III, membre de l'Institut (1866), n. à Paris, 25 octobre 1802, m. dans la même ville, 22 janvier 1879. Duc consacra généreusement cette somme de cent mille francs à la fondation d'un prix à l'Académie des Beaux-Arts.

L. A. S. au sculpteur Dumont; (Paris), jeudi 22 août, 1 p. in-8.

Jolie lettre dans laquelle Duc le prévient que le ministre doit aller voir le modèle de la colonne de Juillet. « Je pense qu'il s'agira principalement de juger l'effet de la figure. » — (Auguste Dumont était l'auteur du *Génie de la liberté* qui surmontait la colonne de Juillet.)

✦ 1571 ✦ **DECAMPS** (Alexandre-Gabriel), un de nos peintres de genre les plus originaux et les plus estimés, qui a emprunté à l'Orient la plupart de ses sujets, n. à Paris, 3 mars 1803, m. d'une chute de cheval à Fontainebleau le 22 août 1860.

1° L. A. S. à M. Al. David, peintre, à Paris; Hyères, 12 mars (1833), 3 p. in-4. Légère déchirure par la rupture du cachet. Superbe pièce, une des plus belles connues. *(Coll. Boilly.)* — P.

Intéressante et amicale lettre dans laquelle Decamps donne de longs et intimes détails sur la vie qu'il menait à Hyères. Il parle ensuite de ses productions et de celles de son ami. « Je travaille aussi tant que je puis, et sans les rasoirs et les moyens d'effacer le lendemain l'ouvrage de la veille, je ferois bien plus de besogne. La chasse de temps à autre est toutte la distraction que je me permette. »

2° L. A. S. à Goupil (le marchand et éditeur d'estampes, à Paris); 3/4 de p. in-4. Très jolie pièce.

Il demande des livraisons qui lui manquent des illustrations de lord Byron et de la Bible. Son Walter Scott est complet.

✦ 1572 ✦ **VAUDOYER** (Léon), un de nos plus habiles architectes, élève d'Hippolyte Lebas, auteur de la nouvelle cathédrale de Marseille, membre de l'Institut (1868), n. à Paris, 7 juin 1803, m. subitement dans la même ville, 9 février 1872.

L. A. S. à l'architecte Théodore Labrouste; (Paris), 21 novembre 1861, 1 p. in-8. Très jolie pièce. — P.

Jolie lettre où il s'excuse de ne pouvoir assister au banquet des anciens élèves de Sainte-Barbe. Considérations sur la nécessité de changer de local pour ces réunions.

Numéro 1571.

Mon cher Monsieur Goupil
mon Walter Scott, en complet
le Byron où il manque la 2ᵐᵉ en
le 17ᵐᵉ cahier — qui m'ont toujours
manqué j'ai reçu de l'illustration
de la Bible jusqu'au 6ᵉᵐ cahier
inclusivement veuillez donc
joindre à la note que je vous
ai demandée tout les livraisons
qui complettent l'ouvrage en le
2 Cahiers manquants du Byron
j'ai l'honneur de vous saluer

Decamps

n'oubliez pas je vous prie
la litographie allemande
dont je vous ai parlé.

✛ 1573 ✛ GRANDVILLE (Jean-Ignace-Isidore Gérard, dit), célèbre dessinateur, le populaire auteur des *Animaux peints par eux-mêmes,* n. à Nancy, 3 septembre 1803, m. à Paris, 17 mars 1847. Ses nombreux recueils de dessins et ses illustrations des Fables de La Fontaine, de Gulliver, de Don Quichotte, ont obtenu un grand succès.

1° Dessin à la plume, signé, 1 p. in-4 oblong. Superbe et rare pièce, très bien conservée.

Très beau dessin représentant une foule de personnages à têtes d'animaux se pressant pour entrer dans une maison auprès de laquelle se tiennent trois soldats, dont un à cheval. Un cocher, ayant sur les parements de son manteau ces mots : *Librairie moderne,* conduit cette foule avec son fouet. — (Les dessins de Grandville sont très recherchés par les amateurs.)

2° L. A. S. à l'imprimeur Fournier ou à M. Taschereau, 3/4 de p. in-8. — P. lithographié.

Très jolie lettre par laquelle Grandville demande l'envoi de bois préparés. « Aujourd'hui prêt à décalquer mon dessin de la double chasse, je me suis trouvé au dépourvu et forcé de remettre mon croquis en portefeuille jusqu'à ce que j'aie le maudit bois. » Intéressants détails à ce sujet.

+ 1574 + **COMAIRAS** (Philippe), fils de la célèbre peintre en miniature Victoire Jaquotot, peintre de l'école romantique, ami intime d'Eugène Delacroix, n. à Saint-Germain en Laye (Seine-et-Oise), 24 octobre 1803, m. à Fontainebleau, 14 février 1875. Quoique ayant travaillé dans l'atelier de Ingres, il fut un des plus ardents champions de la nouvelle école. Il fit de nombreux voyages et hérita, en 1855, des magnifiques collections artistiques de sa mère, qui lui furent inutilement disputées par des procès.

1° P. S.; Paris, 22 octobre 1838, 1 p. in-4, tête imprimée du ministère de l'Intérieur. Belle pièce.

Intéressant document par lequel Comairas donne un reçu de mille francs pour le prix d'un tableau représentant un *Ecce Homo.*.

2° L. A. S. à M. Alfred Robaut (l'habile lithographe, qui a catalogué l'œuvre d'Eugène Delacroix); Fontainebleau (où il s'était retiré depuis 1848), 15 juillet 1870, 1 p. in-8.

Intéressante lettre sur le portrait qu'il avait fait d'Eugène Delacroix. « Vers 1824 j'ai fait, dans l'atelier de mon ami et camarade d'atelier, son portrait. Il était malade. C'est une tête penchée un peu jaune avec un cache-nez de laine rouge autour du col, petite toile, grandeur naturelle. Je ne me rappelle pas à cette époque de portrait de Delacroix fait par lui-même.... » — Comairas a fait, sur la quatrième page, un croquis du portrait mentionné plus haut. Ce croquis est reproduit ci-contre.

+ 1575 + **RAFFET** (Denis-Auguste-Marie), peintre, dessinateur et lithographe, élève et émule de Charlet, l'auteur justement populaire des scènes militaires de la République et de l'Empire, n. à Paris, 1 mars 1804, m. à Gênes, 16 février 1860.

Les guerres d'Algérie excitèrent sa verve. On doit à Raffet l'illustration du *Voyage dans la Russie méridionale et dans la Crimée* du comte Demidoff.

L. A. S. au libraire Perrotin; (Paris), 27 février (1841), 1 p. in-8. *(Coll. B. Fillon.)* — P.

Jolie lettre relative à la reproduction, par la gravure, de ses dessins pour les chansons de Béranger.

+ 1576 + **DAUZATS** (Adrien), peintre de genre et d'intérieur, habile lithographe, qui a spécialement traité les sujets orientaux, collaborateur du baron Taylor, n. à Bordeaux, 16 juillet 1804, m. à Paris, 18 février 1868.

L. A. S. à une dame; 26 juillet 1844, 4 p. in-8. Très jolie pièce, illustrée de dessins. — P. photographié.

Jolie lettre intime d'un tour aimable et pleine de sentiments délicats, ornée de deux dessins de gargouilles. Il la remercie de l'envoi d'un camélia et se réjouit de la rejoindre bientôt aux bains de mer.

✛ 1577 ✛ ISABEY (Eugène-Louis-Gabriel), fils et élève du célèbre miniaturiste de Napoléon I, excellent peintre de marines et de paysages, n. à Paris, 22 juillet 1804.

1° L. A. S. à son ami Port; (Paris), jeudi 14 avril 1836, 1 p. 1/2 in-8. Très jolie pièce. — P.

Jolie lettre dans laquelle Eugène Isabey recommande à Port son ami Zérézo, compositeur de musique, qui a besoin d'un passeport pour se rendre à Bruxelles. Intéressants détails à ce sujet. — La pièce est ornée d'un croquis à la plume.

2° L. A. S. à Dupin (le célèbre orateur); samedi, 1 p. 3/4 in-8.

Belle lettre dans laquelle Eugène Isabey lui demande la permission de lui présenter son beau-frère et un jeune homme, qui sont les admirateurs de son talent.

✛ 1578 ✛ BRASCASSAT (Jacques-Raymond), célèbre peintre de paysages et d'animaux, membre de l'Institut (1846), n. à Bordeaux (Gironde), 28 août 1804, m. à Paris, 28 février 1867. Ses magnifiques toiles lui ont valu le surnom de *poète des animaux*.

L. A. S. à madame Schunck; (Paris), 29 juin (1835), 1 p. 3/4 in-8.

Jolie lettre où il mande qu'il voulait aller lui rendre visite, mais que le funeste événement de M. Gros (qui venait de se suicider) l'en a empêché. Il part pour la Normandie avec un ami. « J'ai besoin de faire ce voyage pour me distraire un peu; en même temps il me servira pour connaître ce pays où je pourrais aller faire des études plus tard. »

✛ 1579 ✛ HUET (Paul), un de nos maîtres paysagistes, aquarelliste et graveur à l'eau-forte, n. à Paris, 3 octobre 1804, m. dans la même ville, 10 janvier 1869.

L. A. S. à un critique d'art; (Paris, vers 1864), 2 p. 1/2 in-8. Très jolie et très intéressante pièce.

Curieuse épître où il parle des lithographies d'Eugène Delacroix qu'il avait prêtées au critique et qui avaient été abîmées. Cet accident lui cause du chagrin, mais il se console puisqu'il s'agissait de la gloire de Delacroix. Il parle ensuite de la commission consultative que le ministre vient de créer. « La majorité de cette commission appartient à Ingres évidemment. Vous seriez bien bon et bien habile si vous pouviez m'apporter le mot de cet énigme... »

✛ 1580 ✛ DUCORNET (Louis-César-Joseph), peintre d'histoire, élève de Le Thière, qui était né sans bras et peignait avec les pieds, n. à Lille, 10 janvier 1805, m. à Paris, 27 avril 1856. Sa toile de *Saint Louis rendant la justice* est au musée de Lille.

L. A. S. à son cher Alexandre; (Paris), 29 mai 1855, 6 p. in-8. *(Coll. B. Fillon et Dubrunfaut.)*

Touchante épître où il se plaint amèrement qu'on ait placé beaucoup trop haut à l'Exposition son tableau représentant Edith retrouvant le corps du roi Harold sur le champ de bataille d'Hastings, bien que cette toile lui ait été commandée par l'Empereur. Ce fait le prive des avantages qu'il espérait retirer de son œuvre. « Vous voyez un homme découragé, sans espoir de succès, sans espoir d'avoir ma part dans (les) travaux du gouvernement. Que devenir sans fortune, et puis ayant à ma charge mon bon vieux père devenu par son grand âge infirme et presqu'impotent... » Il prie son ami de lui procurer une entrée auprès du prince Napoléon, qu'il veut intéresser à sa cause.

✛ 1581 ✛ LA BERGE (Charles-Auguste de), célèbre peintre de paysage, qui procède de l'école hollandaise, n. à Paris, 17 mai 1805, m. dans la même ville, 25 janvier 1842.

L. A. S. à M. de Beauchesne; (Paris), 26 février (1836), 1 p. in-4. *Rare.*

Belle lettre où il exprime ses regrets de n'avoir pu voir M. de Cailleux, auquel il voulait transmettre une réclamation de M. de Beauchesne.

✛ 1582 ✛ BALTARD (Victor), architecte, le constructeur des Halles centrales de Paris et de l'église Saint-Augustin, membre de l'Institut (1863), n. à Paris, 19 juin 1805, m. dans la même ville, 13 janvier 1874.

L. A. S. à Elwart (le compositeur de musique, n. 1808, m. 1877); (Paris), 2 septembre 1839, 1 p. in-8.

Jolie lettre dans laquelle Baltard s'excuse de ne pouvoir aller dîner avec ses camarades. « Quant à Simart (le sculpteur), il est encore dans les ovations et jubilations de la Champagne chez ses parens. » — (Simart était né à Troyes en 1806.)

✛ 1583 ✛ JADIN (Louis-Godefroy), peintre de genre, qui excelle dans les sujets de chasse et de nature morte, n. à Paris, 30 juin 1805, m. dans la même ville, 1883.

L. A. S. à Gilbert Duprez (le célèbre chanteur), à Naples ; Rome, 12 janvier 1836, 3 p. 1/4 in-8.—P.

Très jolie lettre où il lui raconte l'arrestation dont Alexandre Dumas a été victime. « Le Saint-Père, qui avait très bien reçu Dumas, a jugé convenable de le faire arrêter à Foligno (se dirigeant sur Bologne avec passeport en règle) et de le faire conduire par des dragons jusqu'à Pérouse, frontière de Toscane. Puis le cardinal Bernetti a fait dire que c'était par erreur et qu'il pouvait revenir dans les Etats Romains, qu'il y serait très bien reçu. On avait oublié de rayer son nom d'une ancienne liste de proscription à laquelle on avait renoncé. »

✛ 1584 ✛ DEVÉRIA (Eugène-François-Marie-Joseph), frère d'Achille, peintre d'histoire, élève de Girodet, auteur de la *Naissance de Henri IV* et du plafond du Louvre représentant le Puget, n. à Paris, 1805, m. dans la même ville, 5 février 1865.

L. A. S. à Mélanie Waldor; Paris, 5 septembre 1852, 5 p. 3/4 in-8, enveloppe. Superbe pièce.

Épître des plus curieuses dans laquelle il lui explique les raisons d'une visite qu'il lui a faite. Appartenant à la religion réformée, il avait été dépêché vers elle pour lui apporter des consolations que le catholicisme semblait impuissant à lui donner. Il a vu qu'on l'avait trompé et que sa mission était inutile. Il cite plusieurs passages de la Bible et explique comment il pratique le christianisme, tout en étant républicain. « Quant à mon républicanisme, il se borne à préférer la forme républicaine aux royautés, sans jamais faire un effort ni même un vœu pour la chute des rois, et permet volontiers à mon christianisme la prière pour ceux que le Seigneur élève en puissance au milieu d'eux, alors même que je pourrais ne pas approuver touts les actes de leur pouvoir légitime ou arbitraire... »

✛ 1585 ✛ JOUFFROY (François), habile sculpteur, auteur de la charmante statue de *l'Ingénuité* et d'un des groupes de l'Opéra, membre de l'Institut (1857), n. à Dijon, 1 février 1806, m. à Paris, 25 juin 1882.

L. A. S. à M. Perrot, chef de bureau au palais du quai d'Orsay; (1845), 1 p. in-8. — P. photographié avec signature autographe.

Très jolie lettre dans laquelle il lui mande qu'il vient de faire les esquisses de deux statues, *le Printemps* et *l'Automne,* pour les salles d'horticulture de la Chambre des Pairs. Il le prie de faire comprendre à M. Cavé « que ce sont les sujets qui sont le plus en rapport avec mon talent. »

75

✝ 1586 ✝ **BOULANGER** (Louis), peintre d'histoire et de genre, ardent disciple de l'école romantique, ami intime de Victor Hugo, dont il illustra les Œuvres, n. à Verceil (Piémont), de parents français, 11 mars 1806, m. à Dijon, 5 mars 1867.

1° Dessin à la plume, signé, représentant une femme assise sur un rocher; 1841, 1 p. in-4. — P.

2° L. A. S. à une dame; Ludwisburg, par Eckernforde (Danemark), 23 septembre 1849, 4 p. in-4, vignette. Superbe pièce, une des plus belles connues de Louis Boulanger. — P. photographié.

Très belle lettre écrite sur un papier portant une grande vignette représentant la destruction du vaisseau de ligne Christian VIII et la prise de la frégate Gefion dans le port d'Eckernforde le 5 avril 1849. Louis Boulanger raconte son départ pour le Danemark, où il est venu faire le portrait de M. d'Ahlefeld, ancien secrétaire de la légation danoise à Paris. Il a passé par Aix-la-Chapelle et par Cologne, où il est allé saluer la maison où naquit Rubens. Il a été charmé d'Hambourg. Il décrit le château où il habite sur les bords de la Baltique, qui est une mer bien triste et semble plutôt un grand lac. Il narre sa visite à la petite ville de Schleswig, capitale du duché. « La ville est au fond d'une baie profonde et les campagnes qui l'avoisinent sont charmantes. C'est ce que j'ai vu de mieux dans le pays, qui est plat, accidenté à peine par de légères ondulations de terrain et semé de petits groupes d'arbres d'une façon assez monotone. La verdure est, en général, d'un noir triste qui invite peu à la peinture. » Il compte rentrer à Paris vers la fin du mois d'octobre et envoie ses souvenirs à leurs amis communs, les Lacroix (Paul et Jules), Charles Blanc, Jaley (le sculpteur), etc.

+ 1587 + DIAZ DE LA PENA (Narcisse-Virgile), un de nos maîtres paysagistes les plus estimés, n. à Bordeaux, 20 août 1807, m. à Menton, 19 novembre 1876. Ses tableaux, dont les effets de lumière rehaussent encore l'originalité, nous montrent de délicieux paysages, agréablement parsemés de nymphes, d'odalisques et d'amours.

1° Lettre écrite et signée en son nom par Alfred Sensier (qui lui servit souvent de secrétaire) au directeur des Beaux-Arts (le comte de Nieuwerkerke); (Paris, 1859), 2 p. 3/4 in-8. — P.

Très intéressante lettre où il sollicite le changement de place des tableaux qu'il a envoyés au Salon, entre autres de la *Galathée* et de l'*Amour et Psyché*. « Je ne saurais trop vous faire remarquer combien j'ai été mal placé à ce Salon. Mes tableaux, que je m'efforce de peindre dans les gammes transparentes, doivent manquer leur effet absolument lorsqu'ils ont un jour contraire. On ne peut plus y voir qu'une sorte d'épreuve négative à la façon des photographies. Les ignorants n'ont vu que cet effet déplorable, et cette exposition m'a été très préjudiciable. » Intéressants détails.

2° L. A. S. à Alfred Sensier; (Paris), 9 novembre 1871, 1 p. in-8, papier à son chiffre, enveloppe. Jolie pièce.

Jolie lettre où il lui annonce qu'il est de retour à Paris, mais qu'il est retenu chez lui par une bronchite. « Je suis très désireux de vous voir, mon cher ami. Si vous avez un instant pour venir jusques chez moi, cela me fera grand plaisir. »

3° L. A. S. au célèbre chanteur Gilbert Duprez; (Paris), 21 novembre 1871, 1 p. in-18, papier à son chiffre.

Jolie lettre intime par laquelle il le charge de ses respects pour madame Duprez et l'assure de sa vieille amitié.

+ 1588 + DUTILLEUX (Henri-Joseph-Constant), peintre d'histoire, excellent paysagiste, un des premiers et des plus fidèles admirateurs d'Eugène Delacroix, dont il sut deviner le génie, n. à Douai, 5 octobre 1807, m. à Paris, 22 octobre 1865.

L. A. à Théodore Laches, à Vesoul; Paris, 20 mars 1828, 3 p. in-4. Superbe et intéressante pièce.

Lettre des plus curieuses où il le met au courant de ses travaux à Paris. Il a copié des têtes de Sigalon et il vient de terminer une esquisse du Marius sur les ruines de Carthage, dont il est assez content. Nouvelles du Salon. « Le *Sardanapale* de Delacroix est une chose superbe. Quel génie étonnant que ce grand peintre. Vous le voyez se plier à son sujet, l'embrasser, s'en rendre maître. Qu'on cherche des lignes dans ses tableaux; moi je n'y cherche que le génie et je l'y trouve. Cette femme étendue sur le lit, ce n'est point de la couleur, c'est la plus belle femme du monde, elle respire. Quel coloris brillant, et avec cela quelle force, quelle vigueur! Un petit *Milton aveugle*, du même. Dieux, que cet homme est bien aveugle, avec quelle attention elle écoute, cette jeune fille qui doit recueillir ses paroles! Petit tableau, que dis-je, petite perle. Et on ne sent pas cela, et on va s'arrêter devant des choses bien froides, bien peignées. Je suis aujourd'hui dans l'admiration de ce génie extraordinaire. Je vais même copier quelques-unes des têtes de son massacre (de Scio). On ne poussera pas plus loin la vigueur du coloris. » — (Constant Dutilleux a eu le grand honneur, on le voit, de comprendre un des premiers le génie d'Eugène Delacroix et de devancer le jugement de la postérité sur cet illustre artiste.)

✝ 1589 ✝ **GLAIZE** (Auguste-Barthélemy), peintre d'histoire, d'un esprit très élevé et d'une science profonde, l'auteur du *Pilori*, de *la Pourvoyeuse*, du *Spectacle de la Folie humaine*, des *Amours à l'encan*, n. à Montpellier, 15 décembre 1807.

L. A. S. à son fils Léon (le célèbre peintre); Rosebois (Seine-et-Marne), 30 juin 1884, 2 p. in-8.

Il le prie de lui donner un aperçu plus sérieux du groupe de son concours pour la décoration de la mairie du vingtième arrondissement de Paris. « Je ne doute pas de ta science d'exécution, mais les quelques mots que tu nous en dis ne font qu'exciter mon désir de connaître plus complètement le résultat acquis. Aussi avant le jour où je pourrai venir te voir, ne pourrais-tu m'en donner un avant-goût en m'envoyant un croquis succinct ? » C'est le projet de Léon Glaize qui fut primé.

✝ 1590 ✝ **RIESENER** (Louis-Antoine-Léon), peintre d'histoire et de portraits, élève de Gros, ami intime d'Eugène Delacroix, n. 21 janvier 1808, m. à Paris, 25 mai 1878.

L. A. S. à un critique d'art; (Paris), 5 juin 1864, 4 p. pl. in-4. Très belle et intéressante pièce.

Superbe lettre où il disserte sur la pureté dans l'art de peindre. Il cite les dessins de Raphaël, du Poussin et de Rembrandt. « Et maintenant où trouverons-nous le pur? Sera-ce dans les peintures que Raphaël a embellies par la franche exaltation de la vie, ou bien dans ces froides tendances vers un perfectionnement superfin, qui vont émoussant aveuglément toutes les aspérités expressives, dans l'intérêt d'une délicatesse plate et inanimée qui n'est pas dans la nature et que Raphaël ni l'antique n'ont jamais conçue. Mais d'un autre côté, Monsieur, prenons-y garde : si la pureté du talent est la franchise de l'or, il faut, n'en déplaise à des académiciens, ranger Rabelais, Rembrandt et M. Delacroix parmi les plus purs... »

✝ 1591 ✝ **DAUMIER** (Honoré), dessinateur, le roi des caricaturistes français, n. à Marseille, 26 février 1808, m. à Valmondois (Seine-et-Oise), 11 février 1879.

L. A. S. de ses initiales au peintre Philippe-Auguste Jeanron; Paris, prison de Sainte-Pélagie, 8 octobre 1832, 3 p. in-4. Légère déchirure. *Très rare.* — P. photographié avec signature autographe.

Précieux document. Daumier, alors âgé de vingt-quatre ans et emprisonné pour délit politique, raconte plaisamment son séjour à Sainte-Pélagie. « Me voici donc à Pélagie, charmant séjour, où tout le monde ne s'amuse pas. Mais moi je m'y amuse, quand ce ne serait que pour faire de l'opposition. Je te promet que je m'arrangeret assez de la pension Gisquet (le préfet de police), si quelques fois l'idée de mon intérieur, c'est à dire de ma famille, ne venait pas troubler le charme d'une douce solitude!!!!!!! Je travaille quatre fois plus en pension que je ne fesais lorsque j'étais chez mon papa. Je suis accablé et tyranisé par une foule de cytoyens qui me font faire leur portrait. Je suis mortifié, désolé, peiné, vexé même de ce que tu as de raisons qui t'empêche de venir voir ton ami la Gouape, dit Gargantua. Il faut que je sois né pour les soubriquets, car dès mon arrivée ici, comme on se souvenait plutôt de ma caricature que de mon nom, celui de Gargantua m'est resté... » Philipon lui ayant demandé un paysagiste patriote, Daumier a parlé de Cabat et de Huet, si Cabat n'était pas de retour.

✝ 1592 ✝ **DAUMIER** (Honoré).

1° L. A. S. au peintre Philippe-Auguste Jeanron, 1/2 p. in-4. Cette pièce est écrite au crayon.

Il lui donne son opinion sur des dessins qu'il lui a soumis et qui sont, assure-t-il, d'un grand caractère.

2° Dessin au crayon gras signé seulement des initiales H. D., 1 p. in-fol. Très intéressante pièce.

Ce dessin représente un monsieur qui salue une dame et soulève sa perruque restée engagée dans l'intérieur de son chapeau.

✦ 1593 ✦ **AMAURY DUVAL** (Eugène-Emmanuel-Amaury Pineu-Duval, dit), peintre d'histoire et de portraits, un. des meilleurs élèves de Ingres, dont il a été le biographe, n. à Paris, 16 avril 1808.

1° L. A. S. à mademoiselle Rebecca Félix, 1 p. in-8. Très jolie lettre. — 2° L. A. S. au président..., 1 p. in-8. Jolie pièce.

Recommandation en faveur d'un de ses élèves, M. Boyer, qui sollicite une place de professeur de dessin dans une école communale.

✦ 1594 ✦ **DU SEIGNEUR** (Bernard-Jean), un des meilleurs sculpteurs de l'école romantique, ami de Victor Hugo, érudit historien de la sculpture, n. à Paris, 23 juin 1808, m. dans la même ville, 6 mars 1866.

L. A. S. à M. Hilaire Sazerac, auteur des lettres sur le Salon ; (Paris), dimanche soir (28 avril 1834), 3/4 de p. in-8. Jolie et rare pièce.

Belle lettre dans laquelle Du Seigneur souscrit au livre de M. Sazerac sur le Salon de 1834. « J'ai lu avec trop de satisfaction plusieurs de vos critiques pour ne point désirer y souscrire. »

✦ 1595 ✦ **CHENAVARD** (Paul), peintre d'histoire, élève de Ingres et de Hersent, l'auteur d'une suite de très remarquables compositions représentant l'histoire de la civilisation et destinées à la décoration du Panthéon, n. à Lyon, 9 décembre 1808.

L. A. S. à Léon Gambetta ; (Paris), 30 juillet 1874, 1 p. 1/2 in-8. *(Coll. B. Fillon.)* — P. photographié.

Il rectifie une erreur qui s'est glissée dans un article de la *République française* du 29 juillet. On y disait faussement que le peintre Matout était l'élève de Chenavard. Celui-ci dément cette assertion et fait l'éloge du talent de cet artiste, dont il est l'ami. — (Louis Matout, peintre d'histoire, est né à Charleville en 1813.)

✦ 1596 ✦ **GIGOUX** (Jean-François), célèbre peintre d'histoire, de genre et de portraits, habile lithographe, un des chefs les plus estimés de l'école romantique, auteur des *Causeries sur les artistes de mon temps,* n. à Besançon, 8 janvier 1809.

1° L. A. S. à J.-B. Jorand, président de la Société libre des artistes; Paris, 5 février 1830, 1 p. in-4. — P.

Belle lettre où il demande à faire partie de la société libre des artistes. — La lettre est apostillée par les peintres *Jeanron, Alfred Johannot, Paul Huet, Jorand* et *Antonin Moine.*

2° P. S.; Paris, 14 décembre 1831, 1 p. in-4, tête imprimée de la Société des Amis des arts. Intéressant document.

Reçu de deux cents francs pour un tableau cédé par Gigoux à la Société des Amis des arts.

✦ 1597 ✦ **GIGOUX** (Jean-François).

L. A. S. à M. Alfred Bovet, à Valentigney (Doubs); château de Beauregard, par Villeneuve-Saint-Georges (Seine-et-Oise), 23 octobre 1879, 2 p. in-8. Jolie pièce.

Charmante épître amicale. Il lui rappelle qu'il sera enchanté de lui faire les honneurs de sa galerie et le prie de ne pas manquer de venir le voir lors de son prochain voyage à Paris. — (On sait que M. Gigoux a formé, en artiste consommé, une merveilleuse collection de tableaux et de dessins.)

+ 1598 + **FLANDRIN** (Jean-Hippolyte), grand peintre d'histoire religieuse et de portraits, le meilleur élève de Ingres, admirable décorateur du château du duc de Luynes à Dampierre et des églises Saint-Vincent de Paul et Saint-Germain des Prés, membre de l'Institut (1853), n. à Lyon, 22 mars 1809, m. à Rome, 21 mars 1864.

1° L. A. S. à Ambroise Thomas (le célèbre compositeur de musique, n. à Metz le 5 août 1811); (Paris), 14 mai 1843), 1 p. 3/4 in-8. *(Coll. B. Fillon.)* — P. photographié avec signature autographe.

Jolie lettre dans laquelle Hippolyte Flandrin félicite Ambroise Thomas sur le succès de son opéra *Angélique et Médor*.

2° L. A. S. à M...; (Paris), 13 avril 1855, 1 p. 1/2 in-8. Jolie et intéressante pièce.

Relative à son désir d'exposer quelques fragments d'une publication qu'il veut faire sur ses peintures de Saint-Vincent de Paul.

+ 1599 + **JEANRON** (Philippe-Auguste), peintre de genre, un des précurseurs de l'école réaliste, directeur des musées nationaux en 1848, n. à Boulogne-sur-Mer (Pas-de-Calais), 10 mai 1809, m. au château de Comborn (Corrèze), 8 avril 1877.

1° L. A. S. à Théodore Rousseau (le grand peintre paysagiste); (Paris), 18 juillet 1845), 2 p. 1/2 in-8, enveloppe. Très belle et intéressante pièce. *(Coll. A. Sensier)*. — P.

Très curieuse épître dans laquelle il parle d'une façon énigmatique de ses ennemis, dont les menées l'empêcheront d'aller, comme il se le promettait, visiter Rousseau et Millet à l'Isle-Adam. « Mon cher Rousseau, il y a peu d'amis pour chacun en ce monde, où cela manque comme tant d'autres bonnes choses qu'il y faudrait davantage pour qu'il fût moins dégouttant... »

2° L. A. S. à M...; Paris, 23 juin (1848), 1 p. in-8, tête imprimée de la direction des musées nationaux. Très jolie pièce.

Belle lettre où Jeanron mande que l'exposition des Tuileries n'est pas dans ses attributions et regarde le directeur des Beaux-Arts (son ami Charles Blanc).

+ 1600 + **PRÉAULT** (Antoine-Augustin), sculpteur de l'école romantique, élève de David d'Angers, célèbre par son talent original et par sa verve de causeur et de critique, n. à Paris, 8 octobre 1809, m. dans la même ville, 11 janvier 1879.

1° L. A. S. au peintre Philippe-Auguste Jeanron, directeur des musées nationaux; (Paris, 1848), 1 p. in-8. — P. photographié avec signature autographe.

Il demande l'autorisation de faire mouler le buste en marbre du général Marceau (dont il avait besoin pour exécuter la statue de ce héros destinée à la ville de Chartres.)

2° L. A. S. à M. Ernest Morin; (Paris), 1858), 1 p. pl. in-8. Très jolie et intéressante pièce.

Curieuse épître. « J'ai lu et relu le livre de Michelet, *l'Amour*. C'est l'œuvre d'un grand artiste et d'un homme heureux. Jamais aucun de ses livres n'a été discuté comme celui-ci. Il m'est bien venu quarante personnes cette semaine dans mon atelier. La première fois que j'aurai le plaisir de vous voir, je vous raconterai toutes ces colères et toutes ces admirations. »

+ 1601 + **MÈNE** (Pierre-Jules), un de nos meilleurs sculpteurs d'animaux, dont les groupes sont populaires, n. à Paris, 25 mars 1810, m. dans la même ville, 22 mai 1879.

Dessin à la plume, avec la désignation autographe signée; (Paris), 1865, 1 p. in-4, sur papier végétal. Jolie pièce. — P.

C'est le croquis d'une charmante statue d'amazone exposée par Pierre-Jules Mène au Salon de 1865, où elle obtint du public le succès le plus flatteur et le plus mérité.

Numéro 1598.

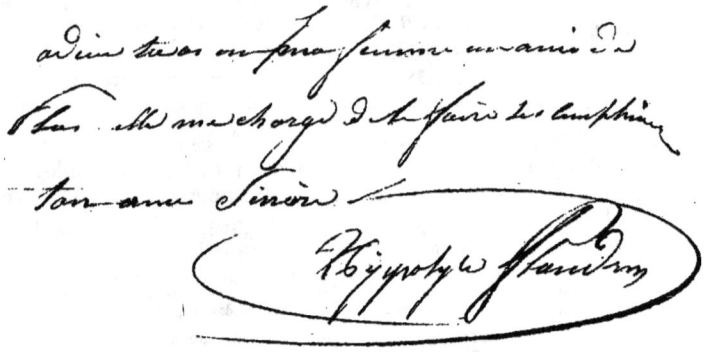

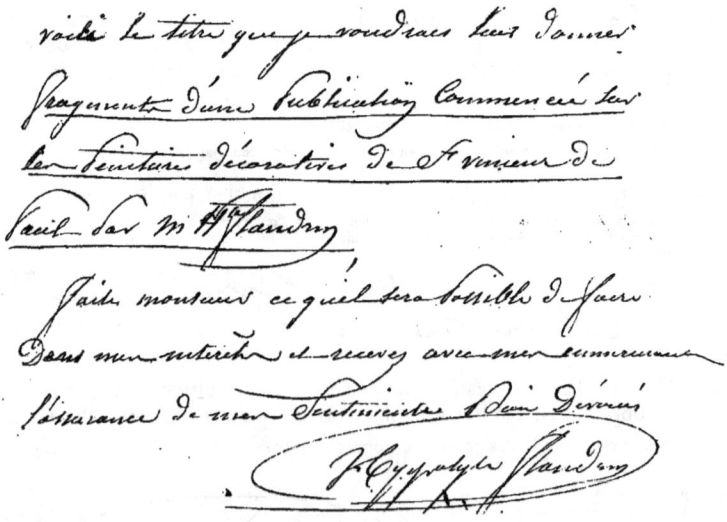

+ 1602 + **TROYON** (Constant), un de nos plus grands peintres de paysage, n. à Sèvres (Seine-et-Oise), 25 août 1810, m. à Paris, 21 février 1865. Son admirable habileté à représenter les animaux l'a fait surnommer le *La Fontaine de la peinture.*

L. A. S. à M. A. Couteau, à Bruxelles ; (Touques, 19 août 1851), 1 p. in-8. *Très rare.* — P.

Très belle lettre. « Je suis fort embarassé de répondre à votre demande. Vous savez que j'ai adressés mes tableaux à Stevens (le peintre Alfred Stevens). Je suis engagé avec lui, mais comme cependant rien n'est encore terminé, j'espère que l'affaire se terminera à souhait. J'en serais très aise pour mon compte particulier. Ainsi, mon cher Couteaux, j'ai écrit à Stevens, qui va me répondre de suite. Du reste, vous le verez avant moi. »

+ 1603 + **TROYON** (Constant).

L. A. S. à sa mère ; (1863), 1 p. pl. in-8. *Très rare. (Coll. B. Fillon.)* — P. de Louis Robert.

Charmante épître, pleine de cœur. « Je croyais pouvoir t'écrire le jours de mon arrivé, mais le docteur m'a tant engagé à rester que je suis obligé de passer encore quinze jours de plus. C'est bien long, mais je croi qu'il est sage de suivre l'avis du médecin. Ainsi, ma bonne mère, encore quelque jours de patience et tu recevra une lettre qui te dira le jours de mon arrivé, que je désire de tout mon cœur. Je me porte toujours très bien et je t'embrasse de tou cœur. »

+ 1604 + **BONNASSIEUX** (Jean-Marie), un de nos plus habiles sculpteurs, élève de Foyatier et d'Auguste Dumont, auteur de *La Méditation,* membre de l'Institut (1866), n. à Pannissière (Loire), 19 septembre 1810.

L. A. S. au célèbre sculpteur Auguste Dumont (son maître) ; (Paris), lundi matin (1843), 1 p. in-8. Jolie pièce.

Belle lettre où il le prie de venir voir sa statue de *David*, à laquelle il a beaucoup travaillé.—(Cette œuvre remarquable fut exposée au Salon de 1843.)

+ 1605 + **LEFUEL** (Hector-Martin), savant architecte, élève de Huyot, qui fut chargé de l'achèvement de la réunion du Louvre aux Tuileries (1854 à 1857), membre de l'Institut (1855), n. à Versailles, 14 novembre 1810, m. à Paris, 1 janvier 1881.

L. A. S. à Eugène-Stanislas Oudinot (le peintre verrier, n. 1827) ; (Paris), 7 août 1874, 1 p. in-8.

Jolie lettre où il le prévient que les dimensions de certains vitraux ont été mal prises. « Il ne faut pas compter qu'on puisse rien modifier aux fers qui composent les croisées, et naturellement ce sont vos verres qui doivent obéir aux mesures. »

+ 1606 + **MARILHAT** (Prosper), grand peintre de paysage, qui visita l'Égypte et la Syrie et en rapporta des tableaux merveilleux, n. à Thiers (Puy-de-Dôme), 20 mars 1811, m. dans la même ville, 13 septembre 1847.

L. A. S. à M. Delaunay (directeur du journal *l'Artiste*) ; Paris, 8 novembre 1841, 1 p. in-8. *Très jolie pièce. Rare.* — P.

Belle lettre de recommandation en faveur de M. W. Marks, qui vient de terminer une gravure d'après un de ses tableaux et désirerait la voir paraître dans *l'Artiste*.

ma bonne mère

Je croyais pouvoir t'écrire
le jour de mon arrivé,
mais le Docteur m'a tant
engagé à rester que je suis
obligé de passer encore
quinze jours de plus
c'est bien long, mais je
vois qu'il est sage de suivre
l'avis du médecin, ainsi
ma bonne mère encore
quelque jours de patience
et tu recevras une lettre
que te dira le jours de
mon arrivé, que je désire
de tout mon cœur.
je me porte toujours très bien
et je t'embrasse de tout cœur
C. Troyon

Bien des amitiés à tout mes amis

Numéro 1603.

.✦ 1607 ✦ ROUSSEAU (Pierre-Étienne-Théodore), illustre artiste, le plus grand des paysagistes de ce siècle, le peintre admirable des sites de la forêt de Fontaine-bleau, n. à Paris, 15 avril 1812, m. à Barbison (Seine-et-Marne), 22 décembre 1867.

L. A. S. à Charles Blanc (qui était alors directeur des Beaux-Arts); (Paris, 1848), 1 p. in-8. — P.

Très belle lettre où il lui demande une audience pour Barye, Jules Dupré et lui, pour l'entretenir de la question des beaux-arts. « N'est-il pas dans vos idées comme dans votre cœur de diriger l'art avec le concours harmonieux de toutes les aptitudes dévouées, et cette si ancienne et si fausse République, ne dût-elle revivre que par l'accord fraternel, aurez-vous à regretter quelques instans donnés aux épanchements de ceux qui vous offrent dans l'art une amitié active et sincère. »

✦ 1608 ✦ ROUSSEAU (Pierre-Étienne-Théodore).

L. A. S. à Charles Blanc; Paris, 10 août, 1 p. pl. in-8. Très jolie et intéressante pièce. — P.

Belle lettre où il lui mande qu'il a presque achevé le tableau qui lui a été commandé par le ministre de l'Intérieur pour le Luxembourg. « J'ai fourni une carrière assidue et j'éprouve le besoin assez pressant de déposer sur votre bureau la demande d'un second à-compte de mille francs sur le prix de quatre mille qui m'est alloué pour ce travail. Inutile d'appuyer davantage sur cette demande. Laissez-m'en rompre l'aridité en vous faisant un reproche amical de n'avoir pas tenu la promesse que vous m'aviez faite de me venir voir. Plus que jamais dans les arts on se compte et on se désire. »

✦ 1609 ✦ ROUSSEAU (Pierre-Étienne-Théodore).

L. A. S. à son ami Alfred Sensier (célèbre amateur de tableaux et d'autographes, biographe de Rousseau, n. à Paris, 1815, m. 1877); Barbison, 17 janvier (1864), 2 p. 1/2 in-8. (Coll. A. Sensier.)

Épître intime où il lui recommande son ancien boulanger de Chailly, nommé Chalon, qui est au lit depuis deux années et sollicite le retour de son fils, soldat. Elle commence ainsi : « Vous tenez le bureau de la providence à Chailly et à Barbison, et n'ayez crainte de chômer, car, à défaut des occasions suscitées par votre présence, vos amis se voient obligés d'ouvrir des succursales pour les demandeurs... » Très intéressants détails à ce sujet.

✦ 1610 ✦ ROUSSEAU (Pierre-Étienne-Théodore).

L. A. S. (au savant critique d'art Philippe Burty, né à Paris le 11 février 1830); (Paris), mer-credi, 3/4 de p. in-8, cachet camée. Très jolie pièce. (Coll. B. Fillon.)

Il exprime ses regrets d'avoir manqué sa visite et celle de Bracquemond (le célèbre graveur), qui aurait pu lui donner de bons conseils. « J'ai mené ma planche au point où j'ai besoin d'être renseigné sur ce que ce travail produira à la morsure et vous seriez bien obligeant de me venir prendre pour que nous allassions ensemble chez M. Bracquemont. » — (Théodore Rousseau eut pour maîtres M. Rémond, en 1827, puis l'académicien Lethière, en 1828, mais il abandonna bientôt l'atelier du professeur pour se livrer exclusivement à l'étude de la nature. L'Auvergne et la Normandie furent ses premiers champs d'exploration. En 1834 il visita le Jura, puis la Vendée. Ce ne fut qu'en 1836 qu'il vint dans la forêt de Fontainebleau, qui devait lui inspirer ses plus belles œuvres.)

✦ 1611 ✦ DUPRÉ (Jules), célèbre peintre, un de nos plus grands paysagistes, ami et émule de Théodore Rousseau, n. à Nantes, 1812. Les sites de la vallée de Mont-morency, du Limousin, de la Creuse et de l'Indre l'ont merveilleusement inspiré.

1° P. S.; Paris, 9 novembre 1833, 1 p. in-4, tête imprimée de la Société des Amis des arts. — P.

Intéressant document où il donne reçu de quatre-vingts francs pour le prix d'un tableau acquis par la Société des Amis des arts.

2° L. A. S. à son ami Alfred Sensier; (Pierrefonds), 7 oc-tobre 1865, 4 p. in-8, enveloppe. Jolie pièce. (Coll. B. Fillon.)

Superbe lettre où il parle d'un de ses tableaux, qu'il va achever. « La grande affaire, c'est de finir, et, malgré ma trop vieille expérience, c'est toujours pour moi un rude tour d'écrou à donner. » Il mande qu'il n'a pas encore reçu de nouvelles d'Hébert (le célèbre peintre), qu'il avait prié de le venir voir.

Mon cher Charles-Blanc

Pensez-vous que j'intervienne indiscrètement dans l'ordre de vos sympathies en venant demander, pour Barye, J. Dupré et moi une petite conférence avec vous au sujet des Beaux-arts — toute amicale, et familière, et en dehors de vos heures officielles — N'est-il pas dans vos idées, comme dans votre cœur, de diriger l'art avec le concours harmonieux de toutes les aptitudes dévouées. Et cette si ancienne et si fausse République, ne dût-elle revivre que par l'accord fraternel, auriez-vous à regretter quelques instants donnés aux épanchements de ceux qui vous offrent dans l'art, une amitié active et sincère.

Un mot de réponse et en attendant

Bien à vous —

Th. Rousseau

Numéro 1607.

rue Pigale 77 —

✢ 1612 ✢ DUPRÉ (Jules).

1° L. A. S., avec un post-scriptum autographe signé de THÉODORE ROUSSEAU, à Bocage (le célèbre acteur, directeur de l'Odéon); (l'Isle-Adam), vendredi 31 octobre, 2 p. in-8. Superbe pièce.

Très curieuse pièce qui réunit les autographes de deux grands artistes, qui furent unis par les liens d'une étroite amitié

Jules Dupré et Théodore Rousseau s'excusent de ne pouvoir envoyer actuellement à Bocage le tableau que celui-ci leur demandait (pour une exposition qu'il avait formé le projet d'organiser dans le théâtre de l'Odéon), vu qu'ils n'ont rien de terminé. —Chacune de ces lettres occupe une page.

2° L. A. S. à Théodore Rousseau; samedi 17, 1 p. 1/2 in-8. Très belle pièce.

Jolie lettre dans laquelle il l'engage à revenir sans retard à Paris pour exécuter une aquarelle demandée par Asseline.

✢ 1613 ✢ CABAT (Nicolas-Louis), un de nos plus célèbres peintres de paysage, chef de l'école réaliste, membre de l'Institut (1867), n. à Paris, 24 décembre 1812.

1° L. A. S. à Jules Janin (le célèbre critique); (Paris), 17 juillet 1841, 1 p. in-8, cachet. — P.

Belle lettre dans laquelle Cabat remercie Janin de l'envoi de son livre (probablement son *Chemin de traverse*). « Permettez-moi de m'acquitter d'une vieille dète et recevez, je vous prie, ce petit dessin. Je vous remercie de nouveau de la bienveillance que vous m'avez toujours témoignée en tant de circonstances. »

2° L. A. S. à M. Jules Goddé; Paris, 13 juin 1852, 1 p. pl. in-8.

Jolie lettre où Cabat lui mande son départ pour la forêt de Fontainebleau avec femme, enfants et tout le bagage du peintre paysagiste en voyage. Il va s'installer à Bourron.

✢ 1614 ✢ ORLÉANS (Marie-Christine-Caroline-Adélaïde-Françoise-Léopoldine d'), fille du roi Louis-Philippe et de Marie-Amélie, duchesse de Wurtemberg, auteur d'une poétique statue de Jeanne d'Arc, n. à Palerme, 12 avril 1813, m. à Pise, 6 janvier 1839.

L. A. S. à un de ses frères; Laeken (palais de son beau-frère Léopold I, roi des Belges), 1 août 1833, 1 p. 1/2 in-8. Rare. (Coll. Chambry.)

Charmante épître dans laquelle la princesse prie son frère de lui donner des détails sur la statue de Napoléon I (qu'on avait replacée sur la colonne Vendôme) et sur la revue.

✢ 1615 ✢ JACQUE (Charles-Émile), peintre et graveur, qui montra un talent supérieur dans ses tableaux de paysage et dans ses eaux-fortes, n. à Paris, 23 mai 1813.

L. A. S. à un marchand de tableaux, 1 p. in-8. Très jolie et curieuse pièce. — P. photographié.

Très intéressant autographe, illustré d'un dessin. Il le prie, en termes piquants, de lui apporter ses quatre cents francs.

LETTRE DE CHARLES JACQUE

[handwritten letter]

Mon cher Craquant,

vous me ferez plaisir si vous m'apportez
mes 400 f parceque des créanciers menacent
de me tomber sur les reins et que
je suis vraiment à sec.

ne me manquez pas, je compte sur
vous.

bonjour Ch. Jacque

Numéro 1615.

+ 1616 + NANTEUIL (Célestin), l'élégant et fin vignettiste des livres de l'époque romantique, n. à Rome, 11 juillet 1813, m. à Marlotte (Seine-et-Marne), 4 septembre 1873.

1° L. A. S. à Hédouin (père d'Edmond, célèbre peintre et aquafortiste); 26 juin 1837, 4 p. in-8.

Très belle épître où il lui parle de son fils (qui était dans l'atelier de Nanteuil), qui ne pourra de longtemps se suffire à lui-même, sous peine de compromettre le succès de ses études. Il lui envoie deux tableaux, *le Mendiant*, dont il demande deux cent cinquante francs, ou au moins cent cinquante, et *le Christ*, qu'il céderait à deux cents francs au minimum.

2° L. A. S. à M. Léon Clopet; Montalais, 2 juin 1845, 1 p. 3/4 in-8. Jolie et intéressante pièce.

Plaisante invitation de venir dîner à Bougival. Elle est signée *le capitaine de la Grenouille, Célestin Nanteuil*, et porte comme en-tête *Ordre de service*. « Le sieur Léon, commandant en chef du Sabot et en second de la Cocotte, se rendra samedi prochain à Bougival par le départ de quatre heures et demie du chemin de fer de la rive droite. Arrivé à Bougival, il se fera reconnaître par le capitaine de la Grenouille, qui le priera de manger la soupe qui sera sur la table à six précises chez Sousent. Il y rencontrera les nommés d'Arcy, Français, Leleux et Baron, ainsi que le susdit capitaine. Il se coucheras de très bonne heure afin d'être porté de même et d'arriver le plutôt possible dans la journée du dimanche en vue du cap de Bellevue. »

+ 1617 + BIDA (Alexandre), célèbre dessinateur, élève d'Eugène Delacroix, qui a illustré l'Ancien Testament et les Évangiles, n. à Toulouse, 1813.

L. A. S. à un critique d'art; Paris, 15 mars 1867, 2 p. 1/2 in-8. Jolie et curieuse pièce. — P. photographié avec signature autographe.

Très intéressante lettre dans laquelle Bida le remercie de son article sur ses illustrations des Evangiles et d'avoir compris que, vu la connaissance si répandue des mœurs de l'Orient, on ne pouvait avoir actuellement recours, pour une traduction des Évangiles, aux formules, admirables sans doute, mais toutes de fantaisie, des anciens maîtres.

+ 1618 + VIOLLET LE DUC (Eugène-Emmanuel), grand architecte, le savant restaurateur de Notre-Dame de Paris et du château de Pierrefonds, non moins célèbre par son *Dictionnaire raisonné de l'architecture française,* qui est devenu classique, n. à Paris, 27 janvier 1814, m. près de Lausanne (Suisse), 17 septembre 1879.

1° Quatre dessins à la plume; (Paris, 1857 et 1858), 3 p. in-fol. et 1 p. in-8. — P. photographié.

Ces dessins, faits pendant les séances du Comité des travaux historiques, représentent les sujets suivants : 1° Portrait de Bethsabée; — 2° Plan du palais des Papes à Avignon; — 3° Terre cuite représentant le roi David, trouvée à Hlami Karahbah, près de Jérusalem; — 4° Peigne de Bethsabée trouvé et publié par la Société des antiquaires de Jérusalem; — 5° Façade de la maison d'Urie découverte par la Société des antiquaires de Jérusalem.

2° P. S.; Compiègne, 16 novembre 1857, 2 p. 1/2 in-4. Superbe pièce. *(Coll. B. Fillon.)*

Intéressant document contenant l'estimation sommaire des travaux à exécuter pour la restauration du château de Pierrefonds. Ce devis, qui fut bien dépassé, s'élève à la somme de quatorze cent trente-huit mille neuf cents francs.

3° L. A. S. à un écrivain; Paris, 28 novembre 1872, 8 p. in-8. Magnifique pièce. *(Coll. B. Fillon.)*

Lettre du plus haut intérêt où il s'efforce de démontrer l'inutilité des manufactures de Sèvres et des Gobelins. Sous Louis XIV elles pouvaient avoir leur raison d'être, mais il n'en est pas de même actuellement, qu'on fabrique à Beauvais des tapisseries aussi belles que celles des Gobelins et qui reviennent six fois moins cher, et à Limoges des porcelaines égales à celles de Sèvres. « L'inconvénient principal, à mon avis, de ces établissements soutenus par l'État, est de donner un brevet de perfection à des objets d'un ordre souvent très inférieur. Il ne doit pas plus y avoir un art de l'État qu'une religion d'État. Le public, surtout en France, est disposé à croire que tout ce qui a l'apostille de l'État est irréprochable. Ce n'est pas au public à recevoir les modèles du goût, c'est à lui à les imposer. Donnez-lui des musées faits pour l'étude et non pour amuser des oisifs; donnez-lui de bonnes écoles, et quand il aura appris à voir et à discerner, l'industrie sera bien obligée de faire ce qui lui plaira... L'État se fait fabricant de porcelaines ou de tapis. Dites-moi, cela n'est-il pas parfaitement ridicule quand tout le monde peut fabriquer des tapis et des porcelaines ?... »

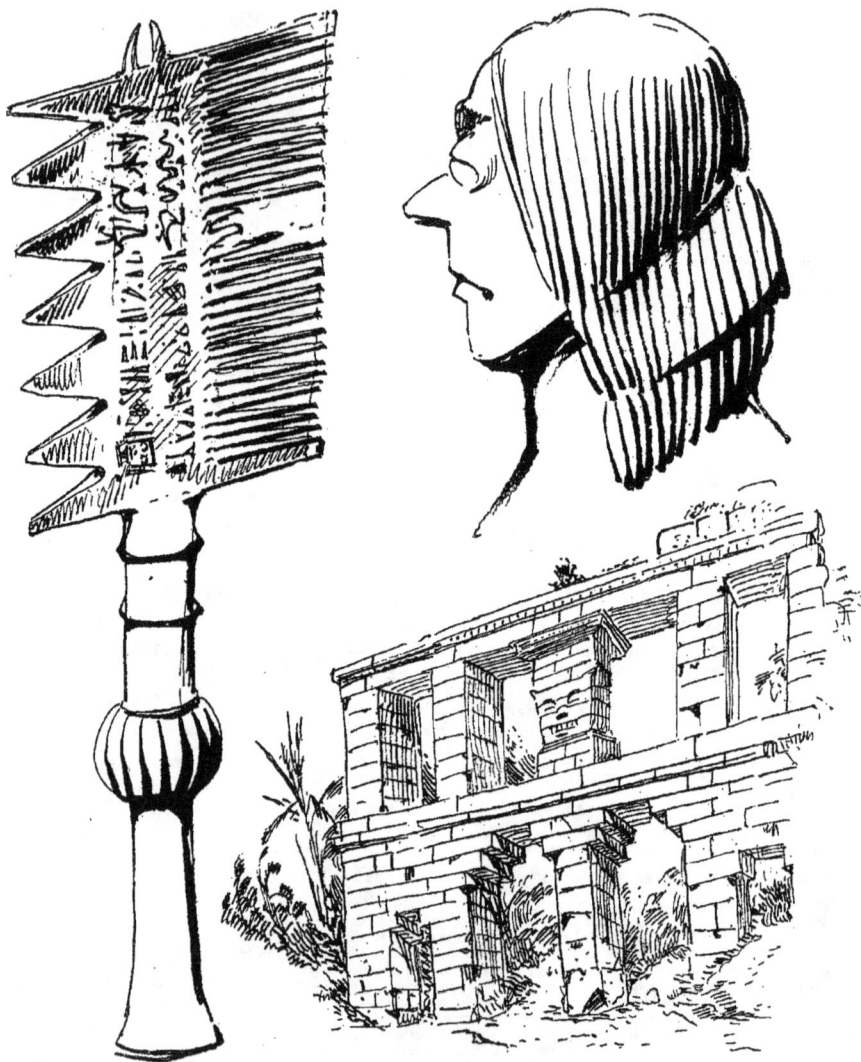

✦ 1619 ✦ CHINTREUIL (Antoine), un de nos peintres de paysage les plus estimés, n. à Pont-de-Vaux (Ain), 5 mai 1814, m. à Septeuil (Seine-et-Oise), 10 août 1873.

L. A. S. à un critique d'art ; (Paris), 20 mai 1863, 1 p. in-8. Très jolie et intéressante pièce.

Belle lettre dans laquelle Chintreuil remercie chaleureusement le critique d'avoir parlé de lui à l'occasion du refus de ses œuvres au Salon. « Je n'ai heureusement que l'ambition de bien faire en mon art et je suis toujours reconnaissant lorsque des hommes de votre importance veulent bien s'occuper de moi. Mes tableaux étaient mieux chez moi qu'au Salon. Quoi qu'il en soit, un peu découragé lors de mon refus, j'ai repris peu à peu courage et j'espère bien me relever à la prochaine exposition. »

✦ 1620 ✦ CAVELIER (Pierre-Jules), un des maîtres de la sculpture moderne, élève de David d'Angers, membre de l'Institut (1865), n. à Paris, 30 août 1814. Sa superbe statue de *Pénélope endormie*, exposée en 1849, a fondé sa réputation.

1° P. S., sig. aussi par le sculpteur CORTOT; Paris, 15 avril 1841, 3/4 de p. in-4. — P. photographié.

Reçu de cinquante francs pour le prix partagé de la tête d'expression qu'il a obtenu dans le concours de sculpture de 1841.— (Cavelier obtint, l'année suivante, le grand prix de sculpture.)

2° L. A. S. à M...; (Paris), 22 janvier 1859, 1 p. 1/2 in-8. Jolie pièce. *(Coll. B. Fillon.)*

Belle lettre relative à une séance que doit lui accorder Horace Vernet (dont il était chargé de faire le buste).

✦ 1621 ✦ FRANÇAIS (François-Louis), grand peintre de paysage, lithographe d'un rare mérite, élève et émule de Corot, n. à Plombières (Vosges), 17 novembre 1814. Son admirable toile représentant un *Soleil couchant* est au musée du Luxembourg.

L. A. S. à Philippe Burty; Paris, 15 mai 1876, 3 p. in-8. *(Coll. B. Fillon.)* — P. photographié.

Très remarquable lettre sur le sculpteur franc-comtois Bardey, auteur du *Barbier du roi Midas*. C'était un excellent musicien, qui avait remporté au Conservatoire le premier prix de cor et faisait partie de l'orchestre des Italiens. « Il gagnait sa vie dans la soirée depuis quelques années et employait ses journées à sculpter. A ce double travail il est devenu poitrinaire. — A la fin de l'été dernier, en proie au plus grand découragement, ne pouvant plus jouer du cor, il a trouvé, dans son modèle habituel Giaconnelli, la suprême ressource. Ce brave garçon lui a donné, depuis cette époque, la moitié de son temps, employant l'autre à gagner son pain. Non seulement il lui a posé cette belle figure qui est au Salon, mais il lui a prodigué les soins les plus assidus et les plus délicats, lui fournissant, à son insu, du charbon pendant l'hiver, le nourrissant un tiers du temps. En un mot, il l'a soutenu en vie jusqu'au moment de l'achèvement de sa statue. Le lendemain du jour où Bardey l'a conduite au Salon, plein d'espoir et de joie, il est mort. La conduite de Giaconnelli mérite les plus grands éloges; son dévouement a été complet et a excité l'admiration dans tout l'entourage du pauvre artiste, mort à la peine. »

✛ 1622 ✛ **MEISSONIER** (Jean-Louis-Ernest), un des plus illustres chefs de notre école moderne de peinture, membre de l'Institut (1861), n. à Lyon, 21 février 1815.

Pièce autographe; (Paris, 1848), 1 p. in-4. Belle et intéressante pièce. — P. photographié.

Très curieux document. C'est une note écrite par Meissonier et signée par *Chevallon, Terrien, Degousée* et *Recurt*. Elle est ainsi conçue : « Ernest Meissonier se porte candidat dans le département de Seine-et-Oise. Comme artiste, on connait son talent, que ses confrères viennent de consacrer en nommant Meissonier, à l'unanimité, membre du jury de l'Exposition. Comme citoyen, il a fait aussi ses preuves. En 1845 il repoussait énergiquement les instances personnelles de M. Guizot qui lui demandait le dessin de la médaille commémorative de son voyage à Gand. Le 24 février il était sur les barricades, le fusil à la main. Père de famille, il a toujours vécu de son travail et gagné sa vie à la pointe de son pinceau. Lamartine le recommande et voici sa profession de foi. »

✛ 1623 ✛ **MEISSONIER** (Jean-Louis-Ernest).

L. S., écrite et signée par Viollet-le-Duc, signée aussi par les peintres Drolling (Michel-Martin, membre de l'Institut, n. à Paris, 1786, m. 1851), Hippolyte Lavoignat, Steinheil (Louis-Charles-Auguste, beau-frère de Meissonier, n. 1814), Pérignon (Alexis, n. à Paris, 1806), Charles Lefebvre (n. à Paris, 1805), Jules Jollivet (n. à Paris, 1794, m. 1871), Emile Wattier (n. à Paris, 1800, m. 1868), A. Dauzats, Charles Fournier (n. 1803, m. 1854), Léon Cogniet, Gamen-Dupasquier (Auguste-Claude-François, n. 1811, m. 1858), Auguste Hesse (membre de l'Institut, n. à Paris, 1795, m. 1869), Tony Johannot, Gustave Chassevent (n. 1818), Thomas Couture, Louis Leroy (n. à Paris, 1812, m. 1863), Aimé Marquet (n. à Lyon, 1797, m. 1865), Cibot (Édouard, n. à Paris, 1799, m. 1877), Louis-Aimé de Rudder (n. à Paris, 1807), Armand Leleux (n. à Paris, 1818), Raymond Balze (n. à Rome, 1818), François Millet, les sculpteurs Geoffroy-Dechaume (Adolphe-Victor, n. à Paris, 1816), Jaley (Léon-Louis-Nicolas, membre de l'Institut, n. à Paris, 1802, m. 1866), Edmond Lévèque (n. 1814), Jean de Bay (n. à Nantes, 1802, m. 1862), Barye, Auguste Préault, les architectes Boesvilvald (Émile, n. à Strasbourg, 1815), Paul Abadie (membre de l'Institut, n. à Paris, 1812, m. 1884), le lithographe Soulange-Teissier (Louis-Emmanuel, n. 1814), etc., à un ministre du gouvernement provisoire; (Paris, mai 1848), 3 p. pl. in-fol. Superbe pièce.

Précieux document, où ils exposent que les ouvriers mouleurs de Paris, étant sans ouvrage, sont obligés de travailler aux ateliers nationaux et dépensent ainsi, en pure perte, des forces, une intelligence et des fonds qui pourraient être plus utilement employés. Ils proposent, en conséquence, la création, déjà depuis longtemps souhaitée, d'un musée de moulages, dans lequel les chefs-d'œuvre si nombreux de notre sculpture nationale pourraient être réunis, classés et étudiés. « Le musée national possède une galerie d'antiques extrêmement riches en originaux et en moulages, mais l'antiquité n'a pas seule produit des chefs-d'œuvre. La France plus qu'aucun autre pays est couverte de monumens de sculpture de la plus grande beauté, justement admirés de tous. Ces monumens, par leur position, par leur éloignement des grands centres d'études, ne peuvent être dessinés facilement. Nous venons donc ici, dans l'intérêt de l'art et des artistes, dans l'intérêt des ouvriers mouleurs, demander l'organisation d'un atelier national de moulage dans le but de former une collection de sculptures nationales disposée pour l'étude et les recherches. » —(Cette pièce, on le voit, est du plus grand intérêt)

E. Meissonier [signature]

✛ 1624 ✛ **MEISSONIER** (Jean-Louis-Ernest).

P. A. S.; (Paris, 1858), 18 p. petit in-4, écrites à mi-marge. Superbe pièce, d'un grand intérêt.

Important mémoire où il fait l'historique de ses rapports avec un marchand de tableaux de Londres, nommé Blanchard, qui a frauduleusement publié la gravure de ses *Joueurs d'échecs*. Très intéressants détails sur la vente de son tableau de *La Confidence*, que M. Blanchard refusa de prendre, sous le prétexte que cette toile figurait à l'Exposition de 1857, mais en réalité parce qu'il venait d'acheter *Le Duel de Pierrot* de Gérôme. — On trouve dans cette pièce le passage suivant, qui mérite d'être cité : « Les tableaux ont ce malheur, qu'on sait bien quand on les commence, mais pas du tout quand on les finira. On croit être bien sûr qu'il faudra tant de temps, et l'on se trompe toujours, et quant à moi je suis sur ce point incorrigible, malgré la bonne foi de ma promesse, malgré que je sois le plus assidu travailleur possible, je suis toujours en défaut. »

✛ 1625 ✛ **MEISSONIER** (Jean-Louis-Ernest).

L. A. S. au célèbre peintre paysagiste Auguste Anastasi (n. à Paris le 15 novembre 1820, atteint de cécité en 1869), 1 p. in-8, cachet représentant une tête de Socrate. Très jolie et remarquable pièce. *(Coll. B. Fillon.)*

Intéressante lettre. « Corot m'a dit que vous aviez depuis longtemps mon petit tableau. Seriez-vous assez bon pour le remettre au porteur ? Ma femme part pour la campagne dans quelques jours et serait bien désireuse de le voir et d'en jouir un peu avant son départ. »

LETTRE D'ERNEST MEISSONIER

Numéro 1625.

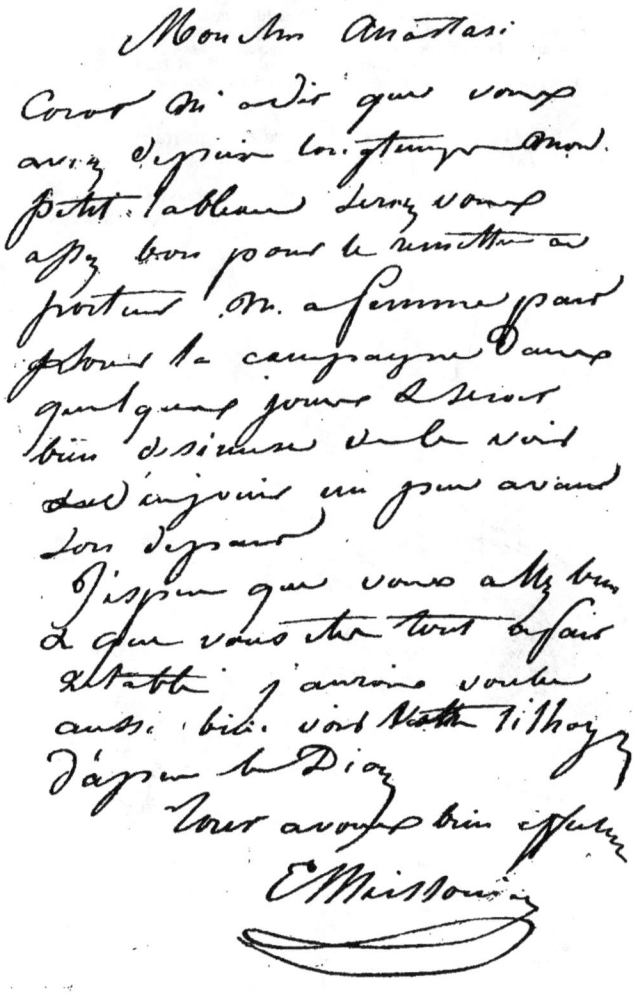

✣ 1626 ✣ BALZE (Jean-Étienne-Paul), peintre d'histoire, élève de Ingres, qui exécuta, avec son frère Raymond, la copie de plusieurs œuvres importantes de Raphaël, n. à Rome, de parents français, 25 août 1815, m. à Paris, 24 mars 1884.

L. A. S. à M. Souty, doreur, à Paris; Rome, 16 octobre 1850, 2 p. 3/4 in-4. Très belle pièce.

Intéressante lettre dans laquelle il le prie de présenter à l'Exposition un tableau qui lui a été commandé par le ministère de l'Intérieur et qui représente *le Christ et Saint Pierre*. « Saint Pierre, délivré de prison par l'ange, au lieu de rester à prêcher l'Évangile, s'enfuit de Rome par la voie Appienne. Il aperçoit l'image du Sauveur portant sa croix, et dans son trouble il s'écrie : Où vas-tu, Seigneur; ne sais-tu pas que l'on nous persécute? Je vais à Rome, lui répond le Maître, me faire crucifier une seconde fois, et il disparaît. Saint Pierre, rappelé à lui-même par ce reproche de sa conscience, retourne à Rome et reçoit le glorieux martyre. »

✣ 1627 ✣ MILLET (Jean-François), l'illustre et inimitable peintre des mœurs rurales, n. à Gréville (Manche), 4 octobre 1815, m. à Barbison, 20 janvier 1875.

L. A. S. à son ami Lemarquand, employé au bureau des classes de la marine à Cherbourg; (Paris, 1 juin 1838), 3 p. in-4. Superbe lettre, une des plus anciennes qu'on connaisse de ce grand artiste. — P.

Précieuse lettre où il lui mande qu'il n'a pas réussi au concours de l'école des Beaux-Arts, bien que sa composition fût moins mauvaise que celle de tous ceux qui ont été reçus. Il attribue cet insuccès au fait d'avoir quitté l'atelier de son maître (Paul Delaroche) pour aller dans une école libre, qui lui coûte meilleur marché. « Dans le premier moment je me suis imaginé que c'était une petite vengeance de mon professeur que j'avais quitté depuis longtemps, et que si j'avais été reçu, je n'aurais pas été porté son élève sur le tableau de réception, lui qui avait dit qu'il voulait en avoir au moins cinq reçus (la moitié sur tous les autres ateliers), nécessairement j'aurais pu, moi, lui en ôter un; pour me mettre il aurait fallu une place. Maintenant j'en ai la conviction. Le lendemain du jugement, le professeur est arrivé à son atelier et a commencé par donner commission à tous les élèves de s'enquérir de moi, parce qu'il voulait me voir tout de suite, et que le premier qui me rencontrerait m'envoye chez lui en grande hâte. Aussitôt qu'on m'a fait sa commission, je me suis rendu chez lui, où il m'a très bien reçu d'abord; ensuite il m'a parlé de mon concours. Voici en quels termes : « Je suis bien content de vous voir pour vous parler de votre figure : elle était bien, votre figure, elle a eu des voix, bon nombre de voix même, mais enfin je ne sais pas comment cela se fait, elle n'a pas été reçue. Ah! autre chose, qu'est-ce que vous faites maintenant? » — Je lui ai répondu que j'allais dans une académie particulière. Alors il m'a dit qu'il ne voulait pas que je reste là, qu'il voulait que je rentre à son atelier, qu'il ferait pour cela tous les sacrifices possibles, qu'il comptait sur moi pour le concours prochain plus que sur tout autre, et que étant aidés l'un par l'autre, nous ferions de bonnes affaires. Il m'a encore demandé pourquoi j'allais dans cette académie plutôt que dans son atelier. Je lui ai dit tout bonnement que c'était moins cher, qu'au lieu de vingt-cinq francs par mois, je n'en payais que huit. — Cela n'est pas une raison, je veux qu'à mon atelier vous ne payiez pas du tout et je crois que ce sera encore meilleur marché que de payer huit francs. — J'ai fait alors un signe de remercîment et j'ai accepté. Ensuite il m'a fait un tas de compliments sur mon premier concours, qu'il a terminés en me disant que l'année prochaine cela irait tout seul. Voilà le seul bon résultat que mon concours m'ait amené, une remise de mes mois d'atelier et, par conséquent, l'appui du professeur pour l'année prochaine... Ma petite déception de cette année, mon cher Lemarquand, ne me fait pas désespérer qu'une partie de vos rêves et des miens ne puissent se trouver des choses réelles. Dans un premier mouvement j'avais pris la résolution de ne me pas présenter de nouveau, mais j'ai changé d'avis en disant que ce serait une bêtise. Au fond pourquoi renoncer au plaisir d'aller rêver dans ces belles ruines où nous verrions errer à travers la brume de grandes formes largement drapées venant encore rêver aux affaires du Sénat. Une de ces ombres nous conduirait. » — Cette pensée inspira à Millet le croquis qui est reproduit ci-devant. — (Millet n'était entré qu'à regret dans l'atelier de Paul Delaroche, car il n'aimait pas les tableaux de ce peintre. « Je n'y voyais, dit-il (p. 54 de l'ouvrage d'Alfred Sensier sur Millet), que de grandes vignettes et des effets de théâtre sans véritable émotion, et partout je voyais la pose et la mise en scène. » Une fois admis, il étonna souvent le maître par ses audaces. Tout en le grondant, Delaroche le donnait souvent comme modèle à ses élèves. « Regardez donc celui-là, disait-il en montrant Millet, mais regardez-le donc et voyez comme il a su voir la lumière sur une figure une! » Millet avait quitté l'atelier de Delaroche, moitié par pauvreté, moitié par dégoût. Il y rentra après la démarche qu'il raconte dans sa lettre, et il travailla courageusement pour obtenir le prix de Rome, ce rêve tant caressé des jeunes artistes. L'année suivante il

concourut, mais Delaroche avait un favori et ne le cacha pas à Millet. Celui-ci, découragé, quitta définitivement l'atelier. Il alla chez Suisse, qui tenait une académie de modèles et lutta contre la misère, tout en travaillant. Il débuta au Salon de 1844 par des sujets de genre, essaya la peinture classique et l'abandonna bientôt pour se livrer à l'étude de la nature et produire ces toiles admirables qui ont placé Jean-François Millet au premier rang des peintres de ce siècle.)

✦ 1628 ✦ MILLET (Jean-François).

L. A. S. à Théophile Silvestre (le célèbre critique d'art); Barbison, 3 août 1867, 4 p. pl. in-8.

Superbe et noble lettre où il exprime sa reconnaissance de ce que M. Piétri (le préfet de police) a fait pour lui. Il lui annonce que Théodore Rousseau a eu dans la nuit de jeudi à vendredi une crise qui a failli l'emporter. « J'ai couru chez lui, comme vous pensez. En arrivant il m'a dit : J'ai vraiment lutté contre la mort. Le voilà un peu remis de sa crise, mais il n'y a pas d'amendement à son état impotent. Le voilà aussi obligé, d'après son médecin, de partir pour la Suisse pour qu'il puisse respirer un air plus vif que celui d'ici. Je lui ai proposé de l'accompagner, si gênant que cela soit pour moi et les miens. Ma femme même, navrée comme moi de le voir en cet état, vient avec nous, car elle pourra lui donner certains soins comme je ne pourrais pas le faire. Je vous assure que nous nous trouvons rudement étreints par les griffes de la nécessité. Nous ne pouvons pas abandonner Rousseau, et il faut que nous abandonnions nos enfants! Il faut dire comme Abraham : Dieu y pourvoiera. » — (Ce voyage n'eut pas lieu, et dès lors, malgré des moments d'accalmie, Rousseau ne fit que décliner.)

✦ 1629 ✦ MILLET (Jean-François).

L. A. S. à Théophile Silvestre; Barbison, 20 décembre 1867, 2 p. 1/2 in-8. Très belle pièce.

Intéressante lettre où il mande qu'il a envoyé à Alfred Sensier (son ami et son biographe) le petit dessin d'après mademoiselle Piétri. « Dites aussi, je vous en prie, à M. Piétri que si ce dessin était en rapport avec mon envie de lui être agréable, il aurait un des beaux dessins qui se puissent faire, mais j'ai bien grande crainte que le fait ne vaille point l'intention... Rousseau n'est pas aussi rudement malmené que quand vous l'avez vu, mais il est d'un affaibli qu'il n'avait jamais eu encore. Le terme chiffon mouillé ne peut jamais être plus justement appliqué à quelqu'un. Le médecin m'a dit avant-hier qu'il croit que la première crise qui surviendra l'emportera. C'est une vraie consomption. » — (Théodore Rousseau mourut deux jours après cette lettre. Il fut enterré dans le cimetière de Chailly, où reposent aussi maintenant Millet et Alfred Sensier.)

✦ 1630 ✦ MILLET (Jean-François).

L. A. S. à Théophile Silvestre; Barbison, 3 août 1870, 3 p. pl. in-8. Jolie et intéressante pièce.

Charmante épître amicale. Il consent à lui laisser encore sa fille Louise pendant huit jours, malgré le besoin que sa mère a d'elle à la maison. « Je vous réponds aussi vivement que possible et ne prends point le temps de vous dire autre chose sinon que je regrette fort de ne point posséder d'aussi belles enveloppes rouges que M. Barbey d'Aurevilly et de faire avec cela l'admiration des facteurs. » — (On sait que le célèbre romancier use fréquemment d'encres de couleurs variées.)

rudement étreints par les griffes de la nécessité. Nous ne pouvons pas abandonner Rousseau, & il faut que nous abandonnions nos enfants! Il nous faut dire comme Abraham: Dieu y pourvoira. Nous serons Dimanche soir à Paris car il faut que Rousseau voie encore son médecin avant de partir. S'il vous est possible de venir lundi chez lui, il sera bien content de vous voir. Moi aussi je voudrais bien vous voir. Je tâcherai d'aller chez vous lundi matin si l'état de Rousseau me le permet. Si à 10 h. je n'étais pas chez vous, c'est qu'il y aurait impossibilité. alors, tâchez de venir, vous. Nous verrons si nous aurons le temps de faire une visite à Mr Pietri, car il se peut que nous soyons forcés de partir mardi matin. cela dépend du médecin & de l'état de Rousseau. S'il y a empêchement, dites encore une fois à Mr Pietri combien je suis touché du zèle qu'il met à s'occuper de moi! on ne peut pas dire de lui que c'est un feu de paille, ni qu'il vous donne de l'eau bénite de cour. Le grand bon cœur de Mr Pietri lui fera bien comprendre comment je ne peux abandonner Rousseau, & il sera lui-même bien peiné de le savoir ainsi.

à vous

J. F. Millet

✦ 1631 ✦ **PILS** (Isidore-Alexandre-Augustin), célèbre peintre d'histoire, auquel la guerre de Crimée inspira ses toiles les plus populaires, membre de l'Institut (1868), n. à Paris, 7 novembre 1815, m. à Douarnenez (Finistère), 2 septembre 1875.

L. A. S. à Ravina (Jean-Henri, célèbre pianiste, né à Bordeaux le 20 mai 1818); Paris, 11 juillet, 2 p. in-8. — P. photographié.

<small>Jolie lettre de recommandation en faveur de la fille du peintre Charles Gail-drau, qui est élève du Conservatoire de musique. Intéressants détails.</small>

✦ 1632 ✦ **COUTURE** (Thomas), peintre d'histoire, grand coloriste, auteur des *Romains de la décadence*, n. à Senlis, 21 décembre 1815, m. à Villiers-le-Bel, 31 mars 1879.

1° Croquis à la plume, représentant un gavroche et fait par Couture en 1846, in-8. — 2° L. A. S. à un général, 1 p. 3/4 in-8. Très jolie pièce. — P. gravé à l'eau-forte par Léon Laroche en 1847.

<small>Curieuse épître dans laquelle Couture dément une lettre abominable publiée dans *le Figaro* et qui tend à lui faire perdre la bienveillance de l'Empereur. Il ne veut pas perdre son temps à poursuivre ces polissonneries littéraires et à démentir ces calomnies. « Je viens donc, général, réclamer de votre obligeance un nouveau service, c'est de vouloir bien dire à l'Empereur que j'ai toute ma raison et que je ne cesserai de l'employer au service de Sa Majesté.»</small>

✦ 1633 ✦ **ROUSSEAU** (Philippe), peintre de paysages et d'animaux, qui excelle dans les natures mortes, n. à Paris, 23 février 1816. Ses toiles sont devenues populaires.

L. A. S. au peintre Jalabert; 1 août 1865, 2 p. 1/2 in-8. — P. photographié.

<small>Jolie lettre dans laquelle Philippe Rousseau exprime sa reconnaissance d'un souvenir que lui a envoyé le duc de Chartres (Robert d'Orléans, frère du comte de Paris). « Si Monseigneur voulait l'accepter, je serais bien heureux de lui offrir le portrait du premier brochet que je prendrai, le tout à l'aquarelle dans une lettre que je vous enverrai et prierai de faire parvenir. »</small>

✦ 1634 ✦ **BARON** (Henri-Charles-Antoine), excellent peintre de genre et aquarelliste, un des meilleurs élèves de Jean Gigoux, ami et collaborateur du célèbre paysagiste Louis Français, n. à Besançon, juin 1816.

L. A. S. à M. Gaston Marquiset (député de la Haute-Saône); samedi 6 mars 1880, 3 p. in-8, enveloppe. Très jolie pièce.

<small>Jolie lettre de remerciments des billets qu'il lui a envoyés pour une séance de la Chambre des députés. « Nous tenons à vous remercier tout de suite pour les billets qui nous arrivent, et j'aurai grand soin que ces dames soient prêtes pour en profiter le jour qu'il faudra. Vous êtes certes bien aimable d'avoir une si bonne mémoire d'une requête qui ne vous procurera pas que de l'agrément, quoique vous en veuillez dire. A coup sûr vous n'aurez pas obligé des ingrats. C'est le plus certain de cette aventure. »</small>

Croquis de Gavroche fait chez moi par Thomas Couture en 1846.

G. G. Chardin.

Numéro 1632.

✛ 1635 ✛ **DAUBIGNY** (Charles-François), peintre et graveur, un de nos plus grands paysagistes, qui a merveilleusement reproduit dans ses magnifiques toiles les bords de la Seine, n. à Paris, 15 février 1817, m. dans la même ville, 19 février 1878.

1° L. A. S. à un personnage influent, 1 p. pl. in-8. Très intéressante lettre. — P. photographié.

Il lui mande qu'il va concourir pour une place de professeur paysagiste à l'école de Saint-Cyr. Il sollicite sa protection.

2° P. S.; Paris, 19 janvier 1855, 1 p. in-fol., tête imprimée du Ministère d'Etat. Très jolie pièce.

C'est le reçu de huit cents francs à-compte sur le prix d'un tableau de paysage exécuté pour le service des Beaux-Arts.

✛ 1636 ✛ **BALLU** (Théodore), savant architecte, élève d'Hippolyte Lebas, auquel on doit les églises de la Trinité et de Saint-Ambroise, la restauration de la Tour Saint-Jacques et le nouvel Hôtel de ville de Paris, membre de l'Institut (1872), n. à Paris, 8 juin 1817.

L. A. S. à une dame; (Paris), 4 mars 1860, 1 p. in-8. — P. photographié.

Jolie lettre dans laquelle Ballu la remercie de l'offre d'un billet de concert et exprime ses plus vifs regrets de ne pouvoir profiter de cette faveur, à cause des travaux dont il est accablé.

✛ 1637 ✛ **LAZERGES** (Jean-Raymond-Hippolyte), excellent peintre d'histoire et de genre, musicien distingué et écrivain sur les beaux-arts, n. à Narbonne, 5 juillet 1817.

1° L. A. S. à M. Castellanne; (Paris), 24 octobre 1875, 2 p. in-32. Belle pièce. — P. photographié.

Jolie lettre d'envoi de son manuscrit intitulé *la Harpe d'or*, qu'il le prie de lire.

2° Croquis à la mine de plomb, signé, 1 p. in-12. Jolie pièce.

C'est le portrait de Marie-Louise Forestier, fille d'hôtel à Dinant (Belgique).

✛ 1638 ✛ **BONVIN** (François), célèbre et gracieux peintre de genre, qui a su retrouver les procédés de l'école flamande, n. à Vaugirard (Seine), 22 septembre 1817.

1° L. A. S. à M. A. Couteau (à Bruxelles); (Paris, 12 juin 1851), 1 p. in-8. Très jolie pièce.

Belle lettre dans laquelle il lui mande qu'il a encore à travailler pendant huit jours à un tableau avant qu'il soit en état d'être montré. Intéressants détails à ce sujet.

2° L. A. S. au même; (Paris, 24 juin 1851), 1 p. in-8. Jolie pièce.

Il a le regret de le prévenir de ne pas compter sur le tableau qu'il faisait pour lui. « La crainte de ne pas le faire à votre goût m'a tellement paralysé qu'il m'est impossible maintenant de faire rien qui vaille sur le sujet que vous aviez choisi. »

✛ 1639 ✛ **HÉBERT** (Antoine-Auguste-Ernest), célèbre peintre de genre, élève de Paul Delaroche, membre de l'Institut (1874), n. à Grenoble, 3 novembre 1817. Son beau tableau de *La Mal'aria*, conservé au musée du Luxembourg, est populaire.

1° L. A. S. à son cher Giacomo, 1 p. in-32. Joli billet. — 2° L. A. S. de ses initiales à madame Jouvin d'Attainville, à Paris; Cervara, 27 avril (1857), 4 p. pl. in-8. — P. photographié.

Très remarquable lettre sur la mort de son maitre Paul Delaroche. Il désire avoir des nouvelles de l'exposition des tableaux de ce grand artiste, bien qu'il n'attende rien de bon de cette exhibition. « Ce n'est pas que je craigne le grand jour de la publicité pour ces tableaux écrits d'une main si ferme et si hautement conçus. Non, mais il m'est pénible de savoir que le premier venu pourra venir promener sa sottise devant ces toiles et embrasser d'un coup d'œil le travail incessant de toute une vie. » Il fait l'éloge d'un article de Laurent Pichat consacré à Delaroche. « Il y a des choses dites à merveille et bien vraies, mais tout cela est encore loin de la réalité. Il aurait fallu avoir vécu et voyagé de longs mois avec M. Delaroche pour savoir tout ce qu'il y avait de tendresse féminine, de joies d'enfant, de bonté surhumaine dans cette âme dont le monde ne connaît que l'austère énergie. »

LETTRE DE CHARLES FRANÇOIS DAUBIGNY

Numéro 1635.

[Lettre manuscrite — texte autographe non transcrit dans l'imprimé]

3º L. A. S. de ses initiales à la même ; Beuzeval (Calvados), 19 juillet, 4 p. in-18. *(Coll. B. Fillon.)*

Très jolie lettre, ornée d'un croquis de paysan normand coiffé d'un bonnet de coton. « Enfin, je suis venu, et j'ai vu les femmes en bonnet de coton, chose bien triste! L'incarnation de l'idéal de l'homme en bonnet de coton à mèche! En voici une des plus avenantes (croquis). J'ai remarqué que les hommes du pays avaient l'air assez renfrogné. Je n'envie pas leur sort, et, quant aux belles Parisiennes, comme ils les voient dépourvues des splendeurs du jupon multiple, et dans ce joli costume de bain que vous connaissez, il n'y a pas de quoi leur monter la tête. »

+ 1640 + COURBET (Gustave), grand peintre, l'illustre chef de l'école réaliste, n. à Ornans (Doubs), 10 juin 1819, m. à La Tour de Peilz (Suisse), 31 décembre 1877.

L. A. S. à un journaliste ; Paris, 18 mai 1853, 2 p. 1/2 in-8. — P. photographié avec signature.

Très curieuse épître où il déclare n'avoir jamais eu de maître, bien que le livret du Salon l'ait inscrit comme élève de M. Auguste Hesse. « Cette erreur de l'administration provient, sans doute, d'un usage qui avait cours dans ces dernières années et que voici : les peintres, les débutants surtout, croyaient nécessaire, pour être admis aux Expositions, de s'y présenter sous le patronage officiel d'un nom connu dans les arts. Cette pure formalité fut même quelquefois tournée en plaisanterie, notamment par M. Français, qui s'inscrivait l'élève de M. Bougival, un village charmant des bords de la Seine M. Baron se portait l'élève de M. Titeux, et M. Gigoux, ce qui est mieux encore, se disait, comme je prétends l'être moi-même, l'élève de la nature. Il est vrai que, pour suivre l'usage, je demandai, à l'époque de mes premiers débuts, il y a de cela environ dix ou douze ans, à M. Auguste Hesse de vouloir bien me couvrir officieusement de son nom. De là l'erreur de l'administration dans son livret actuel. » Il se plaint que l'administration ait refusé de faire la rectification demandée.

+ 1641 + COURBET (Gustave).

L. A. S. à Yriarte, rédacteur du *Monde illustré* ; Paris, 14 août 1866, 5 p. in-8. *(Coll. B. Fillon.)*

Superbe lettre, une des plus importantes qu'on connaisse de Courbet. Il se plaint vertement d'un entrefilet publié par Yriarte et relatif à une discussion pendante entre Courbet et le comte de Nieuwerkerke. Il rétablit les faits en ces termes : « M. le comte de Nieuwerkerke m'a acheté, il y a un an, le tableau de *La Femme au perroquet*, moyennant dix mille francs, et aujourd'hui M. le comte de Nieuwerkerke nie avoir fait cette acquisition. Mais comme j'ai dans les mains les preuves de la vente, émanées de l'administration et protégées par la signature de M. le comte de Nieuwerkerke lui-même, sa dénégation actuelle reste sans valeur, comme elle est sans raison explicable. » Il relève fièrement le reproche qui lui est fait de manquer d'une bonne éducation. « Sans doute, Monsieur, si fréquenter les salons et les antichambres, solliciter dans les bureaux, courber l'échine devant les hauts fonctionnaires, tendre la main aux faveurs du pouvoir, est, à vos yeux, une marque de bonne éducation, vous avez raison de me reprocher d'avoir été mal ou imparfaitement élevé ; et j'ai grand peur de mériter vos reproches jusqu'à la fin de mes jours. » Mais l'indépendance du caractère et des opinions n'empêche pas les convenances sociales et il affirme que les trois lettres adressées par lui au comte sont d'une politesse méritoire, eu égard à la circonstance et à l'origine plébéienne de leur auteur. Il lui offre de publier cette correspondance, qui est de nature à réjouir le lecteur. Il proteste qu'il n'a jamais été question entre le comte et lui de la croix d'honneur, « que mon art m'avait valu et que, selon vous, mon éducation imparfaite m'enlève. » Considérations piquantes à ce sujet. — (On sait que Gustave Courbet, nommé chevalier de la légion d'honneur par décret du 21 juin 1870, refusa avec éclat cette distinction.)

+ 1642 + HARPIGNIES (Henri-Joseph), un de nos peintres paysagistes les plus estimés, n. à Valenciennes, 28 juillet 1819.

L. A. S. à Messieurs... ; Paris, 9 mars 1861, 1 p. 1/4 in-8. Très jolie pièce. — P. photographié.

Il leur recommande son ami le peintre Blin qui désirerait faire la reproduction d'un de ses tableaux dans une publication sur le Salon. — (François Blin, né à Rennes le 10 septembre 1827, fut un peintre paysagiste d'un sentiment exquis. Il mourut prématurément dans sa ville natale le 26 juillet 1866.)

+ 1643 + MILLET (Aimé), sculpteur éminent, l'auteur de la statue de Vercingétorix et du groupe colossal d'Apollon au sommet de l'Opéra, n. à Paris, 28 septembre 1819.

L. A. S. (à Etienne Carjat) ; (Paris, 9 novembre 1861), 2 p. in-8. Jolie pièce.

Charmante épître d'invitation à déjeuner. « Je te montrerai du même coup le tombeau du pauvre Murger, et, soit dit sans modestie, tu ne t'attends pas au plaisir qu'il te fera. »

Numéro 1641.

Je n'entends nullement blâmer des manières de voir que je ne partage pas; et, croyez le bien quelqu'éloignement j'aie toujours montré pour ces fêtes de récompenses, je n'aie jamais songé, comme vous, monsieur, (même le jour où on les distribuera, à les présenter comme un simple grain de politesse.

Je compte, monsieur, sur votre équité pour l'insertion de cette lettre; elle me dispensera de toute autre démarche.

Veuillez agréer l'assurance de ma parfaite considération.

Gustave Courbet

Rue Hautefeuille 32

+ 1644 + CURZON (Paul-Alfred de), peintre de paysage très estimé, qui a surtout reproduit des sites italiens ou grecs, n. à Migné (Vienne), 7 septembre 1820.

L. A. S. au peintre Michel-Martin Drolling (son maître), à Paris; Tivoli, 20 août 1850, 3 p. in-4.

Belle lettre où il mande qu'il a été retenu par la fièvre à Tivoli, où il a fait de nombreuses études. « J'ai laissé à Rome mon paysage d'envoi assez avancé et j'espère pouvoir, à mon retour, terminer promptement. Je ne sais s'il plaira à Paris, mais je fais ce que je puis. J'ai aussi fait les premières études pour mon tableau de figures. Ce sera, comme je crois vous l'avoir écrit, Caïn et Abel offrant des sacrifices à Dieu sur le sommet d'une montagne, avant le lever du soleil. » — (M. de Curzon avait obtenu, en 1849, le second prix de paysage historique et avait été, par faveur, envoyé en Italie, d'où il revint, deux ans plus tard, par la Grèce et la Morée, qu'il parcourut avec le célèbre écrivain Edmond About et l'architecte Charles Garnier.)

+ 1645 + FROMENTIN (Eugène), célèbre peintre, élève de Cabat, l'interprète inspiré des paysages et des scènes de l'Orient, écrivain de premier ordre, auteur de *Dominique*, n. à La Rochelle, 24 octobre 1820, m. dans la même ville, 27 août 1876.

1° L. A. S. (à un critique d'art); 10 février (1859), 2 p. in-8; *(Coll. B. Fillon.)* — P. photographié.

Charmante épître dans laquelle Eugène Fromentin remercie chaleureusement le critique de l'envoi de l'un volume et des éloges qu'il lui a décernés. Il lui fait savoir qu'il espère lui envoyer bientôt son nouvel ouvrage *Une année dans le Sahel*.

2° L. A. S. à un ami; lundi matin (1863), 1 p. in-8. Très jolie pièce, écrite à l'encre bleue.

Il mande que *Le Fauconnier arabe* (exposé au Salon de 1863) ne lui appartient plus, mais que *La Curée* est encore à lui. Il demande dix mille francs de ce tableau. « J'en ai trouvé huit mille à plusieurs reprises et ne l'ai pas donné. »

+ 1646 + MOUILLERON (Adolphe), le roi des lithographes contemporains, n. à Paris, 13 décembre 1820.

L. A. S. (à son ami le dessinateur Etienne Carjat); (Paris), 1 mars, 1 p. pl. in-8. Jolie pièce écrite à l'encre rouge.

Belle lettre où il exprime le désir de le voir pendant les quelques jours qu'il va passer à Paris.

+ 1647 + ZIEM (Félix-François-Georges-Philibert), un de nos meilleurs peintres de paysage, dont les œuvres sont très prisées, n. à Beaune (Côte-d'Or), 25 février 1821.

L. A. S. à Théodore Rousseau, à Barbison; Les Martigues (Bouches-du-Rhône), lundi (29 novembre 1860), 4 p. pl. in-8, enveloppe. Très jolie pièce. *(Coll. A. Sensier.)* — P. photographié.

Superbe lettre où il lui fait la description aux Martigues et trace le plan de la propriété qu'il habite. « Le pays est encore vierge et antique comme ses habitants, tous pêcheurs. Le paysage ne le cède en rien aux beautés de la Grèce. » Il l'engage à venir le voir et le charge de ses compliments pour la famille Millet.

+ 1648 + HAMON (Jean-Louis), gracieux peintre de genre, élève de Gleyre, n. à Plouha (Côtes-du-Nord), 5 mai 1821, m. à Saint-Raphaël (Var), 29 mai 1874.

L. A. S. au grand maréchal du palais (le maréchal Vaillant, né à Dijon en 1790, mort en 1872); Paris, 5 avril 1855, 1 p. in-fol. Très belle pièce. — P. photographié avec signature autographe.

Très belle lettre dans laquelle Hamon exprime le désir de mettre à l'Exposition universelle son tableau intitulé *Ma sœur n'y est pas*. Il en demande l'autorisation au ministère de la Maison de l'Empereur, qui est possesseur de cette œuvre. — (Ce charmant tableau avait été exposé en 1853.)

LETTRE DE FROMENTIN — FRAGMENT

J'espère pouvoir vous adresser, très prochainement,
un nouveau volume — Une année dans le Sahel
publié en novembre dans la Revue des deux
Mondes et qui va paraître chez Lévy

En attendant que je vous l'envoie, comme un
témoignage de ma gratitude, laissez moi, monsieur,
vous remercier encore et croyez, je vous prie, à
tous mes sentiments les plus distingués et les
peu dévoués

Eug. Fromentin

Numéro 1645.

LETTRE DE ROSA BONHEUR — FRAGMENT

Veuillez, agréer Monsieur
l'expression de ma
considération la plus
distinguée
Rosa Bonheur

J'ai eu le plaisir de
voir Madame Lévy
que j'ai trouvé charmante

Numéro 1652.

+ 1649 + **SCHULER** (Théophile), peintre éminent, élève de Paul Delaroche, qui a reproduit avec un rare talent une grande quantité de scènes empruntées à son pays natal et qui a illustré, avec verve et sentiment, les plus belles œuvres d'Erckmann-Chatrian, n. à Strasbourg, 18 juin 1821, m. dans la même ville, 26 janvier 1878.

1° L. A. S. (au comte Duchatel, ministre de l'Intérieur); Paris, 16 mai 1847, 3 p. in-4. — P.

Très belle lettre, dans laquelle il sollicite une légère part dans les encouragements dont le gouvernement dispose en faveur des artistes sans fortune. Il rappelle qu'il a exposé aux Salons de 1845 et de 1846 et cite les appréciations flatteuses de Théophile Gautier et d'autres critiques sur ses tableaux.

2° L. A. S. à A. Bachelin (le célèbre peintre, dont il devint le beau-frère l'année suivante), à Marin (près de Neuchâtel en Suisse); Strasbourg, 28 mars 1871, 4 p. in-8.

Très jolie lettre dans laquelle Théophile Schuler annonce à son ami sa prochaine arrivée : « Nous travaillerons donc, ce qui n'empêchera pas de chercher, comme vous le dites si bien dans votre bonne lettre, les coins intimes de votre beau lac, nous discuterons et de tout ce que vous voudrez, hormis, j'ose l'espérer, de politique; vous autres en Suisse vous devez en avoir assez autant que nous, et il est temps de revenir à la civilisation. J'ai lu avec peine que votre charmant compatriote Carl Girardet est mort; c'est une grande perte, car il a créé, comme genre, de bien jolies choses. » —(Le peintre Karl Girardet, né au Locle le 13 mai 1810, était mort à Paris le 24 mars 1871.)

+ 1650 + **LUMINAIS** (Evariste-Vital), excellent peintre d'histoire, qui reproduit surtout les scènes gauloises, élève de Léon Cogniet, n. à Nantes, 18 octobre 1821.

L. A. S. à M. Philippe Doré, à Nantes; (Paris), dimanche 3 (novembre 1861), 1 p. 1/4 in-4.

Il lui donne l'autorisation de céder sa *Foire aux chevaux* pour cinq mille francs et *L'Eau bénite* pour cinq cents francs, si on ne peut en obtenir davantage. — À cette lettre est jointe une pièce autographe signée dans laquelle Luminais donne le titre des sept tableaux qu'il avait envoyés à l'exposition de Nantes et les prix demandés par lui pour chacun d'eux.

+ 1651 + **MÉRYON** (Charles), un de nos plus grands aquafortistes, dont les œuvres sont très recherchées, n. à Paris, 23 novembre 1821, m. à Charenton, 13 février 1868.

L. A. S. à Gihaut (l'éditeur d'estampes); Paris, 19 août (1853), 1 p. in-4. Très jolie pièce.

Intéressant document. Il lui offre pour le prix de vingt francs deux cahiers de ses eaux-fortes contenant les planches suivantes : Vue prise des tours Notre-Dame, la Vigie; — Vue du Petit-Pont; — Le palais de Justice et le Pont-au-Change; — Tourelle, rue de la Truanderie; — Saint-Étienne du Mont et l'ancienne maison de Montaigu; — La pompe Notre-Dame; — La galerie Notre-Dame; — Une arche du pont Notre-Dame.

+ 1652 + **BONHEUR** (Rosalie, dite Rosa), la plus célèbre des femmes peintres contemporaines, n. à Bordeaux, 22 mars 1822. Ses plus remarquables toiles sont le *Labourage nivernais*, qui est un des chefs-d'œuvre du musée du Luxembourg, le *Marché aux chevaux*, la *Fenaison en Auvergne* et les *Moutons au bord de la mer*.

L. A. S. à M. Albert Chauveau; Paris, 14 novembre 1853, 1 p. 1/2 in-8, enveloppe. — P.

Jolie lettre, adressée par Rosa Bonheur à un amateur d'autographes. « Je suis confuse de l'honneur que vous faites à mon autographe en le faisant figurer auprès de ceux d'hommes aussi illustres que Léonard de Vinci et Rubens. L'éclat de leur gloire fera pâlir mon étoile à peine sortie de la brume et à laquelle le temps n'a pas encore donné son auréole. »

+ 1653 + **GUILLAUME** (Claude-Jean-Baptiste-Eugène), un des chefs de notre école de sculpture, critique d'art éminent, professeur d'esthétique au Collège de France, directeur des Beaux-Arts, membre de l'Institut (1862), n. à Montbard (Côte-d'Or), 4 juillet 1822. Ses plus belles œuvres sont conservées dans le musée du Luxembourg.

L. A. S. à madame veuve Pradier, à Paris; Tonnerre, 11 mai 1855, 1 p. in-8. *(Coll. B. Fillon.)* — P.

Très jolie lettre où il mande qu'il attend à Tonnerre sa mère qui arrive d'Alger. C'est ce qui l'empêchera de se rendre à son invitation. « Malgré que je sois bien inexact à me réunir à vous, pensez, je vous prie, que rien ne m'est cependant plus intimement agréable. C'est toujours un retour de jeunesse au devant duquel je vais de cœur... » — (Guillaume fut un des meilleurs élèves de l'atelier que Pradier dirigeait à l'École des Beaux-Arts.)

+ 1654 + **CAIN** (Auguste), éminent sculpteur, élève de Rude, qui excelle dans les reproductions d'animaux, principalement des grands fauves, et dont les œuvres ornent le jardin des Tuileries et celui du Luxembourg, n. à Paris, 16 novembre 1822. Cet artiste a épousé la fille du célèbre sculpteur Mène.

L. A. S. au critique d'art Philippe Burty, 4 p. in-32, papier à son chiffre. *(Coll. B. Fillon.)* — P. photographié.

Jolie lettre dans laquelle Auguste Cain parle longuement à Philippe Burty d'un tableau que le peintre Gérôme lui a donné en 1851 et qui représente Louis XI et son ami Tristan visitant le cardinal La Balue à Plessis-lez-Tours. Intéressants détails à ce sujet.

+ 1655 + **HANOTEAU** (Hector), peintre paysagiste, dont les gracieux tableaux sont justement populaires, élève de Jean Gigoux, n. à Decize (Nièvre), 25 mai 1823.

L. A. S. à Jean Gigoux (son maître); Briet, par Cercy-la-Tour (Nièvre), 27 juin 1870, 1 p. in-8. Jolie pièce.

Belle lettre pleine de sentiments élevés par laquelle il adresse à son maître les plus vifs témoignages de son dévouement et de sa reconnaissance. « Je n'oublierai jamais l'homme éminent qui a dirigé mes premiers pas dans l'art. C'est donc à vous que revient la plus grande part de mes succès... »

✦ 1656 ✦ **RIBOT** (Théodule-Augustin), peintre de genre, d'un talent puissant et original, élève d'Auguste Glaize, n. à Breteuil (Eure), 8 août 1823.

1° L. A. S. à Ernest Chesneau (le brillant critique d'art, l'un des plus fidèles admirateurs de Ribot), 2 p. in-18. Jolie pièce.

Charmante épître dans laquelle Ribot invite Chesneau à venir voir la toile qu'il vient de terminer. « Je suis à mon atelier tous les jours, de deux à quatre heures. Vous me feriez un très grand plaisir si vous pouviez venir ici... Si vous venez, tâchez de choisir un temps clair autant que possible. »

2° L. A. S. à son ami Charly ; (Paris), mardi, 1 p. 3/4 in-18.

Il lui mande qu'il a déjeuné chez le comte d'Osmoy (député, protecteur des arts), dont le fils va beaucoup mieux. Il n'a pu aller le voir, ayant deux tableaux à terminer.

✦ 1657 ✦ **RICARD** (Louis-Gustave), un de nos peintres de portraits les plus estimés, n. à Marseille, 1 septembre 1823, m. subitement à Paris, 23 janvier 1873.

L. A. S. à M. Boussod (associé de M. Goupil, marchand de tableaux), 1 p. in-8. — P. gravé par Lerat, d'après Ricard.

Il le prie très instamment de substituer le portrait d'Arsène Houssaye à un autre portait pour l'exposition qui doit avoir lieu chez l'éditeur Goupil.

✦ 1658 ✦ **CABANEL** (Alexandre), célèbre peintre d'histoire et de portraits, élève de Picot, membre de l'Institut (1863), n. à Montpellier, 28 septembre 1823.

1° P. S. ; Paris, 3 février 1854, 1 p. in-fol., tête imprimée du ministère d'État. — P. photographié.

Reçu d'un acompte de trois mille francs sur le prix du tableau de saint Louis qu'il exécute pour le service des Beaux-Arts.

2° L. A. S. au peintre de genre Léon Perrault ; Paris, 3 février 1876, 3 p. in-18. Très jolie pièce.

Belle lettre où il s'excuse de ne pouvoir, pour cause de santé, assister au banquet offert au peintre Bouguereau à l'occasion de sa nomination à l'Institut. — (Bouguereau avait été élu membre de l'Académie des Beaux-Arts le 8 janvier 1876 en remplacement de Pils.)

✦ 1659 ✦ **BERNIER** (Camille), peintre, un des maîtres les plus estimés du paysage moderne, dont le talent âpre et puissant excelle à rendre les sites bretons, n. à Colmar, 1823.

L. A. S. à un de ses amis ; (Paris), juin 1883, 1 p. in-8, papier à son chiffre. Très jolie et intéressante pièce.

Très jolie lettre dans laquelle il mande à son ami qu'il va quitter Paris. « Nous allons nous retrouver dans ce beau et bon pays dont nous aimons les habitants, les bois et les chemins creux. Je me sens une seconde jeunesse pour le travail, vous êtes rempli d'ardeur... »

+ 1660 + BOULANGER (Gustave-Rodolphe-Clarence), peintre d'histoire et de genre, un des meilleurs élèves de Delaroche, qui affectionne les sujets antiques, membre de l'Institut (1882), n. à Paris, 25 avril 1824.

L. A. S. à M...; (Paris), 18 février 1846, 1 p. 3/4 in-8. — P.

Jolie lettre dans laquelle Gustave Boulanger s'excuse de ne pas lui avoir écrit depuis sa rentrée en France. Il le prie d'accepter un petit dessin, qui est un souvenir d'Alger. — (Gustave Boulanger était alors dans l'atelier de Paul Delaroche; il remporta le grand prix de Rome en 1849.)

+ 1661 + GÉROME (Jean-Léon), un des plus célèbres peintres de notre école moderne, membre de l'Institut (1865), n. à Vesoul (Haute-Saône), 11 mai 1824.

1° P. S.; Paris, 29 mai 1854, 1 p. in-fol., tête imprimée du ministère d'État. — P. photographié.

Reçu de trois mille francs sur le prix de son tableau, *Le Siècle d'Auguste*, commandé pour le service des Beaux-Arts.

2° L. A. S. au graveur Bracquemond; (Paris, 1860), 1 p. in-8. *(Coll. B. Fillon.)* — P.

Jolie lettre. « J'ébauche demain mon tableau de *Phryné*. Seriez-vous assez bon pour remettre au porteur de ce billet l'étude et l'esquisse? Je vous les renverrai dans deux jours. » — (Cette *Phryné* fut exposée au Salon de 1861.)

+ 1662 + GÉROME (Jean-Léon).

L. A. S. à l'architecte Gustave Bourgerel (né à Nantes en 1813); (Paris, 1859), 4 p. in-8. — P.

Lettre des plus intéressantes où il lui envoie l'esquisse d'un tableau qu'il veut faire et qui doit représenter le roi Candaule montrant sa femme à Gygès au moment où elle va se mettre au lit. Il prie Bourgerel de lui chercher la partie architecturale du tableau. « Il n'y a qu'une chose difficile à trouver, car tout l'appartement se compose de murs plats couverts de peintures, comme à Pompéi. Cette chose difficile, c'est l'alcôve qui contient le lit. Je ne voudrais pas de lit à colonne et sous un baldaquin, comme dans la *Stratonice* de M. Ingres. Cela ne me paraît pas d'un grec très pur. Les anciens et surtout les rois devaient avoir un endroit dans leur palais qui, tenant à l'architecture, renfermât leur couche. C'étaient des raffinés et nos maîtres en matérialisme. Je crois que leurs architectes devaient s'occuper, dans la construction même de l'édifice, de la place où serait le lit. Il n'est pas supposable que, comme nous, ils jetaient au milieu d'une chambre, sans plus de précaution, le meuble où les Orientaux passaient et passent encore plus de la moitié de leur vie. Donc il faudrait trouver, je ne sais où, quelque chose de simple et de charmant dans la donnée de l'esquisse et sans changer la place des figures. J'ai fait une espèce de repaire lourd et grossier. Cela tient à mon ignorance de votre art. Tout va bien, excepté l'alcôve qui est le point important, et si l'architecture est manquée, le tableau n'est plus possible... » — (L'esquisse jointe à la lettre. On sait que *le Roi Candaule*, exposé au Salon de 1859, est considéré comme un des chefs-d'œuvre du maître.)

+ 1663 + CARRIER BELLEUSE (Albert-Ernest), sculpteur éminent, élève de David d'Angers, qui a fait en marbre ou en terre cuite les bustes d'un grand nombre des célébrités de notre siècle, n. à Anisy-le-Château (Aisne), 12 juin 1824.

L. A. S. à un ami; (Paris, mai 1864), 2 p. 1/2 in-8. Très jolie pièce. — P. photographié.

Singulière épître dans laquelle Carrier-Belleuse parle d'une lionne du sculpteur Cain et de Jules Favre. Piquants détails.

+ 1664 + THOMAS (Gabriel-Jules), un de nos plus habiles sculpteurs, élève d'Auguste Dumont, membre de l'Institut (1875), n. à Paris, 10 septembre 1824.

L. A. S. au colonel Aloncle (n. 1824, m. 1878); (Paris), 31 décembre 1875, 3/4 de p. in-8.

Belle lettre où il le remercie de ses compliments sur son élection à l'Académie des Beaux-Arts (le 29 décembre, en remplacement de Barye.) « La pensée de mon pauvre père, qui eût été si heureux de mon succès, t'est venue, comme à tous ceux qui l'ont connu. Cette pensée m'a bien poursuivi depuis ma nomination et a jeté un nuage sur ma joie. »

+ 1665 + BRION (Gustave), peintre, élève de Gabriel Guerin, célèbre par ses compositions alsaciennes, n. à Rothau (Vosges), 23 octobre 1824, m. à Paris, 4 novembre 1877. Il a illustré *Les Misérables* et *Quatre-vingt-treize* de Victor Hugo.

L. A. S. (à M. Doré, à Nantes); 26 octobre (1856), 1 p. 1/2 in-8. Très jolie pièce.

Il s'excuse de ne pouvoir aller assister aux fêtes qui doivent clore l'exposition des Beaux-Arts, à Nantes. « Nous avons reçu une lettre de l'ami Toulmouche qui nous peint avec les couleurs les plus séduisantes les fêtes prochaines que vous préparez pour clore votre exposition. Nous sommes tous très peinés d'être conviés d'une manière si gracieuse à toutes ces réjouissances sans pouvoir y prendre part. Gérôme compte les minutes à tel point, il est accablé de besogne; son prochain départ pour l'Égypte le talonne. »

+ 1666 + PUVIS DE CHAVANNES (Pierre), peintre d'histoire, élève d'Henri Scheffer et de Thomas Couture, célèbre par ses belles peintures décoratives du Panthéon, n. à Lyon, 14 décembre 1824. On lui doit également des peintures murales pour les musées d'Amiens et de Marseille et pour l'hôtel de ville de Poitiers.

L. A. S. au critique d'art Philippe Burty; Paris, 9 mars 1870, 1 p. pl. in-8. — P. photographié.

Jolie lettre où il le prie instamment de venir voir son exposition. « J'aurais bien désiré avoir aussi Saint-Victor, mais je suis retenu par la crainte d'être indiscret. Pourtant, mon cher ami, si vous pensez que la proposition de venir puisse lui être faite, il saitbien tout le plaisir que j'aurais à le recevoir. » — (Puvis de Chavannes exposa au Salon de 1870 la *Décollation de saint Jean-Baptiste* et la *Madeleine au désert*.)

+ 1667 + FRÉMIET (Emmanuel), sculpteur du talent le plus original, neveu et élève de Rude, auteur de la statue de Jeanne d'Arc érigée sur la place des Pyramides, n. à Paris, 1824. Son *Chien courant blessé* a été admis au musée du Luxembourg.

L. A. S. à un critique d'art; (Paris, 1874), 2 p. in-8. Très jolie pièce. — P. photographié.

Il proteste contre une assertion d'un article du critique sur sa *Jeanne d'Arc*. « Vous donnez à entendre que je n'ai fait que des chats et autres animaux. Permettez-moi, pour vous éclairer, de vous envoyer la liste de ce que j'ai produit en dehors de la spécialité dans laquelle vous paraissez vouloir me renfermer. » — La liste, qui occupe la seconde page de la lettre, mentionne le *Belluaire*, le *Centaure*, le *Gaulois équestre*, le *Romain*, le *Faune* en marbre du musée du Luxembourg, les statues équestres de *Napoléon I* et du *duc d'Orléans*, l'*Homme de l'âge de pierre* et cinquante-cinq figurines exécutées pour l'empereur Napoléon III et dont il ne donne pas le détail.

+ 1668 + ISELIN (Henri-Frédéric), habile sculpteur, élève de Rude, célèbre par ses bustes, parmi lesquels on remarque ceux de Morny, Napoléon III, Augustin Thierry, etc., n. à Clairegoutte (Haute-Saône), 1824.

L. A. S. à son ami Bugnon (maire de Valentigney); Clairegoutte, 14 août (1884), 1 p. 1/2 in-8.

Jolie lettre amicale dans laquelle Iselin le remercie d'un envoi de poisson et le prie instamment de venir lui rendre visite.

+ 1669 + CHAPLIN (Charles), peintre et graveur, élève de Drolling, célèbre par ses charmants portraits de femmes et ses gracieuses allégories, n. aux Andelys (Eure), de parents d'origine anglaise, 8 juin 1825. Il a décoré des plafonds aux Tuileries et à l'Elysée et il a gravé un grand nombre d'eaux-fortes d'après ses propres tableaux et d'après Rubens et Watteau.

L. A. S. à un critique; (Paris), 16 mai 1860, 1 p. in-8. Jolie pièce.

Intéressante lettre où il lui envoie une épreuve de sa *Vénus* qui avait été refusée au Salon et dernièrement à la censure. « J'ai fait une démarche auprès de l'Empereur, qui a très bien réussi. S. M. a fort admiré la gravure et a fait de suite lever l'arrêt ridicule qui l'a frappait.»

+ 1670 + GARNIER (Jean-Louis-Charles), célèbre architecte, auquel on doit le Nouvel Opéra de Paris, l'hôtel du Cercle de la Librairie et le théâtre de Monte-Carlo, à Monaco, membre de l'Institut (1874), n. à Paris, 6 novembre 1825. Il a longuement exposé ses théories artistiques dans sa publication *Le Nouvel Opéra*.

L. A. S. au directeur d'un journal d'art; Paris, 9 août 1856, 2 p. 1/2 in-8. *(Coll. B. Fillon.)* — P. photographié.

Il lui offre des dessins d'architecture pris en Grèce, en Sicile et en Italie. « Je prends la liberté de joindre à cette lettre l'envoi d'une petite brochure extraite d'un travail sur le temple d'Egine et que j'ai envoyé à l'Institut il y a trois ans. C'est de la littérature d'architecte, mais où la plume a été tenue par la vérité. » Très jolie lettre.

✦ 1671 ✦ BOUGUEREAU (Adolphe-William), célèbre peintre d'histoire, l'un des maîtres de la peinture décorative, l'auteur du *Triomphe de Vénus,* membre de l'Institut (1876), n. à La Rochelle (Charente-Inférieure), 30 novembre 1825.

Trois croquis à la plume, représentant : 1° Jésus traîné au prétoire; 2° Le sacrifice d'Abraham; 3° Le départ de Tobie, avec dédicace autographe signée au peintre Fernand Calmettes; (Paris, 1885), 1 p. in-4 oblong. Nous ne reproduisons ici que le premier de ces trois remarquables dessins.

C'est une des nombreuses compositions que le peintre dessine pendant les séances de l'Institut. La dédicace est ainsi conçue : « Le véritable autographe d'un peintre, c'est plutôt un croquis qu'une lettre. Je vous envoie donc cette page, mon cher Calmettes, car, comme toujours, je ne demande qu'à vous être agréable. »

✦ 1672 ✦ POPELIN (Claudius-Marcel), peintre d'histoire et écrivain, le célèbre rénovateur de la peinture sur émail, poète du plus rare talent, n. à Paris, 1825.

L. A. S. à un critique; (Paris, 1875), 1 p. pl. in-8. Très jolie pièce. — P. photographié.

Charmante épître d'envoi de ses *Cinq octaves de sonnets.* « Je vous prie d'accepter ce petit livre qui, j'espère, vous trouvera plein d'indulgence. Si d'aventure il se fesait qu'il vous plût, je sais que vous ne seriez guère embarrassé pour en dire du bien, et j'avoue que vos louanges me flatteraient singulièrement... »

✦ 1673 ✦ **MOREAU** (Gustave), peintre d'histoire, qui a cherché surtout ses inspirations dans la mythologie grecque et romaine, l'auteur du beau tableau d'*Œdipe et le Sphinx,* qui obtint un si légitime succès au Salon de 1864, n. à Paris, 6 avril 1826.

1° P. S.; Paris, 25 janvier 1855, 1 p. in-fol., tête imprimée du ministère d'État. Belle pièce.

Reçu d'un acompte de quinze cents francs sur son tableau des *Jeunes Athéniens et Athéniennes livrés au Minotaure.*

2° L. A. S. à un ami; (Paris), mardi 14 mars 1876, 1 p. in-8, papier de deuil. Jolie pièce.

Belle lettre où il lui fixe un rendez-vous pour le vendredi. « C'est le seul moment, à mon grand regret, où je puisse me mettre à votre disposition, tiraillé et pressé que je suis dans ces derniers jours par mille soins et mille devoirs. »

✦ 1674 ✦ **MARCHAL** (Charles-François), peintre de genre, que ses compositions empruntées aux mœurs alsaciennes ont rendu populaire, n. à Paris, 10 avril 1826, m. par suicide dans la même ville, 6 avril 1877.

L. A. S. à Etienne Carjat; (Saverne), 17 septembre 1859, 1 p. 1/2 in-8. — P. photographié.

Il le prie de piloter à Bade un ami commun à Edmond About et à lui. Il lui rappelle sa promesse de venir à Saverne.

✦ 1675 ✦ **HEILBUTH** (Ferdinand), excellent peintre de genre, d'un sentiment fin et délicat, un de nos meilleurs aquarellistes, naturalisé Français, en 1879, n. à Hambourg, 27 juin 1826. Sa jolie toile *Le Mont de Piété* est au musée du Luxembourg.

L. A. S. à un critique d'art; (Paris), lundi 20 février, 1 p. in-8. Très jolie et intéressante pièce.

Charmante épître dans laquelle Ferdinand Heilbuth remercie le critique de l'article qu'il lui a consacré dans *Le Gaulois.*

✦ 1676 ✦ **LÉVY** (Emile), peintre d'histoire et de genre, élève d'Abel de Pujol, qui a traité avec un rare bonheur les sujets mythologiques, n. à Paris, 29 août 1826.

L. A. S. à M. Boussod (associé de M. Goupil); (Paris), 2 octobre 1876, 1 p. 1/2 in-8. Jolie pièce.

Jolie lettre dans laquelle Emile Lévy prévient M. Boussod (associé de la maison Goupil) qu'il vient de terminer le tableau romain dont il a vu l'ébauche chez lui il y a six ou huit mois.

✦ 1677 ✦ **PROTAIS** (Paul-Alexandre), le peintre des scènes de la vie militaire, n. à Paris, 17 octobre 1826. Cet artiste suivit notre armée en Crimée et en Italie.

L. A. S. à M. Jauvin d'Attainville, à Arcachon; Paris, 18 août 1863, 2 p. 3/4 in-8. — P. photographié.

Plaisante épître où il traite son ami *d'animal* et s'excuse de ne pouvoir aller le retrouver à Arcachon.

+ 1678 + **BRETON** (Jules-Adolphe-Aimé-Louis), célèbre paysagiste, poète délicat, auteur du beau livre *Les Champs et la Mer*, n. à Courrières (Pas-de-Calais), 1 mai 1827.

1° L. A. S. à M. Houssaye, 1 p. 1/2 in-18, papier de deuil. Très jolie pièce. *(Coll. B. Fillon.)* — P.

Il lui annonce la mort du peintre Félix Devigne, son beau-père (ainsi que son maître). « Ce n'était pas seulement l'un des meilleurs artistes de la Belgique, c'était un savant qui a doté son pays d'ouvrages précieux. »

2° *Dans la plaine*, pièce de vers autographe signée, 1 p. in-8. Jolie pièce.

Cette pièce a trois strophes de cinq vers et commence ainsi : *A moi les champs, à moi les blés, à moi les coteaux qui s'embrument et les moissonneurs assemblés le soir près des feux qu'ils allument.*

+ 1679 + **CARPEAUX** (Jean-Baptiste), un des sculpteurs de génie qu'ait produits la France moderne, l'illustre chef de l'école réaliste, n. à Valenciennes (Nord), 14 mai 1827, m. au château de Bécon, près de Courbevoie (Seine), 12 octobre 1875.

L. A. S. (à Arthur Dinaux, érudit et bibliographe, né à Valenciennes le 8 septembre 1795, mort à Montataire le 15 mai 1864); (Paris), lundi 16 octobre 1854, 2 p. 1/2 in-8. *(Coll. Dubrunfaut.)* — P,

Très intéressante lettre, écrite après qu'il eut obtenu le grand prix de Rome. « Je serais près de vous si une cause imprévue n'était venu m'en empêcher. Vous savez, mon cher Monsieur, que les grands prix offrent un dîner aux concurrents de chaques sections. J'attendais que mes collègues fixent le jour de cette réunion, lorsque les deux premiers grands prix de peinture (Emile Lévy et Théodore Maillot) furent pris par l'épidémie (cholérique). Ils ont été en danger; heureusement je viens d'avoir de leurs nouvelles et j'apprend qu'ils pourront assister au dîner qui a lieu demain mardi 17 à Saint-Germain. » Il compte partir le 21 pour Valenciennes par le train de six heures du matin. « Veuillez, je vous en prie, informer M. le maire de la ville, M. Claisse, et mes chers concitoyens. » — (Carpeaux était pensionné par la ville de Valenciennes.)

+ 1680 + **CARPEAUX** (Jean-Baptiste).

L. A. S. (au critique d'art Ernest Chesneau); dimanche de Pâques (28 mars 1869), 2 p. in-8. — P.

Très belle lettre sur les opérations du jury d'admission au Salon. On s'était d'abord livré à une élimination prodigieuse, mais on est revenu sur cette première opération. « Parti d'un point que vous connaissez, être utile aux autres, en encourageant les premiers pas de nos collègues, c'est le devoir de tout juge, et c'est ce sentiment qui a dominé les réceptions d'hier. Tout a été repris. Des œuvres, que l'on traitait d'horreurs, ont paru digne d'être mises sous les yeux de la jeunesse pour lui dire que tous les chemins sont ouverts aux talents pour arriver au génie. » Il lui annonce ensuite son mariage. « Je profite de ces lignes pour vous dire que mon mariage avec mademoiselle de Montfort est fixé au 28 avril prochain. Je suis le plus heureux du monde. Ma fiancée est douée d'une intelligence d'élite, d'un cœur droit, sensible, et d'une âme élevée. »

+ 1681 + **CARPEAUX** (Jean-Baptiste).

L. A. S. à son compatriote M. Pluchard; Paris, 1 juillet 1874, 2 p. 3/4 in-8. *(Coll. B. Fillon.)*

Belle lettre dans laquelle Carpeaux lui annonce le prochain envoi de la terre cuite qu'il lui a promise, « avec la dédicace qui vous rappellera les bons sentiments dont vous m'avez honoré en m'offrant d'occuper votre atelier pendant ma maladie. »

+ 1682 + **CRAUK** (Gustave-Adolphe-Désiré), sculpteur éminent, auteur d'un grand nombre de bustes très remarquables, n. à Valenciennes (Nord), 16 juillet 1827.

L. A. S. à M...; (Paris), 3 juin 1857, 1 p. in-8. Jolie pièce. — P. photographié.

Belle lettre d'envoi de deux bustes du maréchal Pélissier destinés au préfet de la Seine-Inférieure et au maire de Rouen.

LETTRE DE CARPEAUX — FRAGMENT

Numéro 1680.

+ 1683 + **LALANNE** (François-Antoine-Maxime), habile dessinateur et graveur, élève de Jean Gigoux, un de nos meilleurs aquafortistes, auteur d'une admirable suite de grandes vues de Paris et de superbes fusains, n. à Bordeaux, 27 novembre 1827. Cet artiste a publié plusieurs ouvrages techniques dont le plus célèbre est le *Traité de gravure à l'eau-forte;* son traité sur *le Fusain* est aussi très estimé.

1° Dessin au crayon représentant une des vieilles rues si pittoresques de Vitré en Bretagne, 1 p. in-4.

Jolie pièce. C'est un des nombreux croquis que Maxime Lalanne a rapportés de ses voyages.

2° L. A. S. (à Philippe Burty, qui venait de fonder la Société des Aquafortistes, dont le siège était chez l'éditeur Cadart); Bordeaux, 21 septembre 1863, 4 p. pl. in-4. *(Coll. B. Filion.)*

Très belle lettre où il raconte qu'il a eu, la veille, la plus agréable entrevue avec le roi de Portugal don Fernando, auquel il a montré un recueil de ses eaux-fortes. « Quand le roi est arrivé à ma dernière planche, il m'a dit : Moi aussi, je veux vous donner une eau-forte pour votre société ; à mon arrivée à Lisbonne, je vous en ferai une. J'en ai fait une centaine, mais si le roi de Suède et la princesse Mathilde vous en donnent aussi, je crains bien d'être le moins fort des trois. Il fumait et semblait prendre le plus grand plaisir à causer art. Je suis content de parler eau-forte, me disait-il, et je vous remercie beaucoup de votre collection, qui m'accompagnera. Nous nous sommes entendus pour l'envoi de sa planche. Il a été décidé qu'il m'enverrait son cuivre et que je le lui retournerais avec une épreuve si on jugeait à propos qu'il dût y retoucher. C'est lui-même qui a désiré qu'il en fût ainsi. » Il dit qu'il a vu le lendemain matin le comte d'Afoz, l'aide de camp du roi : « Il m'a dit qu'après mon départ, le roi avait montré mon portefeuille à sa suite et avait été très satisfait. J'oubliais de vous dire que j'ai demandé au roi la permission de lui envoyer à Lisbonne la suite de ce que je pourrais faire, à quoi il y a obtempéré. Il m'a reçu avec la meilleure grâce du monde et est on ne peut plus disposé à nous être favorable. Le roi a écrit sur l'eau-forte et sur les procédés mécaniques, les vernis à employer, etc. Il a fait, m'a-t-il dit, une centaine de planches. C'est un homme grand, un peu maigre, plein de bonté ; quand je lui ai dit qu'il était difficile d'aborder les souverains, il m'a répondu que l'art égalisait les positions et que du reste on s'en fesait généralement de loin des fantômes, et il s'est mis à sourire. Je suis très satisfait de ma journée, je vous assure. Le comte d'Afoz est un brave militaire ; il est lieutenant-général, peut avoir une cinquantaine d'années, et lorsque je lui ai demandé si mes envois devaient lui être adressés, il m'a répondu : Envoyez directement au Roi ; vous serez en correspondance ensemble ; ayez à faire directement à lui... » — (Maxime Lalanne avait été, avec Philippe Burty, un des fondateurs de la *Société des aquafortistes.*)

✦ 1684 ✦ **VEYRASSAT** (Jules-Jacques), célèbre peintre de paysage et aquafortiste, dont les œuvres sont très recherchées des amateurs, n. à Paris, 12 avril 1828.

L. A. S. à un critique d'art ; (Paris), 3 février 1870, 1 p. in-8. Très jolie pièce.

Belle lettre dans laquelle Veyrassat remercie en termes charmants le critique du bienveillant article que celui-ci a consacré à une de ses eaux-fortes. « J'ai reçu seulement ces jours derniers le volume de M. Lièvre, dans lequel volume vous avez eu la bonté d'écrire un charmant article sur la pauvre petite eau-forte que je lui ai donnée. Je vous remercie de tout cœur de la façon bienveillante dont vous me traitez et je suis très fier de votre suffrage. A l'avenir je ferai tous mes efforts pour mériter de nouveaux éloges de votre part..... Si vous vouliez me faire un jour l'honneur d'une visite, vous jugeriez plus complètement mes galettes dans l'atelier, et comme voici venir le Salon, je vous demanderais des conseils. »

✦ 1685 ✦ **DELAUNAY** (Jules-Élie), célèbre peintre d'histoire et de portraits, auteur de peintures murales dans la chapelle du couvent de la Visitation à Nantes et dans l'église de la Trinité, membre de l'Institut (1879), n. à Nantes, 12 juin 1828.

L. A. S. (à son ami M. Doré, président de la commission des beaux-arts, à Nantes) ; Paris, 10 octobre 1872, 2 p. 1/2 in-8, papier de deuil. Très jolie et très intéressante lettre. — P. photographié.

Belle lettre sur l'organisation d'une exposition des Beaux-Arts à Nantes. Il a obtenu des tableaux d'Eugène Leroux, d'Emile Lévy et de Fromentin. Il ne faut pas compter sur le second tableau de Bonnat, ni sur le *Moïse* et l'*Oreste* de Cabanel.

✦ 1686 ✦ **GIACOMOTTI** (Félix-Henri), peintre d'histoire et de portraits, qui a fait un panneau décoratif pour le musée du Luxembourg, n. à Quingey (Doubs), 19 novembre 1828. Cet excellent artiste est né de parents d'origine italienne.

L. A. S. au peintre Bouguereau ; (Paris), mercredi 24 mai 1876, 2 p. 1/2 in-8. Très jolie pièce.

Très belle lettre dans laquelle Giacomotti recommande à Bouguereau les tableaux de leur ancien camarade Bavoux, qui est paralysé depuis plusieurs années. Cet artiste faisait autrefois des paysages, mais depuis sa maladie il s'est mis aux natures mortes et peint particulièrement des raisins. « Maintenant il voudrait une médaille, car il redoute l'avenir pour son mal, et il a cinquante-trois ans. Ce serait un grand bonheur pour lui et une bonne note pour le débit de ses tableaux. » — (Charles-Jules-Nestor Bavoux, né à Lac-au-Villers, département du Doubs, le 27 janvier 1824, peintre, élève de Picot, a surtout reproduit les sites de son pays natal. Il est fixé à Besançon.)

✦ 1687 ✦ **BAUDRY** (Paul-Jacques-Aimé), un des plus célèbres peintres de l'école contemporaine, l'admirable décorateur du foyer du nouvel Opéra, membre de l'Institut (1870), n. à La Roche-sur-Yon (Vendée), 7 novembre 1828. Son beau tableau représentant *La Fortune et le jeune enfant* est conservé dans le musée du Luxembourg. Ce grand artiste a fait aussi de superbes portraits.

1° L. A. S. (à son ami M. Philippe Doré, à Nantes) ; (Paris, 1861), 2 p. in-18. Très jolie pièce. — P. photographié.

Jolie lettre où il lui donne l'adresse du graveur Soumy (né au Puy en 1831, mort par suicide en 1863.) Il ne sait s'il pourra envoyer un tableau à l'exposition de Nantes. « Si par bonheur l'État m'achetait *Charlotte Corday*, je demanderais de l'envoyer à l'exposition nantaise, s'il y a moyen. »

2° L. A. S. à Albert Goupil ; Paris, 12 juillet 1878, 1 p. in-8. Jolie pièce.

Il le prie de lui renvoyer de suite ses deux tableaux, la *Fellah* et la *Diane*, dont il a besoin.

✦ 1688 ✦ **BAUDRY** (Paul-Jacques-Aimé).

L. A. S. à M. Tessier (professeur de dessin, à Fontenay-le-Comte) ; Bordeaux, 17 mars (1871), 1 p. 1/2 in-8. Très belle et très intéressante pièce.

Lettre des plus remarquables où il mande qu'il est sorti de ce malheureux Paris avec son frère, après avoir enduré toutes les privations et toutes les souffrances physiques et morales. Son frère (Ambroise Baudry, architecte distingué, né en 1838) est parti pour l'Égypte. « Pour moi, je suis comme un corps sans âme. Je pense sans cesse à cette horrible guerre, à notre ineptie, aux courages, aux dévouements gaspillés, à l'infâme brigandage de ces odieux Allemands, et j'ai la tête et le cœur pleins de mauvaises et violentes pensées. Vous avez su les pertes qu'a subi la pauvre France. A Paris ce sont les plus braves, les plus intelligents qui ont été frappés. Vous avez su la mort d'Henri Regnault. J'en connais sept ou huit qui sont restés sur nos misérables champs de bataille autour de Paris. C'est un peu par hasard que mon frère soit encore de ce monde. Il a été à dix combats. C'est un brave et intrépide cœur qui n'a pas démenti, je vous jure, la vieille réputation des Vendéens. Pour moi, mon rôle a été des plus modestes, mais j'ai passé deux mois de cet horrible hiver dans les tranchées, à deux kilomètres de ces odieux Prussiens. J'aurais voulu y rester, tellement j'étais désespéré et malheureux. Enfin Dieu me fera peut-être la grâce d'assister à la revanche et d'y prendre une part plus active. Cette espérance m'aidera à vivre et me fait supporter nos douleurs présentes qui me déchirent le cœur. Je vous serre bien affectueusement la main. Écrivez-moi un mot à La Roche-sur-Yon, où je vais aller en quittant Bordeaux. Je suis ici avec Edmond About. »

✦ 1689 ✦ **VAUDREMER** (Joseph-Auguste-Emile), savant architecte, élève de Blouet, l'habile constructeur de l'église Saint-Pierre de Montrouge et de l'église Notre-Dame à Auteuil, membre de l'Institut (1879), n. à Paris, 6 février 1829. On lui doit aussi le monument commémoratif de la bataille de Champigny.

L. A. S. (à M. Arsène Charier, architecte à Fontenay-le-Comte, son élève et son ami, n. à Noirmoutiers en 1828) ; Paris, 24 mars 1871, 4 p. pl. in-12. *(Coll. B. Fillon.)* — P. photographié.

Épître des plus curieuses sur les débuts de la Commune. Il espère qu'on parviendra à une entente. « Malheureusement la droite est d'une intolérance inqualifiable ; elle n'a nullement le sens de la situation ; l'esprit gothique, clérical et monarchique y domine à l'exclusion de tout sentiment libéral. Nous ne ferons jamais rien avec ces gens-là. Ils sont en très grande partie cause du désarroi qui règne aujourd'hui et nous causeront, je le crains, bien d'autres embarras, jusqu'à ce qu'ils appellent sur nous un désastre, sur eux un désaveu unanime ou la haine du parti contraire. » Tout le monde fuit, mais il est retenu à Paris et ne sait quand il pourra rejoindre sa famille (réfugiée à Fontenay).

✦ 1690 ✦ **HENNER** (Jean-Jacques), peintre d'histoire et de genre, un des maîtres les plus estimés de l'école contemporaine, le célèbre auteur de *la Madeleine*, du *Christ mort* et de *Jésus au tombeau*, n. à Bernwiller (Alsace), 5 mars 1829. Sa touchante figure d'*Alsacienne* est justement populaire.

L. A. S. à un de ses camarades de l'école de Rome, à Venise ; Rome, 31 août 1861, 3 p. in-8. — P.

Charmante épître intime dans laquelle Henner mande à son ami qu'il ne peut pas se décider à quitter Rome. Il l'engage à venir l'y retrouver. « Je vis dans ce moment-ci d'une manière assez solée. Je travaille et me tourmente beaucoup. » — (Henner avait remporté le grand prix de Rome en 1858).

✦ 1691 ✦ **BROWNE** (Sophie de Bouteiller, dame de Saux, dite Henriette), femme peintre, qui excelle dans les tableaux de genre, n. à Paris, 16 juin 1829.

L. A. S. à une demoiselle ; (Paris), samedi, 3/4 de p. in-8. Jolie pièce. — P. photographié.

Charmante épître dans laquelle Henriette Browne la prévient qu'elle ira la prendre, comme d'habitude, le lendemain à neuf heures dix minutes du soir, pour aller à la marine.

✦ 1692 ✦ **DUBOIS** (Paul), un des maîtres les plus puissants de la sculpture contemporaine, auteur des admirables figures du tombeau du général La Moricière, à Nantes, membre de l'Institut (1876), n. à Nogent-sur-Seine (Aube), 18 juillet 1829.

L. A. S. à un critique ; (Paris), 14 avril 1878, 3 p. 1/2 in-8. Très jolie pièce. — P. photographié.

Très intéressante lettre où il mande qu'il est complètement étranger à la rédaction des inscriptions du monument de La Moricière. « La Commission en avait chargé un de ses membres, M. de Carné : elle a revu, discuté, modifié son travail, et adopté un texte que vous avez vu à Angers.... Je ne suis responsable que de la sculpture des figures ; l'architecte du monument, M. Boitte, a été complètement libre dans la composition de l'ensemble et des détails.... »

✦ 1693 ✦ **TOULMOUCHE** (Auguste), gracieux peintre de genre, élève de Gleyre, dont la jolie toile *Le Fruit défendu* est populaire, n. à Nantes, 21 septembre 1829.

L. A. S. à M. Boitard ; Blanche-Couronne, 3 octobre 1872, 2 p. 1/2 in-8. Très jolie pièce.

Intéressante lettre toute relative à l'organisation de l'exposition de Nantes. Toulmouche rend compte de toutes les démarches faites par lui auprès des artistes. Le sculpteur Moreau-Vauthier a promis une statue. Il faudrait lui offrir l'emballage et le port, ainsi qu'à Falguière, Dubois et Chapu, qui sont parmi les premiers sculpteurs actuels.

+ 1694 + FALGUIÈRE (Jean-Joseph-Alexandre), un des chefs les plus estimés de l'école moderne de sculpture, élève de Jouffroy, peintre distingué, membre de l'Institut (1882), n. à Toulouse, 7 septembre 1831. Son *Vainqueur au combat de coqs*, son *Saint Vincent de Paul*, qui orne le Panthéon, et sa *Diane chasseresse* sont justement célèbres.

P. S., avec quelques lignes autographes ; (Paris, 1882), 1 p. in-8. Jolie pièce. — P.

Intéressant document dans lequel Falguière donne ses nom, prénoms, lieu et date de naissance.

+ 1695 + FLAMENG (Léopold), un de nos meilleurs graveurs au burin et à l'eau-forte, élève de Luigi Calamatta, n. à Bruxelles, de parents français, 22 novembre 1831.

L. A. S. à un ami; (Paris), 5 juillet 1864, 1 p. in-8. Très jolie pièce. — P. photographié.

Charmante épître, d'un tour spirituel, ornée d'un joli croquis. « J'ai promis à maître Fricou (son fils François, alors âgé de cinq ans, et qui est actuellement un peintre de talent) de le mener à Saint-Cloud en bateau. C'est aujourd'hui que la chose se fait. Le jeune drôle ne veut pas ajourner ce voyage. »

+ 1696 + DORÉ (Louis-Auguste-Gustave), le roi des dessinateurs et des illustrateurs de notre siècle, n. à Strasbourg, 6 janvier 1832, m. à Paris, 23 janvier 1883.

L. A. S. à un critique; (Paris), mardi soir (1879), 2 p. 1/4 in-8. Jolie pièce. — P. photographié.

Belle lettre relative à ses illustrations de *Roland furieux* (qu'il exécuta pour la librairie Hachette). « C'est, à beaucoup près, le travail le plus considérable que j'aie accompli depuis longtemps; les illustrations y foisonnent par centaines. Au reste, ce sujet, fantaisiste entre tous, y prêtait singulièrement, comme vous devez penser. Au moment d'offrir au public une œuvre de cette importance, j'ai toutes les émotions d'un auteur le jour de sa première représentation. »

+ 1697 + DORÉ (Paul-Gustave).

L. A. S. (au docteur Joseph Michel) ; (Paris, 19 avril 1880), 3 p. in-8.

Jolie lettre, ornée de trois dessins. Le premier est intitulé *L'amitié terrassant la rancune* et fait allusion à un différend entre lui et son ami. « Donc les mains, et les deux mains sans phrases et sans commentaires. » À la suite est le dessin reproduit en fac-similé et montrant la réconciliation des deux amis. Le troisième croquis montre une sorte de bébé ailé.

Numéro 1697.

✦ 1698 ✦ **VOLLON** (Antoine), peintre de genre, qui a conquis le premier rang dans les sujets de nature morte, n. à Lyon, 20 avril 1833. On doit aussi à cet excellent artiste des paysages et des aquarelles très remarquables.

1° L. A. S. au peintre Guillardin, 1 p. in-18. Jolie pièce. — P.

Belle lettre où il s'excuse de ne pouvoir retoucher le tableau qu'il lui a rapporté.

2° L. A. S. à M. Chailloux, 1 p. 3/4 in-8. Très jolie pièce.

Il demande un délai pour le payement d'une dette et promet un tableau, car il a trouvé de beaux motifs d'intérieur.

✦ 1699 ✦ **BRACQUEMOND** (Joseph-Félix), peintre et graveur, du talent le plus vigoureux et le plus original, le prince des aquafortistes, n. à Paris, 22 mai 1833.

Aux artistes, pièce autographe signée ; (Paris, 1870), 6 p. in-4. Belle pièce. *(Coll. B. Fillon.)* — P.

Important document où le célèbre artiste expose ses vues particulières sur la question, si controversée, des expositions. Après d'intéressantes considérations sur la nécessité d'une association des artistes, il arrive à cette conclusion : il y aura deux sortes d'expositions ; l'une, faite par le gouvernement et à ses frais, aura lieu tous les cinq ans ; l'autre, faite par les artistes et à leurs frais, aura lieu tous les ans, à l'exception de l'année où le gouvernement fera la sienne. — (On sait que les idées de Bracquemond ont fini par triompher et qu'actuellement les expositions sont organisées par les artistes constitués en société.)

✦ 1700 ✦ **BONNAT** (Joseph-Florentin-Léon), peintre d'histoire, un des chefs les plus célèbres de l'école contemporaine, membre de l'Institut (1881), n. à Bayonne (Basses-Pyrénées), 20 juin 1833. Ce grand artiste excelle aussi dans le portrait.

1° L. A. S. à un critique d'art ; Paris, 23 décembre 1863, 7 p. 3/4 in-8. — P. photographié.

Superbe lettre, qui fait le plus grand honneur à ce célèbre artiste. Elle a été écrite à l'occasion de la réorganisation de l'école de France à Rome. Bonnat donne de piquants détails sur le peintre Hector Leroux et sur l'esprit de corps des pensionnaires de l'école. Il rappelle que Leroux obtint le premier prix dans la section de peinture, mais que cet arrêt fut cassé par l'Institut en masse, c'est-à-dire par les musiciens, les architectes et les sculpteurs. « N'y a-t-il pas là quelque chose d'illogique, et la voix d'un musicien, quoique de l'Institut, quand il s'agit de juger un peintre, devrait-elle avoir la même valeur que celle d'un peintre ? M. Halévy peut-il avoir en peinture des connaissances aussi positives que celles de M. Delacroix ? » (Ceci se passait en 1857 et Hector Leroux n'eut que le second prix.) Il discute la nécessité pour les élèves de faire des envois. Il est partisan des nouvelles mesures prises relativement à l'école de Rome. Considérations à ce sujet. « Je suis, dit-il, convaincu que toutes les fois que l'on laissera de la liberté aux artistes et que l'on étouffera l'esprit de routine, l'art y gagnera. Nous, jeunes, nous puiserons dans notre cœur et y trouverons des motifs d'orignalité, de personnalité, une émotion que ne sauraient nous donner les recettes compassées de l'enseignement que l'on nous a donné jusqu'à présent. »

2° L. A. S. au même ; (Paris), samedi 26 décembre 1863, 3 p. in-8. Très jolie et curieuse pièce.

Très remarquable lettre sur le même sujet que la précédente. « M. Ingres, qui crie tant contre le nouvel état de choses, a été le premier à s'affranchir des règles imposées par la queue de David. Ce n'est qu'à force d'étudier les maitres, en s'affranchissant de l'esprit de routine, qu'il est parvenu à produire des œuvres si imposantes et si belles. Ne pourrait-on le présenter comme modèle à la jeune génération ?... Notre école est en décadence ; qu'on la compare à ce qu'elle a été sous Louis XIV, sous l'Empire, en 1830. Ça vient du manque de foi dans le beau, ça vient du manque de chaleur dans les jeunes gens qui cherchent à gagner de l'argent plutôt qu'à produire de belles choses. On leur dit que le nouveau décret tend à tuer le grand art et à baisser encore le niveau. Dites-leur, Monsieur, je vous prie, que des recettes ne peuvent que produire un semblant de grand art. Le grand art se trouve dans leur conscience, dans leur cœur. Qu'ils s'écoutent et qu'ils deviennent des hommes, qu'ils se livrent, sans arrière-pensée et tout entiers, à l'étude des grands maitres, de la nature, et leurs œuvres seront du grand art... L'on dit que le grand art est mort, c'est faux. » — (Les œuvres de M. Bonnat ont prouvé surabondamment combien ses théories et ses sentiments étaient justes.)

LETTRE DE LÉON BONNAT — FRAGMENT

Numéro 1700.

LETTRE DE HENRI CHAPU — FRAGMENT

Numéro 1702.

+ 1701 + **EHRMANN** (François-Émile), peintre, élève de Gleyre, auteur de grandes compositions décoratives d'un style très pur, n. à Strasbourg, 4 septembre 1833.

1° Dessin représentant la première pensée d'une figure décorative, *Le Manuscrit*, exposée au Salon de 1885 et destinée à être exécutée en tapisserie des Gobelins pour la salle Mazarine à la Bibliothèque nationale. Ce croquis est reproduit ci-contre. — 2° L. A. S. à A. Bachelin (le célèbre peintre et écrivain), à Marin; Paris, 13 décembre 1871, 4 p. pl. in-8.

Très belle lettre. « Je commence à être envers vous d'une paresse que vous pourriez m'imputer à oubli, alors que j'ai à vous remercier de votre envoi si amical de l'album (il s'agit de la publication intitulée *1870-1871. Aux frontières, notes et croquis;* voyez lettre de Bocion). Sur ce que m'a dit Anker (le peintre), il vous reste peu à souhaiter au succès de votre publication : tous vos compatriotes ont voulu avoir ce souvenir d'événements auxquels personne n'a été indifférent, et vous avez très heureusement frappé ce sujet de préoccupations d'un chacun. C'était la vraie condition d'un succès que vos spirituels croquis, leur variété, leur entrain ont par dessus tout enlevé de haute main; tous mes compliments et bien sentis, car c'est une bonne fortune que de pouvoir féliciter quelqu'un des amis de ce temps plus dur encore aux beaux arts qu'aux engelures... Mais il faut s'occuper, dire ce qu'on a sur le cœur. Je fais un Strasbourg, et tout ce que j'entends dire présage un Salon aussi peuplé que les précédents; mais qui diable sera là pour acheter tout cela! Encore si notre fièvre était bien guérie, mais point — je parle de celle du pays et de ses médecins, — et nous courons les chances d'un nouvel accès, non pas demain, il est vrai, mais dans un avenir assez rapproché pour donner de l'appréhension. L'espérance est si belle chose et si nécessaire, surtout quand on a roulé tout au fond du fossé, qu'il est au moins pardonnable de songer à en sortir, même avec l'alternative d'y rester enterré. »

3° L. A. S. à M. Alfred Bovet, à Paris; Paris, 30 octobre 1884, 3 p. in-8, papier de deuil, enveloppe. Très jolie pièce.

Charmante lettre d'envoi du croquis reproduit au catalogue. « Une espèce particulière de pudeur me gêne plus que vous ne pensez pour ce satané billet dont vous tenez à accompagner ma petite machine. Je ne me charge pas de vous expliquer comme quoi je n'ai pas le moindre embarras à exhiber toute espèce d'études nues ou autres qui encombrent mon portefeuille et que j'aie une si invincible aversion de voir imprimé le moindre bout de prose; cela est, c'est tout ce que j'en sais, par malheur cela ne me dispense pas de vous expliquer le croquis destiné à figurer en si illustre compagnie. Voilà : — Le programme décoratif d'une paroi de la Bibliothèque nationale porte qu'on y mettra deux figures représentant l'Imprimé et le Manuscrit. — C'est ce dernier que j'ai voulu peindre en mettant cette femme accoudée sur un lutrin qui lui sert de chevalet. — Tâchez d'y voir la religieuse ferveur, la rêverie persistante d'un moine passant sa vie à enjoliver de mille rinceaux un de ces énormes volumes dont les bibliothèques nous offrent de merveilleux échantillons; cela se passe sous les arcades d'un cloître du quatorzième siècle — pour indiquer une date que le costume de la Muse ne laisse guère deviner — mais l'allégorie a de ces immunités-là... » Intéressants détails.

+ 1702 + **CHAPU** (Henri-Michel-Antoine), un de nos plus célèbres et habiles sculpteurs, l'auteur de l'admirable figure de *la Jeunesse* qui orne le monument d'Henri Regnault, membre de l'Institut (1880), n. au Mée (Seine-et-Marne), 29 septembre 1833.

1° L. A. S. à Bouguereau (le célèbre peintre); (Paris, mercredi 7 mars), 1 p. in-8. — P. photographié.

Il lui recommande le tableau d'un jeune artiste, M. E. Nonclercq, et un camaïeu bleu d'après sa statue de *la Jeunesse*.

2° L. A. S. au directeur d'un journal d'art; Paris, 5 juin, 2 p. 1/2 in-8. *(Coll. B. Fillon.)*

Très belle et très intéressante lettre artistique dans laquelle ce grand sculpteur s'excuse de ne pouvoir autoriser la reproduction de sa statue dans la *Gazette des Beaux-Arts*. Il invoque, à l'appui de sa détermination, une mesure générale prise par ses confrères, à laquelle il doit se soumettre, bien qu'elle lui paraisse nuisible aux intérêts des artistes.

✛ 1703 ✛ **MANET** (Édouard), peintre, élève de Thomas Couture, le chef de l'école impressionniste, n. à Paris, 1833, m. dans la même ville, 30 avril 1883. Son tableau *Le bon Bock* est populaire. Édouard Manet était également un aquafortiste distingué.

1° L. A. S. à Charles Asselineau (le savant bibliographe), 1 p. in-8. — P. photographié.

Jolie lettre dans laquelle Édouard Manet lui mande qu'il peut garder ses gravures, si elles lui sont agréables. « Je vous envoie une petite silhouette de Baudelaire (le célèbre poète), qui me semble le rendre assez. »

2° L. A. S. à un rédacteur du *Figaro;* (Paris), vendredi matin, 1 p. in-18. Très jolie et intéressante pièce.

Belle lettre dans laquelle Édouard Manet le remercie d'un article paru dans *le Figaro* et qui, par ce vilain temps triste, l'a remis en belle humeur.

✛ 1704 ✛ **GAILLARD** (Claude-Ferdinand), peintre et graveur, élève de Léon Cogniet, qui excelle dans la reproduction de la figure humaine, n. à Paris, 7 janvier 1834. Il a peint un grand nombre de portraits, dont le plus célèbre est celui du pape Léon XIII. Dans la gravure il s'est illustré par des reproductions de maîtres anciens et par des portraits parmi lesquels on cite surtout ceux de Pie IX et de l'évêque Pie.

L. A. S. (à Louis Gonse, directeur de la *Gazette des Beaux-Arts*); Paris, 3 mars 1879, 2 p. in-8. Très jolie et intéressante pièce. *(Coll. B. Fillon.)*

Belle lettre dans laquelle Gaillard le remercie de son article sur sa gravure du portrait de l'évêque de Poitiers Pie. « Je vous en remercie aussi pour l'évêque et pour l'éditeur. »

✛ 1705 ✛ **BARTHOLDI** (Frédéric-Auguste), éminent sculpteur, l'auteur du magnifique *Lion* de Belfort et de la colossale statue de *la Liberté*, destinée à l'entrée du port de New-York, n. à Colmar, 2 avril 1834.

L. A. S. à M. Louis de Baër, à Stuttgart; Paris, 12 mai 1858, 1 p. 3/4 in-8, enveloppe. Jolie pièce.

Belle lettre d'envoi de la photographie de son projet de fontaine pour la place des Quinconces, à Bordeaux. — La photographie, qui porte la signature de Bartholdi, est jointe à la lettre.

✛ 1706 ✛ **HIOLLE** (Ernest-Eugène), sculpteur, élève de Jouffroy, célèbre par la grâce et par le charme de ses œuvres, n. à Valenciennes (Nord), 5 mai 1834. On compte parmi ses plus belles productions *Narcisse* et *Arion*. Cet éminent artiste a fait aussi des bustes très estimés, et notamment ceux de Robert-Fleury, Viollet-le-Duc, Chenavard et Carpeaux.

L. A. S. à M. Destable (inspecteur de l'école des Beaux-Arts); Paris, 13 mars 1885, 1 p. in-8.

Il le prie de prévenir les élèves de son cours qu'il ne pourra aller corriger leurs compositions que le lendemain.

✛ 1707 ✛ **FANTIN LATOUR** (Ignace-Henri-Jean-Théodore), peintre, un des chefs de l'école réaliste, disciple de Gustave Courbet, n. à Grenoble, 14 janvier 1836. Il signala ses débuts par l'*Hommage à Delacroix*. Il a peint, dessiné ou lithographié une allégorie en l'honneur de Berlioz, des *Souvenirs de Bayreuth*, le *Festival de Richard Wagner*, les *Scènes du Rheingold*, etc. Il a obtenu, au Salon de 1885, un grand succès avec une composition qui réunit sur une même toile les chefs de l'école wagnérienne à Paris.

1° L. A. S. au peintre Fernand Calmettes (son collègue du comité Eugène Delacroix); (Paris), 14 avril 1885, 1 p. in-8. Très jolie pièce.

Belle lettre. « Depuis notre dernière conversation, j'ai beaucoup pensé au monument Delacroix et de plus en plus Dalou me paraît celui qui ferait l'œuvre la plus intéressante. » — (En avril 1884, un groupe d'artistes et d'admirateurs de Delacroix forma, sous la présidence de M. Auguste Vacquerie, l'éminent publiciste, un comité pour élever un monument à la mémoire d'Eugène Delacroix. Une souscription fut ouverte, une exposition des œuvres d'Eugène Delacroix fut organisée à l'école des Beaux-Arts, et le produit de l'une et de l'autre s'élevait, en avril 1885, à la somme de plus de quatre-vingt mille francs, devant être affectés à l'érection du monument. C'est dans ces circonstances qu'au moment de choisir le statuaire qui serait chargé de ce grand travail, M. Fantin-Latour a écrit la présente lettre. Peu de temps après, Dalou réunit les suffrages du comité et fut chargé d'exécuter le monument.)

2° Dessin à la plume avec dédicace de trois lignes autographes à M. Alfred Bovet et représentant l'*Evocation d'Erda*.

C'est le croquis d'un frontispice destiné à la *Revue Wagnérienne* que dirige depuis quelques mois M. Duchemin.

✛ 1708 ✛ **DELAPLANCHE** (Eugène), sculpteur du plus rare talent, auquel on doit deux belles statues pour le fronton de l'Opéra, n. à Belleville (Seine), 28 février 1836.

L. A. S. (au sculpteur Jules Dalou, dont il était le correspondant pendant le séjour de celui-ci à Londres); dimanche 23 novembre 1879, 2 p. 1/2 in-32. Très jolie pièce. — P.

Épitre amicale dans laquelle il lui promet l'envoi des journaux qui donneront un compte rendu du concours de la défense de Paris. « Je fais un buste après décès et d'après photographie; je restaure un plâtre de ma *Musique* (statue exposée au Salon de 1877); je cherche des esquisses avec un modèle femme, bien entendu; je ne coupe pas dans l'autre sexe... »

ENVOI D'UN DESSIN PAR FANTIN LATOUR

Numéro 1707.

LETTRE DE JULES JACQUEMART — FRAGMENT

Numéro 1712.

✦ 1709 ✦ **LEFEBVRE** (Jules-Joseph), peintre, qui s'est fait une réputation méritée par ses tableaux mythologiques, l'auteur de *La Vérité*, de *Diane au bain*, de *Pandore*, excellent portraitiste, n. à Tournan (Seine-et-Marne), 10 mars 1836.

1° L. A. S. à un photographe; (Paris), vendredi 5 mai 1877, 3/4 de p. in-8. Très jolie pièce.

Belle lettre où Lefebvre le remercie des épreuves photographiques de la petite figure du Salon de cette année (la *Madeleine*).

2° L. A. S. à M. Maurice Simon, à Paris; Paris, 20 juin 1877, 1 p. in-8. Jolie pièce.

Il s'empresse de lui faire remettre la *Pandore* (exposée au Salon de 1877). « J'espère que la traversée qu'elle va subir ne la privera d'aucun de ses moyens de séduction... »

✦ 1710 ✦ **NEUVILLE** (Alphonse-Marie-Adolphe de), le plus justement populaire de nos peintres militaires, élève d'Eugène Delacroix, n. à Saint-Omer (Pas-de-Calais), 31 mai 1836, m. à Paris, 19 mai 1885. Ses épisodes de la guerre de 1870 et son panorama de la bataille de Champigny lui ont fait une grande réputation.

L. A. S. à M. Hoschedé; Paris, dimanche soir, 1 p. 1/2 in-8. — P. photographié.

Jolie lettre pleine de témoignages d'amitié. Alphonse de Neuville prie M. Hoschedé et sa femme d'excuser la façon bruyante dont il a parlé politique.

✦ 1711 ✦ **NEUVILLE** (Alphonse-Marie-Adolphe de).

Croquis au crayon représentant une vue prise dans le village de Wœrth, 1 p. in-8 oblong.

C'est un feuillet détaché d'un album qu'Alphonse de Neuville avait couvert de croquis et de notes, lors d'un voyage qu'il fit dans l'Est de la France en compagnie du peintre Edouard Detaille et de leur ami commun M. Maurice Simon.

✦ 1712 ✦ **JACQUEMART** (Jules-Ferdinand), un des plus habiles graveurs qu'ait produits notre siècle, n. à Paris, 1837, m. dans la même ville, 26 septembre 1880. Cet artiste s'est acquis une très grande réputation par la copie à l'eau-forte de tableaux des maîtres anciens et la reproduction fidèle et délicate d'objets d'art et de curiosité. Il a laissé des aquarelles qui sont considérées comme des chefs-d'œuvre.

L. A. S. (à Benjamin Fillon); (Paris), 20 mai 1871, 1 p. 1/2 in-8. *(Coll. B. Fillon.)* — P.

Jolie lettre d'envoi d'une épreuve d'un portrait. « Je me suis tenu, je crois, aussi près que possible de celui que vous m'avez envoyé, mais vous seul pouvez me dire si j'ai à peu près réussi. » — (Jacquemart fait allusion au portrait de madame Benjamin Fillon, qu'il était alors occupé à graver.)

✦ 1713 ✦ **DURAN** (Charles-Auguste-Emile DURAND, dit Carolus), peintre, célèbre par ses portraits, n. à Lille, 4 juillet 1837. On cite de lui le portrait de madame Feydeau et de mademoiselle Croizette, sa belle-sœur.

L. A. S. à un critique d'art; (Paris), dimanche, 2 p. 1/2 in-18. *(Coll. B. Fillon.)* — P. photographié.

Jolie lettre où il le prie de venir voir un de ses tableaux, qu'il ne peut encore faire partir pour le Salon parce qu'il n'est pas complètement sec. « Si vous pouvez venir, soit lundi avant onze heures ou mardi, vous trouverez une côtelette que j'aurai plaisir à vous voir accepter. Venez seul; je vous dirai pourquoi. Lundi, mardi et jours suivants, j'ai séance de portrait après midi jusqu'à la nuit. »

Numéro 1711.

✛ 1714 ✛ **ROBERT FLEURY** (Tony), peintre d'histoire, auteur des belles toiles du *Massacre de Varsovie* et de *Pinel à la Salpêtrière*, n. à Paris, 1 septembre 1837.

L. A. S. (au peintre et critique d'art Fernand Calmettes, qui écrivait alors dans le journal l'*Indépendance française*); (Paris), ce dimanche matin (décembre 1882), 1 p. 3/4 in-8. Jolie pièce.

Belle lettre où il le félicite de son article de l'*Indépendance française*. « Au milieu de toutes les attaques dirigées contre nous, du mauvais vouloir de l'Etat cherchant à nous faire une concurrence avec l'Exposition nationale, on est heureux de rencontrer des esprits sans partialité reconnaissant les efforts tentés et les résultats obtenus. »

✛ 1715 ✛ **LAURENS** (Jean-Paul), un de nos peintres d'histoire les plus célèbres, auteur de la *Mort du duc d'Enghien*, de l'*Interdit*, de la *Mort de Marceau*, des *Emmurés de Carcassonne*, n. à Fourquevaux (Haute-Garonne), 29 mars 1838.

1° L. A. S. (au directeur de la *Gazette des Beaux-Arts*); (Paris, 1874), 1 p. in-8. Jolie pièce. *(Coll. B. Fillon.)* — P.

Belle lettre dans laquelle il lui mande que son croquis de l'*Excommunié* est prêt à lui être livré.

2° L. A. S. à M...; (Paris), 19 juin 1875, 2 p. 1/2 in-32. Jolie pièce.

Belle lettre où il le prie d'expédier au plus tôt à M. Labor, directeur du musée de Béziers, son tableau de *Guillaume le Conquérant*.

✛ 1716 ✛ **BERNE BELLECOUR** (Étienne-Prosper), peintre de genre, dont la toile intitulée *Un coup de canon* est populaire, n. à Boulogne-sur-Mer, 29 juin 1838.

L. A. S. à Étienne Carjat (le dessinateur); (Paris), samedi 22 juin, 1 p. in-8. Jolie pièce.

Epître amicale où il le prie de lui rendre son cadre. « Peux-tu m'envoyer en même temps une ou deux reproductions collées? »

✛ 1717 ✛ **DALOU** (Jules), le rénovateur de la sculpture décorative, auteur de magnifiques hauts-reliefs, *la République, Mirabeau et Dreux-Brézé*, du monument de la place des Nations, du beau groupe *le Triomphe de Silène*, n. à Paris, 31 décembre 1838.

L. A. S. au directeur de la *Gazette des Beaux-Arts*; Londres, 7 août 1875, 4 p. pl. in-8. — P.

Intéressante lettre où il lui propose, sur sa demande, de reproduire dans la *Gazette des Beaux-Arts* le dessin de sa statuette représentant *Le jour des Rameaux à Boulogne*, qui a été exposée au Salon de 1872. Il signale, en outre, deux autres de ses œuvres, *La Paysanne française* et *La Berceuse*.

✛ 1718 ✛ **MACHARD** (Jules-Louis), peintre d'histoire, auteur d'*Angélique attachée au rocher*, n. à Sampans (Jura), 1839.

L. A. S. à M...; (Paris), lundi matin 28 janvier 1883, 1 p. in-8. Très jolie pièce.

Belle lettre dans laquelle il lui mande qu'il reprend son travail que l'état de sa santé l'avait forcé d'abandonner momentanément.

✛ 1719 ✛ **RAPIN** (Alexandre), excellent peintre de paysage, élève de Gérôme et de Français, n. à Noroy-le-Bourg (Haute-Saône), 24 juin 1839. Il s'est consacré surtout à l'étude de sites de son pays et il excelle à rendre les effets du matin.

L. A. S. à son ami le peintre Léon Glaize, 1 p. pl. in-8. Jolie pièce. — P. photographié.

Intéressante lettre sur les opérations du jury de peinture pour la réception des œuvres destinées au Salon. Il lui fait part du sort qu'ont eues devant le jury quelques toiles auxquelles Léon Glaize portait intérêt.

✛ 1720 ✛ **JAPY** (Louis), un de nos meilleurs peintres de paysage, élève de Français, n. à Berne (Doubs), le 21 octobre 1839. Il débuta par des souvenirs d'Italie, mais se consacra bientôt à l'étude des sites de son pays, des bords du Doubs et des pâturages du Jura. Il fit également un grand nombre d'études des paysages bretons et picards, ainsi que de la forêt de Compiègne. Une toile importante, *Dans la plaine, à Villers-Cotterets*, lui valut un succès très mérité au Salon de 1880.

1° Dessin à la plume signé et représentant un coin de futaie copié dans la forêt de Compiègne, 1 p. in-8.

Très joli dessin d'une exécution délicate et d'un sentiment charmant; c'est un souvenir de Pierrefonds. Louis Japy aime surtout les effets de printemps et d'automne, au lever du jour ou à la tombée de la nuit. Ses œuvres ont en général le charme intime des saisons et des heures indécises.

2° L. A. S. à M. Alfred Bovet, à Valentigney; Paris, 19 décembre 1880, 1 p. in-8.

Jolie lettre amicale, dans laquelle Louis Japy le remercie vivement de la sympathie qu'il a bien voulu lui témoigner pour un de ses tableaux.

✦ 1721 ✦ **JACQUEMART** (Nélie), femme peintre, portraitiste du plus rare talent, n. à Paris, 1840. On lui doit les portraits de Duruy, de Thiers et de Dufaure.

L. A. S. à sa chère Sabine; (Paris), 5 décembre 1857, 3/4 de p. in-8. Jolie pièce.

Elle demande des détails sur le départ de Marie Stuart pour l'Écosse, car elle en a besoin pour sa composition.

✦ 1722 ✦ **GUILLAUMET** (Gustave-Achille), peintre de genre, dont les tableaux sont empruntés à l'Algérie, n. à Paris, 26 mars 1840.

L. A. S. (au peintre Léon Perrault, un des meilleurs élèves de Bouguereau); (Paris, février 1876), 1 p. 1/2 in-18. Belle pièce.

Jolie lettre où il s'excuse de ne pouvoir assister au banquet offert au peintre Bouguereau à l'occasion de sa nomination à l'Institut. « Il ne me sera pas possible de prendre part au banquet auquel tu me pries d'assister. Je tiens à t'en exprimer mes plus vifs regrets, car il y a longtemps que ma sympathie est grande pour le talent et le caractère de notre cher académicien. »

✦ 1723 ✦ **VIBERT** (Jean-Georges), peintre de genre, aquarelliste distingué, auteur de l'Apothéose de M. Thiers, écrivain spirituel, n. à Paris, 30 septembre 1840.

L. A. S. au peintre Toulmouche; (Paris, 1870), 4 p. pl. in-18, papier à son chiffre. Jolie pièce.

Il s'excuse de ne pouvoir envoyer de tableau à l'exposition de Nantes, vu qu'il n'a fait que des portraits dans ces derniers temps. Il n'a pu obtenir de promesses de ses camarades. Il rappelle qu'il vient d'être décoré, en même temps que Toulmouche

✦ 1724 ✦ **BARRIAS** (Louis-Ernest), habile sculpteur, élève de Jouffroy et de Cavelier, le célèbre auteur du beau monument de la défense de Saint-Quentin et des *Premières funérailles*, membre de l'Institut (1884), n. à Paris, 13 avril 1841.

L. A. S. à Auguste Dide; Paris, 18 septembre 1881, 4 p. pl. in-8.

Très belle lettre toute relative à la prochaine inauguration du monument de la défense de Saint-Quentin. « J'ai, dit-il, donné tout ce que j'avais en moi; je me suis même surmené à l'excès. J'ai tout quitté, des travaux peut-être moins glorieux, mais beaucoup plus lucratifs, et je n'ai ménagé ni mes intérêts, ni ma peine... »

✦ 1725 ✦ **CAZIN** (Jean-Charles), peintre d'histoire et paysagiste doué d'un sentiment profond et d'une poésie supérieure, n. à Samer (Pas-de-Calais), 14 mai 1841.

L. A. S. à M. Hippolyte Adam, 1 p. in-4.

Fragment d'une longue lettre. C'est la fin d'une causerie familière sur les artistes. « Pour Stein, lui c'est différent, son œuvre entière rappellerait *la vie*; les gens qu'il peint ont vécu comme nous vivons, comme on vivra. Enfermés dans le terre à terre d'une existence lourde, ils se débattent; la plus poignante tristesse est au fond de ce rêve. »

✦ 1726 ✦ **GLAIZE** (Pierre-Paul-Léon), peintre d'histoire, élève d'Auguste Glaize et de Gérôme, auteur du *Premier Duel*, de *La Conjuration*, des *Fugitifs*, n. à Paris, 3 février 1842. Le portrait qu'il a peint d'après son père est un chef-d'œuvre.

1° Étude pour le portrait de son père avec dédicace autographe à Fernand Calmettes, 1 p. in-4. — 2° L. A. S. à son ami et élève Fernand Calmettes; Amsterdam, 2 septembre 1872, 4 p. in-8.—P.

Belle épître. Il ne sait quand il reviendra à Paris. (Il était occupé à faire la copie des *Syndics* de Rembrandt.) « Jusqu'à présent je ne suis pas mécontent de ce que j'ai fait. Mais le plus difficile va être la reprise de mes têtes pour les finir. » Il regrette qu'il ne puisse venir le rejoindre. « Nous aurions fait de si bonnes parties ensemble et la peinture eût été souvent des nôtres.

Étude pour le portrait de mon père 1878 à mon ami Fernand Culmettes Léon Glaize

Numéro 1726.

+ 1727 + **LELOIR** (Louis-Auguste), habile peintre de genre, un de nos plus brillants aquarellistes, n. à Paris, 15 mars 1843, m. dans la même ville, 28 juin 1884.

L. A. S. à un critique d'art; (Paris), mercredi 30 septembre 1863, 1 p. pl. in-8. Très jolie et intéressante pièce. — P. photographié avec signature autographe.

Belle lettre dans laquelle il le remercie de l'appréciation flatteuse qu'il a faite de son tableau, quoique le résultat du concours ne lui ait pas été favorable.

2° Carte du dîner des Rigobert dessinée par Louis Leloir, signée par le peintre Charles Delort.

Le dîner des Rigobert, ainsi nommé parce qu'il fut inauguré le jour de la fête de ce saint, réunissait un certain nombre d'artistes et de littérateurs. Une première carte, dessinée par Pille, et une autre, dessinée par Worms, sont jointes à celle-ci.

+ 1728 + **REGNAULT** (Alexandre-Georges-Henri), peintre, grand coloriste, que sa fin glorieuse et prématurée ont rendu à jamais célèbre, l'auteur de *La Salomé*, du portrait du *Général Prim,* d'une *Exécution à Tanger,* n. à Paris, 30 octobre 1843, tué à la bataille de Buzenval, sous Paris, le 19 janvier 1871. Il a laissé de grandes aquarelles réputées comme des chefs-d'œuvre du genre.

Dessin à la plume signé, fait alors qu'il était au collège vers 1858, 1 p. in-4. Très intéressante pièce. — P.

Ce curieux dessin, fait par un écolier de quinze ans, porte en légende : « Expédient pour faire entrer une règle dans la tête d'un enfant. »

+ 1729 + **REGNAULT** (Alexandre-Georges-Henri).

L. A. S. à un ami; (Paris), vendredi 9 mars 1862, 1 p. 1/2 in-8. *Très rare.*

Belle lettre où il le remercie de son invitation à aller à Plombières au mois de mai avec M. Lamothe. « Il nous serait bien agréable de travailler avec lui dans ce délicieux pays. Je suis d'autant plus désolé de refuser. C'est cette année que je veux monter en loge pour la première fois, et du 24 avril au 12 août je me retire du monde. Cependant, comme je peux ne pas être admis au concours, ne regarde pas encore le refus comme irrévocable.... » — A l'époque où Henri Regnault écrivit cette lettre, c'était encore un tout jeune homme à ses débuts. Il avait dix-neuf ans et ne subissait le concours qu'à titre préparatoire. Il dut attendre quatre années encore avant d'obtenir le grand prix de Rome, qui lui fut assigné même en dépit du règlement. Il avait, dans son exécution définitive, fort belle d'ailleurs, modifié très sensiblement son esquisse, et cette dérogation aux prescriptions absolues du concours faillit lui valoir une exclusion méritée.)

Rigobert
M.D.CCCLXXV

1881
Lundi 3 janvier

Rigobert —
Rp. S. V. P. 147 Av. Villiers

Ch. Delort

Numéro 1727.

+ 1730 + **DUEZ** (Ernest-Ange), peintre d'histoire, un des chefs de l'école moderne dite du plein air, l'auteur d'un important triptyque conservé au musée du Luxembourg, pastelliste distingué, n. à Paris, 8 mars 1844.

L. A. S. à M. Boussod (associé de M. Goupil, marchand de tableaux); (Paris), mercredi, 1 p. 3/4 in-8.

Jolie lettre où il parle d'un tableau qu'il est occupé à terminer, lequel vient de subir une opération qui le rend pour le moment peu présentable. « On vient d'y rajouter un morceau de toile à droite et le raccord n'est pas repeint, ce qui lui donne un air malheureux. »

+ 1731 + **ZUBER** (Jean-Henri), peintre de genre et de paysage, élève de Gleyre, n. à Rixheim (Alsace), 24 juin 1844. Son pays natal lui a inspiré de belles toiles.

L. A. S. à son maître L. Berthoud (le célèbre peintre suisse); Rixheim, 14 juillet 1873, 4 p. pl.in-8.

Charmante lettre, ornée d'un croquis dans le texte. Il y donne d'intéressants détails sur sa famille et sur ses travaux. « Mes sœurs Mélanie et Lise, qui sont venues aujourd'hui, m'ont agonisé de sottises à propos d'un vieux saule dépouillé qui figure dans une esquisse dont je voudrais faire un grand tableau. Je suis fort désireux d'avoir votre avis là-dessus, car je suis seul contre tous à combattre pour ma pauvre esquisse; il est vrai que je combats avec la foi et que les railleries de mes sœurs qui comparent mon saule à un vieil os de gigot et m'accusent de *courbettisme*, ne m'émeuvent pas trop. Mais si vous vous mettez aussi contre moi, je me rendrai sans conditions. Le coupable est au beau milieu, il ne se cache pas ! »

+ 1732 + **CONSTANT** (Benjamin), célèbre peintre d'histoire, dont les grandes compositions, qui sont toujours empruntées au monde oriental, révèlent un rare tempérament de coloriste, n. à Paris, 10 juin 1845.

L. A. S. au peintre Léon Glaize; Paris, 6 mai 1884, 1 p.1/4 in-8, enveloppe. Belle pièce.

Jolie lettre dans laquelle Benjamin Constant donne, en termes chaleureux, son adhésion au comité formé pour élever un monument à la mémoire d'Eugène Delacroix. « Je vote d'enthousiasme la statue de notre grand Delacroix. »

✦ 1733 ✦ **SAINT MARCEAUX** (Charles-René DE PAUL de), sculpteur éminent, qui unit à une puissance d'inspiration contenue, un goût exquis, l'auteur du *Génie gardant le secret de la tombe* et de l'*Arlequin*, n. à Reims, septembre 1845.

L. A. S. à son ami M. Théophile Bovet, à Neuchâtel (Suisse); Florence, 14 juillet 1874, 4 p. in-8, papier et enveloppe à son chiffre. Très belle et très intéressante pièce. — P. photographié.

Charmante épître intime. « Mon cher ami, vous souvient-il encore de nos relations d'autrefois.... ? Si je ne vous ai donné aucune preuve de souvenir, je ne vous ai pourtant pas oublié. Je ne chercherai aucune excuse, toutes seraient mauvaises; invoquer la paresse et les mille riens de chaque jour qui dévorent notre existence, ce serait ajouter l'aveu de ma faiblesse à une première faute. Seulement ne pensez pas que j'aie pu dire : loin des yeux, loin du cœur; non, je vous ai toujours gardé une bonne affection, trop platonique, c'est vrai, mais c'est ma manière d'aimer la plus ordinaire, soit par égoisme, soit par un raisonnement d'avarice qui prend première plaisir à compter et à serrer précieusement les amitiés dont elle pourrait se servir.... Malgré tout je travaille et j'ai fait dans mon art quelques pas en avant. Pour l'instant je suis à Florence depuis un an avec l'idée de ne rentrer définitivement en France qu'avec une statue commencée et dont je ne puis voir la fin.... »

✦ 1734 ✦ **MERCIÉ** (Marius-Jean-Antoine), grand sculpteur, le puissant auteur du *David*, des beaux groupes *Gloria victis* et *Quand même!* du bas-relief du *Génie des arts* et du tombeau de madame Charles Ferry, n. à Toulouse, 30 octobre 1845.

L. A. S. à son ami le peintre paysagiste Eugène Baudouin, 1 p. in-32 oblong. *Très rare.* — P.

Joli billet par lequel il lui fait savoir qu'il vient de louer son atelier de la rue du Val-de-Grâce. « Je vous serai bien obligé de faire reprendre votre grande toile qui du reste doit bien s'abimer. »

✦ 1735 ✦ **CORMON** (Fernand PIESTRE, dit), peintre d'histoire, un des représentants les plus remarquables de la jeune école, l'auteur de l'*Age de pierre* et de la *Chasse à l'Ours*, n. à Paris, 22 décembre 1845.

L. A. S. à son ami le peintre Léon Glaize; (Paris, 5 mai 1884), 3/4 de p. in-8, enveloppe. — P.

Jolie lettre dans laquelle Cormon s'excuse de ne pouvoir assister à la première séance du comité (constitué pour élever un monument à la mémoire d'Eugène Delacroix).

✦ 1736 ✦ **JACQUET** (Jean-Gustave), un de nos meilleurs peintres de genre, élève de Bouguereau, l'auteur de *La Rêverie*, exposée au Salon de 1875, n. à Paris, 1846.

L. A. S. à un amateur de tableaux; (Paris), 28 mars 1876, 3/4 de p. in-8. Jolie et intéressante pièce.

Belle lettre dans laquelle Jacquet mande qu'il a fait dans son tableau les changements que cet amateur lui avait demandés.

+ 1737 + DETAILLE (Jean-Baptiste-Édouard), célèbre peintre, qui a conquis le premier rang dans la peinture de genre militaire, élève favori de Meissonier, n. à Paris, 5 octobre 1848.

.L. A. S. à M...; (Paris), 15 novembre, 2 p. in-8. Jolie et intéressante pièce. — P. photographié.

Il déclare qu'il cause souvent avec de Neuville du voyage qu'ils ont fait ensemble à Sedan et pendant lequel ils ont connu la personne à laquelle il écrit.

+ 1738 + DETAILLE (Jean-Baptiste-Édouard).

1° L. A. S. à son ami M. Maurice Simon; Paris, 8 février, 4 p. in-8.

Amusante épître. « Tu ne te doutes pas à quel supplice tu me condamnes en me demandant de t'écrire... Je ne sais pas quoi t'apprendre de bien neuf sur Paris; les journaux (en anglais papers) t'en diront plus long que moi. Dimanche dernier bal à la grande opéra — beaucoup de monde, pas beaucoup de luminaire. Le monde officiel dominait; le maréchal président s'est longtemps promené dans le foyer; j'ai eu l'honneur d'être intrigué, sans le savoir bien entendu, par la maréchale présidente; je lui ai dit des horreurs, elle en a beaucoup ri; j'allais me permettre certaines familiarités lorsqu'elle aperçut le maréchal et se perdit aussitôt dans la foule; je l'ai aperçue ensuite dans un quadrille, mais sans pouvoir la rejoindre.... — Rapporte-moi d'Angleterre une belle paire de chevaux anglais (en anglais horse) et un costume de musicien écossais avec le bignou orné de petits drapeaux; si tu étais gentil tu ferais ça : les chevaux, j'y tiens moins, parce que mon atelier est déjà bien rempli de bibelots. — L'heure du courrier me presse (el corriero en espagnol) et je ferme ma lettre (en anglais letter) et je signe Edouard Detaille et je te serre la main et je te charge de mes amitiés pour Tardieu (en anglais Tardiew)! »

2° L. A. S. à son ami M. Maurice Simon, à Paris; Paris, 29 novembre 1880, 1 p. in-8. Jolie pièce.

Belle et intéressante lettre. « Je t'envoie l'album en question, qui est celui sur lequel je dessine en ce moment quand je vais diner en famille. » — (La première page de ce très curieux album est reproduite en fac-similé sur la page ci-après.)

+ 1739 + BASTIEN-LEPAGE (Jules), célèbre peintre de genre, un des maîtres de l'École naturaliste, auteur de *Jeanne d'Arc* et des *Ramasseuses de pommes de terre,* n. à Damvillers (Meuse), 1 novembre 1848, m. à Paris, 10 décembre 1884.

L. A. S. (à son ami Gustave Ollendorf, chef de bureau aux Beaux-Arts); Damvillers, 3 p. in-8.

Jolie épître amicale où il lui donne de ses nouvelles et le prie de recommander à Alfred Rambaud (l'historien, chef de cabinet de M. Jules Ferry, ministre de l'Instruction publique) l'instituteur de Damvillers.

+ 1740 + MOROT (Aimé-Nicolas), peintre d'histoire et de portraits, l'auteur du *Bon Samaritain* et de la *Tentation de saint Antoine,* n. à Nancy, 16 juin 1850.

L. A. S. au peintre Eugène Carrière; (Paris, 1885), 1 p. in-8. Très jolie pièce.

Belle lettre relative à la réception des deux tableaux qu'Eugène Carrière a présentés au Salon. Il lui annonce que son tableau l'*Enfant malade* a eu un grand succès auprès du jury.

+ 1741 + SUCHETET (Edme-Auguste), sculpteur du talent le plus fin et le plus distingué, élève de Cavelier, n. à Vendeuvre-sur-Barse (Aube), 3 décembre 1854.

L. A. S. à M. Blum; Paris, 6 novembre 1883, 2 p. in-8. Très jolie pièce.

Belle lettre dans laquelle il s'excuse de ne pas lui avoir encore livré sa petite figure; il espère qu'elle pourra être prête dans six semaines. Il l'invite à venir voir un buste qu'il vient de terminer.

Numéro 1738.

⁓ ALLEMAGNE ⁓

✛ 1742 ✛ **CRANACH (Lukas)**, grand peintre et graveur illustre, émule d'Albert Dürer, de Lucas de Leyde et de Hans Holbein, ami intime de Luther et de Melanchthon, dont il a fait les portraits, n. à Kronach, 1472, m. à Weimar, 16 octobre 1553. Le magnifique portrait de l'électeur de Saxe, Jean Frédéric, peint par Lukas Cranach, est précieusement conservé au musée du Louvre.

P. A. S. à la troisième personne; (1533), 1/2 p. in-8 oblong. Superbe pièce. *Très rare.* — P.

Précieux autographe. C'est un reçu de vingt-cinq florins délivré au notaire Sébastien Schard.

✛ 1743 ✛ **WILLE (Johann-Georg)**, célèbre graveur au burin, qui commença à graver dans son pays, puis vint à dix-neuf ans à Paris, qu'il ne quitta plus et où il se fit une réputation européenne, n. à Kœnigsberg, près de Giessen, 5 novembre 1715, m. à Paris, 5 avril 1808. Il fut le correspondant d'un grand nombre d'artistes.

L. A. S. à Mechel (le célèbre graveur suisse), à Bâle; Paris, 31 juillet 1768, 3 p. in-4, cachet.

Superbe lettre relative à la mort tragique de Winckelmann (survenue le 8 juin précédent). « Vous avez sans doute été non moins atterré que moi par l'irréparable malheur arrivé à l'illustre Winckelmann. Je venais d'apprendre seulement par des lettres de Vienne quels honneurs on lui avait rendus dans cette ville et voilà que peu après je reçois d'autres lettres m'annonçant l'horrible assassinat. Quel évènement fatal! Que de bonnes et grandes choses cet homme éminent n'aurait-il pas faites à Vienne où il comptait se fixer définitivement le printemps prochain. — Quelles merveilleuses découvertes n'a-t-il pas faites en traversant le Tyrol, où il a retrouvé les carrières d'où les anciens Romains tiraient leur porphyre — on avait cherché en vain depuis longtemps ces carrières en Egypte, en Grèce et dans d'autres contrées encore.. Je m'arrête. Cette pensée m'est trop pénible, d'autant plus que j'entretenais depuis de longues années une correspondance amicale avec lui. J'ai l'intention d'écrire à Vienne pour proposer qu'on élève un monument au grand et infortuné Winckelmann, sans cela il pourrait bien arriver que d'ici à quelques années on ne sache plus où repose sa dépouille mortelle. » Il ajoute en post-scriptum : « J'ai encore appris avant-hier par une lettre de Vienne que l'un de mes amis s'est donné toutes les peines possibles pour mettre en sûreté tous les manuscrits laissés par Winckelmann. C'est un grand bonheur pour le monde savant et cela fait beaucoup d'honneur au zèle de mon ami. »

✛ 1744 ✛ **OESER (Adam-Friedrich)**, peintre, graveur et mouleur, dont Goethe prisait le talent, élève de Raphaël Mengs et de Dietrich, n. à Presbourg (Hongrie), 17 février 1717, m. à Leipzig, 18 mars 1799. Il fut directeur de l'Académie des Beaux-Arts de Leipzig, et ses fresques de l'église Saint-Nicolas de cette ville sont estimées.

1° L. A. S. à sa fille, à Leipzig; Crottendorf, 9 août 1776, 1 p. in-fol., cachet, avec son initiale formée d'un O et d'un E entrelacés. Belle lettre intime. — P. d'Anton Graff.

Belle lettre dans laquelle il la charge de le rappeler au bon souvenir de Bause, le célèbre graveur. Intéressants détails sur l'Académie de dessin de Leipzig.

2° Joli dessin au lavis, signé et représentant une tête de Socrate, daté de Leipzig, 21 octobre 1784, 1 p. in-24 oblong. Belle pièce.

✦ 1745 ✦ **CHODOWIECKI** (Daniel-Nikolaus), célèbre peintre et graveur, qui était sans rival dans la représentation de la figure humaine, n. à Dantzig, 16 octobre 1726, m. à Berlin, 7 février 1801. Il fut le plus fécond vignettiste de son temps et son œuvre ne compte pas moins de trois mille planches.

L. A. S. (au conseiller Becker, à Dresde); Berlin, 20 octobre 1799, 4 p. pl. in-8. — P. d'Anton Graff.

Belle et intéressante lettre. Détails sur un certain nombre de ses gravures. — Il se plaint de ne plus gagner d'argent, et de ne plus être à la mode; il est vieux, a trois trous aux jambes, cinq enfants et douze petits-enfants, ce qui rend sa position bien pénible. — A la fin de la lettre, il a dessiné à la plume une suite de jolis croquis de têtes.

✦ 1746 ✦ **MENGS** (Anton-Raphaël), célèbre peintre d'histoire religieuse et critique d'art, qui poursuivit l'idée chimérique d'emprunter à Raphaël, au Titien et au Corrège leurs qualités maîtresses pour arriver à la perfection, n. à Aussig, 12 mars 1728, m. à Rome, 29 juin 1779. Cet artiste fut l'ami du grand antiquaire Winckelmann.

L. A. S., en italien, à un grand seigneur florentin, 3/4 de p. in-4. Très belle pièce.

Belle lettre dans laquelle il lui envoie un dessin, ainsi qu'il a été convenu entre eux. Intéressants détails.

✦ 1747 ✦ **BAUSE** (Johann-Friedrich), excellent graveur de portraits, dont l'œuvre est très considérable, n. à Halle (Saxe), 5 janvier 1738, m. à Weimar, 3 janvier 1814.

L. A. S. à Guillaume Ford, à Manchester; Leipzig, 22 février 1804, 1 p. in-4. Très belle pièce.

Belle lettre. Comme M. Schreiber doit bientôt aller d'Angleterre à Leipzig et doit acheter pour lui des instruments et des plaques de cuivre qu'il doit rapporter à Leipzig, il prie son correspondant de lui payer cent Reichsthalers pour son compte. En supposant qu'il n'ait pas encore vendu toutes ses gravures, il finira par trouver à les vendre. Il a de nouveau terminé quatre gravures et elles sont au service de son correspondant.

✦ 1748 ✦ **KOBELL** (Ferdinand), peintre de paysage et graveur à l'eau-forte, n. à Mannheim, 1740, m. à Munich, 1799.

L. A. S. à Frauenholz, à Nuremberg; Munich, 19 avril 1796, 3 p. in-4, cachet armorié. — P.

Belle lettre artistique relative à ses travaux. Très intéressants détails à ce sujet. Il déclare que les académies n'ont jamais rendu de services, sauf peut-être celle de Carrache, d'où encore n'est sorti aucun grand homme, sauf le Dominiquin. Longs et intéressants détails à ce sujet.

✦ 1749 ✦ **DUNKER** (Balthazar-Anton), peintre et graveur, auquel on doit le portrait du grand Haller, n. à Saal, près de Stralsund, 1746, m. à Berne (Suisse), 1807. Il vint en France en 1770 et grava les tableaux du cabinet du duc de Choiseul.

1° L. A. S., en français (au célèbre graveur Wille, à Paris); Bâle, 17 janvier 1773, 3 p. in-4.

Très belle lettre dans laquelle Dunker s'excuse auprès de Wille de n'avoir pas encore terminé ses dessins. Il parle ensuite de l'incendie de l'Hôtel-Dieu de Paris, des dessins de Rubens et de Ruisdael que Duval a achetés à la vente Huguier, etc.

2° L. A. S., en français (au célèbre graveur Wille, à Paris); Berne, 13 janvier 1776, 6 p. in-4.

Épitre des plus intéressantes. Il exécutera volontiers les dessins qu'il lui a commandés; il demande si un graveur parisien pourrait se charger de graver deux de ses compositions. Il a des ennuis en Suisse, car pour pouvoir résider à Berne, il lui faut acheter un droit de bourgeoisie dans une des petites villes du canton, ce qui lui coûtera cinquante louis. Piquantes considérations à ce sujet. Critique d'un article de journal sur les graveurs vivants. Il se plaint que, pour les gravures de petit format, on n'ait cité que Cochin. — (On voit par les fac-similés, que Dunker avait deux signatures, l'une avec le prénom et l'autre sans le prénom.)

✦ 1750 ✦ **MÜLLER** (Johann-Gotthard von), célèbre graveur au burin, n. à Bernhausen, près de Stuttgard (Wurtemberg), 14 mai 1747, m. à Stuttgard, 14 mars 1830. Il fut chargé, en 1785, de graver le portrait en pied du roi de France Louis XVI.

L. A. S. au célèbre graveur Wille, à Paris; Stuttgard, 1 mars 1783, 2 p. in-4, cachet. Superbe pièce. *(Coll. Cottenet.)* — P. d'après Tischbein.

Très intéressante lettre où il lui recommande MM. de Polterazky, officiers russes. Il le prie de leur montrer sa collection de tableaux. Il lui annonce qu'il s'est remarié. « Je vis de nouveau heureusement; cela devait arriver, si la perte que j'ai éprouvée à Paris devait être réparée.... Je publierai dans peu de mois une nouvelle gravure et je ne manquerai pas de vous en envoyer alors une épreuve; elle représente le vieux père Loth avec ses deux luronnes de filles sur la montagne. J'ai aussi commencé à graver le portrait de feu ma femme, avec son enfant, sur un tableau d'après Tischbein. Après cela je graverai le portrait de Madame Le Brun (la célèbre femme peintre)... »

✦ 1751 ✦ **TISCHBEIN** (Johann-Heinrich-Wilhelm), célèbre peintre d'histoire et de portraits, ami de Goethe, n. à Haina (Hesse), 15 février 1751, m. à Eutin, 26 juillet 1829. On doit à cet excellent artiste beaucoup de portraits de personnages célèbres, entre autres celui de Mozart. On l'avait surnommé *le Napolitain* parce qu'il était directeur de l'Académie de peinture à Naples.

L. A. S. au conseiller Merck (Johann-Heinrich, n. 1741, m. 1791) à Darmstadt; Rome, 21 février 1784, 3 p. in-4, cachet brisé. Très belle pièce. *Rare.* — P.

Belle lettre. Il vient d'envoyer à Goethe des dessins de sa composition, ainsi que deux portraits à l'huile, ceux de Conradin de Souabe et du duc Frédéric d'Autriche, non seulement pour que Goethe puisse juger des progrès qu'il a faits, mais surtout dans l'espoir de recevoir un peu d'argent, dont il a grand besoin pour payer ses modèles. Détails intéressants sur ses travaux, sur les connaissances qu'il a faites, etc. Autant il s'était mal trouvé de son premier séjour à Rome, autant il est satisfait de celui-ci. Il s'est créé un cercle d'amis et a obtenu des travaux qui lui ont attiré des éloges. Il se donnera toute la peine possible pour que ses amis n'aient pas à avoir honte de lui. Il ira dessiner au Vatican d'après les antiques et Raphaël.

✝ 1752 ✝ **BARTSCH** (Johann-Adam-Bernhardt, comte de), célèbre graveur à l'eau-forte et au burin, écrivain distingué, auteur du *Peintre-Graveur,* n. à Vienne (Autriche), 17 août 1757, m. dans la même ville, 21 août 1821.

L. A. S., en français, au libraire Guillaume de Bure, à Paris; Vienne, 29 janvier 1785, 1 p. pl. in-4, cachet brisé.

Très intéressante lettre où il lui rappelle qu'il l'a chargé d'acheter à la vente de M. Billy, pour le compte de la Bibliothèque impériale de Vienne, « la collection des estampes scandaleuses que vous avez eu la bonté de me faire voir au Louvre pendant mon séjour à Paris. » Étant sans nouvelles, il le prie de le renseigner à ce sujet.

✝ 1753 ✝ **DANNECKER** (Johann-Heinrich von), illustre sculpteur, ami de Schiller, dont il fit une statue colossale, auteur de l'*Ariadne,* de *Psyché,* de la statue du Christ, qui est à Saint-Pétersbourg, etc., n. à Waldenbuch, près de Stuttgard, 15 octobre 1758, m. à Stuttgard, 8 décembre 1841.

1° Pièce d'album autographe signée, contenant la copie d'une pièce de vers de Goethe; Stuttgard, 25 octobre 1792, 1 p. in-8 oblong. Rare pièce.

Elle commence par ce quatrain : « Was fraut die glühende Natur. — An deinem Busen dir? — Was hilft dich das Gebildete. — Der Kunst, rings um dich her? »

2° L. S. au professeur Wagner; Stuttgard, 1 juin 1837, 1 p. 1/2 in-fol. Superbe et très intéressante pièce. — P.

Belle lettre, écrite comme directeur de l'école des Beaux-Arts de Stuttgard. Il y parle de modèles en plâtre que Thorvaldsen a donnés à ladite école.

✝ 1754 ✝ **REINHART** (Johann-Christian), peintre de paysage et graveur, n. à Hof (Franconie), 24 janvier 1761, m. 10 juin 1847, à Rome, où il était établi depuis 1789. Cet excellent artiste est surtout célèbre par ses belles gravures de paysages italiens.

L. A. S. à Frauenholz, marchand d'estampes, à Nuremberg; Rome, 17 juillet 1808, 2 p. in-4. — P.

Très belle lettre relative aux collections d'Angelica Kauffmann. Cette artiste célèbre vient de mourir, et il suppose que Frauenholz sera enchanté d'acheter tout ou partie de ses collections, de ses cuivres, etc. Il s'est déjà présenté des amateurs, Vitali et Piali entre autres, mais les héritiers ont consenti à attendre sa réponse avant de rien conclure. Il a dû recevoir le catalogue, qui contient de belles gravures du Poussin (plus de 70 pièces), d'Edelinck, de Pesne et de Stella, les batailles d'Alexandre de Le Brun gravées par Audran. — Il y a également de belles gravures de Raphaël Morghen, avant la lettre, d'après Rubens, Raphaël et Michel-Ange, etc., etc.

✝ 1755 ✝ **RAMBERG** (Johann-Heinrich), dessinateur, peintre et graveur de grand mérite, n. à Hanovre, 1763, m. 6 juillet 1840.

1° Dessin à la plume, signé *Rbg.*, et représentant une Charlotte Corday; 1790, 1 p. in-8. — 2° L. A. S. au libraire Gœschen, à Leipzig; Hanovre, 6 décembre 1808, 3 p. in-4, cachet brisé.

Belle et intéressante épître artistique où il parle de ses travaux et entre autres des portraits de Bernadotte, de Napoléon et de Wieland qu'il doit graver pour illustrer une publication.

✢ 1756 ✢ SCHADOW (Johann-Gottfried), un des plus célèbres sculpteurs de l'Allemagne, auquel on doit les statues colossales de Luther à Wittemberg et de Frédéric II à Stettin, celle de Zieten à Berlin, ainsi que le fameux *Quadrige* de la porte de Brandebourg, n. à Berlin, 20 mai 1764, m. dans la même ville, 27 janvier 1850.

L. A. S. à Termite (à Berlin); Berlin, 13 octobre 1827, 1 p. in-4, cachet brisé. Très belle pièce.

Belle et intéressante lettre relative à des mannequins qu'il lui a promis comme modèles pour l'Académie de sculpture. Il entre dans des considérations techniques relativement aux draperies de certaines statues. Très curieux détails à ce sujet.

✢ 1757 ✢ VEITH (Johann-Philipp), célèbre dessinateur, peintre et graveur, qui s'acquit une réputation méritée par ses belles gravures de paysages exécutées d'après ses propres dessins, n. à Dresde (Saxe), 1769, m. dans la même ville, 1837.

L. A. S. à Brenner, libraire, à Leipzig; Dresde, 11 mai 1819, 1 p. in-4, cachet. Jolie pièce.

Belle lettre dans laquelle Veith lui demande s'il a reçu la planche qu'il vient de graver et sollicite une avance d'argent dont il a le plus urgent besoin pour aller aux eaux, ses yeux étant malades. Dès qu'il sera rétabli, il se remettra avec une nouvelle ardeur à la besogne, et il se recommande pour de nouveaux travaux qu'il exécutera de son mieux.

✢ 1758 ✢ HALLER VON HALLERSTEIN (Christophe-Joachim), amateur et graveur, dont les rares productions sont recherchées, n. vers 1770, m. à Nuremberg, 1839.

L. A. S., en français (au professeur Johann-Christian Reinhart, à Berlin); Cobourg, 3 mars 1817, 4 p. pl. in-4. Magnifique et très curieuse pièce. — P. de Hessell gravé par Bock en 1816.

Superbe lettre, ornée de délicieux croquis à la plume. Il lui fait des protestations d'amitié et lui raconte la vie qu'il mène à Cobourg. « Voilà, dit-il, la plus belle chevelure de Cobourg et une des plus jolies enfants dont j'ai fait le portrait un de ces jours. » A la suite Haller von Hallerstein donne les charmants croquis, dont un est fac-similé ci-dessous.

✢ 1759 ✢ RAUCH (Christian-Daniel), un des plus illustres sculpteurs de l'Allemagne, n. à Arolsen (principauté de Waldeck), 2 janvier 1777, m. à Dresde, 3 décembre 1857.

1° L. A. S. à madame de Gamange; 27 avril 1838, 1 p. in-8, cachet représentant un sphinx. Jolie épître amicale. — 2° P. A. S.; (Berlin), 3 mars 1844, 1 p. in-4. Très belle pièce. — P.

Très intéressant et curieux document où il donne le devis des dimensions pour son célèbre monument du grand Frédéric.

LETTRE DE CHRISTIAN DANIEL RAUCH

Numéro 1759.

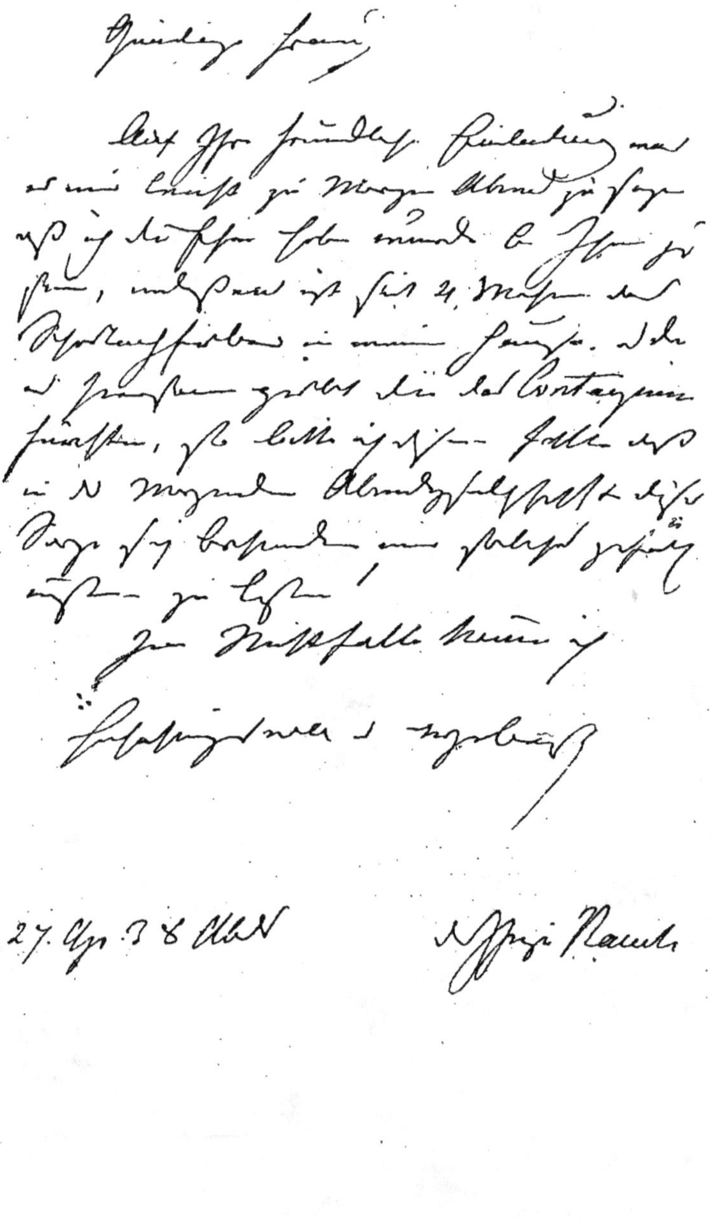

Gnädige Frau!

Auf Ihre freundliche Einladung [illegible] zu Morgen Abend zu sagen, daß ich das Glück haben würde bei Ihnen zu sein, [illegible] ist seit 4 Wochen das Scharlachfieber in meinem Hause. [illegible] die Contagion [illegible] fürchten, so bitte ich [illegible] morgenden Abendgesellschaft [illegible] sich befinden [illegible] gefälligst [illegible] zu lassen!

Zum [illegible] ich

hochachtungsvoll und ergebenst

27. Apr. [illegible] Abends

Christ. Rauch

✦ 1760 ✦ **RETZSCH** (Friedrich-August-Moritz), peintre, qui s'est surtout rendu célèbre par ses magnifiques illustrations du *Faust* de Goethe et des œuvres de Schiller et de Shakespeare, n. à Dresde, 9 décembre 1779, m. dans la même ville, 11 juin 1857.

1° L. A. S., ornée de plusieurs jolies têtes dessinées au crayon, 1 p. in-8. — 2° L. A. S. au bibliothécaire Falkenstein, à Dresde; Oberloessnitz (Saxe), 22 septembre 1839, 1 p. in-8. Très jolie et intéressante pièce. — P.

Belle lettre dans laquelle il demande l'autorisation de conserver encore pendant quelques temps les livres qui lui ont été prêtés. Il ne manquera pas de les rapporter la prochaine fois qu'il se rendra à Dresde.

✦ 1761 ✦ **SCHINKEL** (Karl-Friedrich), un des plus grands architectes de l'Allemagne, qui a orné la ville de Berlin de plusieurs monuments remarquables, n. à Neuruppin, 13 mars 1781, m. à Berlin, 9 octobre 1841.

L. A. S. au comte de Waldkirch; Berlin, 8 septembre 1836, 1 p. gr. in-4, enveloppe et cachet. Très belle pièce.

Superbe lettre toute relative à une visite que le professeur Kramer, qui lui est recommandé par le comte de Waldkirch, a l'intention de faire à l'Ecole d'architecture. Il se met entièrement à sa disposition. Intéressants détails à ce sujet.

✦ 1762 ✦ **CORNELIUS** (Peter von), illustre peintre d'histoire, chef de l'école allemande moderne, n. à Dusseldorf, 24 septembre 1783, m. à Berlin, 6 mars 1867.

L. A. S. à Wagener, consul du roi de Suède à Berlin (célèbre amateur d'autographes, n. à Berlin, 1782, m. 1861); Rome, 6 avril 1857, 2 p. in-8, enveloppe et cachet. *(Coll. Wagener.)* — P.

Superbe lettre relative à une commande que Wagener lui a faite. Il est dans l'intention de peindre ce tableau *in tempera*, genre qui est un *meꝫꝫo termino* entre la fresque et la peinture à l'huile, et qui convient, dit-il, le mieux « à ses goûts et à son genre de talent, « weil sie ein *meꝫꝫo termine* zwischen der Oehl und Fresco-Malerey ist, und dadurch meiner Neigung und meinem Talente mehr entspricht. » Longues et très intéressantes considérations artistiques.

✦ 1763 ✦ **RUMOHR** (Karl-Friedrich-Ludwig-Félix, baron de), dessinateur, graveur et critique d'art, qui jouissait de la plus grande influence, n. à Dresde, 1785, m. 1843.

L. A. S. à Federigo Nerly, à Rome; Dresde, 20 mai 1833, 3 p. in-4. Superbe pièce. — P.

Intéressante épître artistique. Il recommande avant tout l'étude sincère de la nature, et dit qu'on doit la copier tout bêtement telle qu'on la voit, et ne plus se contenter, comme on l'a fait jusqu'ici, d'une interprétation artificielle; il sera nécessaire de former également le goût du public qui prétend qu'on la lui arrange et enjolive à son idée. Il parle de J.-C. Dahl (célèbre paysagiste, n. à Bergen en Norwège, le 24 février 1788, m. à Dresde, 14 octobre 1857) « qui est, dit-il, le seul bon peintre que nous ayons actuellement à Dresde. »

✦ 1764 ✦ **OVERBECK** (Johann-Friedrich), célèbre peintre, le régénérateur de la peinture religieuse, n. à Lubeck, 3 juillet 1789, m. à Rome, 12 novembre 1869.

L. A. S. au peintre Julius Schnorr von Karolsfeld, à Munich; Rome, 26 janvier 1835, 2 p. in-4. Superbe et intéressante pièce. — P. de sa jeunesse, gravé par Flameng, épreuve avant la lettre.

Belle lettre. — Il vient de la part de l'un des plus fervents admirateurs de Schnorr, le comte Sant de Malte, lui faire la commande d'un tableau. « Bien que je sache que tu es très occupé par tes grandes compositions (dont j'entends dire le plus grand bien) je compte que tu voudras bien prendre ma demande en considération. » — Il termine ainsi : «Deine freundlichen Grüsse hat mir der junge Deurer ausgerichtet, und mir zugleich durch seine Erzählungen grosses Verlangen erregt, Deine prachtvollen Nibelungen–sääle zu sehen. Möge der Herr Dich ferner stärken und Dich über den Nibelungen-hort des Schatzes nicht vergessen lassen, den Er uns zu erwerben, Selber Knechtesblösse auf Sich zu nehmen nicht verschmäht hat...»

[Handwritten letter in German cursive script]

Dr. P. v. Cornelius.
Palozzo Poli.

✦ 1765 ✦ SCHADOW (Friedrich-Wilhelm von Schadow Goldenhaus), célèbre peintre d'histoire et de portraits, directeur de l'Académie et fondateur de l'école de peinture de Dusseldorf, n. à Berlin, 5 septembre 1789, m. à Dusseldorf, 9 mars 1862.

L. A. S. à Julius Rietz (célèbre compositeur de musique); Dusseldorf, 19 mars 1845, 1 p. in-8.—P.

Très jolie lettre. Il le prie au nom de plusieurs amateurs de musique de faire chanter la scène d'Orphée (de Gluck) sur le texte italien, leur avis étant qu'elle perd beaucoup à être chantée avec des paroles allemandes. Intéressantes considérations.

✦ 1766 ✦ STEINLA (Moritz MÜLLER, dit), célèbre et habile graveur au burin, n. à Steinla, près de Hildesheim, 1791, m. à Dresde (Saxe), 21 septembre 1858.

L. A. S. à un artiste; Dresde, 2 novembre 1844, 3 p. gr. in-4. Superbe et très intéressante pièce.

Très belle lettre artistique. Il accepte avec grand plaisir l'offre qui lui a été faite de devenir membre de la société de gravure qui vient d'être fondée à Dresde. Longues et intéressantes considérations sur l'état actuel de la gravure. Il regrette qu'on la bâcle sans nul souci de la perfection, qui exige beaucoup de temps et de peine. C'était ce que comprenaient bien les maîtres anciens, aussi nous ont-ils légué des chefs-d'œuvre impérissables que notre époque ne saurait égaler. Parlant des peintres actuels au point de vue de la gravure de leurs œuvres, il dit ce qui suit de Cornelius et de Kaulbach : « Gegen die Meister bezeige ich meine Achtung und doch genügt mir nach Cornelius, selbst nach dem bei weitem besser zeichnendem Kaulbach, ein ausgeschickter Umriss, und diese braucht man nicht stechen zu lernen, ein Maler radirt sie am besten und daher ist er denn auch zu jeder Stund ein zeitgemässer Kupferstecher. » Très intéressantes considérations artistiques.

✦ 1767 ✦ SCHNORR VON KAROSFELD (Julius), célèbre peintre d'histoire et illustrateur, n. à Leipzig, 26 mars 1794, m. dans la même ville, 24 mai 1872.

L. A. S. au baron de Rumohr, à Florence; Rome, 4 février 1818, 2 p. 1/2 in-4, cachet. — P.

Très belle lettre relative à ses travaux et à ceux des artistes allemands établis à Rome. « Parlons maintenant de nos amis. Cornelius et Overbeck sont activement occupés à leurs cartons. Tous les deux n'épargnent ni leur temps ni leurs peines pour créer une œuvre qui fasse honneur au nom allemand : et elle lui fera vraiment honneur, j'en ai la certitude, non seulement à cause du talent hors ligne de nos amis, mais encore par ce qui est déjà fait. Horny aide activement Cornelius dans ses travaux; je suis certain qu'il en retirera grand profit pour lui-même; tout travail fait faire des progrès quand il est poursuivi au sens le plus élevé du mot, etc. » « Nun von unseren Freunden insbesondere. Sowohl Cornelius als Overbeck sind aufs eifrigste mit den Cartons zur Decke beschäftigt. Beide scheuen weder Zeit noch Mühe ein Werk zu Stande zu bringen, das dem deutschen Namen Ehre bringen soll; so wird es aber auch Ehre bringen; die Gewissheit dessen liegt sowohl in den ausgezeichneten Talenten unserer Freunde als auch in dem schon Entstandenen.—Horny hilft Cornelius eifrig bei seinen Werken; dass ihn auch diese Arbeit fördert davon bin ich fest überzeugt; jedes Ding kann fördern wenn es nur ernst und im höchsten Sinne getrieben wird, etc. » Il termine par d'amusants détails sur le carnaval, où la colonie allemande s'est fort amusée; il grave Overbeck lui-même a figuré dans la bande joyeuse des artistes.

✦ 1768 ✦ BEGAS (Karl), célèbre peintre d'histoire et de genre, n. à Heinsberg, près d'Aix-la-Chapelle, 30 septembre 1794, m. à Berlin, 24 novembre 1854. Il était également excellent peintre de portraits. Il étudia, en 1812, dans l'atelier de Gros.

L. A. S. au baron de Maltzen (à Berlin); Berlin, 17 mai 1854, 1 p. gr. in-4, cachet armorié. Très belle pièce.

Superbe lettre. Devant partir le lendemain, il regrette de ne pouvoir se rendre à l'invitation du baron. Il le prie, s'il a un moment, de venir voir dans son atelier quelques toiles que le roi a daigné examiner en personne la veille.

✦ 1769 ✦ **ROTTMANN** (Karl), célèbre peintre, auquel on doit les reproductions de paysages grecs qui se trouvent à la nouvelle Pinakothek de Munich, n. à Handschuchsheim, près de Heidelberg, 11 janvier 1798, m. à Munich, 6 juillet 1850.

L. A. S. au roi de Bavière (à Munich); Munich, 26 mai 1841, 3 p. in-4, cachet. *Très rare.*

Superbe lettre. Connaissant le culte que le roi porte aux beaux et vieux arbres, il vient mettre sous sa haute protection un chêne et un hêtre vénérables qui ornent les environs de son château de plaisance et qui sont déjà marqués pour être abattus. « Le chêne, dit-il, se dresse dans sa splendeur luxuriante, comme je ne me rappelle pas en avoir vu de plus admirable dans l'Odenwald; le hêtre, d'un aspect extérieur moins imposant peut-être, est remarquable par ses formes originales; quand on est sous son recouvrage, on se croirait dans une forêt vierge.... L'administration des forêts ne s'inquiétant guère des arbres au point de vue pittoresque, il est à craindre que si le roi ne donne pas des ordres positifs pour qu'on n'abatte aucun arbre sans son consentement, ces ornements du paysage ne disparaissent complètement d'ici à peu d'années, non seulement dans le parc royal, mais aussi dans les environs de Munich. »

✦ 1770 ✦ **HESS** (Heinrich von), célèbre peintre d'histoire religieuse, qui a donné les cartons de nombreux vitraux pour Munich, Cologne et Ratisbonne, n. à Dusseldorf, 19 avril 1798, m. à Munich, 30 mars 1863.

L. A. S. (au docteur Puttrich, à Leipzig); Munich, 31 octobre 1820, 1 p. in-4. *(Coll. B. Fillon et Dubrunfaut.)*

Superbe lettre de recommandation en faveur du fils d'un amateur d'art bien connu, qui est allé faire ses études à l'Université de Leipzig.

✦ 1771 ✦ **GENELLI** (Bonaventura), célèbre peintre, illustrateur d'Homère et de Dante, n. à Berlin, 7 septembre 1798, m. à Weimar, 13 novembre 1868.

L. A. S. à E. Forster, 1 p. in-4.

Très amusante lettre artistique sur les différentes coiffures des Grecs, avec croquis explicatifs à la plume représentant deux têtes surmontées l'une du bonnet d'Ulysse et l'autre du bonnet phrygien.

✦ 1772 ✦ **FELSING** (Jakob), un des plus habiles graveurs de son temps, élève de Paolo Toschi, membre associé de l'Institut (1854), n. à Darmstadt, 22 juillet 1802, m. dans la même ville, 30 mars 1875.

L. A. S. au docteur Haertel, à Leipzig; Darmstadt, 5 novembre 1843, 2 p. 1/2 in-4. Très belle pièce.

Il regrette de n'avoir pu donner que quelques instants au docteur Grossmann tandis qu'il était à Darmstadt. Dans tous les cas trois épreuves de sa planche ont été envoyées à Leipzig quatre semaines avant la visite du docteur Grossmann Il proteste qu'il a travaillé cette planche avec tout le zèle possible et qu'il a employé toutes ses forces à la finir. Il demande s'il lui faut de nouvelles épreuves.

84.

✛ 1773 ✛ SCHWANTHALER (Ludwig-Michael), le plus grand sculpteur qu'ait produit la Bavière, n. à Munich, 26 août 1802, m. 15 novembre 1846. Il travaillait avec une égale souplesse dans les genres les plus différents. Il orna plusieurs des monuments de son pays. On lui doit notamment le groupe du fronton du Walhalla, la colossale statue de la *Bavaria* et des statues de peintres dans la nouvelle Pinakothek. Ce célèbre artiste illustra les œuvres d'Homère, d'Hésiode et d'Orphée.

L. A. S. à l'architecte Sulpice Boisserée (à Munich); Munich, 23 juillet 1843, 1 p. in-fol. — P.

Très belle épître, ornée d'un dessin à la troisième page. « Il ginochio va perdendosi... Ne pouvant aller te faire demain mes adieux en personne, je t'envoie par mon galopin un cuirassier de Pappenheim (général qui s'illustra dans la guerre de Trente ans) qui te portera tous mes vœux pour le succès de ta cure de bains. » — Le dessin de la troisième page représente ledit cuirassier tenant une missive et sonnant à la porte de Boisserée.

✛ 1774 ✛ KISS (August-Carl-Eduard), célèbre sculpteur, le plus brillant élève de Rauch, auquel on doit la magnifique statue de *l'Amazone à cheval se défendant contre une panthère*, qui orne le péristyle du musée de Berlin, et les bas-reliefs de l'église de Potsdam, n. à Pless (Prusse), 11 octobre 1802, m. à Berlin, 24 mars 1865.

1° Pièce d'album aut. sig.; Berlin, 5 mai 1829, 1 p. in-8 oblong. Très belle pièce. — 2° 2 L. A. S. au peintre Adolph Menzel, 2 p. in-8. Très jolies et intéressantes pièces. *(Coll. B. Fillon.)* — P.

Dans l'une de ces lettres il le prie d'avoir « l'extrême bonté prussienne » de venir passer une petite demi-heure dans son atelier : « die unaussprechliche preussiche Güte haben um mich ein halbes Stündchen in meinem Atelier zu besuchen. »

✦ 1775 ✦ **RICHTER** (Adrian-Ludwig), célèbre peintre de genre et de paysage, habile graveur et surtout remarquable illustrateur, n. à Dresde, 28 septembre 1803.

L. A. S. à un de ses amis; Dresde, 2 mars 1845, 1 p. 1/2 in-4. Très jolie et intéressante pièce. — P.

Il se plaint de ne pas avoir reçu encore le portefeuille avec les gravures promises, et demande s'il n'a rien trouvé qui soit à la hauteur de leurs convoitises artistiques, et des Raphaël, et des Titien, et des Rubens, et des Durer, et surtout des J. Breughel dont il doit exister des gravures sur bois. Il s'occupe d'un abécédaire illustré pour enfants jeunes et vieux, qui sera quelque chose d'unique dans son genre; et qu'on ne vienne pas dire que notre art ne saisit pas la vie au vif! « nun sage mir einer das unsere Kunst nicht ins Leben greift. » Il signe : « Ton vieux et fidèle hypocondre. — Dein alter und getreuer Hypocondricus. »

✦ 1776 ✦ **SEMPER** (Gottfried), célèbre architecte et écrivain sur les arts, n. à Hambourg, 29 novembre 1803, m. à Rome, 15 mai 1879. On lui doit le nouveau théâtre de Dresde et l'Ecole polytechnique fédérale de Zurich. Ayant pris part à l'insurrection de Dresde, en 1848, il dut se réfugier en Angleterre.

L. A. S.; Hottingen (près de Zurich), 11 août 1866, 2 p. 1/2 in-8. Jolie pièce.

Belle lettre adressée à un de ses amis, qui venait de faire en qualité de lieutenant la campagne de 1866. Il le félicite de son avancement et le remercie des bontés qu'il a eues pour son fils. Intéressants détails.

✦ 1777 ✦ **SCHWIND** (Moritz von), célèbre peintre d'histoire, n. à Vienne (Autriche), 21 janvier 1804, m. à Munich, 8 février 1871.

L. A. S. au conseiller Bechstein, à Meiningen; Wartburg, 10 août 1854, 1 p. gr. in-4, cachet armorié. — P. photographié.

Charmante épître amicale, avec un dessin à la plume dans le corps de la lettre. Il ne peut aller le voir, étant occupé à peindre le portrait du grand-duc.

✦ 1778 ✦ **PRELLER** (Friedrich), peintre, qui se distingua surtout dans le paysage historique, n. à Eisenach (Saxe), 25 avril 1804, m. à Weimar, 23 avril 1878.

L. A. S. à M. de Heydeck, à Dessau; Weimar, 3 novembre 1840, 2 p. in-4. Jolie pièce. — P.

Belle et intéressante lettre. « Je suis très heureux que vous vous souveniez de moi, comme d'un admirateur du grand Poussin. Mais je le suis doublement en apprenant que j'ai si près de moi un véritable adorateur et propagateur de ce maître incomparable, dans un pays, hélas, où il y en a si peu. — Es freut mich sehr dass sie sich meiner als Verehrer des grossen Poussin noch erinnern, doppelt aber sie als so beständigen Anbeter und Verbreiter dieses unübertrefflichen Meisters in meiner Nähe zu wissen wo derlei Leute, Gott sei es geklagt, so wenig zu finden sind. »

✦ 1779 ✦ **EICHENS** (Friedrich-Eduard), célèbre dessinateur et graveur, n. à Berlin, 27 mai 1804, m. dans la même ville, 5 mai 1877. Il fut, à Paris, l'élève de Forster.

L. A. S. au professeur Fraenzel, à Dresde; Berlin, 26 mars 1842, 3 p. in-4. Jolie pièce. — P. avant la lettre, dessiné et gravé par lui-même à Rome en 1832.

Jolie lettre de recommandation en faveur d'un jeune imprimeur en taille-douce de grand talent, M. Assmayer, qui s'est formé et déjà distingué à Paris, et qui serait, dit-il, une précieuse acquisition pour notre pays, si arriéré en ce qui concerne cette partie.

✦ 1780 ✦ **RIETSCHEL** (Ernst), célèbre sculpteur, auquel on doit le groupe de *Goethe et Schiller*, n. à Pulsnitz (Saxe), 15 décembre 1804, m. à Dresde, 21 février 1861.

L. A. S. au bibliothécaire Falkenstein, à Dresde ; Berlin, 18 décembre 1820, 3 p. in-4, cachet. — P.

Très belle lettre de sa jeunesse. Il parle de ses débuts qui sont des plus difficiles ; il manque souvent du strict nécessaire pour vivre et se réjouit d'avoir quelques commandes pour pouvoir s'en tirer honorablement. Il parle de son maître le sculpteur Rauch : « En ce qui concerne Rauch, dit-il, c'est une nature héroïque, mais un homme froid, qui ne sait pas ou plutôt ne tient pas à gagner l'affection de ses élèves, ce qui m'impressionne péniblement ; il est peu communicatif, et l'on ne sait jamais s'il est satisfait, ou non ; j'ai obtenu à plusieurs reprises sa faible approbation. — Was Rauch anbetrifft, so ist er ein kalter heroischer Mann, der nicht versteht oder viel mehr nicht will die Liebe seiner Schüler besitzen, und das fällt mir unangenehm auf, er aüssert wenig, und man weiss nicht ob er zufrieden oder unzufrieden ist, einige Male habe ich sein schwaches Lob erhalten. »

✦ 1781 ✦ **DRAKE** (Friedrich), illustre sculpteur, élève de Rauch, qui unit la science à l'originalité, et qui doit surtout sa célébrité aux statues et médaillons qui ont fait de lui le David d'Angers de la Prusse, n. à Pyrmont, 23 juin 1805, m. à Berlin, 6 avril 1882.

P. A. S. ; Berlin, 1 mai 1881, 1/2 p. in-8. Très jolie pièce.

Belle pièce d'album dont voici la traduction. « L'artiste a besoin pour son art de la faveur des dames. Lorsque la force s'allie à la beauté, l'art atteint la perfection. »

✦ 1782 ✦ **KAULBACH** (Wilhelm von), peintre illustre, une des gloires de l'école allemande, auteur de la *Destruction de Jérusalem* et de l'*Epoque de la Réformation*, n. à Arolsen (principauté de Waldeck), 15 octobre 1805, m. à Munich, 7 avril 1874.

Pièce de vers autographe signée, 3/4 de p. in-8. Superbe pièce. *Très rare. (Coll. B. Fillon.)* — P.

Curieuse pièce, dont la signature offre des accessoires d'un ragoût quelque peu épicé. « Dans ce monde-ci, j'ai dessiné et représenté, avec le même plaisir, des dieux, des héros, des hommes et des animaux. Recevez donc et acceptez tout ce que j'ai fait avec le même bon vouloir, comme je l'ai donné ; laissez bien à chacun le sien et le libre essor à la nature et à l'art. »

✦ 1783 ✦ **SCHIRMER** (Johann-Wilhelm), peintre de paysage très estimé, n. à Julich (Prusse rhénane), 5 septembre 1807, m. à Carlsruhe, 11 septembre 1863.

L. A. S. à F. Hartmann, à Leipzig ; Dusseldorf, 19 octobre 1837, 2 p. gr. in-4. Jolie pièce. — P.

Il s'excuse de ne pas avoir répondu plus tôt à la demande flatteuse qui lui avait été adressée d'envoyer son tableau *Les côtes de Normandie* pour l'exposition des Beaux-Arts de Leipzig, mais il voyageait en Suisse et n'a pas reçu la lettre à temps ; il n'avait pu laisser son adresse, le paysagiste changeant de résidence selon que le beau temps et la belle nature en décident.

✦ 1784 ✦ **LESSING** (Karl-Friedrich), célèbre peintre d'histoire et de paysage, petit-neveu de l'écrivain, n. à Wartenberg, 15 février 1808, m. à Carlsruhe, 5 juin 1880.

L. A. S. à Fr. Baerbalch, à Leipzig ; Dusseldorf, 15 janvier 1839, 1 p. 1/2 in-4. — P. photographié.

Belle lettre relative à un de ses tableaux. Il lui demande si, malgré le long retard qu'il a apporté à l'exécution de ce travail, il est toujours disposé à le lui prendre aux conditions convenues ; dans ce cas, il le prie de lui indiquer l'époque de livraison et le mode de paiement.

PIÈCE DE VERS DE WILHELM VON KAULBACH

Numéro 1782.

✦ 1785 ✦ BENDEMANN (Eduard), célèbre peintre d'histoire et de genre, élève de Schadow, dont il devint le gendre, puis le successeur dans la direction de l'Académie de Dusseldorf, auteur des fresques du château de Dresde, n. à Berlin, 3 décembre 1811.

L. A. S. à M...; Dresde, 5 février 1839, 2 p. grand in-4. Superbe et très remarquable pièce.

Belle et intéressante lettre toute relative à des travaux (des illustrations) qui lui sont offerts et qu'il craint de ne pouvoir accepter, faute de temps. Il demande si l'on ne pourrait pas en charger d'autres artistes, en attendant qu'il trouve le loisir de s'en occuper lui aussi. Il propose de mettre le nom de Hubner en tête du titre et de l'annonce, puisque c'est ce dernier qui a la responsabilité principale du travail. Curieuses considérations à ce sujet.

✦ 1786 ✦ ACHENBACH (Andreas), peintre célèbre, qui s'est fait une grande réputation par ses marines, et qui est également renommé comme paysagiste et peintre d'architecture, n. à Cassel, 29 septembre 1815. Ses meilleures toiles sont à Munich.

1° L. A. S. à un de ses amis; (Dusseldorf), 24 juin 1866, 2 p. in-8. Belle pièce. — P. photographié.

Très jolie lettre, écrite pendant la guerre de 1866, à un de ses amis du sud de l'Allemagne. Il l'assure que, bien que bon Prussien et quels que soient les changements qui pourront survenir dans la carte de l'Allemagne, il aura toujours pour lui les mêmes sentiments de vieille affection allemande et fraternelle. Intéressantes et curieuses considérations à ce sujet.

2° P. A. S., 1/2 p. in-8. Très jolie pièce d'album, écrite pour un amateur.

Cette pièce est ainsi conçue : « Sei was du bist und werde was du kannst. — Sois ce que tu es et deviens ce que tu peux. »

✦ 1787 ✦ MENZEL (Adolph-Friedrich-Erdmann), peintre et lithographe d'une rare originalité, que ses remarquables illustrations de l'*Histoire de Frédéric le Grand* ont rendu populaire, n. à Breslau, 8 décembre 1815.

P. A. S., 2 p. 1/2 in-8. Superbe pièce, écrite pour un amateur d'autographes. — P. photographié.

Belle pièce toute relative à ses illustrations de l'*Histoire de Frédéric le Grand*. Il s'occupe des études préliminaires pour le troisième volume (comprenant la cavalerie); le premier et le second sont, par contre, entièrement terminés.

✦ 1788 ✦ HILDEBRANDT (Eduard), célèbre peintre de paysage et aquarelliste remarquable, n. à Dantzig, 9 septembre 1817, m. à Berlin, 25 octobre 1868. Hildebrandt entreprit de grands voyages et le tour du monde dans un but artistique.

L. A. S. au président de la Commission directrice de l'Exposition des Beaux-Arts, à La Haye; Berlin, 15 avril 1859, 2 p. gr. in-4. Très belle et très intéressante pièce. *Très rare*.

Superbe lettre. Il annonce l'envoi de deux de ses toiles, dont l'une, un paysage d'hiver, appartient à la reine de Prusse. Il compte se rendre lui-même à La Haye à la fin de l'Exposition et offrira en personne ses plus chaleureux remerciements pour le grand honneur que la Commission lui a fait en lui demandant ses toiles. Intéressants détails et recommandations minutieuses sur le déballage de ses tableaux.

✛ 1789 ✛ CAMPHAUSEN (Wilhelm), célèbre peintre de batailles, qui reproduisit avec succès plusieurs épisodes de la guerre franco-allemande, n. à Dusseldorf, 8 février 1818. Il est un maître dans la peinture du cheval, qu'il a étudié avec passion.

P. A. S.; Dusseldorf, juin 1879, 1 p. in-8. Très curieuse pièce d'album. — P. photographié.

Jolie pièce d'album qui contient une pensée de Goethe, et dont voici le texte et la traduction : « Der Jüngling, wenn Natur und Kunst ihn anziehen, glaubt mit einem lebhaften Streben bald in das innerste Heiligthum zu dringen. Der Mann bemerkt nach langem Umherwandeln, dass er sich noch immer in der Vorhöfen befinde. — Lorsque le jeune homme se sent attiré par la nature et l'art, il s'imagine qu'une recherche passionnée le fera bien vite pénétrer jusqu'au sein du sanctuaire. L'homme fait, après avoir longtemps erré çà et là, s'aperçoit qu'il n'en a pas même dépassé les parvis. »

✛ 1790 ✛ PETTENKOFEN (August von), célèbre peintre de genre, qui s'est acquis la plus brillante réputation par ses scènes de la vie militaire et populaire du peuple hongrois, et que ses compatriotes ont comparé à Meissonier, n. à Vienne, 1821.

L. A. S. à son ami M. Fritz Ehrmann (à Vienne); Venise, 15 octobre 1882, 4 p. pl. in-8. *Rare.*

Jolie et amusante lettre. Il se plaint avec une amertume comique du mauvais temps qui l'empêche de sortir de chez lui et de travailler. « Das ist ja schrecklich, schrecklich ! Das sind die Worte mit denen ich fast jeden Tag beginne nachdem ich den ersten Blick zum Fenster hinausgethan, denn fast jeder Tag regnet es, als wollte eine neue Sündfluth werden. — Ich habe hier den Anlass mir lebhaft vorzustellen, wie die Menschen zur Zeit des dauernd schlechten Wetters welches wohlwirklich dem Diluvium vorausgehen musste, dieselben Klagen führten, bis ihnen das Wasser, das maul schloss... »

✛ 1791 ✛ RICHTER (Gustav-Karl-Ludwig), célèbre peintre d'histoire et de portraits, dont la toile la plus connue est *Jésus ressuscitant la fille de Jaïr*, qui figura à Paris au Salon de 1857, n. à Berlin, 31 août 1823. Gustav Richter fut, à Paris, l'élève de Léon Cogniet et visita l'Égypte et la Crimée.

L. A. S. à un ami, 1/2 p. in-18, papier à son chiffre. Très jolie pièce. — P. photographié.

Joli billet amical, dans lequel il remercie son correspondant de ses souhaits bienveillants.

✛ 1792 ✛ PILOTY (Karl von), célèbre peintre d'histoire, qui a succédé à Kaulbach comme directeur de l'Académie des Beaux-Arts de Munich, maître de Hans Makart, n. à Munich (Bavière), 1 octobre 1826.

L. A. S. à Riegner; Munich, 22 janvier 1873, 2 p. in-8. Très jolie et rare pièce. — P.

Belle lettre relative aux propositions qui lui sont faites par M. Vogel pour la gravure de son tableau de *Tusnelda im Triumphzuge des Germanicus* (Thusnelda dans l'entrée triomphale de Germanicus). — (Ce tableau orne la nouvelle Pinakothek de Munich, et coûta à l'artiste dix ans de travail.)

+ 1793 + **ACHENBACH** (Oswald), célèbre peintre de paysage historique, qui s'est surtout attaché à représenter les sites de l'Italie, n. à Dusseldorf, 2 février 1827. Une de ses toiles, *La Fête de Genazzano,* a été admise dans le musée du Luxembourg.

L. A. S. à R. Krause, à Dusseldorf; (Dusseldorf), 13 août 1853, 1 p. in-8. Très belle pièce.

Joli billet amical par lequel il lui annonce que, sur l'ordre du médecin, il doit aller passer une journée à la campagne et lui demande s'il est disposé à l'accompagner. Curieux détails à ce sujet.

+ 1794 + **KNAUS** (Ludwig), célèbre peintre de genre, élève de Schadow, n. à Wiesbaden (duché de Nassau), 5 octobre 1829. Il a habité Paris de 1853 à 1861 et le musée du Luxembourg possède une de ses toiles. Ses œuvres les plus célèbres sont la *Fête de village,* le *Convoi funèbre,* un *Campement de Bohémiens* et *La Cinquantaine.*

L. A. S. au peintre Adolph Menzel, à Berlin; Wiesbaden, 12 septembre 1867, 3 p. in-8, papier chiffré. — P.

En réponse à la demande de Menzel, il dit que Bingham et Goupil ont seuls le droit de reproduire ses tableaux par la photographie, mais qu'il est facile de s'en procurer des épreuves à Berlin.

+ 1795 + **BEGAS** (Reinhold), sculpteur célèbre, auteur du monument de Schiller qui décore une des places de Berlin, n. à Berlin, 15 juillet 1831.

L. A. S. au professeur Menzel (le célèbre peintre), à Berlin, 1 p. in-8, enveloppe.

Jolie lettre d'invitation. Il l'engage à venir passer la soirée chez lui avec quelques amis, tout à fait sans façon.

+ 1796 + **DEFREGGER** (Franz), peintre de genre, auquel on doit une série de charmants tableaux de genre représentant la vie populaire de son pays natal, n. à Stronach (Tyrol), 30 avril 1835. Il vint, en 1863, étudier à Paris et y resta deux années.

1° Pièce de vers autographe signée (adressée à M. de Scholl, à Stuttgart), 1 p. in-8.—P. photographié.

Très belle pièce, ainsi conçue :

« Im Glücke nicht jübeln, im Sturme nicht zagen
« Das Unvermeidliche mit Geduld ertragen
« Das Gute thun, am Schönen sich erfreuen

« Das Leben lieben, den Tod nicht scheuen
« An Gott und bessere Zukunft glauben
« Heisst leben, heisst dem Tod sein Bitteres rauben. »

2° L. A. S. à un artiste de ses amis; Munich, 21 mars 1875, 2 p. in-8. Très jolie pièce.

Jolie lettre relative à un tableau sur lequel son correspondant demande son opinion. Intéressants détails à ce sujet.

PIÈCE DE VERS DE FRANZ DEFREGGER — FRAGMENT

Numéro 1796.

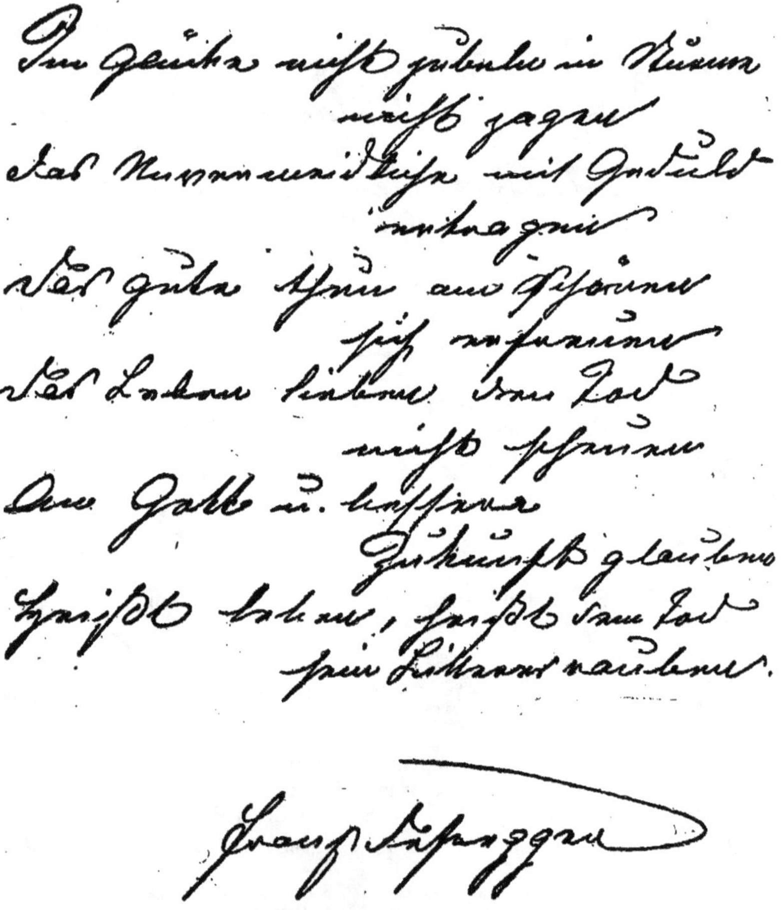

Im Glücke nicht jubeln im Sturme nicht zagen
das Unvermeidliche mit Geduld ertragen
das Gute thun an Schönem sich erfreuen
das Leben lieben den Tod nicht scheuen
an Gott u. bessere Zukunft glauben
heißt leben, heißt dem Tod sein Bitteres rauben.

Franz Defregger

+ 1797 + **LENBACH** (Franz), le plus célèbre peintre de portraits qu'ait produit l'Allemagne contemporaine, élève de Piloty et de Ramberg, n. à Schrobenhausen (Haute-Bavière), 13 décembre 1836. Ses portraits de Richard Wagner, du prince de Bismarck et de Helmholz lui ont fait une réputation méritée.

L. A. S. à M...; Munich, 27 septembre 1877, 1 p. in-8. — P. photographié.

Lenbach espère que son correspondant est actuellement en possession du petit portrait qu'il lui a envoyé; s'il n'en était pas satisfait, il est tout disposé à faire un nouvel essai.

+ 1798 + **MATEJKO** (Jean-Baptiste-Aloïs), célèbre peintre polonais, qui a traité avec succès les sujets tirés de l'histoire de son pays, membre associé de l'Institut (1874), n. à Cracovie, 30 juillet 1838. Cet artiste fréquenta l'atelier de Piloty; il appartient, par ses œuvres, à l'école de peinture autrichienne.

P. S., en français; Paris, 1 février 1873, 1 p. in-8. Jolie et rare pièce.

Intéressant document où Matejko donne ses nom, prénoms, qualités, lieu et date de naissance.

+ 1799 + **MAKART** (Hans), célèbre peintre d'histoire, le meilleur élève de Piloty, auteur du grand et populaire tableau représentant l'*Entrée de Charles-Quint à Anvers*, n. à Salzbourg, 29 mai 1840, m. à Vienne, 3 octobre 1884. On lui doit des peintures décoratives et des dessins pour l'édition d'Uhland publiée à Stuttgard en 1863.

L. A. S. au directeur de l'Opéra de Vienne; Vienne, 2 février 1874, 2 p. in-8. — P. photographié.

Jolie lettre qui est entièrement relative à une esquisse qu'on lui a demandée pour la composition du rideau de ce théâtre.

+ 1800 + **WERNER** (Anton-Alexander von), célèbre peintre d'histoire, directeur de l'Académie des Beaux-Arts de Berlin, dont la toile la plus connue est la *Proclamation de l'Empire allemand à Versailles,* n. à Francfort-sur-l'Oder, 9 mai 1843.

L. A. S.; Berlin, 9 janvier 1876, 1 p. in-8. Très jolie pièce. — P. photographié.

Lettre amicale. « N'ayant pas sous la main les illustrations que vous désirez, je vous prie de bien vouloir vous contenter de la petite curiosité que je joins à ces lignes. Je craindrais de perdre votre demande de vue si j'attendais que j'aie quelque chose de plus convenable ou de plus important à vous offrir. »

+ 1801 + **GRÜTZNER** (Eduard), un des plus célèbres peintres de genre de l'Allemagne, élève de Piloty, n. à Grosskarlowitz, 26 mai 1846. Ses représentations de la vie des moines et ses scènes de chasse sont spirituellement traitées et populaires.

L. A. S. à un de ses amis; Munich, 28 novembre 1881, 1 p. in-8. Très jolie pièce. — P. photographié.

Jolie lettre. « Je suis charmé que mes tableaux vous fassent passer parfois quelques agréables moments, et je souhaite qu'il me soit donné de produire encore beaucoup d'œuvres amusantes et encore meilleures. »

LETTRE DE HANS MAKART — FRAGMENT

Numéro 1799.

[fac-similé manuscrit]

LETTRE DE MICHEL MUNKACZY — FRAGMENT

Numéro 1802.

[fac-similé manuscrit]

✛ 1802 ✛ MUNKACZY (Michel), grand peintre hongrois, dont les toiles magistrales sont justement célèbres, auteur du *Dernier jour d'un condamné* et du *Christ au Prétoire,* qui est son œuvre la plus étonnante, n. à Munkács, 20 octobre 1846.

L. A. S., en français (à Gustave Doré); Paris, 17 juillet 1879, 1 p. pl. in-8. Jolie pièce. *Rare.*

. Très belle lettre où il le félicite de sa nomination au grade d'officier de la Légion d'honneur. « Enfin on peut féliciter votre Gouvernement de vous avoir donné un acompte sur la dette qui depuis longtemps doit peser sur sa consicnse, car cet croix, vous avez mérité il y a longtemps. Aussi tous le monde l'acclame comme moi qui est on ne peut plus heureux de ce qui vous arrive. »

✦

✎ ANGLETERRE ✎

✛ 1803 ✛ HOGARTH (William), illustre peintre et graveur, qui fut inimitable dans le genre satirique et humoristique, n. à Londres, 27 mars 1697, m. à Chiswick, près de Londres, 26 octobre 1764. Ses œuvres sont restées très populaires dans son pays.

P. S.; (Londres), 13 mars, 1 p. in-4, ornée d'un dessin gravé. Très curieuse pièce. *Rare.* — P.

Précieux document, dont voici la traduction : « Reçu le 13 mars de M. Charles Lowth une demi guinée pour l'entier payement d'une estampe représentant Sigismonde déplorant la perte de Guiscard, son mari assassiné, laquelle estampe je promets de livrer quand elle sera finie. N. B. Le prix sera de quinze shellings pour les non-souscripteurs. » — Au bas du dessin on lit ces deux sentences : « Comme les statues acquièrent de la valeur en tombant en poussière. — Faites appel à vous-même et à la nature et n'apprenez pas d'autrui comment vous devez sentir. »

✛ 1804 ✛ REYNOLDS (sir Joshua), un des plus grands peintres de l'école anglaise, n. à Plympton (Devonshire), 16 juillet 1723, m. à Londres, 23 février 1792. Fondateur de l'Académie royale de peinture et de sculpture à Londres, il a exercé par son enseignement une influence considérable sur les artistes de son pays. Ses portraits, d'une merveilleuse expression et d'un puissant coloris, ont gardé le premier rang.

L. A. S. (à l'illustre acteur David Garrick); Londres, 2 août 1774, 1 p. 1/2 in-4. Superbe pièce, une des plus importantes qu'on connaisse de sir Joshua Reynolds. *(Coll. B. Fillon.)* — P.

Précieuse et très intéressante lettre dans laquelle sir Joshua Reynolds recommande chaudement à David Garrick un auteur qui lui apporte une tragédie. « Je ne prendrais pas cette liberté si je n'y étais pas autorisé, dans une certaine mesure, par l'approbation d'Edward Burke et de Johnson, ce dernier, contrairement à son habitude, l'ayant lue tout entière. »

✛ 1805 ✛ REYNOLDS (sir Joshua).

L. A. S. à M...; Londres, 10 janvier 1786, 1 p. in-4. Très jolie et très remarquable pièce.

Belle lettre d'envoi de son dernier discours (prononcé par lui à la distribution des prix de l'école des Beaux-Arts), dont l'impression a été retardée par suite des fêtes de Noël, pendant lesquelles les imprimeurs ne veulent pas travailler. « Je vous serais très obligé de le faire imprimer, quand la traduction sera finie. » — (Reynolds prononçait chaque année un discours sur les arts; on en a conservé quinze, qui font honneur au goût et au savoir de ce grand artiste.)

the approbation of Dr Burk and Johnson
the latter contrary to his custom read it
quite through.
The Author will very readily make any
alterations that may be suggested to him
I am Dear Sir
with the greatest respect
yours
Joshua Reynolds

✛ 1806 ✛ **GAINSBOROUGH** (Thomas), célèbre peintre de portraits, qui fut le créateur du paysage naturaliste, n. à Sudburry, 1727, m. à Londres, 2 août 1788.

L. A, S. à M. Humphrey; vendredi matin, 3/4 de p. in-4. *Très rare. (Coll. B. Fillon.)* — P.

Charmante épître, dont voici le texte : « Cher Monsieur, je serais heureux de prêter mes paysages pour les copier, si ces copies ne nuisaient pas à la vente de nouveaux tableaux. C'est pour cette raison que j'ai souvent été obligé de refuser, alors, qu'il m'eût été agréable d'obliger un ami. » — (Les lettres de cet artiste sont très rares et très recherchées.)

✛ 1807 ✛ **WEST** (Benjamin), peintre d'histoire, fondateur, avec Joshua Reynolds, de l'Académie royale de peinture, n. à Springfield (Pensylvanie), 10 octobre 1738, m. à Londres, 11 mars 1820. Sa *Mort du général Wolfe* est justement populaire.

L. A. S. à Fauntleroy; Londres, 4 avril 1816, 1 p. pl. in-4. Très belle et rare pièce. — P.

Jolie lettre, qui est entièrement relative aux dettes de son fils. Très intéressants détails à ce sujet.

✛ 1808 ✛ **FLAXMAN** (John), célèbre sculpteur et dessinateur, qui a illustré les œuvres d'Homère, d'Eschyle et du Dante, n. à York, 6 juillet 1755, m. à Londres, 9 décembre 1826.

L. A. S. à Charles Taylor; Londres, 29 mars 1811, 1 p. in-4. *(Coll. Boilly.)* — P.

Belle lettre. Il explique qu'il ne fait pas partie du Comité de l'Académie royale de peinture qui décide de l'admission ou du rejet des tableaux présentés, et il exprime ses regrets de ce qu'il se trouve ainsi dans l'impossibilité de rendre le service qu'on lui demande.

✛ 1809 ✛ **LAWRENCE** (sir Thomas), célèbre peintre, élève de Reynolds, qui excella dans le portrait, n. à Bristol, 4 mai 1769, m. à Londres, 7 janvier 1830. Il peignit Mackintosh, Metternich, Castlereagh, Hardenberg, le duc de Richelieu et Nesselrode.

L. A. S. à Edward Magroth (à Londres); Londres, 23 septembre (1829), 1 p. in-4, cachet-camée. — P.

Belle lettre. Lord Aberdeen (George Gordon, célèbre homme d'État) ayant été empêché par suite d'une indisposition de venir à Holland House, il n'a pu lui remettre la pièce en question que ce matin.

✛ 1810 ✛ **LAWRENCE** (sir Thomas).

L. A. S. à lady Holland (Elisabeth Vassall); Londres, 26 août 1824, 2 p. 1/2 in-8, papier de deuil.

Charmante épître dans laquelle le célèbre peintre s'excuse de refuser l'invitation de lord et de lady Holland.

of them. for which reason I have often been obliged to refuse, where it would have given me pleasure to oblige my friend

believe me

Dear Sir

your most Obedient humble Servt —

Tho Gainsborough

Numéro 1806.

Friday Morn

✦ 1811 ✦ **TURNER** (Joseph-Mallon-William), illustre peintre de paysage et aquarelliste, qui a orné de ses magnifiques illustrations les plus belles publications anglaises, n. à Londres, 14 mai 1775, m. à Chelsea, 19 décembre 1851. Ce grand artiste a subi l'influence de notre Claude Lorrain.

L. A. S. au roi Louis-Philippe ; Londres, 26 avril 1836, 1 p. in-4, papier de deuil, enveloppe et cachet. Très belle et très rare pièce. *(Coll. Trémont.)* — P.

Superbe lettre de remerciements pour la médaille que Louis-Philippe lui avait envoyée après avoir reçu les gravures dont Turner lui avait fait hommage.

✦ 1812 ✦ **CONSTABLE** (John), célèbre peintre de paysage, disciple et successeur de Gainsborough, le chef de l'école moderne, n. à East Bergholt (Suffolkshire), 1776, m. à Londres, 30 mai 1837. Constable vint à Londres en 1795 et exposa pour la première fois en 1802. Depuis lors il figura à toutes les expositions et ses toiles le placèrent parmi les plus grands artistes de son pays. Le peintre Leslie a écrit d'intéressants Mémoires sur la vie de John Constable.

L. A. S. au marchand d'estampes Colnaghi; (Londres), 25 février 1835, 1 p. in-4. *(Coll. B. Fillon.)*

Très belle lettre, qui fait honneur au caractère de Constable. Ce grand artiste recommande à Colnaghi les estampes anciennes qui proviennent du pauvre Fisher et qui sont à vendre au profit de sa veuve. Intéressantes considérations à ce sujet.

✦ 1813 ✦ **CHANTREY** (sir Francis), célèbre sculpteur, qui fut sans rival dans la sculpture monumentale, n. dans le Derbyshire, 7 avril 1781, m. à Londres, 25 novembre 1842. On considère comme ses chefs-d'œuvre les statues de Pitt et de Wellington.

L. A. S. à George Cooke, à Hackney; jeudi 26 octobre 1820, 1 p. in-4. Belle pièce. *(Coll. Boilly.)* — P.

Jolie lettre. Chantrey mande à George Cooke qu'il attend sa visite et le prévient que les esquisses qu'il doit lui soumettre sont terminées.

✦ 1814 ✦ **WILKIE** (David), un des meilleurs peintres de genre de l'école anglaise, n. à Cultes (Fifeshire), 18 novembre 1785, m. sur un paquebot, en vue de Gibraltar, 1 juin 1841. Il fut un maître des plus remarquables dans la gravure à l'eau-forte.

L. A. S. à Thomas Phillips (célèbre peintre de portraits, élève de Benjamin West, né en 1770, mort le 20 avril 1845), à Londres; Crail, 24 octobre 1824, 2 p. 1/2 in-4, cachet. Superbe pièce. — P.

Belle lettre. Il exprime ses regrets de ne pouvoir prendre part à l'élection d'un membre de l'Académie royale de peinture qui doit avoir lieu le 1 novembre, et fait tous ses vœux pour le succès de Allan (William Allan, peintre de genre), dont il mentionne les principaux tableaux avec de grands éloges.

✦ 1815 ✦ HAYDON (Benjamin-Robert), peintre d'histoire et de genre, rival de Wilkie, n. à Plymouth, 25 janvier 1786, m. par suicide à Londres, 22 juin 1846.

L. A. S., en français, à M. Auguste (peintre et sculpteur de l'école romantique); dimanche matin, 1 p. in-4. Très belle pièce.

Très jolie lettre dans laquelle Haydon invite M. Auguste à un dîner d'amis, où se trouvera le peintre Lethière.

✦ 1816 ✦ ETTY (William), peintre d'histoire, auteur de *Hero et Léandre* et de *Judith*, n. à York, 1787, m. dans la même ville, 13 novembre 1849.

L. A. S, à M. Hale; 16 novembre 1848, 1 p. 1/2 in-8. *(Coll. A. Sensier.)* — P.

Il a corrigé les épreuves, qu'il lui retourne annotées et augmentées de diverses remarques. (Il s'agit très probablement de quelque article sur l'Italie, à en juger par ses explications.)

✦ 1817 ✦ MARTIN (John), peintre d'histoire et graveur estimé, n. à Haydonbridge (Northumberland), 19 juillet 1789, m. à Douglas (île de Man), 9 février 1854.

L. A. S. à Feuillet de Conches, à Paris; Londres, 8 août 1835, 1 p. in-4. *(Coll. Sensier.)*

Il a bien reçu la médaille qui lui a été décernée, et il s'est empressé d'en accuser réception au comte de Forbin.

✦ 1818 ✦ GIBSON (John), éminent sculpteur, élève de Canova et de Thorvaldsen, qui passa à Rome la plus grande partie de sa vie, n. à Gyffin, 1790, m. 27 janvier 1866.

L. A. S. à Benjamin Gibson, à Lucques; (Londres, 28 août 1850), 3 p. in-4, cachet. *(Coll. Fillon.)*

Très belle lettre. Il a été chargé de modeler un buste de la Reine qui l'a reçu de la manière la plus agréable. Elle a posé deux fois par jour, et le prince Albert suivait son travail en lui faisant des remarques très correctes. Quand il a été terminé, la princesse Louise, qui n'a que deux ans, a immédiatement reconnu que c'était le buste de sa mère. A la suite de l'ouverture du Parlement, où il a été admis dans la galerie des journalistes pour esquisser la Reine sur son trône, lord John Russell l'a fait appeler et lui a confié l'exécution de la statue de sir Robert Peel, pour l'église de Westminster, moyennant 5,500 livres sterling qu'il a acceptées à la condition qu'on ne le forcerait pas de mettre une cravate à sir Robert Peel. Il termine en recommandant à son correspondant de bien se conduire et de ne pas causer de scandale.

✦ 1819 ✦ CRUIKSHANK (George), fameux caricaturiste et peintre d'un certain talent, n. à Londres, 27 septembre 1792, m. dans la même ville, 1 février 1878.

L. A. S. à MM. Routledge, éditeurs, à Londres; Londres, 5 janvier, 1 p. in-8. Très jolie pièce.

Il les prie de remettre différents livres au porteur de sa lettre. — (Fils d'un dessinateur de quelque mérite, qui l'initia dès l'enfance aux principes de son art, Cruikshank fut d'abord marin et acteur, et ne songea à tirer parti de son crayon que pour venir en aide à sa famille. Ce fut vers 1815 qu'il se fit connaître dans un genre très goûté des Anglais. Ses premières séries de caricatures morales et politiques eurent une vogue que les suivantes soutinrent. Parmi les dessins qu'il prodigua ensuite dans les livres d'étrennes, les almanachs, les journaux, les albums de toute sorte, les séries qui eurent le plus de succès sont les suivantes : *L'Humoriste*, complété par les *Pointes d'esprit; Tom Pouce;* le conte de *John Gilpin, Robinson Crusoé;* les illustrations des premiers romans de Dickens; *Les vieux marins; Le Palais du gin, La Bouteille,* où l'ivrognerie est flétrie avec une grande vigueur, etc. La collection du *Punch* et celle du *Comic Almanach,* dont il fut le constant collaborateur, fournissent aussi la preuve de son talent.)

✦ 1820 ✦ ROSS (sir William-Charles), peintre célèbre, qui cultiva d'abord la grande peinture, puis se voua avec le plus grand succès à la miniature, n. à Londres, 3 juin 1794, m. dans la même ville, 1867. Il n'a de rival en Angleterre que Thorburn.

L. A. S. à Henry Berthoud, à Paris; (Londres), 22 février 1843, 3 p. 1/2 in-4, cachet. Belle pièce.

Superbe lettre. Détails intimes sur sa famille. Il demande ensuite à son correspondant s'il a appris que le Gouvernement anglais venait de voter une somme de deux mille livres sterling destinée à décerner des prix aux artistes anglais qui feraient les meilleurs cartons sur des sujets pris dans l'histoire de la Grande-Bretagne, tels que Milton, Shakespeare ou Spencer, et en vue des futures fresques du nouveau Parlement. « Je considère cela, dit-il, comme une sorte de tournoi auquel l'école anglaise est conviée : c'est pourquoi je me jette dans la mêlée et je passe mes soirées à remplir au fusain et sur papier blanc, un grand carton. Mon sujet est tiré du *Paradis perdu* et représente l'ange Raphaël envoyé pour informer Adam des merveilles de la création, » etc. Intéressants détails.

✦ 1821 ✦ EASTLAKE (sir Charles Lock), peintre d'histoire, qui a emprunté ses sujets à la Grèce, n. à Plymouth, 17 novembre 1793, m. 24 décembre 1865.

L. A. S. à Thomas Lawrence; Rome, 20 mars 1823, 3 p. pl. in-4. Belle pièce. *(Coll. A. Sensier.)*

Il lui accuse réception de sa lettre du 31 décembre et s'excuse d'avoir ouvert une lettre de lui adressée à sir Richard Eastlake. Il lui témoigne l'admiration que tous les artistes ont ressentie lors de l'envoi du portrait du roi à Rome. Il a hésité un instant s'il lui ferait part des légères critiques que les étrangers, qui n'ont pas les mêmes sentiments artistiques que les Anglais, se sont permises à cet égard; mais il ne balance pas à lui en faire part, car il ne doute pas que, comme le héros royal des *Mille et une Nuits*, il ne se promène quelquefois déguisé dans son royaume pour connaître la véritable opinion de ses sujets. Il part de là pour faire ressortir qu'il y a toujours une différence dans le coloris des artistes italiens et de ceux du Nord; témoins les œuvres de Poussin et celles du Titien.

✦ 1822 ✦ CATTERMOLE (George), peintre d'histoire, illustrateur et aquarelliste célèbre, n. à Dickelsburgh (Norfolkshire), 1800, m. 5 août 1868. Son meilleur tableau d'histoire est *Luther à la diète de Worms*, gravé, en 1845, par Walker.

L. A. S. à A. Brebart; Claphamrise (l'un des faubourgs de Londres), 8 août 1860, 1 p. in-8. Très jolie et intéressante pièce.

Il regrette de ne pouvoir lui indiquer le prix auquel il avait vendu son dessin de la *Curiosity Shop*. Ce dessin faisait partie d'une série d'œuvres de mince valeur faites il y a vingt ans, et il n'a aucune note de ses prix de vente de cette époque.

✦ 1823 ✦ BONINGTON (Richard Parkes), célèbre peintre de genre, un des maîtres les plus estimés de l'école romantique, ami de l'illustre Eugène Delacroix, n. à Arnold, près de Nottingham, 25 octobre 1801, m. à Londres, 23 septembre 1828.

L. A. S., en français (au peintre Colin); Paris, ce mercredi, au café de Foy, 1 p. 1/2 in-4. *Rare.*

Charmante épître, où il lui donne des nouvelles de leurs amis communs. « Mes parents se porte bien et te disent bien des choses. Ma petite cousine a une petite tournure parisienne qui lui va pas mal du tout. Elle est tout à fait gentille. Recommandez la complainte à ces demoiselles. Je voudrais dire autre chose à Poterlet (le peintre) que « bien des choses », car c'est trop commun, mais comme je ne fais d'esprit que sur commande il ne faut pas me savoir gré cette fois-ci... » Intéressants détails intimes.

✦ 1824 ✦ BONINGTON (Richard Parkes).

L. A. S., en français, au peintre Colin; (Paris), mardi soir (1828), 1 p. pl. in-8.

Jolie lettre où il lui mande son prochain départ pour Londres. Il s'excuse de n'avoir pu aller le voir à cause de son déménagement. — On a joint un petit dessin à la plume fait sur une enveloppe de lettre, et reproduit ci-contre.

LETTRE DE RICHARD PARKES BONINGTON

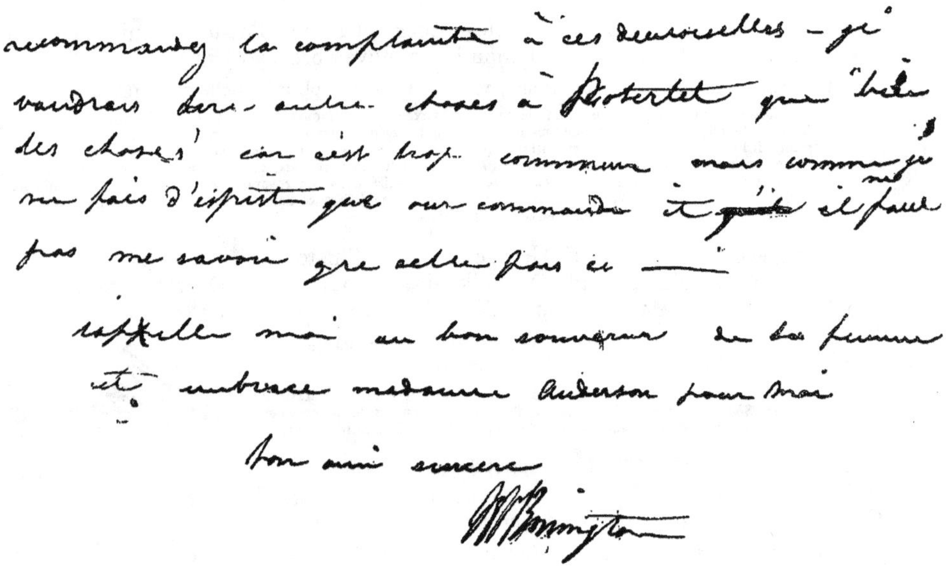

recommandez la complainte à ces demoiselles — je voudrais dire autre chose à Poterlet que "bien des choses" car c'est trop commun mais comme je ne fais d'esprit que sur commande et ~~qu'~~ il ne faut pas me savoir gré cette fois ci —

rappelle moi au bon souvenir de ta femme et embrasse madame Anderson pour moi

ton ami sincère

RP Bonington

Numéro 1823.

✦ 1825 ✦ **LANDSEER** (sir Edwin), un des plus grands peintres de l'école anglaise, auteur des *Chiens du mont Saint-Gothard*, de *La Chasse aux Faucons*, de *La Paix* et *La Guerre*, n. à Londres, mars 1802, m. dans la même ville, 1 octobre 1873.

L. A. S. à M. Henry Callen; Strasbourg, 18 octobre 1840, 2 p. in-4, cachet. *(Coll. B. Fillon.)*

Superbe lettre. Il est parti de Mayence pour Manheim le 8, et il est arrivé après trois heures de voyage sur le Rhin, au clair de la lune. Il se plaint de voyager trop rapidement pour faire usage de son album de dessins. En arrivant à l'hôtel il a trouvé que les meilleures chambres étaient toutes prises et il a été relégué dans un coin éloigné de la maison, dans un misérable trou. Presque tous ses dessins ont été faits à la dérobée. Il est comme honteux de prendre des notes dans les cathédrales et les églises. Sur la place du marché, quand il tire son crayon, quelques-uns se moquent de lui, les autres l'injurient et tous veulent voir le résultat de ses esquisses. De Manheim il a gagné Heidelberg qu'il trouve très pittoresque; de là il a été voir le fameux tonneau qui ne laisse plus échapper de vin par sa bonde, mais des courants d'air. Il a été très surpris de rencontrer madame Fincke dans les rues de Heidelberg; il lui a fait des promesses d'aller la voir, avec l'intention de ne pas les tenir. En passant sur le champ de bataille de Waterloo, il a ramassé de la terre, quelques os humains et un fer de cheval qui ont le mérite de sentir mauvais quand il ouvre la boite qui les contient. Il lui recommande un Allemand qui a fait toutes sortes d'inventions et compte les aller exploiter à Londres. — (Cette lettre est une des plus belles et des plus intéressantes qu'on connaisse de Landseer.)

✦ 1826 ✦ **HARVEY** (George), célèbre peintre écossais, qui a traité avec succès la peinture d'histoire, le genre et le paysage, un des maîtres les plus originaux de cette école écossaise à laquelle il a contribué à faire prendre sa place dans l'histoire de l'art moderne, n. à Saint-Ninian, 1806, m. à Édimbourg, 24 janvier 1876.

L. A. S. à S. C. Hall; Édimbourg, 18 avril 1849, 4 p. in-8.

Jolie lettre amicale qui commence ainsi : « It is worth while getting into a little trouble, were it for nothing more than to see one's friends shining out like stars in the darkness, to befriend and help. — C'est tout bénéfice d'éprouver une petite contrariété, ne serait-ce que pour voir ses amis briller comme des étoiles au milieu des ténèbres, sympathiser avec vous et vous aider. »

✦ 1827 ✦ **HART** (Salomon-Alexander), peintre célèbre, qui a abordé tous les genres, depuis l'histoire jusqu'à la gravure de keepsake, n. à Plymouth, avril 1806.

L. A. S. à S. C. Hall; Athenaeum club (Londres), 6 janvier 1850, 3 p. in-8. Très jolie et très intéressante pièce.

Curieuse lettre. Il désire vivement voir M. Hall au plus tôt pour réduire à néant certaines imputations calomnieuses qui ont couru sur son compte. Longs et piquants détails à ce sujet.

✦ 1828 ✦ **MACLISE** (Daniel), peintre célèbre, qui a surtout réussi dans les scènes familières ou demi-historiques, n. à Cork (Irlande), 25 janvier 1811, m. 25 avril 1870.

L. A. S. à M. Gambart (marchand de tableaux); 14 janvier 1856, 2 p. in-24.

Billet amical relatif à des dessins qui doivent paraître dans une publication illustrée, et dont il attend le plus heureux succès. Intéressants détails à ce sujet.

✦ 1829 ✦ **PATON** (sir Joseph-Noël), peintre d'histoire, le chef de l'école écossaise, auteur de la *Réconciliation d'Oberon et de Titania*, n. à Dumferline (Fifeshire), 1821.

L. A. S. au critique d'art Ernest Chesneau; Edimbourg, 9 mai 1882, 4 p. in-8. Très jolie pièce.

Belle lettre où il mande qu'il se porte mal et qu'il est écrasé de travail. Il lui envoie une photographie de la *Querelle d'Oberon et de Titania*, mal réussie en raison de la couleur et de la complication des détails du tableau. Il craint donc que cette photographie ne puisse réduite avec succès. Il espère pouvoir lui envoyer bientôt des photographies des gravures *In Memoriam* et *De retour de la Crimée*. — (La célèbre toile la *Querelle d'Oberon et de Titania* fut acquise pour le musée d'Edimbourg moyennant le prix de dix-sept mille cinq cents francs.)

+ 1830 + **GOODALL** (Frédérick), peintre de genre, qui a un talent particulier pour la reproduction des mœurs populaires, n. à Londres, 17 septembre 1822.

L. A. S. à S. C. Hall; (Londres), 5 octobre 1848, 2 p. 1/2 in-8. Belle et intéressante pièce.

Jolie lettre relative à un tableau que lui a commandé M. Hall. Le sujet lui plait, et dès qu'il sera installé dans son nouvel atelier, il en ébauchera une esquisse qu'il lui soumettra.

+ 1831 + **HUNT** (William-Holman), célèbre peintre d'histoire et de genre, un des chefs les plus justement estimés de l'école préraphaélite, n. à Londres, 1827.

L. A. S. au critique d'art Ernest Chesneau; Fulham, 2 avril 1882, 8 p. in-8. Superbe pièce.

Lettre des plus importantes dans laquelle il fait l'histoire du préraphaélisme. Dans l'origine cette école ne comptait que sept adeptes : Stephens, très paresseux, mais d'un réel talent; Collinson, grand ami des Rossetti, dont les tableaux étaient soignés, mais les plus prosaïques du monde; W.-M. Rossetti, frère de Dante-Gabriel, qui s'occupait à la fois d'art et de littérature; Woolner; Ch.-A. Collins; William Morris et Phil. Morris. Stephens ne peignit jamais un tableau et ne fit que des copies et du journalisme. Collinson abandonna momentanément l'art pour se faire prêtre catholique; il gagne maintenant sa vie à faire de très modestes tableaux. W.-M. Rossetti a rendu de grands services à l'école par ses remarquables articles dans *le Spectator*, mais ne devint jamais peintre. Ch.-A. Collins, d'une mauvaise santé, se dégoûta de la peinture; il épousa la fille de Charles Dickens et se mit à écrire; il est mort vers 1876. William Morris n'est pas un peintre, mais un poète. Quant à Phil.-R. Morris, il a peint *L'Ombre de la Croix*, sujet que Holman Hunt se proposait d'aller peindre en Syrie. Piquants détails à ce sujet.

+ 1832 + **ROSSETTI** (Dante-Gabriel), peintre d'histoire et poète, un des maîtres de l'école préraphaélite, n. à Londres, 1828, m. à Birchington-sur-Mer, 9 avril 1882.

1° L. A. S., en français, à Ernest Chesneau; Londres, 7 novembre 1868, 6 p. in-8. Belle pièce.

Superbe lettre où il le remercie de l'envoi de son livre *Les nations rivales dans l'art*. Il a été fortement impressionné de la justice qu'il rend à l'école anglaise, ce qu'aucun critique étranger n'avait encore fait. Il explique que le peintre Paton n'a substitué, dans son noble tableau *In Memoriam*, les soldats anglais aux cipayes, que sur les réclamations du public et de la presse. Il cite deux admirables peintres, Madox Brown, si doué de force et d'émotion dramatiques, et Burne Jones, le plus grand maître en couleur passionnée et en poésie mystique de tout l'art moderne. Il le remercie des compliments et décline le titre de chef de l'école préraphaélite, qu'il ne mérite point. « Les qualités de réalisme émotionnel, mais extrêmement minutieux, qui donnent le cachet au style nommé préraphaélite, se trouvent principalement dans tous les tableaux de Holman Hunt, dans la plupart de ceux de Madox Brown, dans quelques morceaux de Hughes et dans l'œuvre admirable de la jeunesse de Millais. » Il explique ensuite qu'il est inexact de dire que le critique Ruskin ait fondé par ses écrits l'école préraphaélite. « Je crois, en vérité, que, parmi les peintres fondateurs de l'école, pas un n'avait jusque-là lu un seul des admirables livres de Ruskin, et certainement pas un, parmi eux, ne lui était personnellement connu. »

2° L. S., en français, au même; Londres, 10 mars 1882, 3 p. 1/2 in-8. Jolie et intéressante pièce.

Belle lettre, écrite un mois avant sa mort. Il mande que la ville de Liverpool vient de lui acheter son tableau *Le Songe du Dante*. Il a publié trois volumes de poésies, dont un de traductions d'après les poètes primitifs italiens. Il s'excuse, sur sa triste santé, de ne pas lui écrire plus longuement. — (Les poésies de Dante-Gabriel Rossetti sont très estimées.)

+ 1833 + **MILLAIS** (John-Everett), célèbre peintre, l'un des fondateurs de l'École des préraphaélites, membre associé de l'Institut (1882), n. à Southampton, 8 juin 1829.

L. A. S. (à Ernest Chesneau); Birmann (Perthsire), 12 août 1875, 3 p. in-8. Très belle pièce.

Très jolie lettre amicale et artistique dans laquelle ce célèbre peintre déclare qu'il aurait certainement été enchanté d'envoyer à son correspondant les photographies demandées; malheureusement, celles-ci ne sont pas en sa possession.

✦ 1834 ✦ LEIGHTON (Frederick), célèbre peintre d'histoire, président de l'Académie des Beaux-Arts de Londres, n. à Scarborough, 3 décembre 1830.

L. A. S., en français, à M. Alfred Robaut, à Paris; (Londres, 7 avril 1881), 2 p. 1/2 in-8. — P.

Intéressante lettre où il lui mande que les quatre panneaux de Corot, dont il est l'heureux possesseur depuis dix-sept ou dix-huit ans, ont une hauteur égale de cinquante-cinq pouces anglais, mais diffèrent pour la largeur.— (M. Robaut avait demandé ces renseignements pour le livre qu'il prépare sur l'œuvre de Corot.)

✦ 1835 ✦ HERKOMER (Hubert), célèbre peintre de genre et de portraits, aquarelliste remarquable, n. à Waal (Bavière), 1849. Il habite depuis 1857 l'Angleterre, qui est devenue sa vraie patrie artistique.

L. A. S. à Ernest Chesneau; Dyreham Cottage, Bushey, Herts, 7 août 1875, 2 p. in-16, papier à son chiffre.

Il regrette de ne pouvoir donner un dessin d'après son tableau, pour la *Gazette des Beaux-Arts;* mais le possesseur de cette toile s'est réservé le droit de s'opposer à ce qu'on en fasse des reproductions.

≈ ITALIE ≈

✦ 1836 ✦ MORETTI (Cristoforo di), célèbre peintre, qui a été le réformateur de l'art en Lombardie, n. à Crémone dans le premier tiers du quinzième siècle.

L. A. S. à Galeazzo-Maria Sforza, duc de Milan; Casal, 8 janvier (1467), 1 p. in-4 oblong, cachet formé d'une empreinte d'intaille antique représentant une tête de jeune homme. Légère déchirure enlevant une partie de la signature. Autographe de la plus grande rareté. *(Coll. B. Fillon.)*

Précieuse lettre, écrite sur du papier milanais à la guivre. Il exprime le désir d'aller visiter le duc et de lui porter un tableau qu'il a peint sur toile à son intention. « Illustrissime princeps et excellentissime domine di mi metuendissime, flexis genibus, el vostro fidelissimo servitor Cristoforo di Moreti da Cremona, pinctore, umelmente se ricommanda, et desideroso de visitare vostra Signoria a pincto una opera suso una tella, non digna como meritaria le Excellentia vostra, sed pincta segundo la parvità del suo pocho ingenio. » Il explique ensuite qu'il est éloigné de sa maison depuis plus de six ans, ayant quitté le Piémont à cause de la guerre et s'étant réfugié dans le Montferrat. Il a travaillé pour le marquis et pour le cardinal Théodore, son frère, et il est actuellement occupé à peindre une chapelle dans le château de Casal. Il désire ardemment rentrer dans sa patrie et il proteste de son dévouement pour le duc, dont il a été et sera jusqu'à la mort le très fidèle serviteur.

✦ 1837 ✦ BUONARROTI (Michel-Agniolo), dit MICHEL-ANGE, un des plus grands artistes qui aient existé, n. à Caprese, 6 mars 1474, m. à Rome, 17 février 1564.

P. A. S. à la troisième personne; 26 octobre 1521, 1/2 p. in-4. Superbe et très rare pièce — P.

Très précieux autographe. Michel-Ange reconnaît devoir à Lionardo sept ducats d'or, dont quatre ont été envoyés par son ordre au sculpteur Florentin Federico Frizzi, qui a achevé à Rome une figure du Christ, commandée par maître Metelli et placée dans l'église de la Minerve. Les trois autres ducats ont été remis à Pietro Urbano da Pistoja, qui était avec lui. — (Il s'agit du *Christ debout tenant sa croix,* commandé par Antonio Metelli et porté et mis en place à Rome par un des élèves du maître, Urbano da Pistoja. Cette admirable figure est encore conservée dans l'église de la Minerva.)

LETTRE DE CRISTOFORO DI MORETTI AU DUC DE MILAN

+ yhs xps am ex casale die viij Januarij

Ill.me princeps et ex.me dux d. mi metuen.me flexis genubz el v̄ro fidelissimo servitor xpoforo
di moreti da cremona pinctore humelmente se ricomada et desideroso de visitare v̄ra
S. a pincto una opera suso una tella non dignia como meritaria la ex.na v. sed pincta
segundo la paruità del suo pocho ingenio voluntiera la aueria portata a donar q̄sta
festa p̄sima pasata como p una altra mia scripse p aluixe da giui et etiam portaria
avendo licentia dala begnina S. v. de poter venir a bisitar essa p̄fata S. v. laqual de
sidera de veder et servir aquella como solia e gia e passato ani circha sexi et mesi ziqz
ch fuora di caxa se avesse comisso alcuna cossa a fato lunga penitentia con grandissim
dampni e destructione partito de piamonte p lo tēpo de la guera passata p no ofendere
ala S. v. ne etiam ala patria sua vene in monferato con para c.o de barde de le quale potia
aver de denari cuntanti in quela volta no me fu posibille a venir a bisitar la p̄libata S. v.
p ch fin aquelo giorno ch fu fato la pace di e note stentaua p servir lo Ill.mo S. mes
chexe de monfera et similit monsegnior lo gardinal nunc depingo una capella al S.
mes cheyse in castello de capale et desideropo de repatriare soto lunbra di la p̄libata S. v.
p̄go divotamte la clementissima et begnina S. v. p sua begnignissima gra si degnia con
cederme ch possa venir con la p̄sta opera a bisitare v̄ra S. como desidero sopra ogni
altra cossa et aceptarme p̄so bono e fidelle servitore como semp fu e et sera
usqz ad mortem a meterre la roba la persona et ogni suo volere p essa S. v. a
la quale se ricomada nunc et semp

Ex.me et d.nationi v.

Numéro 1836.

fidelis servus xpoforus
cremona pictor etc.

✝ 1838 ✝ **DUCA** (Giacomo de), dit Il Siciliano, habile sculpteur, architecte et ingénieur, élève de Michel-Ange, qui travailla longtemps à Rome et périt assassiné.

L. A. S. à Lionardo Buonarroti (neveu de Michel-Ange), à Florence; Rome, 4 avril 1566, 3/4 de p. in-fol., cachet à ses armes qui portent sept étoiles à six rayons, posées trois, trois, un. Remarquable pièce, qui porte quelques légères taches d'humidité. *Très rare. (Coll. B. Fillon et Dubrunfaut.)*

Intéressante lettre où il parle du tombeau de Michel-Ange et du peintre Daniel de Volterra, dont il attend l'arrivée. Celui-ci est, à Rome, le locataire de Lionardo Buonarroti; sa location finissant, il en demande le renouvellement.

✝ 1839 ✝ **CALCAGNI** (Tiberio), statuaire florentin, qui eut l'insigne honneur d'être choisi par son maître Michel-Ange pour achever plusieurs de ses ouvrages.

L. A. S. à Lionardo Buonarroti, à Florence; Rome, 2 et 3 juillet 1563, 1 p. 1/4 in-fol., trace de cachet. Superbe pièce.

Très intéressante lettre dans laquelle Tiberio Calcagni parle du célèbre peintre Daniel de Volterra et lui donne des nouvelles de son illustre oncle.

✝ 1840 ✝ **CAMPI** (Bernardino), célèbre peintre italien, dont les belles toiles ornent les églises de Crémone, de Milan et de Pavie, n. à Crémone, 1525, m. vers 1590.

L. A. S. à Vespasiano Gonzaga; Crémone, 30 juillet 1568, 1/2 p. in-fol., cachet. Superbe pièce. Autographe de la plus grande rareté. *(Coll. Cottenet.)*

Il lui envoie le tableau de *Sainte Cécile jouant de l'orgue* et s'excuse de ne l'avoir pas fait aussi vite que Son Excellence l'aurait désiré. (Ce tableau, conservé à Crémone, compte parmi les chefs-d'œuvre du maître.)

✝ 1841 ✝ **CALIARI** (Paolo), dit Paul Véronèse, illustre peintre, un des plus merveilleux artistes qu'ait produits l'Italie, n. à Vérone, 1530, m. à Venise, 19 mai 1588.

L. A. S. à Marcantonio Gandini, à Trévise; Venise, 6 janvier 1578, 3/4 de p. in-fol., trace de cachet. Superbe pièce, dans le plus remarquable état de conservation. — P.

Magnifique et précieuse lettre pleine de détails intimes et de témoignages d'affection. — (Gandini, né à Brescia vers 1550, mort en 1630, fut un des bons élèves de Paul Véronèse, qui entretint avec lui une correspondance suivie, dont quelques lettres nous ont été conservées.)

✝ 1842 ✝ **CHIMENTI** (Jacopo), dit l'Empoli, célèbre peintre d'histoire, dont les églises de Florence renferment les principales œuvres, n. à Empoli, 1554, m. 1640.

L. A. S. à Agniolo del Favilla, à Pise; Florence, 9 février 1607, 2 p. in-fol., trace de cachet. *Très rare.* — (Les autographes de cet artiste sont difficiles à rencontrer et très recherchés.)

Très belle et très intéressante lettre pleine de nouvelles de ses travaux et de ses affaires. Longs détails à ce sujet.

✝ 1843 ✝ **ALBANI** (Francesco), dit l'Albane, un des peintres les plus gracieux et les plus charmants de l'école italienne, surnommé l'*Anacréon de la peinture*, ami et rival du Guide, n. à Bologne, 1578, m. dans la même ville, 4 octobre 1660.

L. A. S. à Girolamo Bonini, à Venise; Bologne, 12 février 1651, 3/4 de p. in-fol., cachet.

Charmante épître amicale où il lui donne des nouvelles de ce qui se passe à Bologne et de ses travaux. Les fêtes abondent à Venise, mais elles manquent à Bologne. — (Girolamo Bonini fut l'élève et le collaborateur de l'Albane. Il mourut vers 1680.)

Numéro 1843.

+ 1844 + BARBIERI (Gianbattista), dit LE GUERCHIN, célèbre peintre d'histoire, dont les dessins à la plume ont été très recherchés, n. à Cento, 2 février 1590, m. à Bologne, 22 décembre 1666. Son chef-d'œuvre est le tableau de *Sainte Pétronille*.

L. A. S. à un grand seigneur; Cento (où le Guerchin résida pendant sa jeunesse), 30 novembre 1619, 1 p. in-fol. Très belle et très intéressante pièce. *Rare. (Coll. B. Fillon et Dubrunfaut.)* — P.

Superbe lettre dans laquelle il s'excuse de ne pouvoir peindre à fresque dans cette saison, vu son triste état de santé.

+ 1845 + GENTILESCHI (Artemisia LOMI, dite), célèbre femme peintre, qui excella dans le portrait et dans la reproduction des fleurs et des fruits, élève du Guide, n. à Pise, 1590, m. à Londres, 1642. Elle était d'une beauté et d'une distinction remarquables. Devenue veuve, elle alla rejoindre à Londres son père le peintre Orazio Lomi, établi dans cette ville depuis 1623. Le musée de Londres possède de cette artiste une *Sybille* et un portrait.

L. A. S. à un grand seigneur; Naples, 24 août 1630, 3/4 de p. in-4. *Très rare. (Coll. Dubrunfaut.)*

Très belle lettre dans laquelle Artemisia Gentileschi parle de ses travaux. Elle le prie de lui envoyer six paires de gants des plus belles.

+ 1846 + MANNOZZI (Giovanni), dit GIOVANNI DI SAN GIOVANNI, célèbre peintre de l'école florentine, d'une imagination vive et féconde, mais parfois originale jusqu'à la bizarrerie, auteur des fresques de la Badia de Fiesole et de celles du palais Pitti, n. à San-Giovanni, 1590, m. 1536.

L. A. S. au marquis....; 20 juin 1627, 3/4 de p. in-fol. Très belle pièce. *Rare.*

Superbe lettre où il mande qu'il a peint une Nativité pour le cardinal, frère du marquis, mais qu'il ignore si ce premier en est satisfait.

+ 1847 + BELLA (Stefano della), un des plus habiles et des plus parfaits graveurs de son temps, qui fit, pour le cardinal de Richelieu, les dessins des principales conquêtes de la France, n. à Florence, 18 mai 1610, m. dans la même ville, 12 juillet 1664.

L. A. S., en français, à Pierre Mariette, libraire et marchand d'estampes (grand-père du célèbre amateur, m. 1657), à Paris; Florence, 31 janvier 1656, 3/4 de p. in-fol. *Très rare. (Coll. Dubrunfaut.)*

Très belle lettre où il lui demande s'il a reçu les estampes qu'il lui a expédiées et le prie de payer de sa part à Bernardin Imbotti la somme de cent trente-six livres. — Derrière la lettre se trouve la quittance du chevalier Bernardin Imbotti qui déclare avoir reçu ladite somme pour le prix du loyer de la maison qu'il louait, à Florence, à Stefano della Bella.

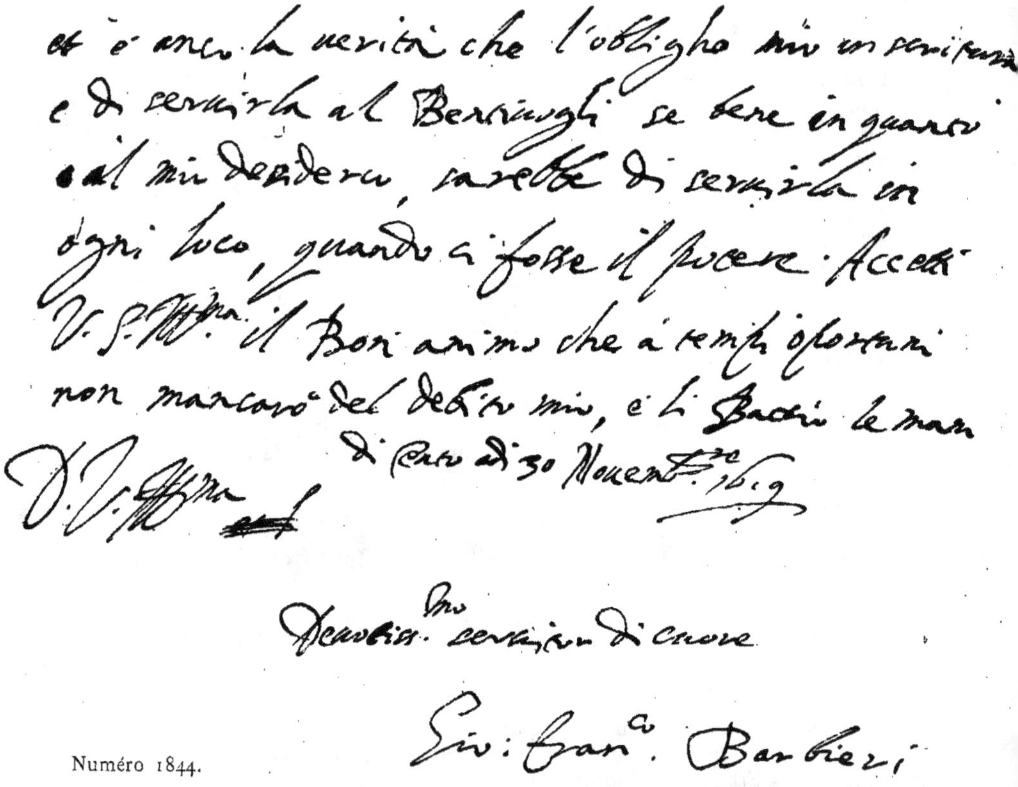

et è anco la verità che l'obligho mio mi stringe
e di servirla al Bertinughi se bene in quanto
è al mio desiderio, sarebbe di servirla in
ogni loco, quando ci fosse il potere. Accetti
V. S. Ill.ma il Bon animo che a tempi oportuni
non mancarò del debito mio, e li Bacio le mani
di Cento adì 30 Novembre 1619
D. V. S. Ill.ma
Devotiss.mo servitore di core
Gio. Fran.co Barbieri

Numéro 1844.

✦ 1848 ✦ ROSA (Salvatore), grand peintre de l'école napolitaine, poète et musicien, qui prit part à l'insurrection de Masaniello, n. à l'Arenella, près de Naples, 20 juin 1615, m. à Rome, 15 mars 1673. Cet artiste vint à Rome à l'âge de vingt ans et les admirables ruines de cette ville furent pour lui des sujets d'étude inépuisables. Ses paysages obtinrent un vif succès. Le Louvre possède de lui *Raphaël et le jeune Tobie,* la *Pythonisse d'Endor,* une *Bataille* et un *Paysage avec des guerriers.*

L. A. S. à Giulio Maffei, à Volterra; 14 juin 1651, 3/4 de p. in-fol. Superbe pièce. *Très rare.*

Belle lettre, dans laquelle Salvatore Rosa lui mande qu'il a consigné son cheval dans une hôtellerie située près de Sienne.

✦ 1849 ✦ CIGNANI (Carlo), célèbre peintre d'histoire, un des meilleurs disciples et collaborateurs de l'Albane, auteur de la magnifique fresque de la Madona della Fuoco à Forli, où il figura l'Assomption de la Vierge et qui ne lui coûta pas moins de vingt années de travail, n. à Bologne, 1628, m. à Forli, 6 septembre 1619.

L. A. S. à M....; Bologne, 19 octobre 1686, 2 p. in-fol. Superbe et très rare pièce.

Très intéressante lettre où il lui donne des détails sur ses travaux et parle de l'Albane, son illustre maître.

✦ 1850 ✦ GENNARI (Benedetto), dit *le jeune,* peintre d'histoire, neveu, élève et héritier du Guerchin, n. à Cento, 1633, m. 1715. Il travailla pour Louis XIV et pour les rois d'Angleterre Charles II et Jacques II.

L. A. S. à M....; Bologne, 16 septembre 1664, 1 p. in-fol. Superbe et rare pièce. *(Coll. Dubrunfaut.)*

Très belle lettre où il répond, au nom de son oncle (le Guerchin), relativement à un jeune homme que son correspondant lui avait recommandé.

✦ 1851 ✦ DONINI (Girolamo), peintre de l'école bolonaise, un des plus habiles élèves et imitateurs de Carlo Cignani, n. à Correggio, 1681, m. 1743. La meilleure toile de Donini est le *Saint Antoine* des Philippins de Bologne.

L. A. S. à M....; Bologne, 30 juin 1742, 1 p. in-fol. *(Coll. Raffaeli.)*

Très belle lettre dans laquelle il le remercie des compliments qu'il lui a adressés sur son tableau représentant la Sainte Vierge.

✦ 1852 ✦ BARTOLOZZI (Francesco), célèbre graveur au burin et à l'eau-forte, peintre en miniature et au pastel, n. à Florence, 1725, m. à Lisbonne, 1813. Il a excellé dans le genre du pointillé, qui fut jadis tant à la mode. L'œuvre de cet habile artiste est très considérable. Francesco Bartolozzi se fixa en Portugal en 1806.

L. A. S. à MM. Laurent père et fils, éditeurs du Musée français, à Paris; Lisbonne (où il vivait depuis 1806), 25 février 1808, 2 p. in-4. *(Coll. Boilly.)* P. —

Très intéressante lettre dans laquelle Francesco Bartolozzi déclare qu'il accepte de graver les tableaux du Corrège représentant saint Jérôme et la Fuite en Égypte. Il demande trois cents louis pour chaque planche.

Amico Caro

Hò consegnato il Vostro Cavolaccio ad un Pittghier
à ciò me lo Conduca in Siena all'Osteria del
Re Franco sino à Siena. Desse che Voi me lo
mandiate à pigliar Subito à ciò ... multiplicati
la Spesa in detta osteria Et digratia quando
haucte di ... fatto occasioni mandatemele ... io son
il Comm.° ad andarvi inanzi ... stardo ...
Vetturini ... vostri humori ... Saluto
... di ... et à Voi obraccio di tutto Core Quello
di 14 di Giugno 1611.

Amico Vostro

+ 1853 + **CANOVA** (Antonio), un des plus illustres maîtres de la sculpture moderne, n. à Possagno (province de Trévise), 1 novembre 1757, m. à Venise, 12 octobre 1822. Il a fait de superbes mausolées dans l'église Saint-Pierre de Rome.

L. A. S. au peintre Wicar (Jean-Baptiste, né à Lille, le 22 janvier 1762, mort le 27 février 1834), directeur de l'Académie de dessin, à Naples; Rome, 11 août 1807, 3 p. in-4. Superbe pièce. — P.

Lettre des plus importantes sur la statue équestre de Napoléon I, qui lui a été commandée par l'empereur lui-même le 20 décembre 1806. Il s'est occupé aussitôt des études nécessaires pour un travail si considérable. Il a fait un modèle en petit et il en eût fait un plus grand, s'il n'en eût été empêché par une fièvre tierce. Il déclare ensuite qu'il est impossible de terminer cette œuvre en aussi peu de temps qu'on le demande. Canova se livre ensuite à de très intéressantes considérations à ce sujet. — (Cette statue équestre de Napoléon devait être érigée sur une place de la ville de Naples, mais elle ne put jamais être exécutée par Canova. Le cheval seul fut coulé en bronze et servit pour la statue d'un autre personnage.)

+ 1854 + **MORGHEN** (Raffaele), célèbre graveur au burin, dont le chef-d'œuvre est la reproduction de *la Cène* de Léonard de Vinci, n. à Naples, 19 juin 1758, m. à Florence, 8 avril 1833.

L. A. S. à MM. Acerro, à Paris; Florence, 22 juillet 1818, 3/4 de p. in-4. Très belle pièce. — P.

Belle lettre dans laquelle Morghen les prie de lui expédier ce qu'il leur a demandé.

+ 1855 + **LONGHI** (Giuseppe), un des plus habiles graveurs de son temps, rival de Morghen, n. à Monza, près de Milan, 13 octobre 1766, m. à Milan, 2 janvier 1831.

L. A. S. à Picotti, imprimeur, à Venise; Milan, 12 décembre 1812, 1 p. in-4, tête imprimée. Belle pièce. — P.

Très belle lettre dans laquelle il explique qu'il n'a souscrit à *l'Anatomie* de Caldani que parce qu'on lui donnait la facilité de payer en estampes.

+ 1856 + **CALAMATTA** (Luigi-Antonio-Giuseppe), un des graveurs les plus estimés de ce siècle, n. à Civitta-Vecchia, juin 1802, m. à Milan, 8 mars 1869. Il fut l'ami de George Sand, dont il grava le portrait.

L. A. S. à une dame; 4 mars 1855, 1 p. 1/4 in-8. Très jolie pièce.

Plaisante épître signée *L. Calamatta, cuoco* (cuisinier). Il la prie de lui préparer tout ce qui sera nécessaire pour la friture qu'il doit faire.

+ 1857 + **DUPRÉ** (Giovanni), éminent sculpteur, qui s'est adonné aux sujets religieux, n. à Sienne, 1 mars 1817, m. à Florence, 9 janvier 1882.

Pièce de cinq petites lignes autographes signées au bas d'une photographie représentant sa statue *La Riconoscenza*, 1 p. in-4. Belle et intéressante pièce.

Curieuse pièce dans laquelle Giovanni Dupré explique en quelques mots le sujet de sa statue.

[Fac-similé d'une lettre manuscrite d'Antonio Canova, datée « Roma 11 Agosto 1805 », adressée à « Monsieur Wicar, Direttore dell'Accademia del Disegno, Napoli », et signée « Antonio Canova ».]

Numéro 1853.

✤ 1858 ✤ GIACOMELLI (Ectore), dessinateur, célèbre par les gracieuses compositions dont il a orné un grand nombre d'ouvrages de luxe, n. à Paris, 1 avril 1822.

L. A. S., en français, à un de ses amis, 1 p. 1/2 in-8. Très jolie et très intéressante pièce.

Charmante épître, ornée d'un joli dessin. Giacomelli s'excuse auprès de son ami de n'avoir pu aller à un rendez-vous, à cause du mauvais temps. Il déclare qu'il travaille sans relâche à des illustrations, qu'il doit livrer sous peu.

✤ 1859 ✤ NITTIS (Giuseppe di), peintre célèbre par ses vues de Paris et de Londres, n. à Barletta (province de Naples), 1846, m. à Saint-Germain en Laye, 22 août 1884.

L. A. S. à Émile Bergerat (le poète, premier directeur de *La Vie moderne*); Londres, 16, 3 p. 1/2 in-18.

Intéressante lettre toute relative au journal illustré *La Vie moderne*, pour lequel il a fait volontiers de la propagande à Londres. Il déclare qu'il a eu la promesse d'un dessin du célèbre peintre Millais.

✎ ESPAGNE ✎

✤ 1860 ✤ BERRUGUETE (Alonzo-Gomez), célèbre peintre et sculpteur, élève de Michel-Ange, dont il rappelait la manière par la hardiesse de l'exécution, n. à Paredes de Nava, près de Valladolid, 1480, m. à Tolède, 1545. Il édifia le palais du Prado à Madrid et restaura l'Alhambra de Grenade.

P. A. S.; 2 mars 1542, 1/2 p. in-4. Superbe pièce. Autographe des plus rares.

Très intéressant document. Reçu d'une somme à lui due pour des travaux qu'il avait exécutés.

✤ 1861 ✤ MADRAZO (don Federico de), un des plus célèbres peintres contemporains de l'Espagne, qui excelle dans le portrait, membre associé de l'Institut (1873), n. à Rome, 12 février 1815.

L. A. S., en français, à Delaunay, directeur de *L'Artiste;* (Paris), 28 novembre 1838, 3 p. in-8. Jolie pièce.

Très belle lettre où il réclame, au nom de son père Jose (peintre distingué, m. 1859), des livraisons du journal *L'Artiste*, qui ont été perdues. Intéressants détails à ce sujet.

✦ 1862 ✦ **FORTUNY** (Mariano-José-Maria), célèbre peintre, dont les œuvres, d'un coloris merveilleux, ont obtenu le plus éclatant succès, l'auteur du *Mariage à la Vicaria de Madrid*, n. à Reus (Catalogne), 11 juin 1838, m. à Rome, 21 novembre 1874.

P. A. S., en français, sur une feuille de questions imprimées, 2 p. in-4. Belle pièce. *Très rare.*

Curieux document. Fortuny répond à des questions à lui adressées par le docteur Julius Meyer, de Munich, pour un dictionnaire biographique. Il donne ses nom, prénoms, lieu et date de naissance. Il cite ses principales œuvres : *la Vicaria*, vendue soixante-quinze mille francs à Mme Basine, le *Marchand de tapis*, aquarelle vendue à Londres vingt mille francs, la décoration de l'église Saint-Augustin à Barcelone, qui a été brûlée, et la collection des eaux-fortes chez Goupil. — (Les autographes de cet artiste sont très rares et très recherchés.)

✂ PAYS-BAS ✂

✦ 1863 ✦ **PORBUS** (Franz), dit LE JEUNE, célèbre peintre d'histoire et de portraits, n. à Anvers, 1570, m. à Paris, 1622. Ses deux portraits en pied de Henri IV, qui sont dans le musée du Louvre, comptent parmi ses œuvres capitales.

P. S., sur vélin ; (Paris), 31 décembre 1618, 3/4 de p. in-fol. oblong. Superbe et curieuse pièce. *Très rare. (Coll. Chambry.)*

Très intéressant document. François Porbus, peintre du Roi, confesse avoir reçu la somme de six cents livres à lui ordonnée pour la pension annuelle que lui fait Sa Majesté. — (Le musée du Louvre possède encore de cet artiste une *Cène* datée de 1618, *Saint François d'Assise recevant les stigmates*, et les portraits du garde des sceaux Guillaume du Vair et de la reine Marie de Médicis.)

✦ 1864 ✦ **RUBENS** (Pierre-Paul), un des plus grands peintres de l'école flamande, le roi des coloristes, n. à Siegen ou à Anvers, mai 1577, m. à Anvers, 30 mai 1640. Le musée du Louvre possède la magnifique suite de tableaux que Rubens exécuta, sur l'ordre de Marie de Médicis, pour la décoration du palais du Luxembourg.

L. A. S., en italien, à Annibale Chieppi, premier secrétaire et conseiller du duc de Mantoue; Rome, 28 avril 1607, 1 p. in-fol., cachet. Magnifique et très rare pièce. *(Coll. B. Fillon.)* — P.

Précieuse lettre, dans un magnifique état de conservation. Il lui accuse réception d'une lettre de change de cinquante écus et sollicite d'une façon un peu ambiguë le payement du reste de son compte. — (Rubens, qui avait été nommé par Vincent de Gonzague, duc de Mantoue, gentilhomme et peintre de la cour, visitait toute l'Italie. Il se trouvait alors à Rome pour la seconde fois. Ce grand artiste ne retourna à Anvers que l'année suivante à l'occasion de la mort de sa mère.)

✦ 1865 ✦ **HOEY** (Jacques de), le peintre ordinaire du roi Louis XIII, n. à Leyde vers 1580, m. à Paris vers 1643.

P. S., sur vélin; (Paris), 20 mars 1615, 1/2 p. in-4 oblong. Superbe et curieuse pièce. *Très rare. (Coll. Pécard, B. Fillon et Dubrunfaut.)*

Très intéressant document. Jacques de Hoey (qui est dénommé *Doué* dans l'acte) donne quittance de la somme de trois cents livres pour le payement de deux tableaux qu'il a fournis au Roi, « l'ung du Sépulcre de Nostre Seigneur et l'autre de l'entrée faicte par sa dicte Majesté en la ville de Nantes, peinctz sur cuivre. » — (Le 5 juillet 1614, la régente Marie de Médicis partit avec le roi son fils pour le Poitou et pour la Bretagne, afin de pacifier ces provinces agitées par les princes mécontents. Louis XIII arriva à Nantes au mois d'août et fit son entrée solennelle dans cette ville, où il tint ses Etats. Il revint à Paris le 16 septembre et fut proclamé majeur le 27 du même mois.

✦ 1866 ✦ **HOECK** (Jean van den), célèbre peintre d'histoire et de portraits, un des plus habiles élèves de Rubens, n. à Anvers, 1597, m. dans la même ville, 1650.

L. A. S., en italien, à Cassiano del Pozzo; Possa, 17 décembre 1646, 3 p. in-fol. Légers raccommodages. Pièce des plus rares. *(Coll. B. Fillon.)*

Précieuse lettre dans laquelle il le remercie de ses marques d'affection. Il a gardé la mémoire de tout ce qu'il a vu chez lui, notamment des beaux tableaux du Poussin. Il sollicite la faveur de faire copier ces toiles, non pas pour le public, mais pour son étude personnelle, car il sait combien elles ont de valeur par les recherches et par les soins que Poussin y a apportés.

✦ 1867 ✦ **CHAMPAIGNE** (Philippe de), célèbre peintre d'histoire et de portraits, n. à Bruxelles, 16 mai 1602, m. à Paris, 12 août 1674. Il habita Paris depuis 1621.

P. S. deux fois, signée aussi par sœur Marguerite du Saint-Sacrement, prieure des Carmélites de Paris; Paris, 2 septembre 1631, 5 p. in-fol. Superbe pièce. *Très rare. (Coll. B. Fillon.)* — P.

Précieux document. C'est le devis des peintures et dorures qu'il convient de faire au chœur du couvent des Carmélites. « Premièrement deux grandz tableaux sur couty où seront représentez en l'un l'ascension de nostre Seigneur, en l'autre la descente du Sainct Esprit sur les apôtres, les bordures desdits tableaux dorez d'or bruny, lesquels deux tableaux sont au-dessus de la grille. Plus à la fassade du cœur au dessus de la corniche l'on peindra un Mouïse et Saint-Hélie, et au milieu sur l'arcade l'on peindra deux anges qui suporteront un cartouche dans lequel il y aura les armes du bienfaicteur; dans le fonds l'on peindra des compartimens d'or blanc et grys ornez de testes de chérubins d'or. Au-dessoulz de la corniche, entre les deux plastres, l'on représentera Sainct Pierre d'un costé et Sainct Paul de l'autre, qui seront dans des niches ornez de testes de chérubins d'or, les fonds des niches dorez, au bas des niches des consoles d'or et des festons d'or. Toute l'architecture sera enrichie d'or à fond blanc; les chapiteaux des pilastres seront dorez tout à plat; les cannelures desdits pilastres ornez de feuillages d'or enfermez de filets d'or assez larges. Les corniches seront enrichies d'or; la frize sera enrichie de gros bouillons d'or ambrez dans des feuillages; en certains endroictz sortiront des petitz anges; le tout d'or à fond blanc, les dentelures dorées, les plattes bandes enrichies d'un ornement d'or continu, et les talons renversez d'or à plat, et tous les filetz d'or, les architraves ornez d'un ornement d'or continu et le reste presque tout doré. Plus aux ceintre de dessoulz l'arcade il y a deux formes d'architraves qui seront dorez comme les autres, et au milieu un grand ornement d'or continu à fond blanc. Plus toute la voulte du cœur sera peinte aux quatre coings; l'un représentera quatre grandz Evangélistes et aux autres places des anges dans le ciel qui tiendront les mistères de la Passion de Jésus-Christ, les ogivez de ladite voulte ornez d'ornemens et filés d'or, les rozes du milieu dorez à plat. Le derrière de la menuserie du grand autel sera doré tout à plat à la mosaïque. Le costé des fenestres du cœur seront peintz avec des amortissemens et festons d'or sur un fond blanc. » Philippe de Champaigne s'engage à faire les peintures et ouvrages ci-dessus désignés moyennant la somme de trois mille neuf cents livres.

✦ 1868 ✦ VERWER (Adrian van), habile peintre d'histoire et de portraits, n. à Amsterdam vers 1605, m. après 1660.

L. A. S. à van Siderom ; Amsterdam, 25 avril (1639), 1 p. pl. in-fol. Très belle et très rare pièce. *(Coll. B. Fillon.)*

Superbe lettre relative à la gravure d'un grand combat naval qu'il désire offrir au jeune prince d'Orange. Il critique la manière dont les armoiries de Son Altesse et l'inscription ont été gravées. Très intéressants détails à ce sujet.

✦ 1869 ✦ REMBRANDT VAN RYN (Paul), illustre peintre, un des plus grands artistes qui aient existé, n. à Leyde, 15 juillet 1608, m. à Amsterdam, 7 octobre 1669.

Son portrait dessiné par lui-même à la plume et au bistre, signé *Rt 1630,* in-32. *(Coll. Goldsmid.)*

Précieux dessin, provenant d'une collection célèbre. — (Les lettres de Rembrandt sont très rares et très recherchées.)

✦ 1870 ✦ OOSTERWICK (Maria van), célèbre peintre de fleurs, dont les vertus privées n'étaient pas moins recommandables que le talent, n. à Nootdorp, près de Delft, 20 août 1630, m. à Eutdam, 1693. Ses tableaux sont extrêmement rares.

L. A. S. à son frère ; Amsterdam, 10 mars 1674, 1 p. in-4. Belle pièce. *Très rare. (Coll. B. Fillon.)*

Elle lui annonce la mort de leur vieux père, qui a succombé à Amsterdam, après des alternatives de bonne santé et de maladie, le 10 mars, à deux heures de l'après-midi.

✦ 1871 ✦ MOOR (Karel van), célèbre peintre de genre et de portraits, élève de Gérard Dow, n. à Leyde, 22 février 1656, m. à Warmout, 16 février 1738.

L. A. S. à un ami; Leyde, 25 septembre 1711, 3 p. in-4. Belle pièce. *Très rare. (Coll. B. Fillon et Dubrunfaut.)*

Superbe lettre dans laquelle il mande qu'il a recommandé chaudement son ami au bourgmestre de Leyde. Longs et intéressants détails à ce sujet.

✦ 1872 ✦ LENS (André-Corneille), peintre d'histoire, qui ouvrit, à Anvers, une école très fréquentée, auteur d'un curieux ouvrage sur *le Costume,* dont Talma se servit pour la réforme du costume théâtral, n. à Anvers, 1739, m. à Bruxelles, 1822.

L. A. S. au peintre Julien de Parme (Simon, né à Toulon en 1736, mort à Paris le 23 février 1800), à Paris; Bruxelles (où il habitait depuis l'année 1781), 4 décembre 1797, 2 p. in-4, cachet. *Rare.*

Intéressante lettre où il lui mande qu'il n'a pas pu placer tous les exemplaires de l'estampe qu'il lui a envoyée. Il parle ensuite du prince de Ligne, débiteur de Julien de Parme. « Je pense qu'on lui rendra ses biens comme étant au service de l'Empereur. Quant à son caractère personnel, c'est un galant homme, mais il n'a jamais pu payer toutes ses dettes par ce qu'il n'avoit pas assez d'œconomie.... »

+ 1873 + **OMMEGANCK** (Balthazar-Paul), célèbre peintre de paysage et d'animaux, surnommé le *Racine des moutons,* n. à Anvers, 26 décembre 1755, m. dans la même ville, 18 janvier 1826. Ses toiles sont très recherchées par les amateurs.

L. A. S. au peintre Vandael, à Paris; Anvers, 12 mars 1825, 2 p. 1/2 in-4. *Rare. (Coll. Boilly.)*

Très intéressante lettre où il narre les grands dommages causés par la dernière tempête. Un pont s'est rompu et huit personnes et un enfant ont été noyés.

+ 1874 + **NAVEZ** (François-Joseph), habile peintre d'histoire et de genre, d'une fécondité extraordinaire, chef de l'école académique, n. à Charleroi, 16 novembre 1787, m. à Bruxelles, 11 octobre 1869.

L. A. S. au peintre François-Marius Granet, à Paris; Bruxelles, 13 février 1835, 1 p. 1/2 in-4. Jolie pièce.

Très belle lettre relative à l'envoi de ses tableaux à Paris pour le Salon. Il lui recommande particulièrement la toile représentant un sommeil de Jésus et appartenant à la reine des Belges (Louise d'Orléans, fille de Louis-Philippe). « Je vous prie, s'il est possible, de lui donner une bonne place, car le Roi ici m'en a témoigné le désir. »

+ 1875 + **SCHEFFER** (Ary), célèbre peintre d'histoire et de genre, qui a puisé dans le *Faust* de Goëthe et dans les poëmes de lord Byron ses meilleures inspirations, n. à Dordrecht, 10 février 1795, m. à Argenteuil (Seine-et-Oise), 15 juin 1858.

L. A. S. à Auguste Trognon; (Paris, 1835), 1 p. 1/2 in-4. — P. de Dien d'après H. Lehmann.

Lettre des plus intéressantes. « Vous savez que le duc d'Orléans (fils aîné de Louis-Philippe) m'a promis avant-hier positivement de prendre Thierry avec trois mille francs par an. Si vous trouvez l'occasion, remerciés le pour vous comme pour moi. Vous pouvez mieux lui dire que personne quel excellent effet cela produira parmi tous les gens qui s'occupent sérieusement et dignement d'écrire. J'avoue que j'en suis heureux pour Thierry et enchanté pour le prince. C'est à vous que nous devons cela et c'est une excellente chose de plus. Ma malheureuse *Francesca* me tracasse outre mesure. Je suis certain que cela tombera à plat au Salon. » — (Il s'agit du grand historien Augustin Thierry, qui devint, en effet, bibliothécaire du Palais-Royal. — Ary Scheffer se trompait sur le sort de son tableau de *Francesca de Rimini,* qui obtint le plus éclatant succès.)

+ 1876 + **GEEFS** (Guillaume), un des meilleurs sculpteurs contemporains de la Belgique, n. à Anvers, 10 septembre 1806, m. à Bruxelles, 21 janvier 1883.

L. A. S. à son compatriote le peintre Bossuet; Bruxelles, 17 janvier 1848, 1 p. in-8. Très jolie et très intéressante pièce.

Belle lettre dans laquelle il le remercie de son intention de reproduire « la chapelle contenant le tombeau de saint Hubert que j'ai exécuté pour le Roi. » — (Guillaume Geefs est l'auteur de la statue du général Belliard à Bruxelles et de celles de Rubens à Anvers et du compositeur Grétry à Liège.)

+ 1877 + **GALLAIT** (Louis), célèbre peintre d'histoire, un des chefs de l'école belge, n. à Tournay, 10 mai 1810.

L. A. S. à M....; Bruxelles, 30 janvier 1863, 1 p. 1/2 in-8. *(Coll. Cottenet.)*

Il lui mande que le sujet de son tableau appartenant au comte Demidoff est le duc d'Albe faisant jurer sur l'Evangile à Vargas, président du Conseil des troubles, de n'épargner aucun hérétique. — (C'est une des toiles les plus célèbres de Louis Gallait.)

LETTRE D'ARY SCHEFFER — FRAGMENT

Numéro 1875.

[fragment de lettre manuscrite d'Ary Scheffer]

LETTRE DE HENRI LEYS — FRAGMENT

Numéro 1878.

[fragment de lettre manuscrite de Henri Leys]

✦ 1878 ✦ **LEYS** (Jean-Auguste-Henri), un des plus grands peintres qu'ait produits l'école belge, n. à Anvers, 18 février 1815, m. dans la même ville, 26 août 1869.

L. A. S. à M....; Anvers, 12 août 1866, 3 p. in-8. Très jolie et très intéressante pièce. — P.

Très remarquable lettre. Il lui envoie l'autographe demandé, mais il n'a pas transcrit le passage de Xavier de Maistre, qu'il lui avait indiqué, parce qu'il ne trouve pas juste la pensée exprimée par cet écrivain. « S'il est vrai, en effet, que chaque génération est plus émerveillée par les toiles de Raphaël, il est vrai aussi, d'autre part, que les œuvres de Mozart ne nous font pas moins de plaisir qu'à nos pères; et si d'un autre côté la musique est sujette à la mode, ne voyez-vous pas la même chose avoir lieu pour la peinture? Combien de peintres ont été réhabilités de notre temps, que les siècles précédents avaient comme oubliés. Combien d'autres en réhabilitera-t-on encore? Et d'un autre côté ne pouvons-nous pas prévoir aussi que quelques-uns qu'on a élevés au pinacle en puissent descendre un jour? Je crois, contrairement à l'avis de votre auteur, qu'à cet égard peintres et musiciens sont sur la même ligne. » — (Cette lettre fait honneur au bon sens de Leys.)

✦ 1879 ✦ **STEVENS** (Alfred), célèbre peintre de genre, élève de Camille Roqueplan, un des maîtres les plus estimés de ce temps, n. à Bruxelles, 11 mai 1828.

L. A. S. à M. Couteau; mardi 29 janvier 1851, 1 p. pl. in-8. Jolie et intéressante pièce. — P.

Belle lettre dans laquelle il mande qu'il a vendu un de ses tableaux. «J'espère que vous allez nous arriver, car nous avons besoin de renfort pour défendre un peu cette peinture française que l'on abîme quelquefois par trop.»

⚜ DANEMARK ⚜

✦ 1880 ✦ **ALS** (Pierre), peintre de portraits et miniaturiste du plus grand mérite, qui étudia et passa une grande partie de sa vie à Rome, n. à Copenhague, 1725, m. 1775.

L. A. S., en français (au célèbre graveur Johann-Georg Wille); Copenhague, 30 juin 1763, 6 p. in-4. Superbe pièce, du plus haut intérêt artistique. *Très rare. (Coll. Chateaugiron et A. Sensier.)*

Lettre des plus curieuses pour la biographie de cet artiste. Il raconte son arrivée à Copenhague (après un long séjour à Rome). Il a sollicité seulement un logement, mais on n'a pu lui en donner, car tous les appartements autrefois destinés aux artistes sont actuellement occupés par des savants. Il a demandé une avance d'argent, mais il n'a rien pu encore obtenir que des promesses et des compliments. Il a fait plusieurs portraits, entre autres ceux de la baronne de Bernstorf, de Son Excellence de Rabe, de la grande maréchale de Moltke, du prince Frédérick et du prince royal, etc. Il n'a pu finir encore que les têtes. « Tous sont réussi de manière qu'on en est extrêmement content. De cela je tirerai peu à peu de l'argent, pour vivre. On me les paie cinquante risdaler la pièce d'un tête sans mains. Pour deux mains je veut le double. C'est pourquoi qu'on se contente presque tous de la tête et ils épargne les mains. » Il a renoncé à son projet de faire un tableau d'histoire pour sa réception à l'Académie; il se contentera de faire deux portraits grands comme ceux que M. Tocqué et M. Nattier ont envoyés. L'Académie lui a désigné comme personnages MM. Preisler et Jardin; ce travail devra être terminé à la Saint-Michel. Si après cela il ne trouve pas une place à la Cour, il s'en ira chercher fortune ailleurs. A Copenhague la vie et le loyer sont d'un prix très élevé et il ne peut trouver aucun peintre pour l'aider. Il parle ensuite de plusieurs artistes, Wiedeveldt, Jardin, Jolly, Mandelberg, Frankenau, Pilo.

✦ 1881 ✦ **THORVALDSEN** (Albert-Bertel), un des plus grands sculpteurs de ce siècle, rival de Canova, n. à Copenhague, 19 novembre 1770, m. dans la même ville, 24 mars 1844. On lui doit un grand nombre de chefs-d'œuvre incomparables.

L. A. S., en italien, à M....; Rome, 4 juin 1834, 3/4 de p. in-8. *Très rare. (Coll. Boilly et Fillon.)*

Il mande qu'une légère indisposition l'a empêché de répondre plus tôt à son aimable billet. Il a exactement fait ce qu'il désirait.

Roma 4 Giugno 1834

Stimo signore

Una leggiera indisposizione di salute mi ha impedito dar prima d'ora discarico al suo pregiatissimo biglietto. Devo pertanto significarle di aver puntualmente eseguito ciò ch'ella desiderava. Attendo non ansietà l'occasione di poterla servire in cose di maggior rilievo, nella quali, se mi crede atto, la prego non risparmiarmi, mentre ho l'onore di ripetervi

Di lei Signore.

Devmo Obgmo Servi
Alberto Thorvaldsen

Numéro 1881.

✦ 1882 ✦ **BISSEN** (Hermann-Wilhelm), sculpteur célèbre, élève du grand Thorvaldsen, n. à Silding (Schleswig), 13 octobre 1798, m. à Copenhague, 10 mars 1868.

L. A. S., en allemand; Sienne (Italie), 29 novembre 1853, 2 p. in-8. *Rare.*

Jolie et amicale lettre dans laquelle Bissen fait part à son correspondant de ses projets de voyage; il parle également de deux de ses statues. Curieux détails artistiques à ce sujet.

❧ **SUÈDE** ❧

✦ 1883 ✦ **ROSLIN** (Alexandre), célèbre peintre de portraits, qui reproduisit les traits de Louis XVI et de toute la famille royale de France, n. 1718, m. 1793.

L. A. S., en français (au comte d'Angiviller, surintendant général des bâtiments du roi); Stockholm, 7 octobre 1774, 2 p. 1/2 in-fol. Légère coupure n'atteignant pas le texte. *Rare.*

Superbe lettre de félicitations de sa nomination aux fonctions de surintendant général des bâtiments du roi. Il fera tous ses efforts pour mériter sa protection. « Si après mon retour vous me jugés digne de faire le portrait en grand de notre auguste et nouveau maître (Louis XVI); je regarderois cette marque de votre bienveillance comme la récompense le plus flatteur qui puisse m'être accordé et terminerois ainsi ma carrière qui n'aura laissé que d'être honorable, quoique laborieuse. Monsieur, je suis maintenant occupé à peindre la famille royale de Suède et on me fait l'honneur de me désirer à la cour de Saint-Pétersbourg, où je me rendrois le printems prochain sous votre bon plaisir. De là je compte passer à la cour de Vienne et vous raporter quelque témoignage des efforts que j'aurois faits pour mériter votre bienveillance. » Intéressantes considérations artistiques.

✦ 1884 ✦ **TIDEMAND** (Adolf), peintre célèbre, qui a cultivé le paysage et le genre historique, n. à Mandal (Norvège), 14 août 1816, m. à Christiania, 24 août 1876.

L. A. S., en allemand, à Boser (Friedrich, peintre de genre, né à Halbau en Silésie en 1813, mort à Dusseldorf en 1881), à Dusseldorf; Christiania, 9 avril 1849, 1 p. in-4. Très jolie pièce.

Charmante épître amicale. Il s'excuse d'être resté si longtemps sans écrire. Détails intéressants sur sa famille. Tidemand fait ensuite de très judicieuses réflexions sur la situation politique en Allemagne. « Cela ne va toujours pas bien dans votre bonne Allemagne, toujours pas de solution, pas d'unité, pas même d'union! Vous avez bien maintenant il est vrai, un empereur, auquel je souhaite de grand cœur de saisir avec décision le vrai moyen de rétablir l'harmonie entre les forces rivales qui se combattent; amis ce résultat est sans doute bien éloigné encore... »

✦ 1885 ✦ **CHARLES XV**, roi de Suède (8 juillet 1859), fils et successeur d'Oscar I, peintre très distingué, n. 3 mai 1826, m. à Malmoë, 18 septembre 1872.

L. A. S., en français, à un ami; 22 mars 1871, 3 p. 3/4 in-8, papier de deuil. Très jolie pièce.

Superbe et noble lettre sur la guerre de 1870. « Quelle paix! mon Dieu, non seulement terrible, mais en même temps remplie de haine de la part des Allemands. Dieu veuille que vous pouviez vous refaire vite, au moins y commencer sans retard. Je peux vous assurer que ici tout le monde a une très grande sympathie pour votre patrie et que vraiment je puis dire que nous sommes les Français du Nord. Quel affreux gâchis à Paris. Au diable ces socialistes qui gâtent tout, et cela après une défense si hardie, si glorieuse et conduite avec tant d'acharnement. On doit honorer le courage de M. Thiers qui a pu signer la paix avec cette démembrement de la France. Il n'y avait rien affaire dans une telle situation des choses, mais vrai dire, moi je n'aurais jamais osé. » Cette lettre fait grand honneur au monarque suédois.

❧ SUISSE ❧

✦ 1886 ✦ **KELLER** (Johann-Balthasar), célèbre fondeur et ciseleur en bronze, qui a dirigé la fonte de la plupart des statues exécutées pour l'embellissement de Paris et de Versailles à la fin du dix-septième siècle, n. à Zurich, 1638, m. 1702.

L. A. S., en français, à la princesse d'Épinay; Paris, 2 novembre 1690, 1/2 p. in-fol. *Très rare.*

Intéressant document historique. Il lui demande la permission de continuer à faire travailler le moulin qu'il a fait faire proche la fonderie à Douai « pour laver et raffiner les menus métaux qui se trouvent dans les terres de ladite fonderie. » — (L'ère de la grande fonderie commença sous Louis XIV, et elle reçut des frères Keller son plus grand éclat, écrit l'un de ses biographes. Jean-Balthasar Keller fut appelé à Paris par son frère aîné, Jean-Jacques, fondeur de canons; il avait appris le métier d'orfèvre et montrait beaucoup de goût pour les arts du dessin; il s'appliqua à la fonte des statues et y réussit admirablement. Les jardins de Versailles et des Tuileries sont ornées de nombreuses statues fondues par Keller.)

✦ 1887 ✦ **KELLER** (Johann-Balthasar).

P. A. S., en français, sur vélin; Paris, 16 juillet 1698, 1 p. in-8 oblong. Très jolie et rare pièce.

Balthasar Keller, commissaire général des fontes de l'artillerie de France, donne quittance de trois cent soixante-quinze livres pour un semestre d'une rente constituée sur les aides et gabelles de la ville de Paris par contrat du 2 juillet 1682.

✦ 1888 ✦ **GESSNER** (Salomon), le célèbre poète, paysagiste de talent et surtout graveur d'un rare mérite, dont les planches et les eaux-fortes sont dignes des premiers maîtres, n. à Zurich, 1 avril 1730, m. dans la même ville, 2 mars 1787.

L. A. S. à M....; Zurich, 13 septembre 1772, 3 p. in-4. *(Coll. B. Fillon et Dubrunfaut.)* — P.

Très intéressante lettre relative à la traduction française de ses nouvelles Poésies. Il a chargé de ce soin M. Meister, qui a du goût et comprend parfaitement les deux langues. Celui-ci a soumis son travail à MM. Suard, Diderot et Watelet. Il faut maintenant faire illustrer ces poésies de vignettes de Fuessli. Il lui parle avec éloge de son élève, le graveur Hakert; il a vu avec plaisir ses travaux.

✦ 1889 ✦ **MECHEL** (Christian von), graveur estimé, élève de Wille, ami de Winckelmann, membre de l'Académie de Berlin, n. à Bâle, 4 avril 1737, m. à Berlin, 1817.

L. A. S. au libraire Göschen, à Leipzig; Berlin, 14 janvier 1810, 2 p. in-4. Belle pièce. — P.

Intéressante lettre. Ayant, dit-il, pendant le cours d'une longue carrière artistique beaucoup voyagé et eu bien des occasions de voir nombre de choses curieuses dont il a pris des dessins, il a réussi à rassembler ainsi des matériaux d'un haut intérêt. Il offre à Göschen de lui céder une planche représentant la main de fer de Goetz de Berlichingen, qu'il a gravée d'après un dessin fait d'après l'original qui se trouve à Saxthausen en Franconie, chez les descendants de l'illustre homme de guerre. Son dessin reproduit tous les détails du merveilleux mécanisme de la main de fer. Intéressants détails à ce sujet.

✦ 1890 ✦ **KAUFFMANN** (Maria-Anna-Angelica-Catarina), femme peintre, qui a joui de son temps d'une grande célébrité, n. à Coire (Grisons), 30 octobre 1741, m. à Rome, 9 novembre 1807. Sa peinture est agréable, mais trop souvent maniérée.

L. A. S., en italien, à Raphaël Morghen (le célèbre graveur); Rome, 26 avril 1806, 1 p. in-4, cachet. — P.

Superbe lettre de remercîments de l'envoi d'une de ses gravures. » Gradisca dunque li miei più distinti ringraziamenti per tale gentilezza e per la memoria che di me conserva. »

129

Je soubsigné Balthasar Keller Escuyer Commissaire general
des fontes de l'artillerie de France confesse avoir receu
de

La somme de troiscents soixante quinze livres, pour les six derniers
mois de la presente annee mil sixcents quatre vingts dix huit, et
a cause de 6y. l.tt de rente a moy continuee par Messieurs les
Prevost des Marchands et Eschevins de cette ville de Paris sur les
aydes gabelles par contract du deuxieme Juillet de l'annee
1562. de la quelle somme de IIJ.E.2.xxb. Je me tiens content
et quite led.t Sieur Payeur et tous autres. fait le seiziesme
Juillet de lad. annee millsixcents quatre vings dix huit
                                                    B. Keller
quitance pour troiscents soixante quinze livres

✠ 1891 ✠ FUSELI (Johann-Heinrich Fuessli, dit), artiste célèbre, qui se fixa en Angleterre vers 1776, succéda à West comme directeur de l'Académie des Beaux-Arts à Londres, et prit rang parmi les peintres les plus distingués de l'époque, n. à Zurich, 1742, m. à Londres, 16 avril 1825.

L. A. S., en anglais (à son voisin et vieil ami M. Carlesright); Londres, 19 octobre 1822, 1 p. in-8.

Joli billet écrit à l'âge de quatre-vingts ans. Etant retenu chez lui par une attaque de rhumatisme, il regrette vivement de ne pouvoir accepter l'invitation à dîner de son vieil ami M. Carlesright.

✠ 1892 ✠ DROZ (Jean-Pierre), célèbre graveur en médailles, directeur de la Monnaie de Paris, n. à la Chaux-de-Fonds, 1746, m. à Paris, 23 mars 1823. Il s'occupa de perfectionnements et d'inventions pour le monnayage. Il est l'auteur d'un balancier remarquable.

1° L. A. S. à Claude-Pierre Molard (ingénieur-mécanicien, membre de l'Académie des sciences, n. 1759, m. 1837); (Paris), 7 messidor an X (26 juin 1802), 3/4 de p. in-8. (Coll. B. Fillon.)

Jolie lettre d'envoi des différents papiers qu'il lui a promis et du rapport de l'Institut sur sa pompe à feu. Très intéressants détails à ce sujet.

2° P. A., à la troisième personne, 4 p. 1/2 in-fol. Superbe pièce du plus grand intérêt.

Description d'une machine ou balancier inventée et perfectionnée par Droz. Il raconte que cette machine, dont l'usage remonte à 1783, lui a servi pour frapper, en 1786, son essai de six livres, et, en 1787, son essai de louis d'or. — (Droz, n'ayant pu faire agréer ses services en France, accepta les offres de Mathieu Boulton, l'associé de Watt, et se rendit à Londres.)

✠ 1893 ✠ MEYER (Johann-Heinrich), peintre et écrivain sur les arts, ami et conseiller artistique de Goethe, directeur de l'Académie des Beaux-Arts de Weimar (1807), n. à Stäfa (canton de Zurich), 16 mars 1759, m. à Weimar, 14 octobre 1832.

L. A. S. au professeur Hüfeland, à Landshut; Weimar, 28 janvier 1816, 2 p. in-4. Belle pièce.

Belle et intéressante lettre. On jouera après-demain en l'honneur de la fête de la grande-duchesse, le réveil d'Epiménide, de Goethe, avec quelques-unes des modifications qu'il y a introduites; le maître de chapelle Weber de Berlin (Bernhard-Anselm Weber, maître de chapelle du roi de Prusse, n. 1766, m. 1821) est venu lui-même pour diriger la musique qu'il a composée pour cette pièce. « Autant que je puis en juger elle est très réussie, pleine de charme et d'expression.... » Il parle également du sculpteur Schadow qui est venu à Weimar communiquer à Goethe ses projets (plans) pour la statue commémorative qui doit être élevée au prince Blücher à Rastadt. Intéressants détails artistiques à ce sujet.

✠ 1894 ✠ GIRARDET (Abraham), graveur célèbre, dont les planches se distinguent par une grande fermeté de touche et par une harmonie parfaite des teintes, n. au Locle, 1763, m. à Paris, 2 janvier 1823. Parmi ses planches on cite la *Transfiguration* d'après Raphaël, qui lui a valu le surnom de *Girardet la Transfiguration*.

L. A. S. à M. Laurent, directeur de la collection des gravures du Musée français; Paris, 19 juillet 1813, 1 p. in-4. Très jolie et intéressante pièce.

Très belle lettre d'envoi d'une épreuve de la statue de Livie à la retouche de laquelle il a travaillé. Il le prie de lui donner un dessin, car il est actuellement sans ouvrage.

✛ 1895 ✛ **TŒPFFER** (Adam-Wolfgang), un des meilleurs peintres suisses, qui a traité le genre avec un esprit et une touche qui font songer aux maîtres flamands, n. à Genève, 1766, m. dans la même ville, 1847. Il était père de l'illustre conteur.

1º L. A. à sa femme, à Genève, avec un croquis original à la plume, où il s'est représenté lui-même en guise de signature; Mornex, jeudi soir, 3 p. in-4, cachet. *Très rare.*

Très belle lettre toute relative à sa santé et à ses travaux qui sont dérangés par des pluies continuelles, mais, dit-il: « J'ai trouvé des figures et j'en fais à force dans la chambre tant que dure la journée; s'il pleut encore je continuerai, et ne perdrai pas mon temps; j'espère pourtant avoir encore assez de beau pour faire deux ou trois dessins de paysage, si le soleil qui s'est presque toujours tenu caché veut me le permettre. Je suis bien contrarié cette année par la pluie qui me poursuit partout !... »

2º L. A. à la même, à Genève; Chavannes, vendredi soir, 4 p. pl. in-4. Très intéressante pièce.

Lettre des plus remarquables. « Un jour ne ressemble guerre à l'autre dans la vie, aujourd'hui à la table des grands, demain dans le plus maigre cabaret du pays, mais je suis fait à tout; je suis assez fêté ici.... Point de courage pour l'art, pas plus chez les amateurs ou soi-disant tels que chez bien des gens pour aller au sermon. Cependant l'épaisseur des bois, la beauté des arbres mérite bien que l'on s'y arrête; comme l'on pourrait se perdre dans ses détours; avec quelle volupté j'enfile les endroits les plus noirs et les plus épais, on voit peu d'hommes ici — quel avantage; je voudrais rendre impénétrable aux humains tout le circuit de la forêt — y vivre.... avec toi pourtant, car il faut pour être heureux se garder d'être seul, mais tu ne serais pas comme moi femme à te contenter de gland, et j'en suis bien fâché, car cela dérange mes projets. — Je veux me faire sauvage, également je le deviens, ce sera seulement un peu plus tôt; plût au ciel qu'il me poussa deux pieds de bouc, que je devint satyre, j'habiterais le creux d'un chêne ou le tronc caverneux d'un châtaignier, ma figure ridicule et extraordinaire me séparerait des hommes — en les fuyant je fuirais les vices, les crimes, je romprais avec cette race impie, exécrable, et j'épargnerais à mes yeux le spectacle dégoûtant de leurs turpitudes. Mais j'aurais peur qu'ils m'atrapassent comme une bête rare et qu'enfermé dans une cage on fit voir monsieur le Philosophe pour amuser les badauts et les petits enfants.... »

✛ 1896 ✛ **MEURON** (Maximilien de), peintre célèbre, qui par son tableau de l'*Eiger* fut l'initiateur de la peinture alpestre, n. à Corcelles-sur-Concise (canton de Vaud), de parents neuchâtelois, 8 septembre 1785, m. à Neuchâtel, 27 février 1868.

1º Croquis à la plume représentant un bouquet d'arbres au bord d'une route. — 2º L. A. S. à Léopold Robert (l'illustre peintre), à Rome; Neuchâtel, 13 juin 1830, 4 p. 1/2 in-4. Superbe pièce.

Précieuse lettre. Meuron donne des conseils et des encouragements paternels à L. Robert, il s'informe avec une touchante sollicitude de ses travaux, et parle de lui-même avec une modestie qui peint la rare noblesse de son caractère. « Vous me pressez d'aller auprès de vous, Assurément ce seroit bien en vue de vous que j'irai à Rome. Sans cela ce projet ne m'occuperoit pas une minute; mais il me sera difficile, pour ne pas dire impossible, de vous aller visiter cette automne. » Il indique les motifs qui l'empêchent de partir et ajoute : « Mais le pis de tout, c'est un sentiment qui m'affecte. c'est que mon intérêt ou plutôt mon attrait pour la peinture s'affoiblit beaucoup, et cela parce qu'il me semble que je n'ai plus ni imagination, ni talent. Pour surcroît de découragement je viens d'apprendre que dans une exhibition de Londres, deux grands tableaux que j'y avois envoyés et que le propriétaire y a voulu exposer pour voir le jugement que les amateurs en porteroient, ces deux tableaux, dis-je, ont été envisagés comme des croûtes... Quoique mon amour-propre n'ait pas là une nourriture bien douce, je n'en tire pas des conséquences décourageantes, je sais que l'empire du goût et de l'habitude influe beaucoup sur les jugemens des amateurs qui souvent ne sont pas très connoisseurs... Si comme vous, mon cher ami (je vous le dis sans compliment), j'avois ce talent de donner de l'âme à mes tableaux et que je visse les amateurs attachés et fixés comme par enchantement à la vue des produits de mes pinceaux, alors je dirois cela en vaut la peine, et je ne craindrois pas d'entreprendre un voyage qui m'avanceroit dans la carrière...! »

Max: de Meuron

LETTRE D'ADAM WOLFGANG TOEPFFER — FRAGMENT

Numéro 1895.

Je suis d'ailleurs très bien dans mon Auberge les gens de la maison ont toutes Sortes d'attentions pour moi et la petite Fanny va à la quête des figures pour moi,

Adieu ma Chere femme, j'ai reçu ta lettre et ce qu'elle contenait, j'espère que tout se terminera d'une façon avantageuse pour Adolphe, Salue tout le monde, tout à toi.

3° L. A. S. au peintre Zelger, à Stanz (canton d'Unterwald); Neuchâtel, 2 juillet 1849, 4 p. pl. in-4.

Superbe lettre relative à un tableau qu'il vient de terminer et à l'exposition de peinture de Neuchâtel. « Je vous ai parlé de notre exposition neuchâteloise. Elle touche à son terme et a mieux réussi en somme que je n'aurais pu l'espérer; notre public y a pris de l'intérêt malgré les préoccupations de la politique et la tristesse des esprits. L'un des tableaux les plus remarquables est sans contredit une vue de l'Albisbrunn avec le fond des monts Righi-Pilatus et glaciers de l'Oberland, qui dominent le lac de Zug, d'A. Calame. C'est un effet du matin d'une transparence et d'un modelé magnifiques. Après Calame viennent les deux frères Karl et Édouard Girardet — un maître d'école de ce dernier est un vrai chef-d'œuvre — un intérieur d'Aurèle Robert; l'étude originale qu'il avait à l'exposition suisse de l'année dernière, est aussi dans son genre une perle de grand prix. MM. Berthoud, l'un par deux grands sujets historiques, l'autre par de jolis paysages, promettent de faire honneur chacun dans leur genre à notre pays.
Mon fils n'a pu s'occuper ici que de portraits, faute de modèles. Il a fait des progrès et me donne des espérances...»—(Ces espérances se sont pleinement réalisées; M. Albert de Meuron (voyez n° 1930) est l'un des peintres les plus distingués de la Suisse.)

✦ 1897 ✦ VOGEL (Ludwig), peintre de talent, qui a traité dans une manière sinon irréprochable, mais caractéristique et enthousiaste, des scènes historiques de la Suisse et de sa vie nationale, n. à Zurich, 1788, m. dans la même ville, 21 août 1879.

L. A. S. à madame Stadler Vogel (sa fille), à Zurich; 26 juin 1848, 1 p. in-4. Curieuse pièce.

Lettre relative à un voyage qu'il vient de faire. « Quelle chose ravissante que les voyages; voir chaque jour de nouveaux pays, de nouvelles montagnes, de nouvelles villes; apprendre à connaître des personnes intéressantes et découvrir des merveilles inconnues! — et cependant si l'on jouissait de ce bonheur trop fréquemment, ou, si l'on était continuellement en route, comme les Anglais, on finirait par devenir aussi indifférent, aussi blasé et aussi dégoûté qu'eux de tout. » Il va reprendre ses travaux, plein d'entrain.

✦ 1898 ✦ PRADIER (Jean-Jacques, dit James), célèbre sculpteur, qui s'est fait une place spéciale dans l'art contemporain par la grâce païenne de ses figures de femmes, membre de l'Institut (1827), n. à Genève, 23 mai 1790, m. à Bougival, 4 juin 1852.

1° L. A. S. au comte (de Forbin); 15 novembre 1824, 1 p. in-4. Jolie pièce. (Coll. B. Fillon.) — P.

Très curieuse épître par laquelle il sollicite la croix d'honneur en récompense du monument du duc de Berri qu'il a exécuté pour la ville de Versailles. « J'ai aussi trois objets au Salon (malheureusement mal éclairé) : 1° le buste de Louis XVIII couronné d'olivier, en beau marbre de Paros, une Psyché en même marbre et une jeune chasseresse en plâtre, pour lesquels je sollicite encore de votre bonté que vous me fassiez faire l'acquisition à son Excellence le ministre de la maison du Roi. »

2° L. A. S. au célèbre critique Jules Janin, 1 p. in-32. Jolie pièce ornée d'un dessin à la plume.

Billet amical par lequel il lui demande deux billets de théâtre.

✝ 1899 ✝ FORSTER (François), célèbre graveur, dont les principales œuvres sont la *Vierge au bas-relief*, d'après Léonard de Vinci, la *Vierge de la maison d'Orléans* et les *Trois Grâces*, d'après Raphaël, membre de l'Institut (1844), n. au Locle, 22 août 1790, m. à Paris, 25 juillet 1872. Il obtint le premier grand prix de gravure à Paris en 1814, en même temps que son ami Léopold Robert obtenait le second.

L. A. S. au graveur John Pye, à Londres; Paris, 20 décembre 1829, 1 p. 3/4. *(Coll. Dubrunfaut.)*

Très belle lettre où il le remercie des planches qu'il lui a fait remettre par M. Feuillet. Il lui envoie quelques autographes de nos auteurs romantiques ou classiques, tels que Victor Hugo, Charles Nodier, madame Tastu. Baour-Lormian, etc.

✝ 1900 ✝ FORSTER (François).

L. A. S. à M. Landry père, artiste graveur, au Locle (canton de Neuchâtel); Paris, 3 février 1862, 2 p. in-8.

Belle lettre par laquelle il le remercie de la médaille de David de Pury que son fils, M. Fritz Landry, lui a fait parvenir. « Je viens vous exprimer ma reconnaissance de ce bon souvenir, et le plaisir que me fait l'examen de ce nouvel ouvrage de votre fils; oui, il y a dans cet ouvrage une exécution d'une franchise et d'une netteté si remarquable, des qualités réelles; il ne me laisse qu'un seul regret, c'est que, contre l'usage, il soit un peu en *profil perdu*, mais il est vrai que cela lui donne plus d'originalité... En vous réitérant mes remerciements, je vous prie de faire mes compliments à votre fils... »

✝ 1901 ✝ ROBERT (Louis-Léopold), l'illustre et mélancolique peintre des *Moissonneurs* et des *Pêcheurs de l'Adriatique*, n. à la Chaux-de-Fonds, 13 mai 1794, m. par suicide à Venise le 20 mars 1835. Élève de Louis David, Léopold Robert s'est fait une place spéciale dans l'école française en peignant le peuple italien avec un sentiment poétique et un style qui n'excluent pas certains côtés de la vérité.

Dessin à la sépia rehaussé de gouache, signé; Rome, 1820, in-8. Superbe et rare pièce. — P.

Très intéressant dessin d'une belle ordonnance dans la composition et d'une grande intensité dans l'effet. Il représente l'atrium du palais Borghèse sur les bords du Tibre; on y voit des paysans romains dansant sous les portiques.

✝ 1902 ✝ ROBERT (Louis-Léopold).

L. A. S. au graveur Ch. Girardet (n. au Locle, 1780, m. à Versailles, 1863, père de Karl, d'Edouard et de Paul Girardet), son maître, à Neuchâtel, et à madame Charles Girardet; Rome, 27 juillet 1822, 3 p. in-4. Cette lettre, signée deux fois, est l'une des plus anciennes connues de Léopold Robert.

Superbe lettre dont voici les passages les plus intéressants : « J'ai des grâces à rendre à Dieu de m'avoir donné jusqu'à cette époque une santé parfaite, et elles sont d'autant plus vives qu'il m'a fait arriver au but que je me proposois depuis si longtemps d'avoir une existence indépendante et de pouvoir montrer l'attachement que j'ai pour ma famille : ce bonheur temporel devroit me rendre heureux, mais je m'apperçois que mon pauvre esprit se tourne quelquefois trop à la misanthropie et à cet état d'indifférence, de froideur pour tout, même dans les sentiments; je me rappelle les impressions vives que j'ai eues, de plaisir ou de peine, de contentement, de bonheur; si elles se représentoient, je crois qu'elles seroient fort différentes. — Quand je me laisse aller à mes réflections, je me compare moralement à des personnes beaucoup plus avancées en âge, même à des vieillards, je m'étonne de leur trouver un caractère plus jeune. — Ne croyez pas cependant que le mien soit sombre et noir, la religion et la raison sont deux grands préservatifs. Si un artiste pouvoit se satisfaire en représentant ce qu'il sent, c'est-à-dire s'il arrivoit à rendre un sujet comme il se présente à son imagination, il seroit bien plus heureux, mais il y a ceci de pénible dans les arts (au moins pour moi) qu'après avoir bien travaillé et que j'arrive au terme d'un travail il finit toujours par m'ennuier et je trouve toujours sur la toile une froideur de sentiment qui me décourage; il faut avouer qu'on a toujours l'espérance en perspective — c'est un beau don que la divinité ait fait à l'homme... Il faut vous parler aussi un peu de mes travaux; j'ai fait les figures de plusieurs tableaux, je me propose de faire les fonds à la campagne. — Les artistes qui les ont vu ont trouvé des progrès dans l'exécution. j'avois fait plusieurs tableaux qui tombaient un peu dans le noir (j'aime tellement le sévère); ces derniers ont été trouvé vigoureux et transparents. Ce qui me touche et me charme dans les arts, c'est la sévérité et la naïveté et surtout la simplicité : ce sont trois qualités en peinture que n'ont eu que Raphaël et ses prédécesseurs. » *Considérations artistiques d'un grand intérêt.*

✢ 1903 ✢ ROBERT (Louis-Léopold).

L. A. S. au peintre Jakob Ulrich (n. à Zurich, 1798, m. 1877), à Paris, 1 p. 1/2 in-8. Très jolie pièce.

Épitre amicale où il se réjouit des succès obtenus par son ami et qui lui ont été annoncés par M. Marcotte (le Mécène de Léopold Robert). Il est occupé à terminer un tableau destiné à M. Paturle. (Il s'agit sans doute des *Pêcheurs de l'Adriatique.*)

✢ 1904 ✢ ROBERT (Louis-Léopold).

L. A. S. au comte d'Argout, ministre du Commerce; Paris, 2 septembre 1831, 2 p. in-4. Belle pièce.

Superbe lettre par laquelle il déclare qu'ayant reçu des mains de Sa Majesté la décoration de la Légion d'honneur, il se hasarde à lui recommander M. Charles Girardet. « C'est un artiste dont le génie inventif mérite votre protection, monsieur le Comte, surtout parce qu'il est joint à la probité la plus rare. Je suis plus que personne à même de le savoir, ayant été son élève dans une carrière que j'avois embrassée avant de devenir peintre. » Il le prie donc d'accorder à Girardet l'autorisation d'avoir chez lui une presse lithographique. — (Cf. la lettre de L. Robert à Ch. Girardet, n° 1902).

✢ 1905 ✢ ROBERT (Louis-Léopold).

L. A. S. de M. CHARLES BERTHOUD (professeur, publiciste, critique d'art éminent, n. à Neuchâtel en 1813, qui, dès la fondation de la Société des Amis des Arts à Neuchâtel, salua ses expositions par des articles dans lesquels il jugea l'art et les artistes avec une grande largeur de sentiment et un style élégant, et étudia plus tard, dans la *Galerie suisse* dirigée par E. Secrétan, les deux maîtres Léopold Robert et Gleyre), à Auguste Bachelin, à Marin; Gingins, 12 août 1884, 2 p. in-8, enveloppe.

Très belle lettre relative à Léopold Robert. « Revenons, cher Monsieur, puisque vous voulez bien y insister, à l'étude que j'ai publiée, il y a quinze ans, sur Léopold Robert. — Sainte-Beuve — de tous les écrivains français celui qui me semble avoir le mieux parlé de Robert — avait lu mon travail et m'avait aimablement engagé à le poursuivre et à le compléter. Mais, déjà alors, « le long espoir et les vastes pensées » n'étaient plus à mon usage, et mon fragment est resté ce qu'il était. C'est à l'occasion d'une correspondance inédite et très précieuse de Robert que l'idée de cet essai m'était venue. Cette correspondance se trouvait à Rome. Mon spirituel ami, Louis Bovet-Wolff, voyageait alors en Italie. Averti par moi, il découvrit le vieux Romain détenteur de ces lettres, et obtint de me les rapporter. Elles sont maintenant à la bibliothèque de Neuchâtel. — Mais que parlé-je ici de Sainte-Beuve et des autographes de Robert, et de moi! J'apprends aujourd'hui même que notre Musée vient de s'enrichir d'une toile importante du peintre des *Moissonneurs,* et que c'est à votre initiative toujours active et désintéressée, que nous en sommes redevables. Au lieu de vous entretenir de souvenirs personnels qui me sont chers parce qu'ils se rapportent aux pages où j'aurais voulu faire passer quelque chose du sentiment qui ne me quitta guère en les écrivant, c'est de vous seul qu'il devrait être question aujourd'hui. Mais vous êtes accoutumé à vous oublier pour les autres, et vous ne m'en voudrez pas. Adieu. Je serre la main qui tient tour à tour le pinceau et la plume à laquelle nous devrons bientôt une sœur de *Jean-Louis* » (le beau roman de M. A. Bachelin).

même de le savoir, ayant été son élève
dans une carrière que j'avois embrassée
avant de devenir peintre

Si la peine que je prends la liberté
de vous faire Monsieur le Comte, est de
quelque chose dans l'autorisation que
vous pourrez donner à Mr Ct Girardet d'avoir
chez lui, une presse lithographique; je serai
heureux d'avoir pu avant mon départ être
agréable à un homme pour lequel j'ai
beaucoup d'estime et de reconnoissance.

Veuillez agréer ma considération respectueuse,
et me croire Monsieur le Comte
votre très humble et obéissant serviteur

Léopold Robert.

Paris le 2 7bre 1831.

Numéro 1904.

90

✦ 1906 ✦ **BOVY** (Antoine), célèbre graveur en médailles, qui étudia à Paris et y prit peu à peu la place hors ligne qu'il a occupée dans cette branche de l'art, et qu'il gardera dans l'avenir, n. à Genève, 14 décembre 1795, m. dans la même ville, 18 septembre 1877. Ses compositions et ses portraits sont également remarquables.

L. A. S. à M. Landry père, au Locle; Paris, 6 mars 1861, 4 p. pl. in-8. Belle et rare pièce.

Très belle et intéressante lettre dans laquelle Bovy parle à M. Landry de son fils M. Fritz Landry, qui étudiait chez l'illustre graveur à Paris. — Conseils judicieux et considérations basées sur l'expérience. Bovy fait l'éloge des capacités de son élève et déclare qu'il espère en son avenir. — (M. Fritz Landry, qui a signé déjà plusieurs médailles d'un grand mérite, fait beaucoup d'honneur à son maître, dont il a justifié les flatteuses prédictions.)

✦ 1907 ✦ **ULRICH** (Hans-Jakob), peintre, qui a traité avec talent le paysage, les marines et les animaux, n. à Zurich, 1798, m. dans la même ville, 17 mars 1877.

L. A. S., en français (au peintre Raymond Brascassat); Zurich, 20 novembre 1864, 4 p. pl. in-8.

Très belle et intéressante lettre. Il lui parle avec enthousiasme d'un séjour qu'il vient de faire en Belgique. « Je me suis arrêté à Bruges, à Anvers et à Bruxelles après avoir quitté les bords de la mer et j'ai revu avec un vrai bonheur les chefs-d'œuvre de nos maîtres flamands; mon Dieu que tout cela est au-dessus des bizarreries, pour ne pas dire plus, de ce que font nos corryphées d'aujourd'hui; ah j'ai retrempé ma foi en ces grands maîtres et il n'y a pas de danger que je change de religion ; que j'aurois voulu t'avoir à mes côtés en visitant ces magnifiques collections de chefs-d'œuvre flamands! La Belgique est un pays qui me plait infiniment, on sent que c'est un pays qui est fait pour la peinture ; à Anvers j'étois enchanté du pittoresque qu'offre l'Escaut avec des navires de toute espèce dont les voiles découpent si délicieusement l'horizon; j'ai été ravi de cette ville ; que de jolis motifs je trouverois là pour le genre que j'aime... »

✦ 1908 ✦ **IM HOF** (Heinrich-Max), célèbre sculpteur, élève de Thorvaldsen à Rome, où il passa la plus grande partie de sa vie, n. à Bürglen (canton d'Uri), mai 1798, m. à Rome, mai 1869. Sa belle statue d'*Ève* est conservée au musée de Berne.

L. A. S. à M. d'Effinger de Wildegg (Louis-Rodolphe, le digne fondateur de la Société bernoise des Beaux-Arts, n. 1803, m. 1872), au château de Wildegg; Rome, 14 avril 1847, 3 p. pl. in-4. — P.

Superbe lettre artistique toute relative à ses travaux. Il est sur le point de terminer le modèle de sa *Judith*, qui a un grand succès, et il compte l'exécuter en marbre, bien qu'il n'ait pas de commande. Cet ouvrage marque, croit-il, un progrès sensible dans son talent. L'année a été mauvaise pour les arts; lui-même et bien d'autres bons artistes n'ont pas reçu une seule commande. Il parle plus loin de la peine que lui a causée la mort de son compatriote Rauch, l'excellent paysagiste, qui vient d'être enlevé dans la fleur de l'âge; de Hauser, qui a vendu au roi de Prusse son grand tableau du *Massacre des enfants de Bethléem;* du peintre Bühlmann (l'intelligent collectionneur de l'art suisse), qui excelle dans l'art de reproduire les couchers de soleil. Madame de Rougemont a acheté pour son père M. de Bonstetten le *Coucher de soleil à Rome,* tableau qui a eu un grand succès auprès des artistes italiens et dont les journaux ont parlé avec éloges, etc.

✦ 1909 ✦ **TŒPFFER** (Rodolphe), l'inimitable conteur des *Voyages en Zig-Zag* et des *Nouvelles genevoises,* dessinateur d'un talent original, n. à Genève, 17 février 1799, m. dans la même ville, 8 juin 1846. Il était fils du peintre A. W. Tœpffer.

Sur la fin de sa vie, ne pouvant plus écrire, par suite de son état de maladie, il se livra avec passion à la peinture à l'huile et reçut les conseils de son compatriote Calame.

Croquis à la plume, représentant le col d'Anterne et destiné aux *Nouvelles genevoises,* 1 p. in-8.

Ce joli croquis fut donné par le docteur Herpin au savant pharmacien Cap, qui était amateur d'autographes. — (Tœpffer commença par étudier la peinture, mais une maladie des yeux l'empêcha de continuer. Il demeura cependant fidèle à ce goût de sa jeunesse et dessina à la plume avec esprit et originalité des paysages et des caricatures. Ses œuvres dans ce genre sont devenues justement populaires. *Monsieur Jabot,* le *Docteur Festus, Monsieur Cryptogame, Histoire d'Albert* ont égayé déjà bien des générations. L'illustre Gœthe en appréciait le charme humoristique et l'aimable philosophie.)

✦ 1910 ✦ **TŒPFFER** (Rodolphe).

L. A. S. au libraire Jullien, à Genève; (30 mars 1846), 3/4 de p. in-8. Intéressante pièce.

Curieuse épître. En raison des contrefaçons de quelques-uns de ses ouvrages, « contrefaçons pour lesquelles, dit-il, je suis d'ailleurs d'accord et auxquelles je souhaite du succès, » il le prie de baisser les prix de ses livres à six francs le volume et de faire la remise de trente sols et le treizième. Il parle d'un règlement au 31 mars.

+ 1911 + **LUGARDON** (Jean-Léonard), peintre célèbre et artiste véritablement national, n. à Genève, 1801, m. dans la même ville, 17 août 1884. Il a popularisé les plus belles pages de l'histoire suisse qu'il a rendues avec un sentiment enthousiaste contenu dans un dessin savant et sévère. Son *Serment du Grütli* est populaire.

1° L. A. S. au peintre Jean-Baptiste Delestre (élève et biographe de Gros, né à Lyon le 10 janvier 1800, mort à Paris en janvier 1871), à Paris; Paris, 6 novembre (1835), 1 p. in-8. *Très rare.*

Belle lettre. « Vous me l'avez promis et je crois en vos promesses, je serois averti à tems pour le moment convenable de faire porter mon tableau dans l'attelier de M. Gros (le grand peintre). Je compte sur votre obligeance pour m'en prévenir. »

2° L. A. S. à Albert Lugardon (son fils, artiste lui-même, qui traite la peinture alpestre et les animaux et le genre avec un talent distingué et des qualités d'observation remarquables), 2 p. in-8.

Touchante lettre. Recommandations paternelles. Il le rassure sur l'état de sa santé et termine ainsi : « Adieu, ami, adieu que le Seigneur soit toujours avec toi pour te protéger, t'inspirer, Adieu encore une fois... »

+ 1912 + **HORNUNG** (Joseph), peintre d'un caractère original, qui occupa une place distinguée dans la peinture genevoise et a traité des sujets historiques empruntés à la Réformation, n. à Genève, 1802, m. dans la même ville, 4 février 1870.

L. A. S. à M. Souty, encadreur, à Paris; (Genève, 6 juillet 1850), 1/2 p. in-8. Très belle pièce. — P. lithographié.

Jolie lettre par laquelle il le prie de presser le travail du cadre qu'il lui a demandé, dont il a le plus urgent besoin et qu'il ne saurait attendre plus longtemps.

+ 1913 + **DIDAY** (François), peintre, célèbre de son temps, n. à Genève, 12 février 1802, m. dans la même ville, 28 novembre 1877. Il fut le maître de Calame et traita, comme son élève, le paysage alpestre, qui était alors à son origine.

L. A. S. à une dame de Genève, amie de sa famille; Genève, 3 août 1876, 2 p. in-8. Jolie pièce. — P. lithographié d'après Hornung.

Très jolie lettre de politesses bien tournées et d'excuses sur son silence prolongé. — (Maximilien de Meuron ouvrit la voie de la peinture alpestre, Diday, en le suivant, y tient une place indiscutable par ses œuvres et par son influence.)

+ 1914 + **DISTELI** (Martin), peintre, illustrateur national et caricaturiste mordant, qui suppléa aux connaissances techniques qui lui manquaient par la verve de ses compositions, dont les sujets sont généralement empruntés à l'histoire suisse et que la gravure a popularisées, n. à Olten, 1 mai 1802, m. dans la même ville, 18 mars 1844.

L. A. S. à la librairie Brönner, à Francfort-sur-le-Mein; Soleure, 28 mars 1843, 1 p. in-4, cachet. Belle et rare pièce écrite un an avant sa mort. — P.

Belle lettre. Occupé depuis quatre ans à des compositions pour une édition du « Reinecke Fuchs » (de Goethe) dont le plan et toutes les illustrations sont déjà arrêtées dans son esprit, il ne pourrait adopter le format proposé, vu qu'il a déjà gravé quatre planches format in-folio oblong dont il lui enverra des épreuves, s'il le désire. Il ne se chargera de cette entreprise que si son correspondant est disposé à faire une édition du format en question; mais il ne pourrait être prêt avant 1844. — (Il ne put donner suite à ce projet, car il fut surpris par la mort l'année suivante avant d'avoir réalisé toutes les espérances que promettait son talent si original.)

LETTRE DE JEAN LÉONARD LUGARDON

Mon cher camarade

Vous me l'avez promis & je crois en vos promesses j'eserai averti à tems pour le moment convenable de faire porter mon tableau dans l'attelier de Mr Gros.

Je compte sur votre obligeance pour m'en prévenir

J'ai vu notre ami Court. Qui a été bien ennuyé de ne pas avoir reçu votre lettre plutôt. elle ne lui est parvenue que Mercredi : et il étoit enfermé p[r] toute la Matinée

Il a été hier espérant vous trouver à l'attelier de Mr Gros. où il vous a attendu longtemps & sans vous voir arriver il est bien vrai à déduire. Que vous ignoriez Qu'il iroit ce jour là.   Adieu mon cher Diletto

Croyez à mon dévouement comme j'ai appris à croire

Vendredi matin
6. 9bre   à votre bonne & antique amitié pour moi.

Lugardon

Numéro 1911.

✦ 1915 ✦ **DIETLER** (Friedrich), peintre de genre et portraitiste distingué, élève du baron Gros, n. à Soleure, 1804, m. à Berne, 4 mai 1874. Ses nombreux portraits à l'aquarelle sont tout à fait charmants.

L. A. S. à son ami Auguste Bachelin, le célèbre peintre et écrivain, à Marin; Berne, 12 novembre 1871, 1 p. in-8, enveloppe. Très jolie pièce.

Joli billet relatif à la Société des Artistes suisses. Il envoie à M. A. Bachelin la cotisation annuelle des membres de la section de Berne. Détails sur l'organisation de ladite Société.

✦ 1916 ✦ **BODMER** (Karl), peintre et lithographe d'un talent gracieux et original, qui a rendu avec un grand sentiment poétique la vie de la forêt et de ses habitants, n. à Zurich vers la fin de 1805. Il est fixé à Paris depuis de longues années.

1° L. A. S. à son ami M. Holscher; Passy, 4 février 1884, 1 p. 3/4 in-8. Très intéressante pièce.

Il mande que son état de maladie l'a empêché de travailler. Le seul moyen qui lui reste pour augmenter ses ressources pécuniaires est de livrer quelques ouvrages importants pour l'exposition universelle qui doit avoir lieu au printemps de 1855.

2° L. A. S., en français, à M. Gaston Marquiset (député de la Haute-Saône, amateur éclairé des beaux-arts, ami du célèbre peintre Jean Gigoux); Barbison, 12 août 1884, 1 p. 1/2 in-8.

Epître amicale par laquelle il lui envoie une précieuse petite aquarelle de son regretté ami Mouilleron et un exemplaire d'un ouvrage qu'il vient de publier. — (Le célèbre lithographe Mouilleron a reproduit plusieurs des œuvres de Bodmer.)

✦ 1917 ✦ **GLEYRE** (Marc-Charles-Gabriel), illustre peintre, auquel ses toiles *Le Soir; La Danse des Bacchantes; Les Romains passant sous le joug*, et surtout son *Penthée poursuivi par les Ménades*, d'une inspiration sublime, assignent une place glorieuse dans l'art contemporain, comme à l'un des maîtres qui ont poussé le plus haut la pureté du style et du dessin, n. à Chevilly (canton de Vaud), 2 mai 1806, m. à Paris, 5 mai 1874. Il a formé un grand nombre d'élèves très distingués.

1° L. A. S. à M...; Paris, 2 juin 1846, 1/2 p. in-8. Les autographes de Gleyre sont très rares.

Lettre dans laquelle il lui fait savoir qu'il est chez lui tous les jours de midi jusqu'au soir et donne son adresse rue du Bac. 86.

2° P. A. S.; Paris, 11 décembre 1852, 1/2 p. in-8. Jolie et intéressante pièce.

Il certifie que M. Gabriel Philippon, son élève, est, par ses dispositions naturelles et l'extrême ardeur qu'il apporte au travail, digne des encouragements du conseil municipal de la ville de Nantes, qui n'aura qu'à s'applaudir de l'avoir aidé dans ses études.

*Si vous m'eussiez Monsieur, indiqué votre
heure, je vous aurais évité la peine de venir
jusqu'ici, rue du Bac 16.*

*J'ai l'honneur d'être, Monsieur
Votre très humble et très
dévoué serviteur.*

C. Gleyre

*Je soussigné certifie que Mr Gabriel Philippon
qui étudie la peinture sous ma direction, par
ses dispositions naturelles et l'extrême ardeur qu'il
apporte au travail, mérite à tous égards les
encouragements du conseil municipal de la ville
de Nantes, qui j'en suis convaincu, n'aura
qu'à s'applaudir de l'avoir aidé dans ses
études*

C. Gleyre

+ 1918 + **GLEYRE** (Marc-Charles-Gabriel).

1° Dessin à la mine de plomb, sur papier blanc, représentant Phryné devant ses juges, 1 p. in-fol.

C'est la première pensée d'une œuvre importante que Gleyre n'a point exécutée. (Voir à ce sujet la lettre suivante.)

2° L. A. S. de CHARLES CLÉMENT (le célèbre écrivain et historien d'art, un des maîtres les plus brillants et les plus autorisés de la critique française contemporaine, ami et biographe de Gleyre, auquel il a pieusement élevé un monument durable dans son bel ouvrage, *Charles Gleyre, sa vie et ses œuvres*, né à Rouen en 1821) à M. Alfred Bovet, à Paris; Paris, 22 octobre 1884, 2 p. in-8.

Très intéressante lettre relative au dessin ci-dessus. « Je me fais un plaisir de mettre à votre disposition la *première pensée* de la Phryné de Gleyre dont vous désirez accompagner, dans votre catalogue, un autographe du maître. Vous savez que Gleyre ne termina pas ce tableau commencé en 1858 et dont il ne reste qu'un admirable fragment que vous avez vu chez moi. Il a fait au moins deux dessins d'ensemble de cette composition, celle que je vous communique et une autre beaucoup plus grande à la pierre noire avec des platanes au second plan et le Parthénon dans le fond, ainsi que deux études à la mine de plomb pour la figure principale, que je possède également. Ces travaux préparatoires, naturellement antérieurs à la peinture, ont été exécutés en 1857 ou peut-être un peu plus tôt. Cet ouvrage, dont Gleyre s'est beaucoup occupé, lui tenait fort à cœur, que je possède également. C'est une de ses plus originales et de ses plus exquises conceptions et il est très regrettable qu'il ne lui ait pas donné sa forme définitive. »

+ 1919 + **CALAME** (Alexandre), célèbre peintre, le représentant le plus éclatant de la peinture alpestre, n. à Vevey, de parents neuchâtelois, 28 mai 1810, m. à Menton, 17 mars 1864. Il a traité avec succès la lithographie et l'eau-forte. Ses compositions ont la grandeur et la mise en scène, souvent même l'éclat et la couleur.

L. A. S. à M. A. Viot fils, son élève, à Bourg; (Genève), 18 décembre 1839, 2 p. 1/2 in-4. — P.

Très belle lettre où il s'excuse de n'avoir pu placer les albums qu'il lui avait envoyés. Il lui conseille de ne pas perdre courage et de continuer à travailler. « Je vois avec plaisir que le courage vous est revenu avec la santé et que vous travaillez à un nouveau tableau. Je me réjouis fort de le voir et vous encourage de tout mon pouvoir à continuer; travaillez avec courage, avec suite et conscience; surtout ne vous laissez pas aller au chic, à *la facilité*, et ayez toujours présent à la mémoire, que les bons tableaux qui restent sont des ouvrages terminés avec soin... Quant à moi, que vouliez-vous que je vous dise? Des maux de tête continuels me tourmentent depuis deux mois et mettent un obstacle infranchissable à tous mes projets. J'ai terminé depuis vous quatre tableaux, dont deux partiront samedi. J'en ai encore dix à faire et ne pense en aucune façon à un nouveau grand tableau, car je n'aurais pas le tems de le faire de suite, et, si je ne suis pas entièrement libre, je ne fais rien qui vaille. Lorsque je serai débarrassé de toutes ces commandes, je me mettrai à l'œuvre, car il faut que je me prépare pour l'exposition de 1841. Je n'aurai rien à celle de l'année prochaine; je donne une autre destination à mon nouveau tableau. »

+ 1920 + **CALAME** (Alexandre).

L. A. S. (à M. Schletter), à Leipzig; Genève, 7 avril 1846, 3 p. 1/2 in-4. — (M. Schletter, célèbre amateur, était propriétaire d'une belle galerie de tableaux destinée à enrichir le musée de Leipzig.)

Superbe lettre relative à une copie de son célèbre tableau du *Mont-Rose* qui lui avait été demandée par cet amateur. « Je suis heureux, Monsieur, des expressions de satisfaction que contient votre lettre, et des choses flatteuses que vous daignez me dire au sujet de cette œuvre.... Il n'y a que les hommes distingués qui puissent bien comprendre tout ce que cette nature âpre et désolée renferme de poésie et de grandeur, et, parmi eux, ceux-là seulement, je crois, auxquels il a été donné de s'abreuver à la source même, de contempler en un mot, de ces sommités de nos Alpes, ces scènes qui luissent de si profonds souvenirs. Aussi quoique ce sujet ait eu un succès qui a dépassé tout ce que je pouvais espérer, même aux yeux d'une population très peu artiste, mais qui a l'avantage de n'être pas étrangère aux aspects de cette nature un peu exceptionnelle, ne me fais-je pas illusion sur l'effet que le même sujet peut produire sur des esprits qui y sont totalement étrangers et pour lesquels ce genre de paysage n'a pas d'antécédents.... Vous me demandez quelques détails qu'il me serait très difficile de vous donner moi-même, n'ayant pas l'habitude de la plume comme celle du pinceau; je prendrai donc la liberté de faire parler M. Tœpffer, que vous connaissez sans doute le plus distingués pour un homme des plus distingués dans les arts et dans les lettres. De plus je vous envoie une copie d'une des lettres que M. Agassiz m'a adressées et qui parle plus spécialement du sujet qui nous occupe.... J'espère que ces documents vous suffiront pour le catalogue raisonné que vous avez l'intention de rédiger.... Quant au rapprochement à faire entre le Mont-Rose et les *Ruines de Pæstum* (il s'agit d'une copie de ce tableau qu'il devait faire également pour M. Schletter, comme pendant au Mont-Rose), il me parait suffisamment indiqué dans une de mes précédentes lettres, et je ne pense pas qu'il faille, dans un catalogue surtout, lui donner trop de développements. Seulement le tableau des *Ruines* servira à donner de l'autorité à l'autre, qui est d'une nature trop peu connue, trop peu étudiée, pour qu'elle soit acceptée sans garantie. Ainsi l'Italie, la Calabre en particulier, pays visité, connu d'un si grand nombre de personnes, fera juger, en procédant du connu à l'inconnu, de la vérité du site suisse, et, tout en faisant un parfait contraste, ils se serviront mutuellement d'appui. J'espère toujours pouvoir faire cette année cette grande page... »

En tout cas, je suis à vos ordres et vous prie de me croire toujours

Monsieur,

Votre plus dévoué et obéissant serviteur

Genève 7 avril 1846.

Numéro 1919.

Toute ma famille je joins à moi pour vous souhaiter une bonne santé et toutes sortes de prospérités à l'occasion du prochain renouvellement de l'année, et j'espère bien vous voir bientôt recevez je vous prie mes sincères salutations et l'assurance de mon entier dévouement

Numéro 1920.

✛ 1921 ✛ ZELGER (Josef), peintre, qui a traité le paysage alpestre dans une manière qui ressemble fort peu à celle de Diday et de Calame, mais dans laquelle il a obtenu un véritable succès, n. à Stanz (canton d'Unterwald), 14 février 1812.

L. A. S., en français, à son ami le peintre Auguste Bachelin, à Marin, près de Neuchâtel, 2 p. 1/2 in-8.

Jolie lettre. « Je ne puis vous exprimer la joie que j'ai eu hier au soir en recevant le charmant croquis d'un soldat suisse. Ce petit chef-d'œuvre que j'admire, me fait un réel plaisir et ne manquera pas d'être la perle de mon album. J'ai toujours beaucoup aimé et admiré vos ouvrages si caractéristiques, surtout dans le genre militaire, et maintenant en contemplant ce délicieux croquis, j'y trouve tout-à-fait votre grand talent. » Intéressants détails.

✛ 1922 ✛ GIRARDET (Karl), peintre et illustrateur, d'un talent aimable et facile, que ses paysages, ses scènes de genre inspirées par la vie de l'Oberland bernois, et surtout sa belle toile une *Assemblée de protestants surprise par des troupes catholiques*, ont rendu populaire, n. au Locle, 13 mai 1813, m. à Paris, 24 avril 1871.

L. A. S. au peintre A. Bachelin, à Marin ; Paris, 5 juin 1870, 1 p. in-8, enveloppe. — P. photographié.

Jolie lettre. « Je trouve ici en revenant de la campagne la livraison du *Musée neuchâtelois*, qui contient l'article que vous avez bien voulu me consacrer. Je ne veux pas laisser passer la journée sans vous remercier bien sincèrement de la bienveillance avec laquelle vous m'avez traité. Vous avez raconté ma jeunesse avec un talent et une clarté qui m'ont surpris moi-même et je m'y suis reconnu (sauf les adjectifs trop élogieux) comme si vous ne m'aviez pas quitté. J'ai été étonné du talent avec lequel vous avez fait revivre un passé qui est déjà bien loin et j'ai lu avec grand plaisir les différentes particularités de ma vie que vous avez su rendre intéressantes par la manière vive et colorée dont vous les avez ornées sans vous éloigner de la vérité. Je vous prie d'en recevoir ici tous mes compliments et mes remerciements en attendant que j'aie le plaisir de vous les adresser de vive voix. »

✛ 1923 ✛ WEBER (Friedrich), graveur célèbre, qui a interprété Raphaël, Luini, le Titien et Holbein avec une puissance et une délicatesse qui le placent au premier rang parmi les graveurs contemporains, membre correspondant de l'Institut (1874), n. à Bâle, 10 septembre 1813, m. dans la même ville, 17 février 1883.

P. A. S.; Bâle, 10 juillet 1850, 1 p. 1/2 in-4. Superbe pièce.

Contrat passé entre lui et le conseiller d'État Peter Merian (qui l'a signé également) pour un portrait de Léonard Euler que l'artiste s'engage à graver moyennant certaines conditions. Il donne son adresse à Paris, rue Royer-Collard, 4.

✛ 1924 ✛ SCHLÖTH (Lukas-Ferdinand), un des meilleurs sculpteurs suisses, dont le nom demeurera cher à ses concitoyens comme auteur de deux œuvres qui consacrent d'héroïques souvenirs, *Arnold de Winkelried* à Stanz, et le monument commémoratif de la *Bataille de Saint-Jacques* près de Bâle, n. à Bâle, 25 janvier 1818.

L. A. S. au comité des Beaux-Arts, à Bâle ; Bâle, 18 mars 1881, 2 p. 1/2 gr. in-4. Très belle pièce.

Précieuse lettre. Ne pouvant assister à la séance du comité du 22 mars où sera discutée la question de la décoration de la façade du Musée des Beaux-Arts, il prend la liberté d'envoyer par écrit son opinion à ce sujet. Il est d'avis que ces décorations se fassent au plus vite. La manière de comprendre la chose est encore une question à discuter. Selon lui le premier sujet doit représenter l'architecture, le second la sculpture et la peinture — c'est ainsi seulement que les bas-reliefs auront atteint leur but. L'essentiel est qu'on prenne enfin une décision et que les décorations soient dans le caractère du Musée.

Quant au prix des bas-reliefs, M. Igel (Iguel) ne demande qu'à rentrer dans ses frais, ce travail étant pour lui une question d'honneur avant tout. Intéressantes considérations à ce sujet.—(Les esquisses de M. Iguel ayant été adoptées par le Comité, cet artiste fut chargé de l'exécution des bas-reliefs en question, qui sont charmants comme manière ingénieuse de rendre une idée qui était peu poétique.)

✢ 1925 ✢ VAN MUYDEN (Jacques-Alfred), peintre d'un talent original et bien personnel, qui s'est inspiré de l'Italie, dont il a rendu les scènes champêtres dans une manière poétiquement intime, n. à Lausanne (canton de Vaud), 1818.

L. A. S. à Léon Berthoud (le célèbre peintre), à Vaumarcus; Rome, 18 décembre 1880, 3 p. 1/2 in-4.

Belle lettre. Détails intimes. Il parle de ses travaux et du futur Salon de peinture de Paris, où il compte exposer. Il mentionne les peintres Français et Ricard. Curieuse appréciation du talent de ce dernier, avec lequel il était particulièrement lié.

✢ 1926 ✢ GIRARDET (Édouard-Henri), frère de Karl Girardet, peintre de genre et habile graveur, qui a traité les scènes de la vie de l'Oberland bernois avec une poétique vérité qu'on n'a point dépassée, n. à Neuchâtel, 21 juillet 1819, m. à Versailles, 5 mars 1880. Cet artiste ne prit le burin qu'à partir de l'année 1857.

L. A. S. au peintre Auguste Bachelin, à Marin; Pont-Aven (Finistère), 18 août 1870, 3 p. in-8.

Très belle lettre à M. Bachelin qui lui avait demandé comment il était devenu graveur. « Votre lettre vient me trouver au fin fond de la Bretagne où je vis depuis deux mois à faire de la peinture... Oui, en effet, j'ai commencé la gravure d'une manière fortuite. J'avais demandé à M. Goupil une petite chose pour faire un essai de gravure, simplement dans le but de me reposer de la peinture; M. Goupil me prêta un portrait de Washington de Lawrence que j'exécutai en quelques semaines, et auquel je n'attachais aucune importance, puis je retournai à Brienz où je passai encore une année sans plus penser du tout à la gravure, c'est lors d'un second voyage à Paris que M. Goupil me dit que Paul Delaroche avait vu ce portrait et désirait que je gravasse un de ses tableaux. J'avoue que je tremblai et faillis reculer, lorsque Delaroche me montra le tableau des Girondins et me dit que la gravure devrait avoir un mètre de large. Cependant ne pouvant refuser l'honneur qu'il me faisait, j'acceptai, mais je demandai à M. Goupil le prix de 20,000 francs, pensant le faire reculer. M. Goupil, avec une confiance de laquelle je lui ai toujours su gré, me les accorda sur-le-champ, et voilà comment je devins graveur. La guerre n'est presque ici qu'un écho; les populations se plaignent seulement du peu de monde qui reste pour pêcher la sardine; c'est probablement ce qui me laisse assez de sang-froid pour pouvoir m'occuper un moment des détails que vous voulez bien me demander. »

✢ 1927 ✢ GIRARDET (Paul), graveur, frère du précédent, auteur de nombreuses et importantes planches rendues avec talent, parmi lesquelles on remarque la *Première messe en Kabylie*, d'après H. Vernet, la *Cinquantaine*, l'*Escamoteur*, d'après L. Knaus, et *Une Noce en Alsace*, d'après G. Brion, n. à Neuchâtel, 8 mars 1821.

L. A. S. au peintre Auguste Bachelin, à Marin; Versailles, 3 avril 1874, 1 p. in-8, enveloppe. — P. photographié.

Jolie lettre relative au monument élevé à Guillaume Farel (le grand réformateur) à Neuchâtel, et pour lequel il envoie sa souscription.

+ 1928 + **BERTHOUD** (Léon), paysagiste éminent, élève de Maximilien de Meuron, qui a rendu, avec un profond sentiment poétique et une coloration puissante, les sites de la campagne de Rome, des environs de Naples, des rives du lac de Lucerne et du lac de Neuchâtel, n. à Provence (canton de Vaud), 22 septembre 1822.

1° Joli croquis au lavis représentant un effet de soleil couchant au bord de la mer en Italie.

2° L. A. S. au peintre A. Bachelin, à Marin; Vauxmarcus, 2 décembre 1871, 2 p. 1/2 in-8, enveloppe.

Jolie et amicale lettre. « Je suis très sensible à ce que vous me dites d'aimable sur mon futur établissement à Saint-Blaise, et surtout que vous ayez trouvé le temps de me le dire, au milieu des occupations dont vous êtes surchargé; je me réjouis fort aussi d'y trouver un artiste amoureux de la nature, un intrépide travailleur auprès duquel il sera bon de se retremper contre les influences un peu languissantes de la vie de tous les jours. Vous paraissez croire que l'essentiel est d'avoir un nid; je pense à peu près de même, mais je ne crois pas qu'on y soit plus à l'abri des petits soins et des petits tracas de la vie qui ne sont pour vous que *détails dans l'ombre*, et qui pourtant sont les grands persécuteurs des artistes! Que de toiles d'araignées nous font souvent dévier de notre chemin. » *Détails intimes.*

+ 1929 + **VELA** (Vincenzo), habile sculpteur de l'école italienne contemporaine, l'auteur de *Spartacus* et du *Napoléon à Sainte-Hélène* qui est conservé au musée de Versailles et qui obtint un succès mérité à l'Exposition universelle de Paris, en 1867, membre associé de l'Institut (1882), n. à Ligornetto (canton du Tessin), 1822.

L. A. S. (à M. Cherbuliez, notaire, exécuteur testamentaire du duc de Brunswick), à Genève; Ligornetto, 31 janvier 1876, 1 p. in-8. — P.

Lettre relative au monument du duc de Brunswick pour lequel il avait été fait des propositions à Vela; il ne fut pas donné suite à ces propositions.

+ 1930 + **MEURON** (Albert de), peintre, fils de Maximilien, élève de Gleyre, qui a traité le genre, les animaux et le paysage avec une rare souplesse et un talent magistral, n. à Neuchâtel, 13 décembre 1823. Son tableau, le *Col de la Bernina*, représentant des bergers bergamasques qui gardent leurs troupeaux, est une des plus belles pages que l'Alpe ait inspirées; il est la propriété du musée de Neuchâtel.

1° L. A. S. à son ami le peintre Auguste Bachelin, à Marin; Corcelles (canton de Vaud), 26 juin 1875, 3 p. 1/2 in-8.

Jolie lettre. « J'ai en effet enlevé Iguel (le célèbre sculpteur) qui m'a fait trois médaillons père, mère et fillettes, pour faire partie d'une frise décorative en fayence à ma construction de l'année dernière que vous n'avez pas vue, je crois. Je vous demanderai quelques conseils sur place... J'ai vu Clément (Charles Clément, le célèbre écrivain et critique d'art) à Fleurier, il y a peu de jours. Il m'a donné deux dessins de Gleyre... » — (Charles Clément fut l'ami et le biographe de Gleyre. — Voir le numéro 1918.)

2° L. A. S. à M. Alfred Bovet, à Valentigney; Corcelles (canton de Vaud), 15 octobre 1884, 2 p. in-8, enveloppe. Superbe et intéressante pièce avec un très joli dessin à la plume représentant un fragment du célèbre tableau d'Albert de Meuron, *Le Col de la Bernina*, que possède le musée de Neuchâtel. Ce dessin fait partie du corps même de la lettre.

Très belle lettre d'envoi du dessin décrit ci-dessus. « Voici, Monsieur, le croquis que vous m'avez fait l'honneur de me demander pour votre collection. Qui veut trop bien faire, fait mal!... Vous me demandez quelques mots sur le tableau dont je vous envoie un fragment. Je ne serai pas long. Découragé de l'Oberland par la pauvreté des costumes, j'ai suivi les conseils d'un ami qui revenait des Grisons et qui m'a engagé à y aller. J'y suis allé; ces bergers m'ont plu; je les ai peints dans leur milieu pendant deux ou trois étés et ma toile est le résumé de l'impression que m'a laissée la Bernina et son lac blanc. » D'après le joli dessin qui est reproduit ci-contre, on jugera du charme qui se dégage de cette composition tranquille. L'effet du groupe de bergers se détachant en vigueur sombre sur les fonds clairs est d'une impression très poétique.

+ 1931 + CASTAN (Gustave), un des plus habiles et aimables peintres sortis de l'atelier d'Alexandre Calame, qui a demandé ses inspirations à la montagne et à la plaine, aux rives des lacs et aux côtes de la mer, n. à Genève, 24 décembre 1823.

L. A. S. à son ami le peintre Auguste Bachelin, à Marin; Genève, 24 février 1885, 1 p. pl. in-4.

Très belle lettre qui encadre un charmant dessin. » Voici le croquis que vous me demandez. Je ne sais pas si vous pourrez en faire quelque chose. C'est un coin du lac de Neuchâtel du côté de Saint-Aubin. Depuis que je connais mieux votre lac, je trouve que c'est un de ceux où l'on trouve le plus d'études, surtout depuis qu'on a abaissé le niveau des eaux. Je ne pense pas que ceci ait été le but des ingénieurs qui ont fait ce travail, mais ils ont réussi à faire le bonheur des peintres, si ce n'est celui des riverains et surtout des canotiers. Malheureusement il y a un projet de tramway tout le long de la côte qui va complètement abimer tous ces jolis motifs. Et les lacustres ? Qu'est-ce qu'ils vont devenir au milieu de tout cela. Ces vénérables *tessons* qui reposaient tranquillement depuis des siècles au fond de l'eau vont passer une période bien agitée. Vous me demandez mon âge. Hélas, je suis né à Genève en 1823, mais le 24 décembre, en sorte qu'avec un grain de coquetterie je puis dire que je suis né en 1824. Si j'étais une dame je n'y manquerais pas. Mais la vérité avant tout! »

+ 1932 + DUVAL (Étienne), peintre, qui a traité le paysage dans un style magistral et a cherché ses inspirations en Suisse, en Italie et particulièrement en Égypte, où il a trouvé les motifs de ses plus remarquables toiles, n. à Genève, 6 janvier 1824.

1° L. A. S. à son ami le peintre Léon Berthoud, à Saint-Blaise; Morillon, 11 octobre 1884, 4 p. in-8.

Charmante lettre. « Cher ami, vous m'en dites trop ou trop peu; que signifie ce recueil d'autographes, où figureraient ceux de nos meilleurs artistes contemporains et en particulier celui de votre serviteur que vous voulez bien classer parmi ces olympiens, et qu'il serait question de livrer à la publicité en compagnie de ceux de nos illustres devanciers ?... Quant à ce qui me concerne, *je demande à ne pas pénétrer dans l'Olympe de mon vivant*, j'en fais l'objet d'une requête expresse, et si vous voulez me faire un plaisir que ne soit pas posthume et auquel je tiens malgré cela, vous userez de votre influence auprès de qui de droit, pour qu'aucun autographe de moi ne pénètre dans ce recueil destiné à la publicité... »

2° L. A. S. au même, à Saint-Blaise; Morillon, 21 février 1885, 4 p. in-8, enveloppe. Jolie pièce.

« Je suis né à Genève le 6 janvier de l'an de grâce 1824. le jour des rois. La fée qui présida à mon entrée en ce monde était une bonne fille, mais un peu *brelaire*; elle m'a donné mon paquet sans le ficeler, le contenu s'en est vidé aux trois quarts, que les moineaux ont converti en guano, d'où je conclus que l'autographe est ici chose bien divertissante. Mais passons : Quand vous verrez Bachelin, qui est un vaillant. ayant eu soin de surveiller ses ficelles, vous lui expliquerez la chose, vous lui donnerez la date requise et pour sa peine vous lui remettrez l'autographe ci-joint de Diday que j'ai retrouvé dans les papiers de mon grand-père (le célèbre peintre Wolfgang-Adam Toepffer). » « A propos de Duval, il y aurait un joli petit mot à dire à son sujet : *il ne veut pas pénétrer dans l'Olympe de son vivant* et on l'y met de force, et le public applaudit. » (Extrait de la lettre de A. Bachelin qui accompagnait l'envoi des deux pièces ci-dessus à M. Alfred Bovet).

+ 1933 + FRANEL (Jean), architecte, auteur du monument du duc de Brunswick à Genève, membre correspondant de l'Institut (1881), n. à Vevey, 4 mars 1824.

L. A. S. au sculpteur Iguel, à Genève; Genève, 27 septembre 1884, 1 p. in-8. Très belle pièce.

Jolie lettre relative à un rendez-vous. — (Franel est célèbre surtout par le monument élevé au duc Charles de Brunswick, décédé à Genève le 18 août 1873. qui avait légué son immense fortune à la ville de Genève et dont le testament contenait la clause suivante : « Nous voulons que notre corps soit déposé dans un mausolée au-dessus de la terre qui sera érigé par nos exécuteurs (sic) à Genève, dans une position prééminente et digne. Le monument sera surmonté par notre statue équestre et entourée par celle de nos père et grand-père de glorieuse mémoire, d'après le dessin attaché à ce testament. en imitation de celui des Scaligieri enterrés à Vérone. Nos exécuteurs feront construire le dit monument *ad libitum* des millions de notre succession, en bronze ou marbre, par les artistes les plus renommés. » Franel, chargé de réaliser la volonté du duc, l'a fait avec un rare talent. Tout en conservant au monument de Genève le cachet du quatorzième siècle. il lui a donné une ampleur superbe et un fini de détails qui forme de chacune de ses parties un remarquable sujet d'admiration et d'étude.

LETTRE DE GUSTAVE CASTAN

Numéro 1931.

✦ 1934 ✦ GEISSER (Josef), peintre de genre et paysagiste d'un talent original, qui a traité des scènes intimes et rendu un grand nombre de sites des Alpes avec beaucoup de distinction, n. à Saint-Gall, 29 mars 1824.

L. A. S., en français, au peintre Auguste Bachelin, à Marin; Lausanne, 15 mars 1885, 1 p. in-8, enveloppe.

Jolie lettre relative à sa biographie et à ses études. Il dit qu'il a été élève de l'académie de Munich, et parle d'autographes de peintres suisses qu'il tient avec plaisir à la disposition de M. Bachelin.

✦ 1935 ✦ GLARDON (Charles-Louis), peintre émailleur, élève de Lugardon père et de J.-A. Glardon, qui a traité le portrait avec une puissance de rendu, une vérité et une délicatesse d'exécution, qui en font un des plus remarquables représentants du bel art des Petitot et des Thouron, n. à Genève, de parents vaudois, 6 avril 1825.

L. A. S. au peintre Auguste Bachelin, à Marin; Genève, 17 mars 1885, 3 p. pl. in-8, enveloppe.

Belle et intéressante lettre sur les procédés de l'émail. Nous en extrayons ce qui suit : « Quant au procédé de la peinture sur émail, Petitot et ses continuateurs peignaient au lavis pointillé; ce genre ne me plaisait guère et peu à peu et presque inconsciemment, je suis arrivé à le changer, et maintenant je peins dans la pâte, absolument comme le peintre à l'huile. Vous comprenez, j'espère, Monsieur, que je ne fais point ici un rapprochement impertinent, ni que j'aie la moindre intention de préconiser mon procédé en dénigrant celui du maître célèbre qui a fait tant d'œuvres admirables, mais je pense vous être agréable en vous donnant autant de détails que possible. Tous mes émaux grands et petits sont sur or. »

✦ 1936 ✦ DELAPEINE (Samuel), paysagiste d'un talent très original, qui, sorti de l'école de Diday, a rompu avec ses traditions et traité le paysage et la marine avec verve, n. à Villette, près de Chêne-Bougeries (canton de Genève), 12 mai 1826.

L. A. S. au peintre Auguste Bachelin, à Marin; Genève, 17 mars 1885, 1 p. 1/2 in-8, enveloppe.

Jolie lettre relative à sa biographie. « Je suis né de parents genevois à Villette, commune de Chêne-Bougeries, le 12 mai 1826, entre onze heures et minuit (ce qui était d'un mauvais augure). Jusqu'à l'âge de 18 ans je me suis surtout occupé des travaux de campagne. Je suis entré ensuite chez Diday à titre d'élève, et j'ai été peintre pendant de longues années. Maintenant je suis conservateur général du théâtre de Genève. Je crois que c'est tout, et, sauf quelques détails insignifiants, cette biographie me paraît assez complète. Veuillez donc, cher Monsieur et collègue, en faire l'usage que bon vous semblera... » (Delapeine dit : « J'ai été peintre pendant de longues années » et c'est tout. On ne peut s'ignorer davantage ni être plus modeste, car il a produit de belles et nombreuses toiles.)

✦ 1937 ✦ IGUEL (Charles), statuaire d'un remarquable talent, élève de Rude, auteur du *Fronton de l'Hospice de Roubaix*, de la *Décoration du Gymnase de Neuchâtel*, de la statue de *Guillaume Farel* à Neuchâtel, du *Sarcophage du monument Brunswick* à Genève, n. à Paris, de parents d'origine wurtembergeoise, 2 janvier 1827. Il a été naturalisé neuchâtelois en 1874.

L. A. S. au peintre Auguste Bachelin, à Marin; Genève-Plainpalais, 29 juillet 1884, 1 p. in-8, enveloppe.

Jolie lettre relative aux lions exécutés par lui pour le Palais fédéral de justice à Lausanne, avec croquis dans le corps de la lettre. « Ces lions, partie intégrante de l'architecture de l'édifice, n'ont rien de l'imprévu si fort à la mode, qui caractérise les productions sculpturales libres d'entraves monumentales. Ils doivent être placés sur les limons d'acier au perron du Palais, pour les couronner d'une façon calme et robuste; au surplus, voici un bout de croquis vous donnant également les mesures des dits lions, qui seront en marbre de Carrara. »

+ 1938 + **BŒCKLIN** (Arnold), peintre, qui a pris rang parmi les fantaisistes les plus distingués, et a mis un sentiment très original et une poésie parfois étrange dans les sujets de paysage et de genre qu'il a traités, n. à Bâle, 19 octobre 1827.

L. A. S. à un de ses amis, à Stuttgard ; Bâle, 4 juin 1867, 3 p. in-8. Très jolie et intéressante lettre.

Belle lettre. Il le remercie de sa proposition concernant une place de professeur dans cette ville. Il ne peut prendre pour le moment aucune décision à cet égard et tient à savoir avant tout s'il jouirait à Stuttgard d'autant d'avantages et d'autant de liberté qu'à Bâle, et surtout si rien n'y contrarierait le plein et entier épanouissement de ses aspirations artistiques. Détails sur sa famille.

+ 1939 + **BOURCART** (Émile), peintre de genre, qui s'est particulièrement inspiré de la vie des paysans italiens qu'il a généralement su rendre avec talent et facilité, n. à Guebwiller (Alsace), de parents originaires de la Suisse, 20 octobre 1827.

L. A. S. au peintre A. Bachelin, à Marin ; Genève, 10 juin 1871, 3 p. in-8, enveloppe. Belle pièce.

Jolie lettre d'envoi d'un dessin à la plume destiné à l'album illustré publié en 1871 par A. Bachelin sous le titre de *Aux frontières, notes et croquis.* Veuillez excuser si je vous envoie un morceau aussi compliqué, mais plus les sujets sont simples, plus ils doivent être étudiés, et nous manquons complètement de modèles..... Le sujet que je vous envoie représente des familles alsaciennes fuyant devant l'invasion... »

+ 1940 + **SIMON** (Friedrich), peintre de genre et d'animaux, qui a reproduit avec observation et délicatesse des scènes rustiques de Suisse, de France et d'Italie, n. à Berne, 2 février 1828, m. à Hyères, en pleine éclosion de son talent, 16 janvier 1862. Il a emprunté plusieurs de ses sujets les mieux réussis au Midi de la France.

L. A. S., en français, à son ami le peintre Auguste Bachelin, à Marin ; Hyères (où il séjournait pour cause de santé), 22 avril 1858, 4 p. pl. in-8, avec un croquis à la plume dans le texte.

Charmante et amusante lettre. « Ton excellente missive m'a secoué et réveillé tout un régiment de remords. Je mérite effectivement l'épithète de Calme plat, comme Guillarmod (Jules, peintre d'animaux, qui s'est inspiré avec beaucoup de talent du Jura neuchâtelois et de la Transylvanie) celui d'Orage, et toi d'Auguste le Généreux. Tu me pardonneras, j'en suis sûr, et je m'approche de ton trône avec confiance, surtout quand tu sauras que c'est cette satanée peinture qui m'a empêché d'écrire. J'ai presque terminé mon intérieur de boucherie qui, je crois, est bien venu.... Aujourd'hui je me paye une journée de bonheur, de verdure et d'aromes résineux. Horace Vernet était ici, il m'a fait visite et a été très bienveillant, il a trouvé des progrès comme couleur et m'a dit : courage (cela ne coûte pas grand chose), il m'a exhorté de bien cerner et serrer les formes accentuées, ce que je fais à outrance. Je rêve une peinture transparente avec de l'écriture, de temps en temps cela rate, d'autres moments cela réussit, j'ai une sainte horreur de la pâte employée également, fichtre!.... Réellement la vie est une lutte, et bénis soient les moments où, retiré à la campagne en contact immédiat avec la nature et Dieu, le cœur se calme et s'abandonne à l'éternel flux et reflux des éléments, à la vérité essentielle et pure et où les soucis de la vie s'effacent devant la grandeur de la nature et de son Créateur. »

+ 1941 + **BOCION** (François), élève de Gleyre, le peintre sympathique et heureusement inspiré du lac Léman, dont il a rendu la poétique complète, ses barques de pêcheurs et les élégantes embarcations des touristes, les bateaux à vapeur, les baigneurs et les canotiers, n. à Lausanne (canton de Vaud), 30 mars 1828.

L. A. S. au peintre Auguste Bachelin, à Marin ; Ouchy, 1 octobre 1871, 2 p. in-8, enveloppe.

Très jolie lettre. « Laissez-moi vous faire mon sincère compliment sur votre publication, c'est réussi complètement et elle est destinée à un succès fou, sinon c'est moi qui le suis. Vous allez donc pouvoir reprendre vos pinceaux, et j'en suis heureux pour vous, car cette machine a dû vous donner un fameux tracas, mais vous avez là une foule de tableaux tout faits et que j'espère vous allez exécuter. » — (Il s'agit de l'ouvrage intitulé *1870-1871. Aux Frontières, notes et croquis*, dans lequel A. Bachelin retrace avec les accents d'un patriotisme élevé et une verve émue et pittoresque les divers incidents qui marquèrent les mouvements du corps d'armée suisse à la frontière, le désastre de l'armée du général Bourbaki et les douloureux événements qui terminèrent la guerre. Les illustrations qui ornent ce superbe album sont enlevées avec une maestria étonnante, et l'ouvrage obtint dès son apparition le plus éclatant succès.)

+ 1942 + **KOLLER** (Rudolf), peintre célèbre, qui est un maître distingué dans le genre, le paysage et surtout les animaux, n. à Zurich, 21 juin 1828. Son tableau la *Diligence du Saint-Gothard*, une de ses plus belles toiles, demeurera comme un précieux document du passage des Alpes avant l'établissement des voies ferrées.

L. A. S., en français, au célèbre peintre Raymond Brascassat (à Paris); Hornau, près de Zurich, 6 août 1864, 1 p. in-8.

Très jolie lettre. Il lui annonce que le tableau dont il lui a envoyé la photographie est actuellement exposé chez Goupil et il le prie d'aller le voir et de lui dire très franchement ce qu'il en pense. « Des critiques de vous seront pour moi des sentences sincères. »

+ 1943 + **BUCHSER** (Frank), peintre, un des représentants les plus éminents du réalisme en Suisse, mais d'un réalisme poétique, éclatant de lumière et de couleur, n. à Soleure, 15 août 1828. Ses sujets sont empruntés au Maroc et au Soudan.

L. A. S., en français, au peintre Auguste Bachelin, à Marin; Soleure, 2 novembre 1865, 2 p. in-8, enveloppe. Très belle pièce.

Jolie lettre relative à une exposition de peinture à laquelle il exprime le désir de prendre part. « Écrivez-moi de suite et si vous avez le temps passez ici pour un jour, à me trouver dans ma caverne de loup, et nous causerons de tout notre affaire. »

+ 1944 + **ROUX** (Gustave), habile illustrateur, qui a popularisé par son crayon un grand nombre d'œuvres d'écrivains suisses dont il a rendu le caractère national avec vérité et sentiment, n. à Grandson, 30 décembre 1828, m. à Genève, 18 avril 1885.

L. A. S. au peintre Auguste Bachelin, à Marin; Genève, 15 janvier 1885, 1 p. pl. in-8, enveloppe.

Jolie lettre d'envoi de deux charmants croquis dont l'un est reproduit ici. « Connaissant votre intérêt pour tout ce qui se rattache à l'histoire du costume, complément essentiel de toute étude historique un peu sérieuse, je me fais un plaisir de vous soumettre l'idée qui m'est venue d'établir un parallèle entre l'officier suisse actuel et celui du siècle précédent. Celui de 1885, le plus souvent ingénieur ou architecte de profession, déployant à l'école fédérale d'artillerie à Thoune ou à Bière toutes sortes de qualités et d'aptitudes sérieuses; puis celui de 1785, fleurissant sous le régime patricien et *au cantonal* (à Berne par exemple) ayant fait quelque service à l'étranger, et promenant son importance le long des remparts que rien ne semble menacer. Mon croquis vous expliquera, j'espère, mieux encore ma pensée. Mon idée serait de l'exécuter à l'aquarelle. Qu'en pensez-vous? » Très intéressants détails.

Numéro 1944.

✝ 1945 ✝ RITZ (Raphaël), peintre de genre, qui a traité avec talent un grand nombre de scènes nationales que lui ont inspirées les Alpes du Valais, n. à Niederwald, dans la vallée de Conches (canton du Valais), 17 janvier 1829. Il est l'auteur du très joli tableau qui représente les *Ingénieurs dans la montagne* et qui est conservé au musée de Berne.

L. A. S., en français, à son ami le peintre Auguste Bachelin, à Marin ; Sion (canton du Valais), 7 mars 1885, 4 p. in-8, avec un charmant croquis à la plume rappelant une des meilleures compositions du peintre, la *Fête de Notre-Dame des Neiges*, et faisant partie du corps même de la lettre. Très jolie pièce.

Superbe lettre. « Vous recevrez ci-joint un tout petit croquis (ce croquis représente trois figures de son joli tableau de la *Fête de Notre-Dame des Neiges*, exposé à Zurich en 1883) ; ce bout de lettre m'a causé un petit embarras, parce que je n'ai pas bien l'habitude d'écrire en français. C'est devenu trop long pour un petit peintre comme je le suis, et c'est trop d'honneur pour moi de me voir dans une collection d'autographes... La chapelle de Sainte-Marie aux Neiges est une des plus élevées dans les Alpes. La fête a lieu au mois d'août. Beaucoup de personnes s'y rendent et même des femmes de la vallée d'Aoste. Les relations entre les bergers valaisans et piémontais ne sont plus hostiles comme autrefois. Les légendes racontent des épisodes assez curieux sur ces guerres alpines ; en voici une : Tous les hommes de Zermatt se trouvaient au combat, excepté le berger Carl. Une bande menaça alors ce village. Mais les femmes se transformèrent en guerriers, conduits par Carl, et se postèrent avantageusement sur un rocher. Un espion ennemi demanda à Carl : « Pourquoi vos guerriers ont-ils la poitrine si haute ? » — « Parce que le courage leur gonfle le cœur ! » — Et l'ennemi épouvanté s'enfuit. » Comme la plupart des peintres de la Suisse, Raphaël Ritz a l'amour profond du sol natal, il en sait l'histoire et les légendes ; il en fixe les traditions dans ses tableaux.

✝ 1946 ✝ BERTHOUD (Auguste-Henri), paysagiste éminent, qui a rendu la région moyenne et supérieure de l'Alpe avec une puissante vérité et en a traduit l'âpreté et le charme dans sa peinture saine et robuste, n. à Paris, de parents neuchâtelois, 20 avril 1829.

L. A. S. au peintre A. Bachelin, à Marin ; Les Alicamps (Neuchâtel), 11 août 1880, 1 p. 1/2 in-8.

Jolie lettre. « Au retour d'une petite absence, j'ai lu votre article du *Musée Neuchâtelois*. J'ai l'intention d'aller vous voir pour vous serrer la main et vous dire combien j'attache de prix à ce nouveau témoignage d'amitié... »

✛ 1947 ✛ **VAUTIER** (Marc-Louis-Benjamin), célèbre peintre de genre, un des maîtres les plus populaires de l'école allemande contemporaine, qui a poussé la recherche et l'observation à une extrême limite et possède à un degré non moins éminent le sentiment de l'expression, n. à Morges (Vaud), 24 avril 1829. Les types de toute nature qu'il a répandus dans ses compositions sont d'une vérité et d'un naturel parfaits.

L. A. S. à son neveu M. Charles Rochedieu, à Valentigney (Doubs); Dusseldorf(sa résidence ordinaire), 22 décembre 1875, 1 p. 1/2 in-8. Jolie lettre. — P.

Aimable épître accompagnant l'envoi de sa photographie et de charmants croquis au crayon. « La raison pour laquelle je ne t'ai pas encore répondu est que j'attendais d'un jour à l'autre ma photographie, que j'ai fait faire à Bruxelles et qui malheureusement n'est pas encore arrivée, en sorte que je suis forcé de t'en envoyer une ancienne, la seule que je possède. » Il mande que, depuis plus d'une année, à cause de ses yeux, il ne peut plus faire de petits dessins. Il dit en terminant : « Tu voudras bien m'excuser si je ne t'écris que quelques lignes, mais, comme tu le sais, les jours avant Noël on a une masse de choses à faire et à soigner et même à fabriquer pour les enfants, qui se réjouissent beaucoup de voir arriver le grand jour qu'ils peuvent à peine attendre... Je n'ai malheureusement dans ce moment que des croquis destinés à des illustrations. Celles-ci sont de l'*Oberhof* d'Immermann, et de *Bar füssele* d'Auerbach. » Le croquis, reproduit ici, se rattache à l'illustration du premier de ces deux ouvrages.

✛ 1948 ✛ **ANKER** (Albert), charmant peintre de genre, éminent céramiste, qui a traité la vie des paysans bernois avec une grande finesse d'observation et des qualités précieuses de dessin et de couleur, n. à Anet (canton de Berne), 9 avril 1830.

1° L. A. S., en français, au peintre Auguste Bachelin, à Marin ; (Anet, 6 juin 1873), 3 p. 1/2 in-8.

Amusante épître. « Je viens de nouveau te demander un service. Je veux faire un tableau de deux curés et l'un des deux aura sur la tête un chapeau tel que les portent les curés français. Or il m'a semblé en voir chez toi dans ton magasin de costumes. Si tu avais la bonté de me faire savoir si tu possèdes ce meuble, j'irais un de ces soirs jusque chez toi pour le prendre. J'ai acheté une soutane à la Belle Jardinière, pas capable d'en trouver de rencontre, ces Messieurs les usent jusqu'à la corde et ont peur que le public ne fasse des charges avec leur défroque... Tu as aussi vu l'exposition. Une première médaille d'honneur, je crois, a été donnée à Olivier Merson ; c'est autant que je me souviens pour le tableau du Christ faisant le signe de la croix avec des drôles d'anges. C'est bien sûr saint Labre qui a donné cette médaille. »

2° L. A. S., en français, au même; (Anet, 20 mai 1884), 3 p. in-8, enveloppe. Très belle pièce.

Jolie lettre. « Ton article du *National* est on ne peut plus élogieux. Je trouve que c'est bien, pour une critique de l'exposition de Neuchâtel, de ne pas débiner les artistes. La meilleure critique est de décrire les bonnes choses qu'on peut découvrir dans les tableaux et donner envie aux gens de les aller voir. Je trouve qu'en Suisse c'est plutôt le public qui a besoin de critique et pas les artistes qui font ce qu'ils peuvent. Pourtant je crois que Godet (l'aimable poète) et toi maintenant aussi, n'êtes que trop dithyrambiques ; c'est moins bon que ça, et on risque qu'en voulant trop dire, les gens n'y croient plus et ne vous accusent d'être des compères. »

✦ 1949 ✦ **BACHELIN** (Rodolphe-Auguste), le peintre et illustrateur de la vie militaire contemporaine suisse, qu'il a rendue avec des qualités brillantes d'observation, de verve et d'exécution, n. à Neuchâtel, 30 septembre 1830. Il a reproduit avec non moins de bonheur et dans un sentiment poétique très délicat de nombreux sites des bords du lac de Neuchâtel. Bachelin est également un remarquable écrivain.

1° L. A. S. à M. Alfred Bovet, à Paris; Marin (près de Neuchâtel), 24 octobre 1884, 3 p. in-8, avec un charmant croquis à la plume dans le corps de la lettre. — Voici la reproduction du croquis.

À la frontière suisse
1871   A. Bachelin.

Très jolie lettre. « Vous me demandez de mes nouvelles.... merci, cela va bien. Mais les mauvais jours arrivent et l'automne emporte les beaux tons de rouille et d'or dont il avait paré les arbres, il faut donc rentrer chez soi pour y vivre avec des modèles qui ne peuvent me faire oublier les paysages, car tout en peignant des zouaves et des miliciens suisses à notre frontière, je pense à mes chères rives de nos lacs, à ces variétés de bleu et d'émeraude de leurs eaux. — Oui, cher Monsieur, je ne sors pas des souvenirs de la frontière, je ne trouve pas mieux dans notre histoire contemporaine nationale; notre armée y a joué un si beau rôle, elle a su être neutre et humaine, tendre la main aux vaincus et vivre en bonne intelligence avec les vainqueurs; puis elle était si belle sous ses uniformes ternis par les marches et les nuits de garde, avec le brassard qui les ravivait d'un peu de rouge, et la neige qui lui faisait un fond calme et voilé à l'horizon. Voilà bien des raisons, n'est-ce pas, pour revivre ces souvenirs et y rester bien longtemps encore ? — J'y reste donc, en voilà la preuve ci-jointe. » — (Les souvenirs auxquels le sympathique maître fait allusion ont trait aux scènes de l'occupation des frontières pendant la guerre franco-allemande, scènes qu'il a reproduites dans plusieurs toiles magistrales dont les plus connues sont: *Combat de Croix, La Générale* et *Aux Verrières, souvenir de l'entrée de l'armée de l'Est en Suisse*. — Critique d'art éminent et romancier d'une puissante originalité, nature encyclopédique au premier chef, Auguste Bachelin occupe une place non moins importante dans la littérature que dans l'art de son pays. — Voyez série des Poètes et Prosateurs, n° 1312.)

2° L. A. S. au même, à Valentigney; Marin, 8 mars 1885, 8 p. pl. in-8, enveloppe. Superbe pièce.

Très intéressante lettre artistique. En voici un fragment relatif au grand peintre J.-F. Millet. « Vous aimez donc Millet; j'en suis ravi, car j'estime son œuvre comme l'une des plus caractéristiques de l'école française. Si elle n'a pas été goûtée tout de suite, ce n'est point parce qu'elle était absolument vraie ou naturaliste, comme on dit aujourd'hui, mais parce qu'il s'en dégageait une tristesse poignante qui ne pouvait trouver sa place dans les salons du Paris élégant: Léopold Robert a peint des paysans qui ne sont pas toujours gais, mais qui ont au moins le prestige des vêtements pittoresques et colorés; il ne craint pas le bleu du ciel, tandis que Millet semblait même éteindre la lumière, comme si elle l'eût gêné. Je ne m'étonne point des premiers insuccès de Millet, car le Français, ou plutôt le Parisien, aime avant tout l'éclat, la joie, et ceux qui ont la note triste n'ont jamais été ses privilégiés. On comprend qu'il lui ait préféré Diaz, Decamps, Troyon, les coloristes et les luminaristes. »

amitiés — V— A. Bachelin

Marin 8 mars 1885

✛ 1950 ✛ **STÜCKELBERG** (Ernest), peintre, qui a traité avec un rare talent l'histoire, le genre et le portrait, n. à Bâle, 23 février 1831. Il s'est surtout acquis une juste popularité par ses peintures décoratives de la Chapelle de Guillaume Tell au lac des Quatre-Cantons, œuvre véritablement nationale, non seulement par les sujets qu'elle représente, mais aussi par la vérité des types qui y sont réunis.

L. A. S. au peintre A. Bachelin, à Marin; (Bâle), 3 janvier 1872, 2 p. in-8, enveloppe. Belle pièce.

Charmante épître amicale. Cordiales félicitations sur le mariage de mademoiselle Bachelin avec Théophile Schuler (le célèbre peintre alsacien). « Ce qui ne me réjouit pas moins, ajoute-t-il, c'est que votre beau-frère vient se fixer en Suisse, grâce à son mariage avec votre sœur. » Intéressants détails.

E. Stückelberg

✛ 1951 ✛ **VEILLON** (Auguste), peintre paysagiste, un des meilleurs élèves de Diday, qui a rendu avec une riche palette les rives des lacs suisses ainsi que plusieurs sites d'Italie et d'Égypte, n. à Bex (canton de Vaud), 29 décembre 1834.

L. A. S. au peintre A. Bachelin, à Marin; Genève, 21 octobre 1879, 8 p. pl. in-8. Superbe pièce.

Très belle et remarquable lettre relative à ses débuts et à son maître le célèbre peintre Diday. « J'ai fait comme tant d'autres, frappé des tableaux de Diday, j'entrai sans hésiter et sans conseil dans son atelier... Il me dit tout d'abord copier une douzaine d'études, puis il me dit: Maintenant c'est assez, allez demander à la nature ses secrets et nous verrons ce que vous pourrez en tirer; au bout de peu de temps donc je fis mon premier tableau, je trouvai ça bien difficile ! mais il m'entreprit si bien, m'expliqua si clairement ce que devait être le *tableau*, que je me mis à l'œuvre avec un toupet infernal. En vous racontant mes débuts chez lui vous jugerez vite l'enseignement qui, s'il avait son mauvais côté, avait cependant le grand avantage de donner un certain amour et enthousiasme pour la peinture et la Suisse; je n'oublierai jamais les émotions qu'il me faisait éprouver quand il nous décrivait les beaux motifs qu'il avait vus dans les Alpes, les grands effets des hautes montagnes; j'avoue qu'il a plus d'une fois fait passer en moi le frisson du beau et je lui en suis profondément reconnaissant; voir dans la nature en premier lieu, lignes courbes, perpendiculaires et horizontales, a son excellent côté; mais elle a plus que cela, elle est vivante et impressionne, elle doit parler, et sous ce rapport Diday pouvait la révéler à ses élèves. Quant à l'enseignement pratique proprement dit, il est évident qu'il laissait à désirer... Mais si Diday tenait à ses procédés, il a cependant toujours montré une grande largeur d'idées pour la manière des autres artistes, et quand en 1862 je lui annonçai mon départ pour Paris il me dit: vous faites bien, il faut voir autre chose que ce que nous faisons ici. Je ne vous parlerai pas longuement de mon séjour dans ce grand centre artistique, de mon impression en tombant sur le superbe Salon de cette année-là; Corot avec ses dix tableaux groupés, ceux de Daubigny, Ingres, ne pouvaient que m'épater, et je le fus complètement en effet. J'ouvris mes yeux le plus possible pour tâcher de me débrouiller et d'oublier mes vieux procédés; je déplorais de n'avoir pas appris à peindre, à toucher un terrain différemment qu'un ciel, etc., puis le dessin, grand Dieu, j'avais le sentiment de ne pas en savoir le premier mot et je me mis à l'œuvre et fis des efforts inouïs pour compléter tant bien que mal un enseignement que je suis encore heureux d'avoir suivi, tout en déplorant ses lacunes. Vous me demandez si Diday a été *sincère*. Vous voulez dire vrai dans la recherche de l'observation et de la nature, je vous répondrai oui. Si seulement vous pouviez examiner avec moi ses études !!... dans le nombre il y en a d'excellentes. Les anciennes, avec leur air Tœpffer, études naïves, troncs d'arbres d'un relief étonnant, intérieur de bois de hêtre avec écorce, mousse, terrains étudiés avec une grande conscience. »

A. Veillon

route de Florissant   38

✛ 1952 ✛ COLONNA DE CASTIGLIONE (Adèle d'AFFRY, duchesse de), sculpteur d'un talent nerveux et même masculin, connue sous le pseudonyme de MARCELLO, n. à Fribourg, 6 juillet 1837, m. à Castellamare (Italie), 16 juillet 1879.

Photographie d'un dessin, signée avec quatre lignes autographes au crayon; 1865, 1 p. in-4.

Sur un des côtés de cette photographie représentant une tête de vieillard, on lit cette belle pensée de Marcello : « Le beau dans les œuvres d'art n'est point un accident heureux, c'est une loi dont la formule est plus ou moins complète. Le but de l'art est de trouver et d'écrire les lois de la forme, comme celles de la pensée métaphysique ou religieuse ont été trouvées et écrites par Pascal, Descartes, Bossuet. » — (Adèle d'Affry épousa en 1856 Carlo Colonna, duc de Castiglione, et commença l'étude de la sculpture à Rome sous la direction du statuaire suisse Im-Hof. Elle marcha rapidement dans la carrière des arts et exposait à Paris en 1863 le remarquable buste de *Bianca Capello*. Ce buste, signé *Marcello*, attirait et retenait la foule, on répétait mystérieusement qu'il était l'œuvre d'une femme. Enhardie par le succès, l'artiste exécuta une suite de bustes d'un grand caractère et d'une exécution large et vivante. En 1870, elle exposait une statue d'une allure superbe comme mouvement, *la Pythie,* qui décore aujourd'hui le vestibule du Grand-Opéra à Paris. La princesse Colonna est morte à Castellamare en 1879, en plein épanouissement de son talent.)

✛ 1953 ✛ CASTRES (Édouard), peintre de genre, qui a traité avec talent plusieurs scènes épisodiques de la guerre franco-allemande, n. à Genève, 21 juin 1838.

1° Dessin à la plume signé ; c'est un épisode du panorama dont il est question dans la lettre ci-dessous et qui représente le passage de l'armée française aux Verrières en 1871, 1 p. gr. in-4 oblong.

2° L. A. S. au peintre A. Bachelin, à Marin ; Etrembières, 6 mars 1885, 1 p. in-8, papier de deuil.

Joli billet amical. « Je vous envoie le dessin que vous me demandez. Trop heureux d'avoir enfin l'occasion de vous être agréable. Je n'ai pas oublié tous les renseignements que vous avez eu l'extrême obligeance de m'envoyer par l'intermédiaire de M. G. Roux, alors que j'en avais si besoin pour l'exécution de mon panorama représentant le *Passage de l'armée française aux Verrières en 1871.* — (Il s'agit du beau panorama qui est à Genève et qui a obtenu le plus grand succès.)

+ 1954 + **CALAME** (Arthur), paysagiste, fils du grand peintre des Alpes, auxquelles il préfère les lignes plus gracieuses de l'Italie et les côtes de la mer, qu'il rend d'une manière saisissante par le calme ou la tempête, n. à Genève, 8 octobre 1843.

L. A. S. au peintre Auguste Bachelin, à Marin (canton de Neuchâtel); Genève, 4 mars 1885, 3 p. in-8, enveloppe avec un joli croquis à la plume dans le texte. Très intéressante pièce.

Charmante lettre. « Vous me demandez un autographe, j'ai cru d'emblée qu'il s'agissait pour M. Bovet de posséder un autographe de mon père, puis vous me dites que je manque personnellement dans ce recueil. C'est trop d'honneur, Monsieur, et j'ai bien peur que la lettre que vous me demandez n'ait aucune valeur. Vous me dites pour m'engager à livrer cette carte de visite ornementée d'une vignette : « Que pourrai-je faire en retour ? Demandez, Monsieur. » Je suis amplement dédommagé et bien au delà, par le fait que je me trouve en rapport et que je fais connaissance avec un artiste aussi habile à manier la plume que la brosse et que j'ai toujours vivement désiré connaître... Voici un petit dessin dans le genre que vous me demandez, mais la figurine n'est pas mon fort, je suis paysagiste et rien que paysagiste, et encore je restreins le sens de ce mot en ne m'appliquant qu'au paysage maritime. J'adore l'eau sous toutes ses formes liquides et c'est justement ce qu'il y a de plus intraduisible à la plume... Le tableau dont vous me parlez a eu l'avantage de vous plaire, et j'en suis enchanté. Mais lorsque je l'ai composé, je n'ai pensé qu'à la mer lointaine, et les figurines de premier plan ne sont là qu'un repoussoir... Il me reste, Monsieur, à vous remercier de m'avoir procuré le plaisir et l'honneur d'avoir fait votre connaissance par la poste, et... c'est moi qui possède votre autographe. »

+ 1955 + **PURY** (Paul de), architecte de talent, mort prématurément avant d'avoir donné sa mesure, n. à la Chaux-de-Fonds, 9 janvier 1844, m. à Neuchâtel, 25 décembre 1874. Il a laissé de remarquables dessins et croquis de voyage qui sont réunis, pour la plupart, dans un volume consacré par A. Bachelin à cet artiste.

L. A. S. au peintre Auguste Bachelin, à Marin; Mariastein (couvent situé dans le canton de Soleure, sur la frontière française), 6 décembre 1870, 3 p. 1/2 in-8, enveloppe. Très belle pièce.

Intéressante lettre écrite de la frontière où il servait en qualité de sergent-fourrier dans le corps d'armée que la Suisse y avait envoyé pour sauvegarder sa neutralité lors de la guerre de 1870-1871. Pury envoie quelques croquis militaires faits par lui et par son ami Landry. (Plusieurs de ces croquis figurent dans le bel album illustré publié en 1871 sous le titre de : *Aux Frontières, notes et croquis, par A. Bachelin*.) Nouvelles sur les mouvements des troupes des deux côtés de la frontière, et sur le pays et ses habitants. « Nous sommes maintenant dans un pays très pittoresque, le couvent est dans une situation admirable et nous avons reçu le meilleur accueil des bons pères, mais faire des croquis par cinq et six degrés de froid n'est pas chose facile. J'ai essayé cependant, et nous vous communiquerons, à notre retour, ce que nous avons fait. En été ce serait tout plaisir et chose bien facile... Je me trouve fort bien de la vie militaire; on y voit à chaque instant des scènes intéressantes. Je ne suis malheureusement pas assez habile pour les reproduire. »

+ 1956 + PURY (Edmond-Charles, baron de), peintre d'un talent original, brillant coloriste, auquel on doit quelques belles toiles inspirées par la vie des pêcheurs de l'île de Capri, et des portraits d'une superbe tournure, n. à Neuchâtel, 6 mars 1845.

1° Dessin signé, fait à Venise et représentant le tombeau de Léopold Robert, 1 p. in-12 oblong.

2° L. A. S. à M. Alfred Bovet, à Valentigney; Venise, 30 août 1884, 3 p. 1/2 in-4.—P. photographié.

Très jolie lettre. « Je tiens à t'exprimer encore ce qu'il m'en a coûté de ne pouvoir en revenant à Venise faire un crochet sur Valentigney et à te répéter le profond regret que j'ai eu de ne pouvoir aller renouveler sur les bords du Doubs un de ces charmants séjours dont j'emporte chaque fois le plus doux souvenir.... J'ai eu l'idée qu'un petit croquis t'aiderait à t'en convaincre, si par hazard tu avais pu en douter un seul instant; je l'ai fait avant-hier au Campo-Santo d'après le tombeau érigé, il y a deux ans environ, à notre illustre compatriote Léopold Robert; tu le mettras à la place de celui que j'aurais crayonné, accompagné des quelques lignes d'usage, dans ton album, dans cet album dont les pages te disent tous les amis que tu as.... Ai-je été bien inspiré? Je l'espère. Mon sentiment sur Léopold Robert est toujours le même et je ne le crois pas entaché de chauvinisme : je vois bien en quoi il est, comme on dit, vieilli, mais il y a peu de toiles qui résistent au temps en tout et pour tout d'abord; et puis si la facture de certains de ses tableaux est pauvre, faible, si la couleur en est factice et monotone; si parfois la composition, les types des personnages et l'air dans lequel ils se meuvent ont quelque chose de conventionnel, je sens cependant derrière cela le charme ému, le poète, et cela suffit pour me le faire aimer beaucoup et mettre très haut son talent. » Curieux détails à ce sujet.

+ 1957 + **RAVEL** (Édouard), peintre d'un talent original, élève de Barthélemy Menn et d'Alfred van Muyden, dont les scènes de genre, traitées avec une peinture large et brillante, ont obtenu beaucoup de succès, n. à Versoix, près de Genève, 1847.

1° L. A. S. à son ami M. Gustave Roux (le célèbre dessinateur et illustrateur), avec un dessin à la plume qui orne la seconde page de la lettre et qui est reproduit ci-dessous, 2 p. in-24. — P.

Joli billet amical. « Mon cher Roux, voici un croquis du costume des femmes d'Hérens (vallée du canton du Valais) petite tenue; comme vous voyez, il est assez gentil. »

2° L. A. S. à son ami le peintre Auguste Bachelin, à Marin; Genève, 1 mars 1885, 2 p. in-8, enveloppe. Très belle et intéressante pièce.

Très jolie réponse à la demande de son autographe et d'un dessin. « Permettez-moi de vous remercier des choses si flatteuses que contient votre lettre, et ensuite d'avoir la pensée de me faire figurer dans cette collection d'autographes... C'est un honneur auquel j'étais loin de m'attendre. Voici les renseignements sur votre serviteur : n. à Versoix (canton de Genève) en 1847 — élève de messieurs Barthélemy Menn et Van Muyden ». Quant au croquis que notre ami M. Roux vous a remis, il est en effet de peu d'importance, je me déclare donc absolument prêt à vous en faire un second.... ne craignez donc pas de me dire ce que vous désireriez, je vous en prie... »
— (Le premier des deux maîtres d'Edouard Ravel, Barthélemy Menn, né à Genève en 1815, était excellent peintre d'histoire et surtout de paysage. Il étudia dans sa ville natale sous la direction de Diday et de Lugardon père, puis il vint à Paris compléter son éducation dans l'atelier d'Ingres. Les paysages de cet artiste sont d'un sentiment poétique élevé et d'une belle facture.)

3° L. A. S. à son ami le peintre Auguste Bachelin, à Marin; Genève, 5 mars 1885, 1 p. in-8, enveloppe.

Envoi d'un dessin. « Voici le croquis. J'espère qu'il vous conviendra; si vous croyez que ce n'est pas encore ça, je me remets encore à votre disposition. »

+ 1958 + **DU BOIS** (Charles-Édouard), peintre et aquarelliste, qui a traité le paysage avec une verve contenue et une exquise délicatesse de touche, n. à Weavertown (New-Jersey, États-Unis), de parents neuchâtelois, 19 octobre 1847, surpris par la mort dans le plein épanouissement de son talent, à Menton, le 6 mars 1885.

L. A. S. au peintre A. Bachelin, à Marin; Les Sapins (Neuchâtel), 23 juin 1882, 2 p. 1/2 in-8.

Jolie lettre. « Je ne puis vous exprimer tout le plaisir que j'ai eu à Menton en lisant *Jean Louis* (le beau roman de M. Bachelin), une étude de village ad nat. très forte et des mieux réussie. Il faut être peintre pour faire de l'aussi bonne littérature. » Très intéressants détails.

✛ 1959 ✛ **VUILLERMET** (Charles), peintre de paysage et de portraits, qui s'est particulièrement fait remarquer par un portrait de vieillard d'une exécution merveilleuse, n. à la Grange-Neuve, près de Morges (canton de Vaud), 13 août 1849.

L. A. S. au peintre Auguste Bachelin, à Marin ; Lausanne, 14 juin 1879, 3 p. in-8, enveloppe.

Jolie lettre. « N'ayant pas su saisir l'occasion dimanche dernier de vous témoigner ma reconnaissance de ce que vous ayiez bien voulu m'appuyer et me patronner comme aspirant à devenir membre de la Société des peintres et sculpteurs suisses, je viens aujourd'hui vous dire que je vous en suis très reconnaissant et très obligé.... » Il parle aussi de l'exposition de la Société des amis des arts de Neuchâtel. Très piquants détails.

✛ 1960 ✛ **GIRON** (Charles), peintre d'avenir, qui, après avoir traité avec succès le portrait, s'est fait une place distinguée dans la peinture contemporaine par son tableau *Les deux Sœurs*, exposé au Salon de Paris en 1882, n. à Genève, 2 avril 1850.

L. A. S. (à M. Albert Fillion, architecte, à Genève) ; Menton, 8 juin 1884, 3 p. 1/2 in-8, enveloppe. Très belle pièce, ornée d'un croquis à la plume qui figure dans le corps de la lettre.

Très belle lettre ornée d'un piquant dessin fait par Giron, pour illustrer deux pâtés d'encre tombés de sa plume au moment où il commençait à écrire. Giron se plaint de ne pas recevoir de nouvelles de son correspondant et parle de sa santé, qui est meilleure. « Depuis trois ou quatre jours je m'entraîne en marchant un peu chaque matin ; aujourd'hui je suis sorti en voiture..., j'ai fait une charmante promenade dans une vallée qui n'est qu'un bois d'orangers aux doux parfums, par une route en lacets. J'ai joui de points de vue inattendus et superbes, et, dans l'échancrure de la vallée, la mer dont l'horizon montait avec moi, me faisait poliment les honneurs, ne me quittant qu'aux détours de la route pour me rejoindre bien vite un peu plus haut. La route monte, monte très loin dans la montagne. Qu'elle est belle cette vallée de Monti, et puis c'était dimanche, tout le long du chemin il y avait des Mentonnaises et des.... Mentonnais. Les premières sont jolies et fines comme des gazelles, le corps bien formé, le cou long et rond, la tête petite est ornée au sommet d'un gros nœud de cheveux tordus, le teint varie entre la couleur d'une grenade et le ton olivâtre mat, avec des yeux de bitume et des lèvres sensuelles admirablement dessinées et une vivacité d'allures dont tu n'as pas idée ; elles s'en vont comme cela dans la lumière et le bleu, le vêtement léger flottant, heureuses et souriantes. Coloristes hors ligne, il faut voir comme elles savent harmoniser un bout de ruban, une fleur, la nuance de leur vêtement avec leur teint particulier, et cela dans d'infinies et pâles délicatesses. Pas de rouges, de jaunes ou de bleus criards, seulement des tons rompus et d'une finesse extrême, le mauve, le grenat, le soufre et le noir, tel est le fond de leur palette. »

↔ 1961 ✦ **BURNAND** (Eugène), peintre et charmant illustrateur, qui a traité avec observation et talent des scènes de la vie rurale suisse, n. à Moudon, 30 août 1850. Son œuvre la plus remarquable est l'illustration à l'eau-forte de *Mireille*.

1° L. A. S. à son ami le peintre Bischoff, de Lausanne; Mas des Soupirs, petite Camargue, 23 mai 1880, 4 p. pl. in-8, avec quatre croquis à la plume dans le texte. Très jolie pièce.

Amusante lettre, dont voici le début : « Mon cher, j'ai mis en œuvre les éléments de poésie les plus intenses, j'ai bravé le ridicule, la fatigue, le mal de mer, le soleil le plus ardent, pour venir te donner de mes nouvelles d'une façon digne de nos traditions. Voici comment : près de mon mas est un canal, sur ce canal une barquette; je m'en empare et d'un pied léger j'en franchis le bord. Sur la rive la famille du garde contemple le spectacle; je pars, ou du moins me mets en devoir de partir... La gaffe plonge dans les flots bourbeux, elle plonge et replonge... Diantre de barquette! dressée à n'en pas douter par un écuyer du cirque... Elle se met à tourniquer, mais là, sans démarrer. Tantôt elle heurtait la rive droite, tantôt elle s'enfonçait dans la gauche, et l'espace restait infranchi. Tu ne saurais te figurer, mon cher, à quel point cela manquait de grandeur. Si au moins il y avait eu le charme amer que cause le danger menaçant : mais non! trente centimètres d'eau tout au plus. Pour comble de malheur, le public manifestait des sentiments, sinon hostiles, du moins ironiques : « Monsieur n'a peut-être jamais été marin? » À partir d'à présent je n'oserai plus avouer à mes hôtes que je compte Guillaume Tell parmi mes ancêtres... Guillaume Tell, le hardi nautonier... Que faire? Je pris le parti d'exécuter à pied le reste de ma promenade en bateau, c'était moins poétique, mais plus rapide. Arrivé dans l'étang, dans un de ces étangs où l'on peut se mouvoir et tourner en tous sens avec l'air de le faire à dessein, je me remis dans ma barquette et me voici, mon cher, profondément ensablé, me demandant, non sans anxiété, comment je me tirerai de là, mais enfin dans une situation qui, vue de la rive, ne présente rien d'anormal, avec l'air d'un jeune marin qui se repose ou d'un chasseur à l'affût. » Curieux détails.

2° L. A. S. à Philippe Godet (le poète), à Neuchâtel; Versailles, 21 décembre 1883, 2 p. in-8.

Charmante lettre de remerciments écrite à l'occasion d'un article que M. Godet venait de consacrer aux remarquables eaux-fortes faites par M. Burnand pour l'édition illustrée [de *Mireille*. En voici le début : « J'aurais une proposition à vous faire qui, pour sûr, serait accueillie avec enthousiasme, à savoir que chaque artiste, soucieux de sa réputation, s'attachât pour son usage exclusif et particulier, un homme de lettres choisi parmi les meilleurs, qui se chargerait (j'évite le subjonctif de ce vilain mot), qui se chargerait, dis-je, de faire autour de son nom tout le bruit que lui-même serait incapable de faire avec les moyens éminemment silencieux dont il dispose : un burin et trois pinceaux. La plume, agile et alerte, la presse d'imprimerie bruyante et féconde, puis une bonne dose d'amitié enthousiaste se mettant en campagne, en voilà plus qu'il ne faut pour faire sonner toutes les trompettes de la renommée. Vous vous y entendez, cher ami... »

✦ 1962 ✦ **ROBERT** (Léo-Paul), peintre de talent et d'avenir, qui soutient dignement l'honneur du glorieux nom qu'il porte et dont les toiles *Les Zéphirs du soir*, *La Nymphe Echo*, *Les Génies de la Forêt*, *Le Printemps*, sont d'un sentiment poétique des plus élevés et d'une exécution savante, n. à Bienne (canton de Berne), 19 mars 1851.

L. A. S. au peintre Auguste Bachelin, à Marin; le Ried sur Bienne, 7 juillet 1879, 4 p. in-12.

Très jolie et amicale lettre. « Je suis heureux que ma *Forêt* (toile de l'artiste exposée à Paris en 1880) me fournisse l'occasion de vous rappeler votre promesse faite il y a bien longtemps de venir me visiter dans mon ermitage du Ried. J'aurais un réel plaisir à vous y recevoir. Malheureusement on a si bien su détruire tous les jolis sites de nos environs, pour cause d'utilité publique, voies de piétons, voies ferrées, voies d'eau, etc., etc., que je n'aurais que fort peu de chose à vous faire admirer, à supposer que le soleil soit notre compagnon, mais au moins on se verrait, et l'amitié n'a pas besoin de tant de choses... » — (M. Léo-Paul Robert est fils d'Aurèle Robert qui était le frère et l'élève de l'illustre Léopold Robert. Aurèle Robert a traité le genre et s'est fait une réputation méritée comme peintre d'intérieurs; il était né aux Eplatûres, près de la Chaux-de-Fonds, canton de Neuchâtel, le 18 décembre 1806, et il est mort à Bienne, canton de Berne, le 21 décembre 1871.)

+ 1963 + GIRARDET (Eugène), peintre de genre, d'un talent facile, qui a traité particulièrement des scènes d'Afrique et représente avec distinction la troisième génération des Girardet artistes, n. à Versailles, de parents suisses, 31 mai 1853.

1° Dessin signé, représentant des chasseurs poursuivant des sangliers, 1 p. in-8. Très jolie pièce.

2° L. A. S. au peintre Auguste Bachelin, à Marin; Versailles, 20 mai 1882, 4 p. in-24, enveloppe.

Jolie lettre. « Je suis allé chez mon père lui demander s'il serait à même de vous procurer des lettres de mon oncle Karl (Karl Girardet, le célèbre peintre de genre, sur lequel M. Bachelin a publié un travail remarquable dans le *Musée Neuchâtelois*) ayant un intérêt artistique; il me charge de vous répondre qu'à son grand regret il ne possède que des lettres de famille. » Détails intéressants et indications biographiques concernant divers membres de sa famille sur lesquels Auguste Bachelin lui avait demandé des renseignements.

FIN DE LA

HUITIÈME SÉRIE

HUGUENOTS ILLUSTRES

✛ 1964 ✛ FAREL (Guillaume), illustre réformateur, qui conquit une partie de la Suisse française et le pays de Montbéliard à la Réforme, ami de Jean Calvin, n. aux Farelles (Hautes-Alpes), 1489, m. à Neuchâtel (Suisse), 13 septembre 1565.

L. A. S. au chevalier Nicolas d'Esch, à Metz; Strasbourg, 31 juillet 1525, 2 p. in-fol., cachets.

Précieuse lettre sur les affaires religieuses. Farel y parle de Pierre Toussain et de Capiton, du martyre de Jean Chastellain (brûlé comme hérétique à Vic en Lorraine le 12 janvier 1525) et de Wolfgang Schuch, curé de Saint-Hippolyte (brûlé à Nancy le 21 juin 1525), etc. — (Cette pièce fait partie des archives de la *Société de l'Histoire du Protestantisme français*; elle a été libéralement communiquée à M. A. Bovet par M. le baron Fernand de Schickler, auquel l'histoire du protestantisme est si redevable; c'est grâce à cet acte de courtoisie, que Farel figure en tête de la série des Huguenots, qu'un tel vide rendait incomplète. Cette lettre a été publiée dans le t. V de la *Correspondance des réformateurs dans les pays de langue française*, œuvre capitale d'un vrai bénédictin, M. Aimé-Louis Herminjard, né à Vevey le 7 novembre 1817.)

✛ 1965 ✛ CALVIN (Jean), illustre réformateur et grand écrivain, le chef de la seconde branche du protestantisme à laquelle il a donné son nom, auteur de l'*Institution chrétienne*, n. à Noyon (Oise), 10 juillet 1509, m. à Genève, 27 mai 1564.

L. S., avec la souscription autographe, à M. de Diesbach, bailli de Lausanne; Genève (où Calvin habitait depuis 1536), 13 juin 1562, 3/4 de p. in-fol., cachet. Superbe et importante pièce. — P.

Précieuse lettre sur les guerres de religion. « Très honoré seigneur, pource que au jour dhuy j'ay eu une recharge du costé de Lion pour solliciter que le secours se haste, j'ay prié le gentilhomme présent porteur de monter incontine t en poste afin que, s'il est possible, les gens marchent incontient, car d'aultant que la ville de Lion est despourveue de force les ennemys s'enhardiront à s'y jecter. Ainsy il fault prévenir de bonne heure, joinct aussy qu'il y auroit danger que les passages de Savoie ne fussent fermez, car l'on a descouvert, quelques belles protestations que face l'Altesse, qu'il prétend de se joindre avec nos ennemys. Parquoy je vous prie, selon la bonne affection que vous avez, d'adresser le dict porteur et luy donner conseil de ce qu'il aura affaire. » — (Les protestants s'étaient emparés par surprise de Lyon dans la nuit du 30 avril 1562 et y avaient appelé le fameux baron des Adrets. — Les lettres écrites par Calvin en français sont très rares.)

✛ 1966 ✛ RENÉE DE FRANCE, duchesse de Ferrare, fille de Louis XII et d'Anne de Bretagne, femme d'Hercule d'Este (1527), n. à Blois, 25 octobre 1510, m. à Montargis, 12 juin 1576. Cette illustre princesse embrassa le protestantisme, sur les conseils de Calvin, et eut Marot pour secrétaire. Elle fut la protectrice fidèle des lettrés.

L. A. S. au roi Henri II ; Consandele, 12 mars (1553), 1 p. in-fol., cachet.

Importante lettre où elle le remercie de lui avoir fait part du mariage de sa fille bâtarde avec le duc de Castres. « Et pour ce que porte mon debvoir en tout se qui est de vous, Monseigneur, et les vertus, bonté et honnesteté qui sont en elle, je désire très fort son bien et avantaje ; priant à Dieu luy en donner autant que je luy en souette, espérant que il conduira à bonne fin touttes vos entreprises et se mariage, puis que vous l'avés acordé et faict et que estant mon dit seigneur le duc de Castres, son mari, si afectionné à vostre service, comme j'ay tousjours entandu qu'il a esté et continue journellement qu'il ne pourroit faillir de luy faire tout le bon traictement qu'il doit pour l'honneur de vous et le mérite d'elle et que y ne cera ingrat de cet honneur,... » Elle est très aise que le cheval qu'elle lui a envoyé lui ait fait plaisir. — (Il s'agit du mariage de Diane de France, fille légitimée de Henri II et d'une jeune Piémontaise nommée Filippe Duc, née en 1538, avec Orazio Farnese, duc de Castro. Celui-ci fut tué le 18 juillet 1553 en défendant Hesdin contre les Espagnols. En 1557 Diane fut remariée au maréchal François de Montmorency. Elle mourut le 3 janvier 1619.)

✛ 1967 ✛ COLIGNY (Gaspard II de), seigneur de Chastillon-sur-Loing, colonel-général de l'infanterie française, amiral de France (1552), une des plus illustres figures du protestantisme, n. 16 février 1517, assassiné à Paris le 24 août 1572.

P. S., sur vélin ; 10 novembre 1549, 1/2 p. in-fol. oblong, cachet. Belle pièce, qui est malheureusement jaunie. — P.

Intéressant document signé *G. D. Coulligny*. Il constate, en sa qualité de lieutenant-général en Boulonois, que le porteur d'une somme de deux cents livres tournois destinée à payer les frais de réparation de deux galères étant à Étaples, a été fait prisonnier par les Anglais et emmené à Boulogne, où il est encore.

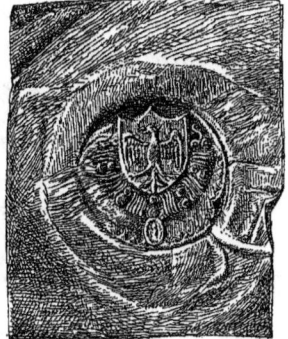

✛ 1968 ✛ COLIGNY (Gaspard II de).

L. S., avec la souscription autographe, à M. de Bourdillon, gouverneur et lieutenant général en Piémont (Imbert de La Platière, illustre guerrier, maréchal de France en 1562, mort à Fontainebleau le 4 avril 1567) ; Saint-Germain en Laye, 12 novembre 1561, 3/4 de p. infol., trace de cachet.

Superbe lettre où il lui fait ses compliments et lui recommande le sieur Carles Biragne, qui se rend en Piémont et qui lui remettra sa lettre. Il le prie de croire ce que celui-ci est chargé de lui confier touchant les occurrences de la cour. « Et aussy quant vous les entendrez de luy, vous sçaurez bien juger, pour l'importance dont elles sont, qu'il est meilleur les vous faire entendre de bouche que par escript. »

Mon seigneur pour respödre a ce qui Vous plaît par Vrö lettre
laichre meseriyre que le chenal que Vous a enuoye le s'ypolite
mö escuier descuirie Vous a ette agreable Je seray toussiours
traisaise quil y ait chose Venant des miens ou du lieu ou Je
suis qui Vous puisse plaire ecat audit gentilhome qui le
Vous a enuoye parce quil ne desire que Vous faire seruice echose
qui Vous soit agreable Je suis sertaine qui ne faudra par ce
moien ou aultre en tout ce quil pourra etougnois
de si amploier ainsi qui Vous plaira comäder et apres auoir
presäte mes treshubles recomandations a Vre bonne grace
Je feray fin Mon seigneur priät a dieu Vous döner heureuse
et treslongue Vie de consödele le xij^e de mars de

Vre treshumble e tresheure
nte fille
RENEE DE FRANCE

Numéro 1966.

✛ 1969 ✛ **LANGUET** (Hubert), célèbre homme politique et publiciste protestant, habile diplomate, qui établit en principe, dans son fameux livre *Vindiciæ contrà tyrannos,* publié en 1581, le droit d'insurrection, n. à Vitteaux (Côte-d'Or), 1518, m. à Anvers, 30 septembre 1581. Languet avait embrassé la Réforme en 1549.

L. A. S. à Hugues Doneau (célèbre jurisconsulte protestant, n. à Chalon-sur-Saône le 23 décembre 1507, m. à Altdorf, en Franconie, où il était professeur, le 4 mai 1591), à Leyde ; Anvers, 23 juin 1581, 1 p. in-fol., trace de cachet. Magnifique pièce. *Très rare. (Coll. B. Fillon.)*

Très précieuse lettre, écrite trois mois avant sa mort. Languet exprime son déplaisir de ne pas avoir pu faire rencontrer Doneau avec Du Plessis-Mornay ; puis il parle de la mort subite de Nicolas Malapert, frère de son hôte, et des événements politiques. « Nous attendons icy nostre rédemption du costé de la France, mays par ce qu'elle tarde beaucoup à venir, le nombre de ceux qui ont peur d'estre trompés n'est pas petit. Monseigneur frère du Roy (François, duc d'Anjou) a sans douste bonne envie de nous secourir et faict pour nous ce qu'il peust, mais le nombre de ceux qui luy donnent des traverses et qui désirent nostre ruine est si grand qu'il ne peut pas fayre ce qu'il désireroit bien. Totefoys il assemble gens tant qu'il peust et croi qu'il hazardera plus tost sa vie que de laisser Cambray sans secours. Nostre magnifique ambassade s'en est retornée d'Angleterre en France. S'il eh y a des contans ou des malcontans, je ne sçay, mays on nous veult fayre acroire que le mariage est accordé, ce qu'il m'est impossible de croire. On pense, s'il est accordé, que ce sera avec conditions qui bailleront toujours assés d'accroches à la partie qui ne voudra que l'affayre brise avant. Le gouverneur d'Ecosse a eu la teste tranchée. Il est mieux mort que les Anglois que saint Thomas de Canturbie (Cantorbéry), et le devroient plus tost canonizer. Il y a plus d'un an qu'il avoyt délibéré de se retirer d'Ecosse, voiant qu'à la longue il n'y feroit pas bon pour luy, mais la reyne d'Angleterre, voiant que par son partement son party, duquel il estoit chef, seroit fort affoibli, luy persuada de demeurer... » — (Le duc d'Anjou fit lever, au mois d'août suivant, le siège de Cambrai dirigé par les Espagnols. Son projet de mariage avec la reine Élisabeth d'Angleterre n'aboutit pas.)

✛ 1970 ✛ **BESZE** (Théodore de), illustre réformateur et écrivain, disciple et successeur de Calvin, n. à Vézelay (Yonne), 24 juin 1519, m. à Genève, 13 octobre 1605. Il a laissé de nombreux ouvrages parmi lesquels l'*Epistola magistri Benedicti Passavanti,* satire en latin macaronique contre le président Lizet, souvent réimprimée, et le traité *De hæreticis a civili magistratu puniendis,* publié en 1554 à l'occasion du supplice de Michel Servet. Il avait embrassé la Réforme en 1548.

L. A. S., en latin, à Maclou Pomponius, à Padoue ; Paris, 3 des ides de mai (de 1539 à 1544), 1 p. 3/4 in-fol. — (Les autographes de Théodore de Besze datant de sa jeunesse sont très rares.)

Très curieuse lettre, écrite pendant la période de jeunesse où il mena à Paris une vie libertine. Il se plaint de ne pas recevoir plus souvent des nouvelles de son ami. A-t-il donc pris déjà les mœurs italiennes, qui sont de parler plus qu'on n'écrit ? Il termine ainsi : « Quod ad res nostras attinet, paucis accipe : Is sum qui fui. Hæc ego laconicè, tum quia te Italia decessisse arbitror, tum quia ex nostris lupanis omnia longè melius intelliges, quàm exprimere litteris possim, hoc unum a te peto per amicitiam nostram, per omnia consuetudinis nostræ jura ut, simulatque se occasio obtulerit rerum tuarum volumen ad me mittas, ejusmodi est enim cupiditas mea, ut litteris quantumlibet longis expleri non possit. »

✛ 1971 ✛ **BESZE** (Théodore de).

L. S., avec la souscription autographe, à madame Du Plessis-Mornay (Charlotte Arbaleste), à Saumur ; Genève, 3 juillet 1599, 2 p. in-fol., cachet. Jolie pièce, dans un bel état de conservation.

Très importante lettre où il lui répond sur la question des alliances qui auraient pu avoir lieu entre la famille de madame Du Plessis-Mornay et la sienne, « dont je ne saurois vous rendre aultre compte que ce que je vous en ay mandé, pour avoir esté emmené dès l'aage de deux ans, à ce que j'ay entendu, de Vézelay à Paris en la maison de feu Monsieur de Besze, conseiller en la court de Parlement, et depuis en tout le temps de ma jeunesse que j'ay vacqué aux estudes à Bourges et à Orléans, je ne pense point avoir séjourné au pais l'espace quasi d'une bonne année ; mais bien me souvient-il d'avoir souvent veu et cognu plusieurs personnages de diverses qualités faisans cest honneur au susdict seigneur et à feu mon père et à moy mesme et à mes frères lors vivans, de nous appeler leurs cousins, ausquels j'adjousteray Messieurs de Roches fumée, que je pense ne vous avoir spécifié par ci devant. C'est tout ce que je vous en puis dire, tenant à grand honneur qu'il vous plaise m'honorer de ce nom d'allié et m'obliger tant plus à vous faire tout humble service selon mon devoir.... »

Interim mandetur fremum. Quod ad res mas
attinet, paucis accipe, Is sum qui fui.
Hæc ego Laconicè, tum quia te
Italia decessisse arbitror, tum q́ ex mris
upams oia longe melius intelliges, quàm
exprimere tris possim, Hoc unú à te
peto p amicitiá mram, per oia consuetudinis
mæ iura ut simulatq́ se occasio. obtulerit
rerú tuarú uolumen ad me mittas, Eiusmodj
est enim cupiditas mea, ut tris quatúlibez
toneqs expleri nó possit Vale in perpe;
tuú, mi animule. Lutetiæ, iii°
Id. Maij

Tuus si suus

DeZeus.

+ 1972 + **HOTMAN** (François), célèbre jurisconsulte et écrivain politique, professeur de droit à Bourges, qui embrassa la Réforme en 1547 et se réfugia à Genève après le massacre de la Saint-Barthélemy, n. à Paris, 23 août 1524, m. à Bâle (Suisse), 12 février 1590. Dans son ouvrage *Franco-Gallia*, publié en 1573, ce hardi penseur, devançant l'esprit moderne, soutint le principe de la souveraineté nationale. François Hotman est aussi l'auteur de l'*Epistre envoyée au tigre de la France*, vigoureux libelle contre le cardinal de Lorraine, écrit après la conjuration d'Amboise et dont on ne connaît qu'un seul exemplaire conservé dans la bibliothèque de la ville de Paris.

P. A. S.; (Bourges), 21 septembre 1567, 1 p. in-4 oblong. *Très rare. (Coll. Benjamin Fillon.)*

Pièce par laquelle Hotman reconnaît avoir reçu de M. Sautereau, receveur des deniers communs de la ville de Bourges, la somme de cent soixante-quinze livres pour un quartier de ses gages. — (Hotman était alors professeur de droit à Bourges.)

+ 1973 + **JEANNE D'ALBRET**, reine de Navarre, fille unique du roi Jean II d'Albret et de Marguerite d'Angoulême, sœur de François I, épouse d'Antoine de Bourbon, mère de Henri IV, femme d'une intelligence supérieure, une des princesses les plus illustres de son temps, n. à Pau, 7 janvier 1528, m. à Paris, 9 juin 1572.

L. S., avec la souscription autographe, au comte du Lude (Jean de Daillon, commandant en Guyenne); Pau, 24 juillet 1557, 3/4 de p. in-fol., trace de cachet.

Très belle lettre dans laquelle elle lui mande que deux marchands de sa ville d'Oléron ont réclamé contre la saisie de toiles qu'on disait appartenir à des Espagnols. Ces marchands demandent qu'on leur délivre ces marchandises sous caution, en attendant qu'ils aient prouvé leur droit de possession. Jeanne d'Albret prie le comte du Lude d'accéder à ce désir.

✦ 1974 ✦ **JEANNE D'ALBRET.**

L. A. à M. de Beauvoir, gouverneur de son fils; (Blois, 11 mars 1572), 5 p. in-fol. Les bords de cette pièce et la signature ont été rongés par les rats, et plusieurs lignes sont incomplètes.

Précieuse lettre sur les négociations du mariage de son fils (Henri IV) avec Marguerite, fille de Catherine de Médicis. Jeanne d'Albret rapporte toutes les difficultés qui sont soulevées, et notamment celle provenant de la religion. La reine a exprimé le désir que M. de Beauvoir vienne à la cour. Il sera en effet nécessaire qu'il soit présent pour la rédaction des articles du contrat. Quant à son fils, elle ne tient pas à ce qu'il se rende à la cour avant que tout soit bien convenu, « et encore s'il fault qu'il espouse par procureur, comme il s'en pansse, il ne bougera de là qu'il ne vienne faire l'offise qui ne se faict point par procureur. » Elle est fort aise qu'il soit content de son fils. « Sur tout tenés la main qu'il persiste en la piété, car l'on ne le croit pas isy et dit l'on que l'on s'assure qu'il ira à la messe... » Longues et curieuses considérations à ce sujet. Elle s'indigne des mœurs de la cour. Le roi (Charles IX) fait l'amour extrêmement, mais de manière qu'il pense que personne n'en sait rien. « C'est qu'il a faict loger sa metresse mademoyselle Datrie en une chambre à part où il va de son cabinet, et est sur les neuf heures ou dix du soir. Il feinct d'aller escrire en ung livre qu'il compose et va là où il demeure quelque foys jusques à une heure après minuit. L'on dit qu'il fera la diete, mais que ce n'est que pour avoir plus de liberté d'aller là. C'est pitié que de ceste court. Je m'i fache extrêmement... Quant à la beauté de Madame (sa future belle-fille Marguerite), j'avoue qu'elle est de belle taille, mais aussy elle se serre extrêmement. Quant au vysage, c'est avec tant. d'aide que cela me fache, car elle s'en guastera, mais en ceste court le faict est presque commun comme en Espaigne. Vous ne sauriés croire comme ma fille (Catherine) est jolie parmi ceste court, car chacun la saisit de sa religion; elle leur faict teste et ne se rend nullement; tout le monde l'ayme. » — (Le traité de mariage fut signé le 11 avril, mais Jeanne d'Albret mourut le 9 juin. Le mariage ne fut célébré que le 18 août, six jours avant le massacre de la Saint-Barthélemy, qui montra combien les appréhensions et les jugements de Jeanne d'Albret étaient justes et fondés.)

✦ 1975 ✦ **MONTGOMERY** (Gabriel, comte de), capitaine de la garde écossaise, qui eut le malheur de blesser mortellement le roi Henri II dans un tournoi, un des plus habiles chefs du parti protestant, n. vers 1530, décapité à Paris le 26 juin 1574.

L. S., avec la souscription autographe, au comte Rhingrave; Dieppe, 19 janvier 1562 (1563, n. s.), 3/4 de p. in-4. *Très rare.*

Très belle lettre par laquelle il le supplie de faire renvoyer au Havre un jeune gentilhomme, nommé Glatigny, « lequel estoit allé à Harfleu soubz vostre sauf-conduit et ce pendant ilz l'ont arresté prisonnier, en quoy ilz se monstrent ne vous recongnoistre en l'authorité que vous estes et n'avoir telle fiance qu'ilz doibvent, que si telle chose avoit lieu je ne sçay plus à qui l'on se pourroit fier. »

✦ 1976 ✦ **DANEAU** (Lambert), célèbre théologien et ministre protestant, ardent et habile polémiste, élève et ami d'Anne Dubourg, n. à Beaugency (Loiret) vers 1530, m. à Castres (Tarn), 11 novembre 1595. Daneau a laissé de nombreux ouvrages, parmi lesquels de curieux traités sur les sorciers, les jeux de hasard et les danses.

L. A. S., en latin, à Pierre Daniel (érudit et jurisconsulte, éditeur de la comédie de Plaute intitulée *Aulularia* et de Justin, n. à Orléans en 1530, m. à Paris en 1603), avocat, à Paris; Gien, veille des calendes de février (31 mars) 1565, 2 p. in-fol. Magnifique pièce. *Très rare. (Coll. B. Fillon.)*

Très intéressante lettre où il lui mande que, ne recevant pas de ses nouvelles, il craignait qu'il n'eût quitté Paris pour voyager à l'étranger. Sa lettre l'a rassuré. Daneau parle ensuite longuement de son projet de faire éditer à Paris une traduction de l'écrit de Tertullien *De cultu mulierum* et d'autres de ce genre sous ce titre : *Des parures et ornements des femmes chrétiennes.* Curieux détails à ce sujet. — La minute autographe de la réponse de Daniel occupe la troisième page de la pièce.

+ 1977 + CONDÉ (Louis I de Bourbon, prince de), illustre capitaine, un des chefs du parti protestant, n. à Vendôme, 7 mai 1530, tué à la bataille de Jarnac le 13 mars 1569.

L. A. S. à la Reine (Catherine de Médicis); (vers 1560), 3 p. pl. in-fol. *Très rare.* — P.

Précieuse pièce historique, toute relative à la domination des Guise (probablement sous le règne de François II). En voici le texte : « Madame, vous devés avoir asés esperrymanté ma fidellité pour n'antrer à saiste heurre an doute de moy quy ne veult an se monde reconnestre après Dieu que voz magestés, quy et la cosse que vous escrys par se couryer cavés anvoié vers monsieur le cardinal (de Lorraine) pour vous avertir du danger où vous métés de vous fier à se chanouanne (chanoine) que m'avés anvoié, quy tien ung langage de vous, Madame, quy ne vous ynporte pas moins de vostre vie sy let tet seu (s'il était su) de seus à quy y touche, car vous esperrymantés asés tout les jours à vostre grant ragret quy ne faut faché seus quy n'atande qu'une ocasion de vous mestre ausy bas, comme Dieu veut vous concerver au lieu où y vous a mys. Sait (c'est). Madame, quy m'a dit que vous luy avés dit pour me dire qu'estes résollue de ruyner messieurs de Guysse et que ne serés à vostre esse que n'eiés mys fin à saiste antreprysse, et m'a dit pour ansaigne que Monsieur le connestable (de Montmorency) ettoit alé vous trouvé à Monseo (Monceaux) à poste sen ses aquenée, et dit que se fu vandredy ou soir quy vous trouva et reparty le sansmedy matin, me disant ausy que davant vous y vous dit quyn'avet signé la requete que messieurs de Guysse vous avés pressentée et quy ne l'avet jamays trouvé bonne mes au contraire qu'yl l'avet trouvé ausy pernysieusse que vous, y connesant bien que s'aistet une requete quy tandet plus tot à la ruyne de se réosme (royaume) que d'i aporter la pais, et campt à luy et à monsieur le chancelier (probablement François Olivier) quy ne se consantirons jamays se que le Roy mon frère (Antoine de Bourbon, roi de Navarre) et messieurs de Guysse vous veullie faire faire, quy et de mener voz magestés à la court de Parlemant pour nous faire declaré rebelle et confisqué noz bien, atandant noz vies. Après l'avoir antandu je discouru à moy mesme que fiance vous avés à set homme quy et de peu de gens connu pour luy mestre ung propos de telle ynportance antre mains, car je le connoys à sont parler fort peu méryter à ne gosier telle chose, et vous connés tropt, Madame, et vostre bon geugemant pour pancer que luy eiés balliés telle charge. Ancorre campt yl serct vray je ne mes désépères pour telle nouvelles, connessant ausy bien que le chanouanne me l'a bien su dire que s'ait le seul moien de mestre la pais antre voz seuget et mestre fin à tous ses troubles quy ne prosède que de leur pressence. Y m'a dit quy vous avés donné beaucou de moiens, més que ne léseryés faire, ettant par trop asugetya. Vous ne serés marye, Madame, sy pour vous estre léal et fidel servyteur sy je vous dis que sy messieurs de Guysse quy vous tienne an leur mains antandet se proupos y ne se contanterès pas peu estre de vous avoir randu vous et voz vouslontés captive mès ancorre y vous pourriet oter la vie, quy et le but où y tyre, ou pour le moins vous priver de l'otoryté que Dieu vous a donné an se réosme et tous seus de vostre sang et cour de Parlemant et étas, vous qon reconné, quy et cosse que prys la ardiesse de vous mander saiste lestre pour vous avertir que je retins se chanouane de peur quy ne vous fit tort et que se quy m'a dit ne fu su de seus à quy se fait touche quy ne vous sont comme moy, Vostre très humble et très obéyssant seuget et servyteur. Loys de Bourbon. Je le retiens jeusque à se que me mandiés se quy vous plera que j'ans fasse. » (Cette lettre est un document important.)

+ 1978 + LA ROCHEFOUCAULD (François de), un des plus vaillants capitaines huguenots, beau-frère du prince Louis I de Condé par son mariage avec Charlotte de Roye, favori du roi Charles IX, n. vers 1530, assassiné à Paris le 24 août 1572.

P. S., sur vélin; Paris, 10 février 1562 (1563), 3/4 de p. in-4 oblong, cachet. Jolie pièce. *Rare. (Coll. Gauthier Lachapelle.)*

Reçu de cent soixante-deux livres dix sous tournois pour un quartier de ses gages de lieutenant d'une compagnie de cinquante lances des ordonnances du Roi.

+ 1979 + LESDIGUIÈRES (François de Bonne, duc de), illustre guerrier huguenot, une des gloires du parti protestant, maréchal de France sous Henri IV et connétable sous Louis XIII, n. à Saint-Bonnet de Champsaur (Hautes-Alpes), 1 avril 1543, m. à Valence, 21 septembre 1626. Il avait abjuré le protestantisme en 1622.

L. S., avec la souscription autographe, à M. de Villarnoul (Jean de Jaucourt), député général des églises de France à la Cour (gendre de Du Plessis-Mornay); Valence, 5 février 1611, 1 p. in-fol.

Superbe lettre où il le prie de lui faire savoir si, en ce temps calamiteux, il n'y a rien d'altéré aux édits de pacification, « ne désirant rien tant que d'employer tous mes effors et mon crédit pour bien faire obéyr le Roy et observer ses édictz, mesmes ceux qui nous peuvent entretenir en paix et en repos, comme nous avons vescu jusques icy soubz le bénéfice d'iceux. »

avorre y Vous pourret oter la Vie quy et le but onytyer ou

pour le moins Vous priver de loteryte que dieu Vous a done

anserovsme et tous sens de Vre sang et courde par lemant

et etas Vous gou remme quy et osse que prys laurdesse de Vous

mander faiste lestre pour Vous aVertir que Je retins se chanouane

de peur quy ne Vous fit tort et que se quy madit ne fusu de sens

a quy se fart toushe quy ne Vous sont ame moyse

Je le retens puisque ase pur me mandies se quy
Vous plerra que Jans fasse

Vre tresh umble et tresobeyssant
fengit et servytrur LOVIS DE BORBON

Numéro 1977.

✦ 1980 ✦ **DU PLESSIS MORNAY** (Charlotte ARBALESTE, femme), la digne épouse de l'illustre chef protestant (3 janvier 1576), qui se fit remarquer par son courage, par ses vertus domestiques et par son dévouement, auteur de très intéressants *Mémoires* sur la vie de son mari, n. à Paris, 1 février 1549, m. à Saumur, 15 mai 1606.

L. A. S. à Étienne Crochet ; Paris, 26 mai 1600, 1 p. in-4. Belle et rare pièce.

Ordre à un de ses domestiques de payer à madame Cavelier la somme de vingt-neuf livres treize sous et six deniers qu'elle lui a promis. — Le reçu de ladite dame est au verso de la pièce.

✦ 1981 ✦ **DU PLESSIS MORNAY** (Philippe), un des plus illustres chefs du parti protestant, ami et conseiller de Henri IV, gouverneur de Saumur, surnommé le *Pape des Huguenots*, n. à Buhy (Seine-et-Oise), 5 novembre 1549, m. à la Forêt-sur-Sèvre (Deux-Sèvres), 11 novembre 1623. On doit à Philippe Du Plessis-Mornay d'importants ouvrages, entre autres le *Traité de l'Institution de l'Eucharistie*, qui fut publié en 1598 et amena la célèbre conférence de Fontainebleau.

L. A. S. au maréchal de Bouillon ; Châtellerault, 19 septembre 1597, 2 p. in-fol. — P. de Brandt.

Superbe lettre. « Messieurs les députés du Roy partent demain, ayant fort avancé les affaires de la religion et de la justice avec nous... » En mesme temps part Monsieur de Clairville, amplement instruit pour l'affaire que sçavez, et lequel il traitera à mon advis fort bien, estant personne de libre accès, agréable au Roy et non suspect de faction.... Vous trouverez de malins esprit par delà, et nous en sentons les effets qui nous parviennent jusqu'ici.... Nous partons demain, Dieu aydant, pour l'Isle Bouchard et Saumur. « La guerre se va allumer en ces quartiers plus fort que jamais, s'il nous reste du courage, pour le moins si on s'y résoult à la cour. Monsieur vostre cousin est résolu de s'y rehausser jusque au coude. Le dessein que vous savez traine de près à autre. Je doute qu'ils aient besoin d'homme. Icy j'entonne la chanson. »

✦ 1982 ✦ **DU PLESSIS MORNAY** (Philippe).

P. S., avec deux lignes autographes ; Saumur, 25 août 1603, 11 p. in-fol. Très intéressante pièce.

Document historique des plus importants. Il donne ses instructions au sieur de Liques, qu'il envoie à Genève. Le dit sieur s'arrêtera à Fontainebleau, où il verra M. du Soulas, ministre de la parole de Dieu. De là il se rendra à Lyon, où il verra M. du Harcy, marchand libraire. Arrivé à Genève, il visitera d'abord M. de Bèze, puis M. Goulard. Il remettra aux pasteurs et professeurs de l'Université de Genève la dernière partie de son livre *De l'Eucharistie* en les priant de l'examiner le plus promptement possible, car il désire que cet ouvrage soit imprimé pour être soumis au synode national qui doit s'assembler à Gap le 1 octobre. Liques ira également à Lausanne et verra M. Bucanne, auquel il proposera de venir professer la théologie à l'Académie de Saumur. Il est urgent d'avoir un excellent professeur en cette matière, car les Jésuites vont installer un collège à La Flèche pour faire concurrence à celui de Saumur. Curieux détails à ce sujet. Il ne croit pas qu'on puisse installer en meilleur lieu la chaire de théologie « qu'à Saumur où desjà l'estude des langues et de la philosophie est en très bon train, ne manquant plus que le théologien que s'y ardemment on leur demande, outre ce que j'ay demandé le collège au Roy dès la bataille d'Yvry, lors que nul n'y pensoit, en ay obtenu l'érection en forme de chartre, confirmée depuis en assemblées générales et synodes nationaux. »

✦ 1983 ✦ **DU PLESSIS MORNAY** (Philippe).

P. S. PHILIPPES DE MORNAY ; Saumur, 7 novembre 1615, 3 p. 1/4 in-fol. Légères taches d'eau.

Pièce historique qui a pour titre : « Instruction au capitaine Roux allant de la part du sieur Du Plessis vers le Roi à Bordeaux. » Du Plessis-Mornay expose que le dessein de Monsieur le Prince (Henri II de Condé) est de passer avec son armée par le bas de la Touraine pour aller rejoindre les forces qui l'attendent en Poitou. Le Prince passera donc près de Saumur et il mettra en danger cette place, qui n'a pour la défendre qu'une toute petite garnison. En conséquence Du Plessis-Mornay demande des hommes et des munitions pour mettre Saumur à l'abri d'une surprise.

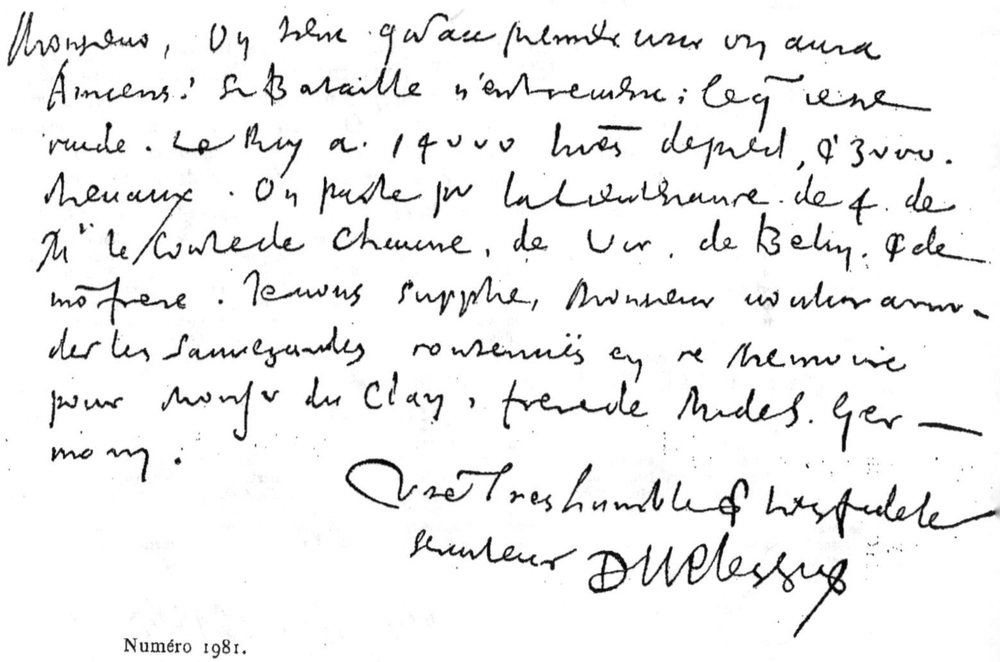
Monsieur, On tient qu'à ceste heure vous aurez
Amiens : la Bataille s'entrevendra ; ce qui sera
rude. Le Roy a 14000 hommes de pied, et 3000
chevaux. On parle pr la lieutenance de 4. de
Mr le Comte de Chemine, de Vic, de Belin, et de
mon frere. Je vous supplie, Monsieur, vouloir comman-
der les Sauvegardes contenues en ce memoire
pour Monsr du Clay, frere de Mr de S. Ger-
many.
Vostre Tres humble et tres fidele
serviteur DuPlessis

Numéro 1981.

✦ 1984 ✦ **AUBIGNÉ** (Théodore-Agrippa d'), un des plus grands écrivains de son temps et un des plus ardents disciples de la Réforme, fidèle ami du roi Henri IV, auteur des *Tragiques,* des *Aventures du baron de Fœneste* et de l'*Histoire universelle,* n. à Saint-Maury (Charente-Inférieure), 8 février 1550, m. à Genève, 29 avril 1630.

L. A. S. à M. du Candal; Maillezais, 23 novembre 1610, 1 p. in-fol. *Très rare. (Coll. B. Fillon.)*

Très belle lettre. « Je vous ay voulu recommender mon fils (sans doute Nathan) par ceste lettre et vous prie affectionnement luy prester quatre cent livres, desquelles il aura nécessairement affaire, et en gardant sa sedule avec cette lettre, je vous les rendray, Dieu aidant, à mon voyage de la cour, lequel je datte du retour du sien. Je suis assez accoustumé à recevoir du plaisir de vous pour ne vous en prier pas davantage... »

✦ 1985 ✦ **AUBIGNÉ** (Théodore-Agrippa d').

L. A. S. de RENÉE BURLAMACHI, seconde femme d'Agrippa d'Aubigné en 1623, à sa belle-fille Madame de Villette (Artémise d'Aubigné, femme de Benjamin de Valois, seigneur de Villette), à Niort; Genève, 8 avril 1623, 1/2 p. in-fol. Belle pièce. Légère déchirure par la rupture du cachet.

Lettre des plus curieuses, écrite après son mariage avec Agrippa d'Aubigné. « Comme je reconois une singulière grace de Dieu envers moy qu'il luy ait pleu, lors que moins j'y pensois, m'apeller en une si digne alliance que la vostre par l'honneur que Monsieur vostre père m'a fait, daignant me favoriser de son amitié, afin que je luy tiene fidelle compagnie et rendre tous les devoirs d'un humble espouse qui le serve affectueusement tous les jours que Dieu me fera le bien de le pouvoir faire. Aussi sachant, Madame, combien vous est au cœur l'estat d'un si excellent père, j'ai creu estre mon devoir de vous asseurer par ses lignes que je me sens tellement obligée à la bien veuillance particulière dont il m'a honorée et aus rares vertus d'un seigneur de tel mérite que me dédiant et vouant à luy rendre très humble service, je ne puis que tesmoigner à tous ceus qui luy attouchent de si près combien j'estime l'honneur d'avoir un tel chef et notammant vous déclarer que je ne saurois vous dire ni escrire assés amplement avec combien d'affection je désire m'employer à vostre service, lors que Dieu m'en donnera les moyens... »

✦ 1986 ✦ **CALIGNON** (Soffrey de), célèbre magistrat huguenot, fidèle serviteur de Henri IV, qui le fit chancelier de Navarre (1593), un des principaux rédacteurs de l'Édit de Nantes, n. à Saint-Jean, près de Voiron (Isère), 8 avril 1550, m. à Paris, 9 septembre 1606.

P. S., signée aussi par JACQUES-AUGUSTE DE THOU; Châtellerault, 9 février 1598, 2 p. 1/4 in-fol. Légères taches d'eau.

Pièce historique des plus intéressantes sur les préliminaires de l'Édit de Nantes. C'est la réponse faite par les commissaires du Roi à trois observations des députés de la religion assemblés à Châtellerault.

✦ 1987 ✦ **CONDÉ** (Henri I de BOURBON, prince de), fils de Louis I et d'Éléonore de Roye, célèbre capitaine, qui abjura par force le protestantisme en 1572 avec son cousin Henri de Navarre, n. 29 décembre 1552, m. à Saint-Jean d'Angely, 5 mars 1588.

L. S., avec la souscription autographe, aux magnifiques seigneurs advoyer et conseil de la ville de Berne; Nîmes, 30 mars 1581, 1 p. in-fol., trace de cachet. Magnifique et rare pièce. — P.

Pièce historique sur la somme dont le prince leur était redevable après la paix, « et de laquelle Mons. de Clervant s'est constitué respondant pour moy envers vous. » Il fait tous ses efforts pour réunir la somme nécessaire à l'acquittement de sa dette. « Cependant je vous supplie faire cesser la poursuite commancée à l'encontre dudit sieur de Clervant, afin que du plaisir qu'il m'a faict il n'en resente incommodité et dommage. »

LETTRE DE THÉODORE AGRIPPA D'AUBIGNÉ — FRAGMENT

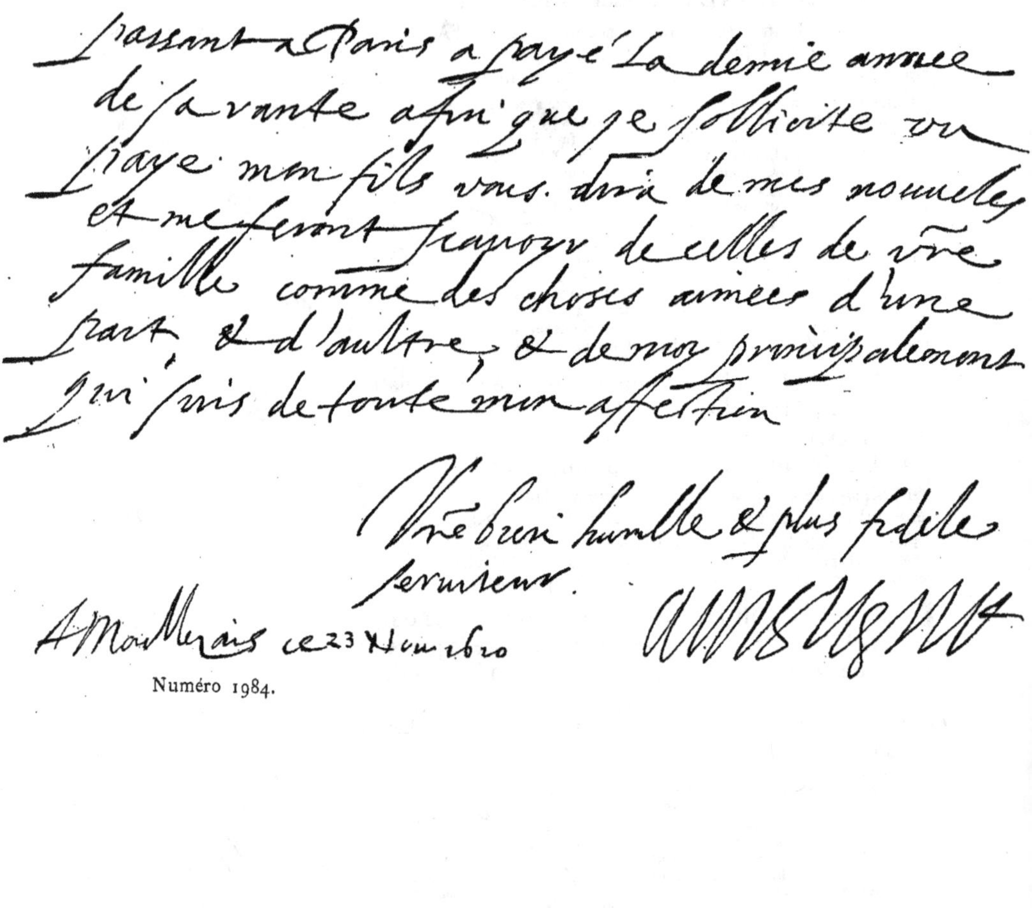

passant a Paris a payé la dernie annee
de sa vante afin que je sollicite ou
paye mon fils vous dira de mes nouvelles
et me feront scavoir de celles de vre
famille comme des choses aimees d'une
part & d'aultre, & de moy principalement
qui suis de toute mon affection

Vre bien humble & plus fidele
serviteur.

Aubigné

A Maillezais ce 23 Xbre 1620

Numéro 1984.

✛ 1988 ✛ HENRI IV, fils d'Antoine de Bourbon et de Jeanne d'Albret, roi de Navarre (1562) et de France (1589), qui abjura le protestantisme le 25 juillet 1593, n. au château de Pau, 14 décembre 1553, assassiné à Paris le 14 mai 1610.

P. S., signée aussi par son cousin Henri I de Bourbon, prince de Condé; La Rochelle, 14 avril 1571, 3/4 de p. in-4, cachets. Très belle et rare pièce.— P. d'Henriquel Dupont.

Document historique, signé par les deux princes qui avaient alors, le prince de Navarre (qui devint plus tard Henri IV) dix-huit ans, et le prince de Condé dix-neuf. Assistés de l'amiral Coligny et autres personnes et gentilshommes étant en leur conseil, ils ordonnent à tous les receveurs généraux et particuliers du pays de délivrer aux commissaires députés par le Roi toutes les sommes qu'ils auront à percevoir pour la levée des deniers dus aux étrangers.

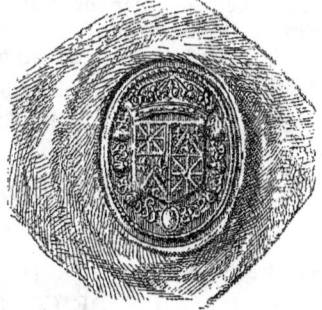

Les documents de ce genre signés des deux princes sont très rares. Nous avons reproduit les deux signatures et les deux cachets. La plus petite signature et le plus grand cachet sont ceux du prince de Navarre, les autres émanent du prince de Condé.

✛ 1989 ✛ PARTHENAY (Catherine de), femme du vicomte René de Rohan, qui s'illustra par son héroïsme pendant le siège de La Rochelle, après lequel elle fut enfermée avec sa fille dans le château de Niort, mère de Henri I de Rohan, n. au château du Parc, en Poitou, 22 mars 1554, m. au même lieu le 26 octobre 1631.

L. A. S. au cardinal de Richelieu; le Parc, 21 février 1625, 1 p. in-fol., cachets. Belle pièce. — P.

Magnifique lettre de protestation contre le duc de Vendôme (César, fils légitimé de Henri IV et de Gabrielle d'Estrées) qui a mis garnison dans une maison qu'elle possède en Bretagne et veut lui faire payer les frais de cette occupation. Elle demande la suppression de cette contribution, « veu que le Roy n'entend point que ceux qui, comme moy, ne se meslent que de prier Dieu pour la prospérité de Sa Majesté, soyent molestez en leurs biens non plus qu'en leurs personnes... »

✛ 1990 ✛ BONGARS (Jacques), célèbre diplomate et érudit, qui fut chargé de négociations par Henri IV, n. à Orléans, 1554, m. à Paris, 29 juillet 1612. On lui doit les *Gesta Dei per Francos*, précieuse collection des principaux chroniqueurs des Croisades.

L. A. S. à M...; Strasbourg, 6 juin 1601, 1 p. 1/2 in-fol. Très belle pièce. — P. d'Odieuvre.

Importante lettre toute relative au choix d'ouvriers fondeurs pour un travail qu'il ne désigne pas. Intéressants détails sur le salaire et sur les conditions du travail à cette époque.

+ 1991 + **BOUILLON** (Henri de LA TOUR D'AUVERGNE, duc de), vicomte de Turenne, prince de Sedan par son mariage avec Charlotte de La Marck (1591), maréchal de France (1592), un des principaux chefs du parti protestant, fondateur de l'Académie de Sedan, père de Turenne, n. 28 septembre 1555, m. à Sedan, 25 mars 1623.

L. A. S. à Du Plessis-Mornay, à Saumur; l'Ile Bouchard, 20 juin (1597), 1 p. in-fol. Jolie pièce.

Belle lettre dans laquelle il lui mande qu'il est venu à l'Ile Bouchard voir son beau-frère et sa belle-sœur et discourir avec eux des affaires du parti. « Le Roy s'an vient à Bloys après quelques petits voyages qu'il pourra fayre... » Lettre précieuse par les détails qu'elle donne sur les menées du parti protestant.

+ 1992 + **LOUISE DE COLIGNY**, princesse d'Orange, fille de l'illustre amiral, troisième femme de Guillaume le Taciturne (1583), n. 28 septembre 1555, m. 1620.

P. S., en français; 3 février 1598, 1/4 de p. in-fol.
— P. de Brandt, gravé par Joh. de Visscher.

Elle reconnaît avoir reçu six cents livres, à cause d'une année de rente qu'il a plu aux Etats d'Utrecht de lui donner à l'occasion du baptême de son fils le comte Henry-Frédéric de Nassau.

+ 1993 + **CATHERINE DE BOURBON**, duchesse de Bar, fille d'Antoine de Bourbon et de l'illustre Jeanne d'Albret, sœur du roi Henri IV, épouse de Henri de Lorraine (1599), n. à Paris, 7 février 1558, m. à Nancy, 13 février 1604.

L. S., avec la souscription autographe, à M. Martin du Bois, trésorier du Roi à Marçay; Navarrenx (Basses-Pyrénées), 22 octobre 1590, 1/2 p. in-fol., cachet. — P. de Jean Leclerc.

Très curieux document. Ordre de fournir deux ou trois cents écus soleil au capitaine Fortisson, qui se trouve dans l'impossibilité de payer ses soldats, « à cause d'une assignation que mon cousin monsieur le mareschal de Matignon luy a donnée, qui ne s'est trouvée bonne. »

+ 1994 + **SULLY** (Maximilien de BÉTHUNE, duc de), le grand ministre du roi Henri IV, n. au château de Rosny (Seine-et-Oise), 13 décembre 1560, m. au château de Villebon (Eure-et-Loir), 22 décembre 1641. Le duc de Sully resta fidèle à la religion protestante.

L. A. S. de son monogramme à la duchesse de Sully (sa belle-fille); Sully, ce mercredi au soir, 1 p. in-4. Très belle et intéressante pièce. *(Coll. Chambry.)*

Charmante épître où il la félicite de son heureuse arrivée à Villebon. « Je ne doubte non plus des beautés de Villebon et de Courville que vous debvés douter que quand ils seroient fort laids, tousjours vos beautés et vos bonnes graces estant asseuré de les y posséder me les rendroient ils agréables...»

+ 1995 + **LA NOUE** (Odet de), seigneur de Téligny, habile capitaine huguenot, poète, auteur du *Dictionnaire des rimes françaises*, n. vers 1562, m. à Paris, août 1618.

L. S. à M. de Clermont; Rouen, 21 novembre 1596, 1 p. in-fol. Jolie pièce. *(Coll. B. Fillon.)*

Intéressante lettre sur les propositions faites à l'assemblée générale des protestants. Très curieux détails à ce sujet.

+ 1996 + **CHAMIER** (Daniel), célèbre et savant controversiste protestant, auteur du *Journal* du voyage qu'il fit en 1607 à la cour de Henri IV, n. à Montélimar (Drôme), 1565, tué en défendant Montauban contre Louis XIII le 17 octobre 1621.

L. S., écrite et signée par VULSON DE LA COLOMBIÈRE, signée aussi par J. PERRIN, à MM. de Villarnoul et de Mirande, députés généraux des églises réformées de France; Saint-Paul-Trois-Chateaux, 9 avril 1609, 1 p. in-fol. Pièce tachée d'humidité. *Rare. (Coll. B. Fillon.)*

Superbe lettre où ils mandent qu'ils ont lu leurs diverses lettres dans leur assemblée. « Nous estans tousjours promis beaucoup de vostre diligence et fidélité, nous recevons un extrême contentement de voir des effects de nos espérances, lesquels nous vous suplions nous continuer de plus en plus.... »

+ 1997 + **POLYANDER** (Jean van den KERCKHOVE, dit), théologien, disciple de Théod. de Besze, commentateur de la Bible, n. à Metz, 26 mars 1568, m. à Leyde, 4 février 1646.

L. A. S., en latin, à Godefroy Udemann, à Leipzig; Leyde, 3 juin 1617, 1 p. in-4, trace de cachet. *Rare.*

Intéressante lettre sur la mort de Bayard, pasteur de l'église française de Leipzig, et sur les candidats à cette fonction. Curieux détails.

+ 1998 + **DU MOULIN** (Pierre), célèbre théologien, qui rédigea divers écrits apologétiques pour le roi d'Angleterre Jacques I, professeur de théologie à Sedan, n. au château de Buhy (Seine-et-Oise), 18 octobre 1568, m. à Sedan, 19 mars 1658.

L. A. S. à Du Plessis-Mornay, à Saumur; Paris, 8 septembre 1616, 1 p. pl. in-fol., cachet. *Rare.*

Superbe lettre. Il envoie à Saumur trois de ses fils pour être mis au collège (fondé en cette ville par Du Plessis-Mornay), bien qu'on l'en ait déconseillé, disant que les maitres y font mal leur devoir et que les écoliers y prennent trop de licence. « L'Eglise de Dieu vous a l'obligation de l'avoir dressé; aussi ne subsiste-t-il que sous l'ombre de vostre authorité. C'est pourquoy je ne doute point que vous n'ayés l'œil dessus, afin qu'un bon ordre y soit entretenu. Aussy ne croy-je pas le mal qui s'en dit, sçachant que les pères sont malaisés à contenter et les enfans malaisés à conduire. Hier le Roy fut en la court de Parlement, où il proposa à la Cour qu'il recevoit les Princes à pardon, pourvu qu'ils revinssent à leur devoir dans quinzaine; s'ils y failloient, qu'alors le Roy y pourvoiroit. M. de Castille est envoyé en Suisse pour y lever six mille Suisses. Le Roy a approuvé le faict de Sanserre, car on a peur sur ces commencemens d'offenser ceux de la religion, lesquels se trouveront divisés et par conséquent foibles et odieux. Le discord de nos grands cause ce mal. L'orage fondra sur Paris, où nous avons à craindre, en dehors les forces des Princes, et en dedans la furie d'un peuple qui impute ce mal à ceux de la religion, voyant la Royne assistée par M. de Rohan, Monsieur de Sully, Monsieur de Candales, Chambray et autres qui tiennent icy le haut du pavé. Les Jésuites parmi cela ne sont pas oisifs. L'ambassadeur d'Angleterre, ayant fait sa proposition il y a quinse jours, n'a receu aucune response et n'attend que le commandement de son maistre pour s'en retourner. Voilà à quoy sont revenus tant de festins et tant de magnificence. Si les Princes viennent à bout de leur dessein, vous verrés d'autres mouvemens sur le partagement du butin... » Curieux détails·

+ 1999 + **JAUCOURT** (Jean de), sieur de Villarnoul, fils aîné de Louis de Jaucourt et d'Élisabeth de la Tremoille, député général des églises réformées, marié, par contrat du 18 mars 1599, à Marthe de Mornay, fille aînée de Du Plessis-Mornay, n. vers 1572.

1° L. A. S. à Du Plessis-Mornay; Paris, 5 juin 1610, 3 p. in-fol., cachets. Superbe et rare pièce.

Intéressante lettre écrite trois mois après la mort de Henri IV et relative aux intrigues de la Cour. Il raconte que les députés de Saumur ont été présentés à Sa Majesté, mais que le maréchal de Bois-Dauphin, considérant que cette présentation était contraire à ses privilèges de gouverneur d'Anjou, s'est emporté et a menacé Du Plessis-Mornay et son gendre.

2° L. A. S. au baron de Senevières, gouverneur de Châtillon-sur-Seine; Fontainebleau, 28 avril 1615, 2 p. in-fol. Superbe pièce.

Intéressante lettre dans laquelle il prévient le baron de Senevières que le Conseil a donné arrêt contre lui; il l'engage à venir se justifier des informations faites contre lui.

3° L. A. S. de MARTHE DE MORNAY (n. 17 déc. 1576) à son mari; Saumur, 3 avril 1615, 2 p. 3/4 in-fol.

Très remarquable épître qui commence ainsi : « Mon pauvre cœur, je ne sçay plus que te dire sinon graces à Dieu toujours même chanson, qui est que nous nous portons tous bien. Ton filz, vray soldat, que j'ay grant peur qui aymera mieux l'espée que les livres. Quant au cadet, il gambade fort et ne m'incommode pas à beaucoup près que le pauvre petit dernier. Dieu nous en donne joye et contentement par sa bonté et nous donne à tous la grace d'estre gens de bien,.... » Elle lui fait les curieuses recommandations qui suivent : « Ne m'achepte rien ny pour ton peuple, sy ce n'est quelque lentuirnerie pour faire jouer les enfants et des girouettes; autrement je te rechignerois... »

4° Trois L. A. S. de CATHERINE DE JAUCOURT, fille des précédents, à son père; 1623, 3 p. in-fol. — 5° L. A. S. de PAUL DE LISLE, SIEUR DU GART, époux de Catherine de Jaucourt, à Du Plessis-Mornay; Lisle, 1 nov. 1620, 1/2 p. in-fol. — 6° Onze lettres adressées par divers à Jean de Jaucourt.

+ 2000 + **RIVET** (André), un des meilleurs controversistes et écrivains protestants, n. à Saint-Maixent (Deux-Sèvres), 5 août 1573, m. à Breda (Pays-Bas), 7 janvier 1651.

L. A. S., en latin, à J. Cabelliarius, jurisconsulte; La Haye, 14 des calendes de mai (17 avril) 1634, 3/4 de p. in-fol. — P.

Belle lettre dans laquelle il lui raconte les démarches qu'il a faites pour lui procurer la chaire de jurisprudence à Hardwick, vacante par la nomination du docteur Matthœus à la nouvelle école d'Utrecht.

+ 2001 + **JAUCOURT** (Jacques de), sieur de Rouvray, second fils de Louis de Jaucourt et d'Elisabeth de la Tremoille, député des églises réformées, n. 1574, m. 1637.

1° Six L. A. S. à Philippe Du Plessis-Mornay et à M. de Villarnoul (Jean de Jaucourt, son frère); 1611-1618, 7 p. in-fol., cachets. Une des lettres est légèrement tachée d'eau.

Belle correspondance pleine de détails sur les affaires des églises réformées. Elle mérite d'être publiée.

2° Deux L. A. S. de PIERRE-ANTOINE DE JAUCOURT, SIEUR D'ESPEUILLES, frère du précédent, n. 1575, à M. de Villarnoul; 1520, 3 p. 1/2 in-fol., cachets. — 3° Deux L. A. S. de GABRIEL DE JAUCOURT, SIEUR DE BUSSIÈRES, frère des précédents, au même; 1615, 4 p. in-fol. — 4° L. A. S. de LOUIS DE JAUCOURT, SIEUR D'ETRECHY, frère des précédents, au même; 9 janvier 1615, 1 p. in-fol. — 5° L. A. S. de ZACHARIE DE JAUCOURT, SIEUR D'AUSSON, premier gentilhomme de l'Electeur palatin, frère des précédents, n. en 1584, m. dans un naufrage en 1621, au même; Heidelberg, 26 février 1615, 1 p. in-fol., cachet. — 6° L. A. S. de ROCH DE MAUMONT, époux d'Elisabeth de Jaucourt, sœur des précédents, au même; 3 décembre 1620, 1 p. in-fol., cachets et soies.

Dossier du plus grand intérêt pour l'histoire du protestantisme français. Très intéressants détails sur les églises réformées.

✛ 2002 ✛ VIGNIER (Nicolas), fils du célèbre médecin, ministre de l'église réformée à Blois (1601), auteur du *Théâtre de l'Ante-Christ*, fameux ouvrage, composé en 1610, à la demande du synode national de La Rochelle, et dont le roi Louis XIII ordonna la suppression, n. en Allemagne vers 1575, m. à Blois vers 1645.

L. A. S. à Villarnoul (Jean de Jaucourt); Blois, 18 février 1611, 2 p. in-fol., cachets. Superbe et très rare pièce, qui est du plus grand intérêt pour la biographie du pasteur Nicolas Vignier.

Lettre des plus curieuses sur son *Théâtre de l'Ante-Christ* qu'on veut condamner comme un libelle diffamatoire. Il proteste de ses bonnes intentions et raconte comment il fut amené à composer, bien malgré lui, ce livre. « Vous vous pouvez souvenir vous-mesme, monsieur, du refus que je faisois à La Rochelle d'accepter la charge d'escrire de ce subject, prévoyant assez la récompense que j'en pouvois attendre ; mais j'acquiesçai enfin à la vocation publique et j'obéis à l'ordre et pris sur moi un travail surpassant de bien loing mes forces. J'y ai tellement intéressé ma santé que j'ay esté bien près de la mort. J'y ai fait de la despence en voyages et en livres plus excessive que la considération de ma famille et l'esgard que je dois avoir à mes enfans en la petitesse de mes moyens ne requeroit, sans estre aidé d'un seul denier du public pour aucun de ces frais là. Et de plus par acte exprès du synode national de Sainct-Maixent, on m'oblige non seulement de mettre l'œuvre en lumière, mais aussi de n'y celer point mon nom, quelque résistance que j'en fisse. Après donc ce travail, ces veilles, ces difficultez, cette despence, cette oubliance de moi, de mon bien, de ma vie, j'adjousterai encor après la promesse solennelle qui me fut faite au synode de Sainct-Maixent, comme vous peuvent tesmoigner ceux qui estoient présens, de défendre cette cause commune telle qu'elle est, sans me laisser aucunement opprimer en mon particulier, que seroit-ce si moi seul maintenant, comme s'il s'y agissoit du mien, venois à estre condamné comme un escrivain de libelles diffamatoires?..... »
Cette lettre fait très grand honneur au caractère de Vignier.

✛ 2003 ✛ BOUILLON (Elisabeth de NASSAU, duchesse de), fille du prince d'Orange Guillaume le Taciturne, femme de Henri de la Tour d'Auvergne, maréchal de Bouillon (1595), mère de Turenne, n. vers 1576, m. à Sedan, 2 septembre 1642.

L. A. S. au maréchal duc de La Force (Jacques-Nompar de Caumont, né en 1558, mort en 1652); Sedan, 12 novembre 1638, 1 p. 3/4 in-4, cachets et soies. Légères taches. Belle pièce. *(Coll. d'Estourmel.)*

Très belle épître où elle le remercie de l'honneur de son souvenir. Elle a été très heureuse d'avoir de bonnes nouvelles de sa santé, « personne du monde ne vous la pouvant souhaitter meilleure ny de plus longue durée ny acompagnée de plus de prospérité que moy, quy en adresse songneusement mes vœux au ciel.» Jolis détails.

✛ 2004 ✛ ROHAN (Henri, duc de), grand capitaine huguenot, fils de l'illustre Catherine de Parthenay, lieutenant de Bernard de Saxe-Weimar, n. au château de Blain (Loire-Inférieure), 25 août 1579, m. de ses blessures à l'abbaye de Kœnigsfelden (canton d'Argovie en Suisse), 13 avril 1638. Henri de Rohan fut un des plus habiles chefs de son parti. Il eut une vie très agitée, ayant été obligé de quitter la France et de se réfugier en Italie.

L. A. S. au cardinal de Richelieu ; Arles, 16 juillet 1629, 1 p. in-4, cachets et soies. Superbe pièce. *(Coll. Gauthier-Lachapelle).* — P. de J. Frosne.

Très belle lettre dans laquelle le duc lui mande qu'il envoie à la Reine-mère (Marie de Médicis) le sieur de La Baulme, pour la remercier de ses bontés et pour l'assurer de son obéissance.

Monsieur

Les extresmes obligations que j'ay de tout temps à la
Reine Mere du Roy et particulièrement en ses occasions
font que le luy envoye exprès le Sr de la Baulme pour
luy en rendre les tres humbles remerciemens que je
luy doibs et luy protester de nouveau mes tres humbles
services et obeissances Je vous supplie tres humblement
qu'en me continuant vos faveurs il reçoive vos
commandemens affin que selon iceux il s'acquise
ayant charge de vous repasser ce que vous luy —
prescrirez Car je suis resolu de me conduire de
telle sorte que vous ayez subject de prendre
confiance en moy et surtout aux protestations
que je vous fay d'estre toute ma vie

Monsieur

Vostre tres humble et tres affectionné serviteur

Henry de Rohan

A Paris ce 6e
Juillet 1629

✛ 2005 ✛ **BASNAGE** (Benjamin), savant controversiste, qui fut pasteur à Sainte-Mère-Eglise (Orne) pendant cinquante et un ans, de 1601 à 1652, n. 1580, m. 1652.

L. A. S. à Du Plessis-Mornay, à Saumur; 19 juin 1625, 1 p. 1/2 in-fol., cachet. *(Coll. B. Fillon.)*

Très curieuse pièce. Il lui recommande des jeunes gens qui vont étudier à l'Académie de Saumur. « Je chéris d'autant plus l'éducation d'iceux que par plusieurs combats je les ay arrachés d'un air contagieux et des caresses de leurs parens papistes, afin de les rendre par les bons enseignements et exemples qui sont à Saumur (ou ont réputation de s'y rencontrer) sinon de grands clers, au moins bons chrestiens et membres considérables de l'Esglise... »

✛ 2006 ✛ **ROHAN** (Catherine de), fille aînée de Catherine de Parthenay, duchesse de Deux-Ponts, femme de Jean II de Bavière, en 1604, n. vers 1582, m. 10 mai 1607.

L. A. S. à madame Du Plessis-Mornay; (1604), 1 p. 3/4 in-4, cachets et soies. Très jolie pièce. *Très rare.*

Belle lettre dans laquelle elle exprime ses regrets de n'avoir pu lui faire ses adieux.

✛ 2007 ✛ **SOUBISE** (Benjamin de Rohan, prince de), fils cadet de Catherine de Parthenay, frère de Henri de Rohan, intrépide capitaine huguenot, n. à La Rochelle, 1583, m. à Londres, 9 octobre 1642.

L. A. S. à sa mère madame de Rohan (Catherine de Parthenay), au Parc; le Bourguet, 9 février 1631, 1 p. in-fol., cachet. Belle pièce. *(Coll. Gauthier-Lachapelle.)*

Superbe lettre dans laquelle Benjamin de Soubise lui mande qu'il ne croit pas aux bruits de paix qui circulent en Italie et dont parle son frère (Henri de Rohan). — (La France signa des traités de paix le 6 avril avec l'Empereur et le 30 mai avec le duc de Savoie.)

✛ 2008 ✛ **ROHAN** (Anne de), fille de Catherine de Parthenay, dont elle fut l'inébranlable compagne pendant le siège de La Rochelle et dont elle partagea la captivité, n. 1584, m. à Paris, 20 septembre 1646. On lui doit quelques belles poésies.

L. A. S. à M. des Miniers, au Parc; (22 mars 1644), 1 p. in-4, cachets. Superbe et rare pièce, très bien conservée.

Belle lettre dans laquelle Anne de Rohan charge M. des Miniers d'aller chercher à Blain des papiers concernant les terres de Montchamp et de Vendrennes. — On a joint une lettre de sa nièce Marguerite de Rohan relative au même sujet.

✛ 2009 ✛ **AUBIGNÉ** (Constant d'), fils d'Agrippa, tristement fameux par sa vie aventureuse et désordonnée, père de Madame de Maintenon, n. vers 1584, m. vers 1645.

L. A. S. de Jeanne de Cardilliac, épouse de Constant d'Aubigné, en 1627, mère de Madame de Maintenon, à son beau-frère Benjamin de Valois, seigneur de Villette; 12 juin 1641, 1 p. in-fol., cachets et soies. Très belle pièce. *Rare. (Coll. Dubrunfaut.)*

Très intéressante lettre où elle le plaisante sur ses railleries. « Je souhaite avec grande pation le mariage de nostre bonne niepse quoy que je ne l'espère pas, sur la croyance que j'aurois que ce prétendu gendre seroit plus raisonnable que son beau-père... » Elle parle ensuite de M. de Vaugelas.

✝ 2010 ✝ PITHOYS (Claude), minime, qui embrassa, en 1632, la religion protestante, professeur de philosophie à Sedan, savant controversiste, bibliothécaire du duc de Bouillon, n. dans la principauté de Sedan vers 1587, m. à Sedan, 1676.

P. A. S.; Sedan, 4 avril 1635, 1/2 p. in-4 oblong. Belle et rare pièce, très bien conservée.

Il déclare avoir reçu la somme de cent livres tournois pour un quartier de ses gages (de professeur de philosophie à Sedan).

✝ 2011 ✝ SAUMAISE (Claude de), illustre critique et érudit, qui jouit d'une grande réputation, n. à Semur (Côte-d'Or), 15 avril 1588, m. à Spa, 6 septembre 1658.

L. A. S., en latin, à Claude Sarrau, conseiller au Parlement de Paris (érudit protestant, né en Guyenne, mort le 30 mai 1651); Leyde, 28 février 1645, 1 p. in-fol., cachet. Superbe pièce. — P.

Très intéressante lettre relative à sa polémique avec Annibal Fabroti au sujet de son livre *De Mutuo*. Il parle aussi de l'ouvrage de Moïse Amyraut (théologien calviniste, n. 1596, m. 1664) sur la grâce universelle, dirigée contre Spanheim.

✝ 2012 ✝ CONDÉ (Henri II de Bourbon, duc de), fils posthume du duc Henri I, célèbre chef des protestants, père du Grand Condé, chef du Conseil de régence après la mort du roi Louis XIII, n. 1 septembre 1588, m. 26 décembre 1646.

L. S. à M. Lambert, maréchal de camp; Dijon, 26 avril 1636, 3/4 de p. in-fol., cachets et soies. Très jolie et intéressante pièce. — P.

Belle lettre dans laquelle le duc lui mande qu'il a donné l'ordre aux magistrats et habitants de son gouvernement de Bourgogne de le recevoir et de lui faciliter l'exécution des ordres qu'il a reçus du Roi.

✝ 2013 ✝ ROHAN (Marguerite de Béthune, duchesse de), fille de Sully, femme du duc Henri I de Rohan (1605), n. vers 1593, m. 21 octobre 1660. Elle eut de scandaleux démêlés avec sa fille Marguerite de Rohan à l'occasion d'un prétendu fils Tancrède, pour lequel elle revendiqua publiquement le nom, les titres et l'héritage paternels.

L. A. S. à sa belle-mère Madame de Rohan (Catherine de Parthenay); Paris, 7 janvier 1631, 3 p. 1/4 in-4, cachets et soies. Superbe pièce. — (Les autographes de cette femme sont très rares.)

Intéressante lettre où elle la remercie de l'envoi de portraits qu'elle lui retournera dès qu'elle en aura fait prendre copie. Nouvelles de la peste qui sévit à Padoue, où était alors le duc de Rohan. La maison où celui-ci demeure est si éloignée des autres que le danger est nul. Le cardinal de Richelieu a fait de vaines tentatives pour regagner les bonnes grâces de la Reine-mère. Madame du Fargis a été chassée, avec quelques valets et femmes de chambre, ce dont la reine (Anne d'Autriche) a témoigné un sensible déplaisir.

✝ 2014 ✝ DAILLÉ (Jean), célèbre théologien et prédicateur protestant, disciple de Du Plessis-Mornay, pasteur de l'église de Charenton pendant quarante-trois ans, ami de Conrart, n. à Châtellerault (Vienne), 6 janvier 1594, m. à Paris, 15 avril 1670.

L. A. S. à M. Tronchin, professeur de théologie à l'Académie de Genève; Paris, 7 octobre 1663, 1/2 p. in-4, cachet. — P. d'Odieuvre.

Intéressante lettre relative à l'issue du grand synode assemblé à Roussy. Considérations sur un protestant qui a jeté la discorde dans le parti. Curieux détails à ce sujet.

✦ 2015 ✦ PETIT (Samuel), ministre de l'église réformée de Nîmes, un de nos plus savants orientalistes, n. à Nîmes (Gard), 25 décembre 1594, m. dans la même ville, 12 décembre 1643. La correspondance de Petit avec les lettrés était considérable.

L. A. S., en latin, au grand publiciste Hugo Grotius ; Nîmes, ides de janvier 1631, 1 p. in-4, cachet.

Très belle lettre dans laquelle il l'assure qu'il a fait ce qu'il lui a demandé. Il termine ainsi : « Vale, ô eximium seculi nostri ornamentum, diù perenna et nos ama quantum te colimus. »

✦ 2016 ✦ LA TREMOILLE (Henri, duc de), duc de Thouars, célèbre et habile général, qui abjura le protestantisme en 1627, n. 1599, m. à Thouars, 21 janvier 1674.

L. A. S. au cardinal de Riche-lieu ; Bourbon, 14 juillet 1633, 1 p. in-4, cachets et soies.

Très belle lettre dans laquelle il lui annonce que les eaux de Bourbon lui ont été salutaires. Il va se retirer chez lui où il attendra un commandement. Il se recommande à la protection du cardinal.

✦ 2017 ✦ BOCHART (Samuel), orientaliste et théologien protestant, n. à Rouen, 30 mai 1599, m. subitement à Caen, pendant une séance de l'Académie, 16 mai 1667.

L. A. S. à Huet, à Paris ; (10 août 1665), 2 p. in-4, trace de cachet. — P. de van Schuppen.

Très intéressante lettre où il mande qu'il a reçu le livre d'Isaac Vossius intitulé *De Nili et aliorum fluminum origine*, dédié à Louis XIV. Il a reçu également de Londres un Nouveau Testament en langue turque, imprimé en caractères arabes. « Le but est de donner quelque goust de la religion chrestienne aux infidèles qui la haïssent pour ce qu'ils ne la cognoissent pas. »

✦ 2018 ✦ VINCENT (Philippe), pasteur de l'église de La Rochelle (1626), dont il écrivit l'histoire, n. à Saumur (Maine-et-Loire), 1600, m. à La Rochelle, 20 mars 1651.

L. A. S. à Philippe Du Plessis-Mornay ; L'Isle-Bouchart, 7 novembre 1623, 1 p. 1/2 in-fol. Très légère tache d'eau. Pièce des plus curieuses pour l'histoire du protestantisme. *(Coll. B. Fillon.)*

Très intéressante lettre sur la maladie de Du Plessis-Mornay. Il est heureux d'apprendre que la santé lui est revenue et que Dieu a exaucé les vœux de tous. « Nous l'espérions d'autant moins que nous nous en sentions indignes et que ce siècle meschant ne mérite aucunement un thrésor si rare. » — (Du Plessis-Mornay mourut quatre jours plus tard.)

✦ 2019 ✦ DUQUESNE (Abraham), un des plus illustres marins qu'ait produits la France, dont les hauts faits sont populaires, vainqueur de Ruyter, n. à Dieppe (Seine-Inférieure), 1610, m. à Paris, 3 février 1688. Ce grand homme refusa d'abjurer la religion protestante, ce qui l'empêcha de devenir vice-amiral et maréchal de France.

L. A. S. à M. Prouhet, procureur, à Concarneau ; 21 janvier 1661, 3/4 de p. in-4. Très jolie et rare pièce. — P.

Il le prie de déclarer à l'audience qu'il prend la succession de son frère « pour son filz mineur, dont je suis tuteur et curateur par bénéfice d'inventaire. » — (Ce frère, nommé Étienne, avait été le compagnon d'armes de Duquesne et était mort en 1658. Son fils, Abraham, devint chef d'escadre et mourut en 1726.)

✦ 2020 ✦ **RUVIGNY** (Henri de Massue, marquis de), lieutenant-général, député général des églises protestantes, ambassadeur de Louis XIV auprès de Charles II, réfugié en Angleterre après la révocation de l'Édit de Nantes, n. 1610, m. à Greenwich, 1689. Il était le beau-frère du célèbre conteur Tallemant des Réaux.

L. A. S. à M. de Chavigny, à Paris; Chavigny, 6 février (1652), 2 p. in-4, cachets brisés.

Très belle lettre où il lui mande qu'il est à Chavigny et qu'il regrette fort l'absence du maître de la maison.

✦ 2021 ✦ **CLAUDE** (Jean), ministre de l'église réformée de Charenton, célèbre et subtil controversiste, l'éloquent adversaire de Bossuet, n. à La Sauvetat (Lot-et-Garonne), 1619, m. à La Haye (Pays-Bas), 13 janvier 1687. Ce fougueux polémiste eut avec Bossuet, en 1678, une conférence restée fameuse. Il fut expulsé de France par Louis XIV le jour même où fut enregistrée la révocation de l'Édit de Nantes.

L. A. S. à Tronchin, à Genève; Paris, 12 mai 1678, 1 p. in-4. Tachée d'eau. *Très rare.* — P.

Belle lettre où il lui recommande deux habitants de Rochefort qui sont obligés de quitter la France avec leurs femmes pour pouvoir faire en liberté profession de la religion réformée. Très intéressants et piquants détails à ce sujet.

✦ 2022 ✦ **JURIEU** (Pierre), petit-fils de Pierre Du Moulin, fougueux théologien et écrivain protestant, pasteur de l'église de Rotterdam, n. à Mer (Loir-et-Cher), 24 décembre 1637, m. à Rotterdam, 11 janvier 1713. Il a laissé de nombreux ouvrages, parmi lesquels le *Traité de la puissance de l'Église* et l'*Histoire du Calvinisme*.

L. S. au roi d'Angleterre Guillaume III; Rotterdam, 19 août 1696, 6 p. in-4. Superbe et très rare pièce, qui est un document du plus grand intérêt pour l'histoire du protestantisme. — P.

Très importante lettre où il lui mande que les réfugiés protestants français craignent que les intérêts de la religion soient laissés de côté dans le traité de paix qui se prépare. Il se fait auprès de Sa Majesté l'écho des angoisses de tant de misérables qui languissent loin de leurs autels et de leurs maisons. Il se confie en la sagesse et en la prudence du Roi. « Je prendrai la liberté de vous dire que les obstacles ne nous paroissent pas si grands qu'un génie puissant comme le vostre, Sire, et une prudence consommée telle que vous la possédez ne les puissent surmonter. Car enfin, ni vous, Sire, ni vostre royaume d'Angleterre, ni nosseigneurs les Estats, ni Monseigneur l'Electeur de Brandebourg, ni son Altesse Sérénissime le Landgrave de Hesse, qui sont les principaux des alliés protestants, ne travaillés pas pour l'aggrandissement de vostre temporel, puis que les restitutions de villes et de provinces ne se doivent faire qu'en faveur de l'Empereur, du roy d'Espagne, de la maison de Lorraine et des autres princes catholiques romains. Vos Estats, Sire, et ceux des autres princes protestants auront-ils donc porté tout le fardeau de la guerre, consumé des sommes immenses d'argent, versé le sang de leurs plus fidèles sujets, uniquement pour d'autres princes, sans en retirer aucun profit ? Et puis qu'il ne leur en peut revenir ni terres, ni domaines, les princes catholiques romains pourroient-ils s'opposer à la demande que vostre Majesté leur peut faire, qu'au moins ils ne traversent pas les desseins que vous pourriés avoir pour restablir dans leur pays et dans leurs biens les personnes de même religion que vous; ce qui peut même favoriser les intérêts de tous les Estats qui redoutent la puissance de la France, puisque la bonne politique demande qu'on laisse autant qu'on le peut des semences de partage et de division dans les Estats dont on craindroit la puissance par la trop grande union de leurs membres... » (Il s'agissait de la négociation de la paix qui fut signée à Ryswick le 30 septembre 1697.)

✦ 2023 ✦ **LA PLACETTE** (Jean), célèbre pasteur, théologien et moraliste, surnommé *le Nicole protestant*, n. à Pontac (Basses-Pyrénées), 19 janvier 1639, m. à Utrecht, 25 avril 1718. Jean La Placette était un homme instruit, doux et tolérant.

P. S., avec quatre lignes autographes; Copenhague, 8 septembre 1689, 3/4 de p. in-4. Très jolie et intéressante pièce. *Rare.*

Arrêté de comptes des deniers des pauvres de l'église française réformée de Copenhague, dont il était pasteur. — La pièce porte aussi les signatures du pasteur Mesnard et des anciens De La Sablière, Henri Colomb et Étienne Jouneau.

à charge à personne. Ils ont desiré seulement qu'on sût la
verité de leur état, afin qu'on ne prist aucune mauvaise
impression d'eux. C'est qui m'a engagé à vous en escrive & à
vous supplier de leur vouloir rendre temoignage dans les
occasions, & leur rendre bon office lors que vous le pourrez.
Au reste je me sers de cette occasion avec joye pour vous
renouveller les asseurances de mes tres-humbles services,
& vous demander la continuation de vostre sainte amitié,
puisque je suis de tout mon cœur

Monsieur

Vostre tres-humble & tres-
obeissant serviteur

Claude

✛ 2024 ✛ POIRET (Pierre), prédicateur protestant et écrivain mystique, fidèle disciple de la fameuse Antoinette Bourignon, dont il publia les *Œuvres* et fut le biographe, n. à Metz, 15 avril 1646, m. à Rheinsburg, près de Leyde, 21 mai 1719.

P. A. S., en latin ; Rheinsburg, 14 octobre 1711, 1 p. in-18. Jolie et très rare pièce.

Pièce d'album contenant une sentence tirée de l'*Imitation de Jésus-Christ* (que Pierre Poiret avait traduite et paraphrasée.)

✛ 2025 ✛ RUVIGNY (Henri de Massue, marquis de), fils du célèbre général, comte de Galway, député général des églises protestantes, réfugié en Angleterre après la révocation de l'Édit de Nantes, un des meilleurs généraux de Guillaume III, vaincu par le duc de Berwick à la bataille d'Almanza (25 avril 1707), n. 9 avril 1648, m. 1721.

4 L. A. S. à M. Blathwart ; camp près de Casal, 1, 3 et 26 août 1695, et Turin, 24 septembre 1695, 13 p. in-4. La dernière de ces lettres est incomplète de la fin. Très intéressant dossier.

Importante correspondance toute relative aux opérations militaires qui suivirent la prise de Casal. Nouvelles des mouvements de l'armée française. Le duc de Savoie (Victor-Amédée II) se propose de tenir un conseil de guerre à Turin dans peu de jours. Il a des preuves de la mauvaise foi des Français. — (La place de Casal avait été assiégée dès le 25 juin de cette même année par le duc de Savoie et elle avait été réduite à capituler le 9 juillet.)

✛ 2026 ✛ BASNAGE (Jacques), un des plus savants controversistes protestants, qui quitta la France lors de la révocation de l'Édit de Nantes, historien des Juifs et de l'Eglise, auteur de l'*Histoire de la religion des Églises réformées,* habile diplomate, qui contribua puissamment à la conclusion du traité de la Triple-Alliance, en 1717, n. à Rouen, août 1653, m. à La Haye, 22 décembre 1723.

L. A. S. à M. de Haas, à Rotterdam ; jeudi 14 mars, 3 p. in-4. Superbe et très remarquable pièce. *(Coll. Ch. de Halm.)* — P.

Intéressante lettre dans laquelle Jacques Basnage lui recommande un jeune libraire dans lequel il peut avoir pleine confiance. Il a rendu au frère de M. de Haas le manuscrit des négociations de Nimègue.

✛ 2027 ✛ ROQUES (Pierre), savant théologien et prédicateur protestant, fécond écrivain, n. à La Caune (Tarn), 22 juillet 1685, m. à Bâle (Suisse), 13 avril 1748.

L. A. S. à M. du Lignon, à Lausanne ; 3 août 1746, 2 p. in-4, cachet brisé.

Très belle lettre où il lui donne des renseignements sur Mathieu Shinner, dit le cardinal de Sion, illustre écrivain et diplomate du seizième siècle, dont François I craignait plus la plume que les épées de ses ennemis. Ce prélat, né près de Sion vers 1470, mourut à Rome en 1521.

✛ 2028 ✛ CHAUFEPIÉ (Jacques-Georges de), célèbre pasteur et écrivain protestant, le savant continuateur du Dictionnaire de Bayle, n. à Leuwarden (Frise), d'une famille de réfugiés français, 9 novembre 1702, m. à Amsterdam, 3 juillet 1786.

L. A. S. à un ministre protestant; Amsterdam, 27 avril 1751, 4 p. in-4. Superbe pièce du plus grand intérêt littéraire et historique. *Très rare. (Coll. B. Fillon.)*

Importante lettre sur la publication de son *Nouveau Dictionnaire historique et critique* (qui parut de 1750 à 1756 en quatre volumes in-folio). Il donne d'intéressants renseignements sur la manière dont il a été amené à faire cet ouvrage. La seconde partie est le fruit de ses recherches particulières. « J'ai suivi, autant qu'il m'a été possible, le plan de M. Bayle de discuter et d'éclairer les faits dans les remarques, d'y examiner les sentiments, de faire quelquefois des digressions, des espèces de petites dissertations sur de certaines manières... » Chaufepié se livre ensuite à de très curieuses et très longues considérations.

✛ 2029 ✛ RABAUT (Paul), célèbre pasteur protestant, qui fut le chef vénéré de ses coreligionnaires pendant les persécutions qui eurent lieu en Languedoc, sous Louis XV, n. à Bédarieux (Hérault), 9 janvier 1718, m. à Nîmes, 25 septembre 1794.

L. A. S. à M. Moultou (le pasteur genevois); 29 février 1768, 3 p. in-4, cachet. Superbe pièce

Très intéressante lettre où il fait le plus grand éloge de Voltaire. « Si la main qui nous accabloit s'est relâchée, si nous jouissons de quelque tranquilité dans notre patrie, c'est à ce grand homme que nous en sommes redevables. Il n'est personne parmi nous qui n'en soit instruit et qui ne rende hommage plus encore à la bonté de son cœur qu'à ses vastes connoissances... » Rabaut sait que le gouvernement s'occupe des protestants et cherche à faire adopter un arrangement dont ceux-ci ne sauraient se contenter. « L'on voudroit par exemple leur interdire tout culte public et les réduire au culte domestique. L'on voudroit encore diminuer le nombre de leurs ministres. » Il appelle l'attention de Voltaire sur ces points, car les protestants n'ont pas moins d'attachement pour le culte extérieur de leur religion que pour la religion elle-même. Longues et curieuses considérations à ce sujet. — Cette lettre fut communiquée à Voltaire qui a mis en tête ces mots : « Lettre du pasteur calviniste Paul Rabaut. »

FIN DE LA.

NEUVIÈME SÉRIE

FEMMES CÉLÈBRES

✦ 2030 ✦ LONGUEVILLE (Jeanne de Hochberg, duchesse de), femme, en 1504, de Louis I, duc de Longueville, auquel elle apporta en dot la principauté de Neuchâtel en Suisse, n. vers 1480, m. 21 septembre 1543.

L. S., signée aussi par son beau-frère Jean d'Orléans (archevêque de Toulouse en 1503, évêque d'Orléans en 1521, cardinal en 1533, n. 1484, m. 24 septembre 1533), à Simon Bourdon, receveur de sa terre de Blandy; Blandy, 11 juillet 1527, 3/4 de p. in-fol.

Ordre de payer la somme de deux cent quarante livres tournois à André Huet, son argentier ordinaire. — La quittance dudit Huet est au verso de la pièce.

✦ 2031 ✦ COLONNA (Vittoria), marquise de Peschiera, épouse de Ferdinand d'Avalos, femme illustre par sa beauté, son esprit et ses vertus, qui fut aimée de Michel-Ange et a laissé un recueil de poésies, n. à Marino, 1490, m. à Rome, février 1547.

P. S., avec neuf mots autographes; Rome, 8 novembre 1536, 1/2 p. in-fol., cachet. *Rare.*

Précieuse pièce. Elle promet au révérend Jacopo Herculano, clerc de Saint-Pierre, de faire tout ce qui sera nécessaire pour le besoin du couvent de Saint-Nicolas, tant pour la fabrique et réparation de l'église, que pour le bien des pères capucins.

+ 2032 + **MARGUERITE D'ANGOULÊME**, duchesse d'Alençon, reine de Navarre, sœur du roi François I, surnommée *la Marguerite des Marguerites*, auteur de l'*Heptaméron*, mère de Jeanne d'Albret, n. à Angoulême, 11 avril 1492, m. à Odos (Bigorre), 21 décembre 1549.

P. S., sur vélin; 1 avril 1549, 1/2 p. in-fol. oblong, cachet. Jolie pièce, dans un bel état de conservation. *(Coll. Dubrunfaut.)* — P.

Intéressant document, par lequel Marguerite, reine de Navarre, reconnaît avoir reçu la somme de six mille livres tournois, à-compte sur celle de trente-cinq mille livres tournois dont le feu roi lui a fait don sur le produit d'une vente de bois.

+ 2033 + **LONGUEVILLE** (Marie de BOURBON, duchesse de), femme du duc Léonor d'Orléans (1563), comtesse de Neuchâtel en Suisse, n. 1539, m. 7 avril 1601.

L. S., avec la souscription autographe, aux advoyer et conseil de la ville et canton de Berne; Paris, 29 juin 1581, 3/4 de p. in-fol., trace de cachet. Très léger raccommodage.

Belle lettre. Elle sollicite le rachat de certaine rente qu'elle leur doit à cause de la seigneurie du Colombier.

+ 2034 + **ESTE** (Leonora d'), fille d'Hercule II d'Este et de Renée de France, petite-fille du roi de France Louis XII, sœur du duc Alphonse II, célèbre par la passion qu'elle inspira à l'illustre poète Torquato Tasso, n. vers 1540, m. 9 février 1581.

L. S., avec la souscription autographe, au duc de Savoie; Ferrare, 16 octobre 1580, 3/4 de p. in-fol., cachet. *Très rare. (Coll. de la marquise de Barol avec notice autographe de Silvio Pellico.)*

Superbe lettre dans laquelle Leonora d'Este remercie le duc de Savoie (Charles-Emmanuel I) des témoignages d'affection qui sont contenus dans sa dernière lettre et lui renouvelle l'assurance de son respect et de son amitié.

✛ 2035 ✛ MONGLAT (Françoise de Longuejoue, baronne de), femme de Robert de Harlay, gouvernante de Louis XIII et des autres enfants de Henri IV, n. vers 1550, m. 1633. Elle apporta dans ses fonctions le plus remarquable dévouement.

L. A. S. à la Reine (Marie de Médicis); Saint-Germain-en-Laye, 7 juin (1602), 1 p. in-fol., cachets et soies. Très rare pièce, typique pour l'histoire des mœurs de cette époque.

Très curieuse épitre sur la santé du dauphin (Louis XIII, né à Fontainebleau le 27 septembre 1601). « Monseigneur le Daulphyn continue à ce bien porter, graces à Dieu. Il n'y a que les galles de son visage quy l'inportunent un peu, pource que cela luy démenge fort. Il n'en avoit point au front où il luy en est revenu depuis huit jours. Je crains bien qu'à l'arivée de vos Magestés il aura un masque. C'est lors qu'il en a davantage quy ce porte le mieux. Quant il heut la fièvre, il n'en avoit plus pas une. Je m'estime bien hureuse de luy en voir revenir depuis, croiant qu'il s'en porteroit bien, comme graces à Dieu il a toujours faict. C'est ce quy me faict croyre que vos Magestés aymeront mieux le voir saing et gualleux qu'ostremant. Il ne laise d'estre fort guay et nous fait tous les jours recongnoistre des nouveaux fruis de son jardin par l'acroisemant de sa congnoisance et nouveaux effès de son jugemant et de son esprit, quy sont admirable pour un enfant de son aage... »

✛ 2036 ✛ ESTRÉES (Gabrielle d'), fille du grand-maître de l'artillerie Antoine d'Estrées, sœur du maréchal François-Annibal, marquise de Monceaux et duchesse de Beaufort, la plus célèbre des maîtresses d'Henri IV, qui eut pour elle la plus vive passion et lui donna trois enfants qui furent légitimés, n. 1571, m. à Paris, 10 avril 1599.

P. S.; château du Louvre, 13 mai 1597, 3/4 de p. in-fol. Très jolie et très intéressante pièce. — P.

Procuration donnée pour composer et transiger des deniers à elle accordés par le Roi, sur les suppléments des offices pourvus par le duc de Mayenne pendant les derniers troubles et confirmés par Sa Majesté.

✛ 2037 ✛ CHANTAL (Sainte Jeanne-Françoise Fremyot de), fille de Bénigne Fremyot, président à mortier au parlement de Dijon, femme de Christophe de Rabutin, baron de Chantal, amie de saint François de Sales, fondatrice du monastère de la Visitation à Annecy, grand'mère de la marquise de Sévigné, n. à Dijon, 1572, m. à Moulins, 13 décembre 1641. Elle fut béatifiée en 1751 et canonisée en 1767. La baronne Jeanne de Chantal avait un renom populaire de piété dans toute la France.

L. A. à la sœur Marguerite Guérin, directrice du monastère de la Visitation Sainte-Marie du faubourg Saint-Jacques, à Paris, 1 p. in-4, cachet. Superbe et intéressante pièce. Très rare.

Précieuse lettre de sages conseils. « Ma très chère fille, il faut que mes yeus soufre que ma main réponde à vostre cœur de se qu'il me dit de luy mesme. Vrayement je sans dans le mien pouvre et chétif sette corespondance et certitude de la vraye et sincère dilection que Dieu, dès nostre première conversation, répandit dans nos âmes, dont je le bénit et suplye sa bonté que nous l'en puissions louer éternellement. Aidés moy toujours de vos prières pour cela, ma très chère fille. Je voy que nostre Seigneur vous gratifie toujours de beaucoup de bonnes lumières et bon sentimens; surtout celui qui vous porte à ce total délaisemant de vous mesmes entre ses bénites mains est solide et sans crainte. Il y faut une fidelle corespondance faisant et soufrant toute chosse celon l'esprit de la très sainte foy. Ses répugnances que vous sentés an la nature contre les contradictions et humiliations sont des bons sugets pour nourir en nous la connoisance et certitude de nostre misère, mais pourtant il faut être ferme à ne rien faire en leur faveur et ambraser de bon cœur sette abjection... »

Ma treschere fille il faut q[ue] vous... son
fre[re] q[ue] ma main, repon[d] avec cœur de
ce qu'il me dit de luy mesme, vraye ment
en sans dans le mien pauvre et chetif
cette correspondance et certitude de la
vraye et sincere dilection q[ue] dieu des nostre
prochaine conversation repandit dans nos
ames dont ie se benit et suffise sa bonté
q[ue] nous l'en puissions louer eternellemen[t]
aides moy tousiours de vos prieres pour cela
ma treschere fille; il voy q[ue] no[tre] seign[eu]r vous
gratifie tousiours de beaucoup de bonnes
lumieres et consentimens, sur tout celui
q[ui] vous porte a ce total delaissement de
nous mesmes entre ses beintes mains
est so[li]de et sans crainte il y fault une
fidelle correspondance faisant et souffr[ant]
toute chosse celon les noix de la tresste
foy; ses repugnances q[ue] vous sentes en
la nature contre ses contradictions et
humiliations sont des bons sugets pour
mourir en nous la connoisance et certitu[de]
le notre misere, mais pourtant il faut estre
ferme a ne rien faire en leur faveur et
embraser le bonheur cette afection ie se
ma fille qui il y a long temps q[ue] vous vous
exerces en cel pratiq[ue] pour ses elevations iy
cram qu[e] la contri bution de la nature ie nous...
a vous ont far la trés amoureux desans monsei[gneur]

✛ 2038 ✛ VERNEUIL (Catherine-Henriette de Balzac d'Entraigues, marquise de), maîtresse de Henri IV, après la mort de Gabrielle d'Estrées, n. à Orléans, 1579, m. à Paris, 9 février 1633. Elle eut de Henri IV trois enfants qui furent légitimés.

P. S.; Paris, 13 juillet 1609, 3/4 de p. in-fol. Jolie et intéressante pièce. *(Coll. Fossé Darcosse et Dubrunfaut.)*

Procuration donnée à Bernard Maire de traiter avec tous ceux qui ont besoin de la permission de faire le commerce des vins en gros, vu que les deniers provenant de ces licences ont été donnés par le Roi à la marquise de Verneuil.

✛ 2039 ✛ RAMBOUILLET (Catherine de Vivonne, marquise de), la célèbre fondatrice de la Société des Précieuses, n. à Rome, 1588, m. à Paris, 2 décembre 1665.

L. A. S. au cardinal de La Vallette (Louis de Nogaret d'Epernon); 22 juillet 1633; 1 p. in-fol., cachets et soies. Superbe et rare pièce, un peu jaunie sur les bords. *(Coll. Dubrunfaut.)*

Elle le remercie des bontés qu'il a pour son fils et témoigne son déplaisir « que mon fils ne soit pas capable de vous servir selon son désir et celuy de M. de Rambouillet et le mien, car en vérité, Monseigneur, quant il méteroit sa vie pour vostre service, je ne penserois pas que nous peussions estre quicte des obligations que nous vous avons... » — (Ce fils périt glorieusement à la bataille de Nordlingen, le 3 août 1645).

✛ 2040 ✛ ARNAULD (Marie-Angélique), sœur du grand Arnauld, réformatrice de Port-Royal, dont elle fut la plus illustre abbesse, n. 1591, m. à Paris, 6 août 1661.

L. A. S. à la révérende mère supérieure des Ursulines de la maison Saint-Charles, à Orléans; Port-Royal de Paris, 18 août 1660, 2 p. in-4, cachet. Très belle et rare pièce. *(Coll. Gilbert.)* — P.

Superbe lettre. Elle est contente que la petite de la Bute persiste dans l'idée de se faire religieuse. « Elle sera trop heûreuse si Dieu luy fait cette grâce. On m'avoit dit qu'elle avoit quelque envie de sortir au paravant, mais en vérité, ma très chère Mère, je n'ayme point ces sortie. Il n'i a rien à gaygner au monde; au contraire on y pert toujours. C'est un air contagieux qui peut tuer ou au moins donner quelque indisposition, quand ce ne seroit que la distraction que donne tant d'objets qui surpreine un esprit jeune qui ne l'a jamais guère veu et qui, quand il ne luy feroit pas d'impression à l'œure, le desmon les luy renmentevera peut estre dans plusieurs année pour luy donner ou fortifier quelque tentation... »

✦ 2041 ✦ SABLÉ (Madeleine de Souvré, marquise de), fille du maréchal de Souvré, une des plus célèbres Précieuses de l'hôtel de Rambouillet, auteur de *Maximes*, amie de La Rochefoucauld, n, 1599, m. à Port-Royal de Paris, 16 janvier 1678.

L. A. S. à Monseigneur (un ministre de Louis XIV); (Paris, février 1669), 4 p. in-4. *Très rare.*

Précieuse lettre, dont voici le texte : « Monseigneur, encore que je n'aye pas l'honneur d'estre connue de vous, j'ay tant d'expérience de la bonté et de l'amitié que vous faites l'honneur à mon frère le grand prieur (Jacques de Souvré, grand-prieur de France en 1667, n. 1600, m. 1670) d'avoir pour luy, que sous cette protection j'ose vous demander une très humble grâce. Si vous sçavié, Monseigneur, le respect et l'estime que j'ay toujours eu pour vous, je me confierois en moy mesme. Mais comme je doute si mes sentimens, encore qu'ils ayent esté si publics, ayent esté jusqu'à vous, je prens la liberté de vous demander sous cette mesme protection de vouloir bien me faire l'honeur de représenter au roy qu'étant créancière de M. l'abbé de Maisons de grandes sommes de deniers, je ne puis en estre payée si sa Majesté n'a la bonté de me gratifier de la charge de conseiller au Parlement de Paris, dont il estoit pourvu, puisqu'il ne paroist en évidence aucuns autres biens sur lesquels je puisse avoir recours. Si sa Majesté m'accorde cette faveur, il sauvera la ruine d'une personne de qui tous les proches ont eu toute leur vie l'honneur d'estre de sa maison royale. » — (La marquise de Sablé avait perdu presque toute sa fortune et s'était retirée à Port-Royal de Paris en 1659. L'abbé de Maisons dont elle parle s'appelait Guillaume de Longueil et était abbé de Conches et conseiller au Parlement de Paris. Il était mort au mois de janvier 1669).

✦ 2042 ✦ CHEVREUSE (Marie de Rohan, duchesse de), femme du connétable de Luynes (1617), puis du duc de Chevreuse (1621), favorite d'Anne d'Autriche, ennemie de Richelieu et de Mazarin, n. en décembre 1600, m. à Gagny, 12 août 1679.

L. A. S. au cardinal de Richelieu; (juin 1637), 2 p. 1/2 in-4, cachets et soies. Légères tachés. — P.

Épître des plus curieuses où la duchesse de Chevreuse refuse une somme d'argent que lui avait envoyée le cardinal (qui cherchait à ramener à lui la confidente d'Anne d'Autriche). « Ce porteur (sans doute l'abbé du Dorat) est si obéissant pour vous et si mal aisé à persuader que moy qu'il a laissé ycy les marques qu'il vous a pleu me donner du soin que vous avés de moy, coyque j'aye fait pour l'obliger à vous les reporter avec le très humble remerciement que je vous en rans. Il est vray, Monsieur, que vous savés parfaitement obliger et que c'est à moy à ne me pas rendre indigne de tant de faveurs, ainsi à éternellement garder le souvenir de toutes celles que vous me faites, mais sera le bien que vous employés pour cela, vous m'en procurés assés en m'en voulant; il ne me faut rien affaire pour me satisfaire davantage. Je connois vostre bonne volonté et n'an dois accepter l'effet qu'en une condition où je ne suis pas encore, si bien, Monsieur, que si mon malheur ne vous donne pas présantement le moien de m'y assister, vostre générosité vous fait avoir cest avantage de m'empêcher à l'avenir de l'apréander... » Elle dit en postscriptum : « Le refus qu'a fait ce porteur de se charger de la somme qu'il m'avoit aportée m'oblige d'anvoier un des miens que je chargeré de la remetre dans les siennes, sans qu'il sache ce que c'est, n'ayent osé en parler à qui que ce soit qu'à vous que j'ay veu que vous agréiez qui le sçust. » — (La duchesse de Chevreuse refusa obstinément les avances du cardinal et s'enfuit en Espagne au mois de septembre snivant. — Cf. dans l'ouvrage de Victor Cousin, p. 136, une autre lettre de la duchesse à Richelieu sur le même sujet que celle-ci.)

✦ 2043 ✦ CORNUEL (Marie Bigot, dame), célèbre par son esprit et ses bons mots, une des reines des salons du dix-septième siècle, n. 9 novembre 1605, m. février 1694.

L. S. à un ministre de Louis XIV; (Paris, 1665), 3 p. in-4. Belle et importante pièce. Légère déchirure. *Très rare. (Coll. de la marquise de Barol avec notice autographe de Silvio Pellico.)*

Très intéressante épître où elle se déclare incapable de payer la somme qu'elle a été condamnée de donner pour les rentes rachetées. Elle n'a en effet pour tout bien que la terre du Mesnil, en désordre depuis le siège d'Étampes, sa maison de Paris, saisie par les créanciers qui lui ont prêté de quoi vivre depuis la guerre, les aides d'Aubervilliers, dont la finance est de cinquante-sept mille livres, et des billets de l'épargne représentant l'argent qu'elle a prêté au Roi en 1648. « C'est pourquoy je vous suplie, Monseigneur, de représenter au Roy l'estat de mes misérables affaires. Si j'avois eu du bien plus liquide, je n'aurois pas laissé mon fils unique sans charge, et auquel je donne très peu pour subsister, croyant estre plus obligée à moy mesme. Je vous seray obligée le reste de mes jours si par vostre moyen le Roy me laisse de quoy les passer et que mon fils puisse trouver après ma mort de quoy subsister selon sa condition. » — (Le mari de madame Cornuel, trésorier de l'extraordinaire des guerres, avait dissipé sa fortune et était mort en 1650. — Cette pièce est signée *Marie Cornuel*, ce qui rectifie le prénom d'*Anne* à elle attribué par les biographes.)

de sa maison royale C'est la
grace que vous demande

Monseigneur

Vre tres humble et tres
obeissante seruante
le Souure
marquise de Sablé.

Numéro 2041.

✛ 2044 ✛ MONTAUSIER (Julie-Lucine d'Angennes, duchesse de), fille de la marquise de Rambouillet, épouse du duc de Montausier (1645), célèbre par sa grâce et par sa beauté, gouvernante des enfants de France, n. à Paris, 1607, m. dans la même ville, 15 novembre 1671. C'est pour elle que le duc de Montausier fit composer, en 1637, le fameux recueil de vers connu sous le nom de Guirlande de Julie.

P. S., signée aussi par son père CHARLES D'ANGENNES, MARQUIS DE RAMBOUILLET, vidame du Mans, maître de la garde du Roi, et par un certain nombre d'autres personnages ; Paris, 10 septembre 1622, 3 p. in-fol. Superbe et remarquable pièce, dans un bel état de conservation. — P.

Très intéressant document, dans lequel Julie d'Angennes, alors âgée de quinze ans, signe, avec son père, au contrat de mariage de Guillaume Dupuy, trésorier général de l'extraordinaire des guerres en Normandie, et de Marie Vivien.

✛ 2045 ✛ LAMOIGNON (Madeleine de), fille du président Chrétien de Lamoignon, la célèbre amie de saint Vincent de Paul, qu'elle seconda merveilleusement dans toutes ses institutions de charité, n. 18 septembre 1609, m. à Paris, 14 avril 1687.

L. A. S. à M. Jolly, général de la mission de Saint-Lazare (un des fidèles coopérateurs de saint Vincent de Paul) ; (Paris, mai 1679), 1 p. 1/2 in-8. Très jolie et très rare pièce. (Coll. Villenave).

Belle lettre de recommandation en faveur d'un ecclésiastique italien, qui a été aumônier du duc d'York et qui veut retourner dans son pays. Elle lui a donné quelque argent et elle prie instamment M. Jolly de l'assister.

✛ 2046 ✛ AIGUILLON (Marie-Madeleine de Vignerot, dame de Combalet, duchesse d'), nièce du cardinal de Richelieu, qui l'affectionnait particulièrement et dont elle tenait la maison, amie de saint Vincent de Paul, n. vers 1610, m. à Paris, 17 avril 1675. Elle fonda, en 1639, une maison de religieuses hospitalières à Québec.

L. A. S. DUPONT au comte de Chavigny (Léon Bouthillier, n. 1608, ministre des Affaires étrangères, m. à Paris le 11 octobre 1652) ; Paris, 30 juin 1642, 1 p. in-fol., cachets brisés. — P.

Superbe lettre où elle le remercie du grand service qu'il vient de rendre à la France et au cardinal (par l'arrestation de Cinq-Mars et de De Thou). « Souffrez que je me plaigne à vous de la continuation du mal de Monseigneur le cardinal, de ce qu'il n'i a point de fin à ses douleurs et de ce que je ne puis plus prendre aucune confiance aux médecins et chirurgiens qui m'ont mandé vint fois et protesté qu'il estoit impossible qu'il arrivast plus aucun accident, et quatre jours après je ne manque pas d'aprendre que l'on a fait de nouvelles incisions au bras de son Eminence. La dernière m'a percé le cœur et achevé de m'oster tout à fait le courage. J'attens de la bonté de Dieu qu'il me le redonne et de la vostre que vous me mandiés bien tost la parfaite guérison de son Éminence... » — (Le cardinal de Richelieu se rétablit, mais pour quelques mois seulement ; il mourut le 4 décembre de la même année.)

+ 2047 + GONZAGUE (Anne de), princesse palatine, amie du grand Condé, célèbre par sa vie galante et par la part qu'elle prit aux troubles de la Fronde, n. 1616, m. au palais du Luxembourg, à Paris, 1684. Bossuet prononça son oraison funèbre.

L. A. S. au cardinal de Richelieu ; (septembre 1642), 3/4 de p. in-fol., cachets brisés. Belle pièce.

Elle le félicite sur le rétablissement de sa santé et elle lui témoigne sa reconnaissance des bontés qu'il a eues pour elle. Elle prend la liberté de solliciter la permission de se retirer à Nevers.

+ 2048 + LONGUEVILLE (Anne-Geneviève de BOURBON, duchesse de), sœur du grand Condé, la belle et célèbre héroïne de la Fronde, n. au château de Vincennes, 29 août 1619, m. à Paris, dans le couvent des Carmélites, 15 avril 1679.

L. A. S. à Colbert ; Port-Royal, 3 juillet (1672), 1 p. 3/4 in-4, cachet brisé. Belle pièce. — P. d'Odieuvre.

Curieuse épître dans laquelle la duchesse sollicite la suspension des poursuites exercées contre elle en Normandie par les gens du Roi. Elle s'engage à fournir bientôt les papiers qui établiront ses droits en l'affaire pendante.

+ 2049 + PASCAL (Gilberte), sœur de Blaise Pascal, dont elle a écrit la vie, épouse de Florent Périer, n. à Clermont-Ferrand, 7 janvier 1620, m. à Paris, 25 avril 1687.

P. S., avec huit mots autographes ; 8 septembre 1673, 3/4 de p. in-fol. Très rare. (Coll. B. Fillon.)

Elle déclare, comme veuve et héritière de Florent Périer, avoir reçu la somme qui lui restait due par les héritiers de feu M. Gras, avocat général en la cour des aides de Clermont-Ferrand.

✛ 2050 ✛ **MIRAMION** (Marie Bonneau, dame de), femme célèbre par ses vertus et par sa bienfaisance, fondatrice de la communauté de la Sainte-Famille, n. à Paris, 2 novembre 1620, m. dans la même ville, 24 mars 1696.

P. S.; Paris, 13 décembre 1692, 3/4 de p. in-4 oblong, cachet de la Congrégation des filles de Sainte-Geneviève. *Très rare. (Coll. Lucas de Montigny.)*

Très intéressant document. Elle consent, en sa qualité de supérieure des filles de Sainte-Geneviève, à ce que sœur Elisabeth de Lorraine, qui appartient à sa communauté, obtienne du Roi toutes lettres de légitimation et de naturalité qui peuvent être nécessaires.

✛ 2051 ✛ **LANCLOS** (Anne, dite Ninon de), célèbre courtisane, d'une intelligence supérieure, qui reçut dans son salon les plus beaux esprits de son temps, amie de Molière, n. à Paris, 10 novembre 1620, m. dans la même ville, 17 octobre 1705.

L. A. S. à M. de Bonrepos (un de ses plus chers amis et un des habitués de son salon), 2 p. 1/2 in-8, cachet. Pièce des plus importantes et de la plus grande rareté. *(Coll. Dubrunfaut.)* — P.

Précieuse lettre, dont voici le texte : « Quant vous songés à moy, créiés bien que vous ne songés pas à une ingrate. J'avois mesme quelque pettit dépit d'avoir appris que vous estiés venu chés Mademoiselle de Scudéry sans venir icy. Quant l'on est en train de voir les vielles du quartier, je sens la préférence. Pour les jeunes, je ne prétands rien sur leur droits d'amuser plus tart que l'on ne croit. Disposés d'une entreveue. Mandés quant vous voudrés que je vous atande icy ou que je vous trouve ailleurs. » — (Les lettres autographes signées de Ninon de Lanclos sont d'une extrême rareté.)

✛ 2052 ✛ **LANCLOS** (Anne de).

L. A. (à la marquise de Villette, tante de Madame de Maintenon); (Paris), 1 septembre (vers 1672), 3 p. 1/2 in-4. Très belle et très remarquable pièce, d'un grand intérêt. *(Coll. Chambry.)*

Superbe lettre, qui commence ainsi : « Je dois aux charmes de vostre esprit et de votre politesse, Madame, les choses trop flateuses qui sont dans la lettre que vous me faites l'honneur de m'écrire, mais il y a une vérité dont je ne veux pas m'oster le plaisir, vous avés connue la diférence que je fesois de vous à toute les autres femmes et n'avés pas dédégné d'estre un peu sensible à mon goût. Vous le donnés à tout ce qui vous voit. Ma vanité va jusques à croire que je vas plus loin que les autres dans ce santiment et que par là je mérite quelque chose de vous. Acordés le à ma véritable tendresse et à tout ce que je sens pour tout ce qui vous touche. Les peines vont vous chercher jusques à Marcilly. Mademoiselle votre fille en a esté une bien grande. Voir souffrir est égal à souffrir soy même... » Elle parle ensuite de l'abbé de Châteauneuf, « qui, dit-elle, vous ayme et vous estime plus que personne, » du fils de la marquise et du comte de Fiesque, auquel la marquise a donné la qualité de follet.

✛ 2053 ✛ **LANCLOS** (Anne, dite Ninon de).

P. S., sur vélin ; Paris, 25 mai 1689, 1 p. in-8 oblong, timbre de la généralité de Paris. *Rare.*

Elle déclare avoir reçu la somme de quatre cent cinquante livres pour un semestre d'une rente constituée le 13 mai 1684 sur les aides et gabelles. — (On voit par cette signature et par celle de la lettre à M. de Bonrepos que le nom de cette femme célèbre doit être orthographié *Lanclos* et non *Lenclos*, contrairement à ce qu'ont dit tous les biographes, même Jal, à qui on doit la découverte de la véritable date de naissance de Ninon et de très curieux documents sur elle.)

que vous songez

a moy croies bien

que vous ne songez

pas a vne ingrate

j'auois mesme quelque

pettit depit d'auoir

apprif que vous esties

veu chez Melle de

Scudery sans

✦ 2054 ✦ **ARNAULD** (Angélique de Saint-Jean), fille d'Arnauld d'Andilly, religieuse de Port-Royal, biographe de sa tante la mère Angélique, n. 1624, m. 1684.

P. A. S.; monastère de Port-Royal des Champs, 28 avril 1679, 1/2 p. in-4. *(Coll. Dubrunfaut.)*

Très jolie pièce dans laquelle cette religieuse déclare avoir reçu de la duchesse de Brissac la somme de cent livres pour une année de la pension viagère de mademoiselle du Boulay, en religion sœur Anne de Sainte-Geneviève.

Nous Sœur Angélique de Saint Jean humble Abbesse de Port Royal Confessons auoir receu de Madame la Duchesse de Brissac la Somme de Cent liure pour vne année de la Pension viagere de Nostre Sœur Anne de Ste Geneuieue Religieuse Professe de Nostre ditte Abbaye qui eschera le douziesme de Juin dela quelle Somme de Cent liures nous quittons la ditte Dame de Brissac & tous autres. Fait en Nostre Monastere de Port Royal des Champs ce vint huit du Mois d'Auril Mil Six Cents Soixante & dix neuf —

Sœur Angélique de St Jean Abbesse

✦ 2055 ✦ **SÉVIGNÉ** (Marie de Rabutin-Chantal, marquise de), la célèbre épistolaire, petite-fille de sainte Jeanne de Chantal, n. à Paris, 6 février 1626, m. au château de Grignan (Drôme), 18 avril 1696.

P. S., signée aussi par son mari Henri, marquis de Sévigné, Marie de La Croix, veuve de Gabriel de Guénégaud, Claude de Guénégaud, trésorier du Roi, Philippe de Coulanges (oncle de Madame de Sévigné), Léonor de Rabutin, comte de Bussy, lieutenant-général, et l'abbé Christophe de Coulanges ; Paris, 8 février 1644 et 30 janvier 1645, 3 p. 1/2 in-4. Tachée d'humidité et raccommodée. *(Coll. Dubrunfaut.)*

Curieux document. Philippe de Coulanges, tuteur de sa nièce mineure Marie de Rabutin-Chantal, achète, le 8 février 1644, pour celle-ci, de la veuve de Gabriel de Guénégaud, une rente annuelle de sept cent soixante-dix-sept livres quinze sous six deniers. — Le 30 janvier 1645, Marie de Rabutin, devenue marquise de Sévigné le 1 août 1644, donne reçu de ladite somme, conjointement avec son mari. — Les deux époux ont signé la pièce.

✛ 2056 ✛ MONTPENSIER (Anne-Marie-Louise d'ORLÉANS, duchesse de), dite *la Grande Mademoiselle,* fille de Gaston d'Orléans, une des héroïnes de la Fronde, auteur de *Mémoires,*n. à Paris, 29 mai 1627, m. dans la même ville, 5 avril 1693.

L. A. S. à la Reine-mère (Anne d'Autriche); (Paris, janvier 1664), 3 p. in-4, cachets brisés. — P.

Superbe lettre de condoléances sur la mort de Madame Royale (Chrestienne de Bourbon, duchesse de Savoie, fille de Henri IV, belle-sœur d'Anne d'Autriche, décédée à Turin le 27 décembre 1663.) Protestations de respect et d'affection.

✛ 2057 ✛ RACINE (Agnès de Sainte-Thècle), abbesse de Port-Royal, tante du grand poète dramatique, dont elle dirigea les premières études, n. 1627, m. 1700.

L. A. S. à M...; (Port-Royal), 10 septembre (1694), 1 p. 3/4 in-8. Très jolie et très rare pièce.

Très belle lettre où elle le remercie de la part qu'il a prise à la perte que la communauté vient de faire avec toute l'Eglise (par la mort du grand Arnauld, décédé à Bruxelles le 6 août 1694.) « Nous nous consolons dans la considération de la grande récompense que nous espérons que Dieu lui donnera d'avoir deffendu son Eglise pendant plus de cinquante ans et qu'il nous assistera et nous servira plus, estant avec luy, qu'il ne faisoit en ce monde, estant luy mesme caché et persécuté. Je ne vous dit rien, Monsieur, de l'estat où est cette Communauté; je sçay que ma sœur Angélique le fait et de ce qu'elle sçay de la fin de la vie de Monsieur son oncle... »

✛ 2058 ✛ ARNAULD D'ANDILLY (Marie-Angélique de Sainte-Thérèse), fille d'Arnauld d'Andilly, religieuse de Port-Royal des Champs, n. vers 1630, m. 8 janvier 1700.

L. A. S. à M...; (Port-Royal des Champs), 3 mai, 3 p. pet. in-4. Superbe et très rare pièce.

Elle le remercie de l'intérêt qu'il prend à sa communauté. Elle parle ensuite des portraits de son oncle le grand Arnauld. « Il y a deux images de Monsieur Arnauld qui répare les horribles qui s'estoient faittes; celle de Edelinc, qui est celle que vous avez, Monsieur, est très belle pour le burin, mais mal pour la posture et l'habit, ayant esté tirée après un tableau qui n'estoit pas achevé. Mais la dernière, qui est de Drevet, est parfaittement ressemblante. » Elle déplore le départ de M. L'Hermitte, qui quitte la communauté pour occuper le canonicat de Saint-Pierre de Lille, que le Pape lui a donné, sur la demande de M. de Pomponne.

✦ 2059 ✦ **MAINTENON** (Françoise d'Aubigné, marquise de), petite-fille d'Agrippa d'Aubigné, femme du fameux poète burlesque Scarron (1652), puis de Louis XIV, n. dans la prison de Niort, où son père Constant était détenu pour crime de trahison, 27 novembre 1635, m. à Saint-Cyr (Seine-et-Oise), 15 avril 1719. Elle devint veuve en 1660 et fut chargée, en 1669, d'élever secrètement les enfants que Louis XIV avait eu de Madame de Montespan. Elle supplanta celle-ci dans le cœur du roi et se fit épouser en 1684 ou en 1685. Sa correspondance a été publiée.

P. S. F. d'Aubigny Scarron ; Paris, 23 juillet 1667, 1 p. in-fol. Jolie et très curieuse pièce. *(Coll. Chambry.)* — P.

Pièce fort rare avec cette signature. Françoise d'Aubigny, veuve de Paul Scarron (décédé en octobre 1660), demeurant à Paris rue neuve Saint-Louis, paroisse Saint-Paul, constitue Jean Viette, avocat au Parlement, pour son procureur chargé de régler les affaires de la succession de son mari et les différends qu'elle a avec plusieurs particuliers à ce sujet. Intéressant document pour la biographie de madame de Maintenon.

✦ 2060 ✦ **MAINTENON** (Françoise d'Aubigné, marquise de).

L. A. S. à l'archevêque de Rouen (Claude-Maur d'Aubigné, son parent, qui occupa ce siège de 1707 à 1719) ; (Saint-Cyr), 4 janvier (1716), 1 p. in-4, cachet.

Précieuse lettre écrite trois mois après la mort de Louis XIV. « Ma plus grande consolation après la soumission à la volonté de Dieu est ma grande vieillesse. Mon estat seroit bien triste, s'il pouvoit durer longtemps. Nostre mère receut hier Nostre Seigneur ; elle n'est ni hors de danger, ni désespérée. Vous avez trop de charité, Monsieur, et trop d'amitié pour moi pour m'oublier dans vos prières. » — (Madame de Maintenon s'était retirée à Saint-Cyr après la mort du Roi.)

✦ 2061 ✦ **SOISSONS** (Olympe Mancini, comtesse de), nièce du cardinal Mazarin, qui fut aimée par Louis XIV, femme du comte de Soissons (1657), surintendante de la maison de la Reine, disgraciée, en 1665, pour une intrigue contre Mademoiselle de La Vallière, et impliquée injustement dans la fameuse affaire des poisons, mère de l'illustre prince Eugène, n. à Rome, 1640, m. à Bruxelles, 9 octobre 1708.

L. A. S. (à Victor-Amédée II, duc de Savoie en 1673, roi de Sicile en 1713 et de Sardaigne en 1720, né en 1665, mort en 1732) ; 21 mars 1698, 3 p. in-fol. *Très rare. (Coll. Dubrunfaut.)*

Très intéressante lettre sur le traitement qu'on vient de faire à Mademoiselle de Carignan. « MM. de Vendôme, M. le duc de Bouillon, M. et Madame la duchesse de Nevers et beaucoup d'autre parens qui ne sont pas si proche m'ont anvoyé un jentilhomme pour me prier de la vouloir recevoir auprès de moy et de représenter à V. A. R. qu'elle ne s'estoit rien attirée par sa méchante conduitte et qu'il estoit bien rude qu'elle soit confondue avec sa sœur, qui est la plus indigne de touttes les créatures... » Elle transmet cette requête au duc et lui demande ses ordres.

4 janvier 1716

Ma plus grande consolation apres
la soumission en a la volonté de dieu
est ma grande vieillesse mon cœur
seroit bien triste sil pou voit durer
long temps nostre mere recevroit bien
nostre seigneur, elle nest ni hors de
danger ni hors de perte vous avez
trop de charité monsieur et trop
d'amitié pour moy pour me tenir
dans vos prieres

Maintenon

Numéro 2060.

✛ 2062 ✛ **LA VIGNE** (Anne de), fille du médecin, célèbre femme poète, une des précieuses de la société de l'hôtel de Rambouillet, n. vers 1640, m. à Paris, 1684. Ses poésies ont été recueillies dans le volume des *Vers choisis* du père Bouhours.

L. A. S. à Huet (à Caën); 18 mai 1665, 2 p. in-8, cachets et soies. Jolie pièce. *Très rare.* — P.

Piquante épître, qui est un exemple typique du style des Précieuses. Elle parle d'une lettre galante de M. du Mesnil. « Vous m'obligerez fort de luy dire que je luy permets de m'envoyer douse autres lettres aussy ga-lantes qu'est celle qu'il m'a escrite et d'aimer vint-cinq belles et jeunes persones à la fois, si le cœur lui en dit. Pour vous, Monsieur, je n'ay point d'avis à vous donner là dessus. Je say que vous en faites parfaitement bien vostre devoir et j'ay apris de bonne part que vous n'usez pas vos petits rabats à Caën. Vous pouvez bien penser que je n'ay garde de blasmer vostre conduite, moy qui n'ay pas le cœur de condamner celle de M. du Mesnil. Faites donc en province tant de maitresse qu'il vous plaira. J'en seray ravie, pourveu que vous me fassiez la grâce de croire que je suis vostre très humble servante. »

✛ 2063 ✛ **MONTESPAN** (Françoise-Athénaïs de ROCHECHOUART, marquise de), fille de Gabriel de Rochechouart, premier duc de Mortemart, sœur du maréchal de Vivonne, une des plus célèbres maîtresses de Louis XIV, n. au château de Tonnay-Charente (Charente-Inférieure), 1641, m. à Bourbon-l'Archambault, 28 mai 1707.

1° L. S., signée aussi par sa sœur aînée GABRIELLE-VICTOIRE DE ROCHECHOUART, MARQUISE DE THIANGES (m. à Paris le 12 septembre 1693), à une amie, 1 p. in-4. Magnifique pièce. *Très rare.*

Lettre des plus piquantes écrite en caractères microscopiques, tandis que les signatures sont d'une grandeur exagérée.

« Nous prenons la liberté de vous pré-senter ces petites é-trennes qui accom-pagnent les souhaits que nous faisons pour votre prospé-rité et santé. Que Dieu augmente vo-tre courage, qu'il conserve votre bon-ne humeur, qu'il maintienne la frai-cheur de votre teint, qu'il rende vos eaux purgatives, les sueur abondantes, les frai-ses rafrachisantes et les poix plus aisez à digérer. » — Cette pièce est une véri-table curiosité.

2° P. S., sur vélin, par la reine MARIE-THÉRÈSE D'AUTRICHE (femme de Louis XIV, n. 1638, m. 1683); Saint-Germain-en-Laye, 13 avril 1679, 1/2 p. in-4 oblong. Très importante pièce.

Très curieux document. Elle fait don à Madame de Rochechouart de Montespan, surintendante de sa maison, d'une pen-sion annuelle de six mille livres pour subvenir aux dépenses que celle-ci est obligée de faire pour son service.

✛ 2064 ✛ **MONTESPAN** (Françoise-Athénaïs de ROCHECHOUART, marquise de).

L. A. à son Altesse royale..., 2 p. 1/4 in-4. Superbe et très rare pièce. *(Coll. Dubrunfaut).*

Précieuse lettre dont voici le texte : « Je suis bien fachée que les soupçons de vostre Altesse roialle est ou de sy juste fondemant et que vous soiiés an nestat de perdre un homme quy me parest sy nésaisere au personne ausquelle il s'est ata-ché. Je parleray se soir au roy quy par maleur est alay à Versaille avec la reyne. Insy je ne puis voir M. Colbert que de-main, mès je croy que rien n'est plus important que de savoir présisémant où il sest, et sy s'est dans une meson religieuse vous pouriés demander à M. de Paris (l'archevêque de Paris) que l'on luy retins jusca se que vous luy aiés parlay. Je ne puis asest vous dire la part que je prans à vostre douleur. Toutte selle que vous avest me sont très sansible et selle sy me parest sy resonable que je la sans doublemant. » — (On voit que l'orthographe de la marquise était des plus fantaisistes.)

Le 17° de May 1663.

je veux bien Monsieur vous faire le
plaisir de vous advertir que je viens
d'escrire vne lettre fort grondeuse a Monsr
du Mesnil. mais de peur que vous ne
nous laissiez transporter a vn exces de
joye qui seroit indigne d'vn sage
comme vous. je suis bien aise de vous
aprendre en mesme temps, que ma
colere n'est qu'vne feinte, et que je suis
aussy peu faschée des douceurs qu'il me dit
que de la nouuelle amitié qu'il a faite
Et pour marque de cela Monsieur vous
m'obligerez fort de luy dire que je luy permets
de m'enuoyer d'oux autres lettres aussy
galantes qu'est celle qu'il m'a escrite, et

d'aimer vnc vng belles et jeunes persones,
a la fois si le coeur luy en dit. Pour vous
Monsieur je n'ay point d'auis a vous
donner la dessus je say que vous en
faites parfaitement bien vostre deuoir,
et j'ay appris de bonne part que vous
n'osez pas vos petits rabats a Caen. Vous
pouuez bien penser que je n'ay garde
de blamer vostre conduite moy, qui n'ay
pas le coeur de condamner celle de Mr
du Mesnil. faites donc en prouince tant
de maistres qu'il vous plaira. j'en seray
rauie pourueu que vous me fassiez
la grace de croire que je suis vostre tres
humble seruante De La Vigne

Numéro 2062.

✢ 2065 ✢ URSINS (Anne-Marie de La Trémoille, princesse des), la célèbre gouvernante du roi d'Espagne Philippe V, dont elle négocia le mariage avec Marie-Louise de Savoie (1701), disgraciée en 1714, n. vers 1641, m. à Rome, 5 décembre 1722.

L. A. S. à M...; Madrid, 17 décembre 1706, 1 p. in-4. Belle pièce. *(Coll. Charles de Halm.)*

Superbe lettre où elle lui fait part de la prise d'Alcantara par le marquis Debay, qui s'en est rendu maître par escalade en deux heures de temps. « Il n'y a perdu que douze hommes et il a fait la garnison prisonnaire de guerre. Vous sçavez de quelle importance est cette place pour sa Majesté catolique dans un temps où l'on peut apréhender que les Portuguais avec le secours qu'ils ont receu ne fassent quelque nouvelle entreprise de ce costé là... »

✢ 2066 ✢ LA VALLIÈRE (Françoise-Louise de La Baume Leblanc, duchesse de), la plus sympathique des maîtresses de Louis XIV, qui se retira aux Carmélites du faubourg Saint-Jacques en 1674 et y fit profession sous le nom de *sœur Louise de la Miséricorde*, n. à Tours, 1644, m. à Paris, 6 juin 1710.

L. A. S. à Madame Bourin de La Haye, à Orléans; 15 octobre (après 1675), 2 p. in-8, cachet brisé. Très précieuse et très intéressante pièce. — P.

Charmante épitre dont voici le texte : « Je suis bien obligée à Monseigneur le cardinal de Coislin de sa bonté. Faite bien des honestetés à M. Massuau de nostre part. Il prendra toujours soin de vous et de nous avertir de ce que nous pourons faire pour vous, ma bonne dame. Pour ce que vous nous marqués, nous somme fâchée de ne pouvoir le faire; nous ne devons point nous mêler de ces sortes de choses. En tout ce que nous pourons vous marquer nostre amitié, nous le ferons, priant Dieu pour vous avec affection. »

✢ 2067 ✢ MAZARIN (Hortense Mancini, duchesse de), nièce du cardinal Mazarin, célèbre par ses galanteries, femme du fils du maréchal de La Melleraie, qu'elle abandonna pour s'établir en Angleterre, n. à Rome, 1646, m. à Chelsea, 2 juillet 1699.

P. A. S. de trois lignes au bas d'un mémoire; Paris, 17 mars 1666, 1 p. in-fol. Jolie pièce. *Rare.*

Approbation d'un mémoire d'étoffes et de robes, s'élevant à la somme de trois cent quatre-vingt-dix-neuf livres quatorze sous.

✢ 2068 ✢ LAMBERT (Anne-Thérèse de Marguenat de Courcelles, marquise de), femme de lettres, qui tint un des salons les plus recherchés de Paris, auteur des *Avis d'une mère à sa fille*, n. à Paris, 1647, m. dans la même ville, 12 juillet 1733.

L. A. S. (à l'évêque d'Avranches Huet); (Paris, 1670), 3 p. pet. in-4. Très belle pièce. — P.

Superbe lettre où elle le remercie de l'envoi de son livre sur l'*Origine des romans*. « Tout le monde vous doit des remercimens. Quand vous vous occupez, vous travaillez pour les sçavans; quand vous vous amusez et délassez, vous travaillez pour nous et vous ne dédaignez pas notre sexe. Je voudrois bien que vous le pussiez guérir du mauvais goût qui règne à présent. Ce sont ces contes qui ont pris la place des romans. Puis qu'on nous bannit, Monseigneur, du pays de la raison et du sçavoir et qu'on ne nous laisse que l'empire de l'imagination, au moins faudroit-il resver noblement et que l'esprit et les sentimens eussent quelque part à nos illusions... »

Numéro 2065.

a madrid ce 17 decembre 1706

il y a si longtemps monsieur que vous laissiez tomber
nostre commerce de lettres avec moy, que je veux voir
si je ne puis trouver le moyen de nous ranimer un peu
en vous apprenant une nouvelle que je ne puis doutter qui
ne vous fasse plaisir, c'est la prise d'alcantara par un
le marquis de bay, dont il s'est rendu le maistre par
escalade en deux heures de temps, il n'y a perdu que 12
hommes et il a fait la garnison prisoniere de guerres
vous scavez de quelle importance est cette place pour
S.M.te catolique dans un temps ou l'on peut aprehender
que les portuguais avec le secours quils ont receu, ne
fassent quelque nouvelle entreprise de ce costé la je me
donne donc l'honneur de m'en rejouir avec vous monsieur
et avec mr le duc et mde la duchesse de beauvilliers
comme avec des personnes que j'honore toutes trois
infiniment la princesse des ursins

✛ 2069 ✛ GUYON (Jeanne-Marie Bouvier de La Motte), célèbre femme et écrivain mystique, qui fut l'occasion de la fameuse querelle du Quiétisme entre Bossuet et Fénelon, n. à Montargis (Loiret), 13 avril 1648, m. à Blois, 9 juin 1717.

L. A. S. (à Bossuet); monastère de Sainte-Marie à Meaux, 15 avril 1695, 1 p. 1/4 in-4. *Rare.* — P.

Document des plus curieux, dont voici le texte : « Je suplie Monseigneur l'évesque de Meaux, qui a bien voulu me ressevoir dans son diossaise et dans un si saint monastère, de ressevoir pareillement la déclaration sincère que je luy fais que je n'ay dit ou fait auqu'une des choses qu'on m'inpute sur les abominations qu'on m'acuse d'aprouver comme inossantes à titre d'espreuves. Si je ne me suis pas autant espliquée contre ses oribles exès que la chose le demandoit dans mes deux petis livres, c'est que dans le tems qu'ils ont esté escris, on ne parloit point de ses détestables choses et que je ne sçavois pas qu'on eut enseigné ou enseignat de si damnables doctrine. Je n'ay non plus jamais cru que Dieu peut estre directement ou indirectement auteur d'aucun péché ou deffaut vicieux. A Dieu ne plèse qu'un tel blasphème me fut jamais entré dans l'esprit. Je desclare en particulier que les lettres qui courent sous le nom d'un grand prélat (Fénelon) ne peuvent estre vraye, puisque je ne l'ay jamais veu avec le prieur de Saint-Robert qui y est nommé, et je suis prette de jurer sur le saint Esvangile que je ne les ay jamais veus en un mesme lieu et affirmer sous pareil serment les autres choses contenues dans la présante déclaration. » — (Cette déclaration n'empêcha pas Madame Guyon d'être arrêtée cette même année et enfermée à la Bastille, d'où elle ne sortit qu'en 1702.)

✛ 2070 ✛ GRIGNAN (Françoise-Marguerite de Sévigné, comtesse de), la fille chérie de la marquise de Sévigné, mariée en 1669, n. 1648, m. 13 août 1705.

L. A. S. à M. de Lamoignon, à Paris; ce 18, 4 p. pl. in-8, cachet brisé. *(Coll. B. Fillon.)* — P.

Relative à un procès qu'elle soutenait. « Pour moy, Monsieur, je le laisserois juger de bon cœur, sans croire que nous courussions aucun risque, mais il n'est pas de la bienséance qu'avec tant de Grignans sur pied il n'en paroisse aucun pour donner courage aux juges de les délivrer de leur ennemis...... Je suis sy rebutée de chicanne que toute ma capacité s'est évanouye et je ne puis pas entendre nomer sans horreur le nom de Louis Adémar. Je laisseray donc à sa postérité le soin d'aller défandre le château de Grignan et je me destireray à le garder et à ne le deffandre que quand il sera attaqué par les armes... »

✛ 2071 ✛ GRIGNAN (Françoise-Marguerite de Sévigné, comtesse de).

P. S., signée aussi par le chevalier Joseph de Grignan, maréchal de camp; Paris, 7 février 1699, 2 p. 1/2 in-fol. *(Coll. Dubrunfaut.)*

Acte signé de son nom de demoiselle. Elle reconnaît devoir au chevalier de Grignan cinq mille livres qu'elle déclare employer au remboursement du principal et des intérêts de deux cent cinquante livres d'une rente constituée par le comte de Grignan et la feue dame Claire d'Angennes, son épouse en premières noces, à M. et à Madame de Villemure.

✦ 2072 ✦ **MARLBOROUGH** (Sarah Jennings, duchesse de), femme de l'illustre général (1678), favorite de la reine Anne, sur laquelle elle exerça une grande influence, disgraciée en 1710, n. à Sandbrige (Angleterre), 29 mai 1660, m. 29 octobre 1744.

P. S.; 26 juillet 1738, 1 p. 1/4 in-fol. Très jolie pièce. (*Coll. B. Fillon.*)

Document par lequel la duchesse de Marlborough donne l'acquit d'une somme de cinq mille livres sterling.

✦ 2073 ✦ **CAYLUS** (Marthe-Marguerite de Villette de Murçay, comtesse de), nièce de Madame de Maintenon, auteur de charmants *Souvenirs,* qu'édita Voltaire, n. en Poitou, 1673, m. à Paris, 15 avril 1729.

L. A. S. (à un évêque) ; Paris, 15 juillet 1718, 2 p. 1/2 in-4. Superbe et rare pièce.

Très belle lettre où elle lui mande que sa tante (Madame de Maintenon) a trouvé son ouvrage parfaitement beau. « Je vous diray que de tout ce qui s'est fait sur ses matières, il n'y a rien qui ait eu une approbation plus générale. »

✦ 2074 ✦ **SIMIANE** (Pauline d'Adhémar de Monteil de Grignan, comtesse de), petite-fille de Madame de Sévigné, dont elle publia la correspondance, célèbre par son esprit, n. à Paris, 16 août 1674, m. à Aix (Bouches du Rhône), 2 juillet 1737.

L. A. (au marquis d'Héricourt, intendant de la marine, à Marseille); (Belombre, près d'Aix), 28 juin (après 1731), 2 p. in-4. Très belle et intéressante pièce. (*Coll. Lajarriette et Dubrunfaut.*)

Charmante épître où elle lui fait ses compliments sur le mariage de sa sœur et parle du triste état de santé du père de M. d'Héricourt. « Vous m'avés attiré une lettre, Monsieur, qui m'embarasse infiniment. Quand j'admirois celles de Madame Poirier, je ne croyois pas avoir un jour à y répondre, et cette comition me paroissoit bien entre vos mains. J'ay un stile tout dégingandé qui luy paroîtra tout à fait ridicule. Je vais tâcher de le réduire au sens commun. En tout cas vous corrigerés, s'il vous plaist, et vous la donnerés vous même, ce qui servira d'excellent passeport. » Belombre est solitaire en ce moment, car tous ses amis se sont accordés, semble-t-il, à avoir affaire ailleurs cette année. Jolies considérations à ce sujet.

✦ 2075 ✦ **MAINE** (Anne-Louise-Bénédicte de Bourbon, duchesse Du), fille du prince Henri-Jules de Condé, femme du fils légitimé de Louis XIV et de Madame de Montespan (1710), princesse qui fut compromise dans la conspiration de Cellamare, la reine de la cour de Sceaux, n. 8 novembre 1676, m. à Sceaux, 23 janvier 1753.

L. A. S. (au cardinal de Fleury) ; Anet, 10 août, 1 p. 1/4 in-8. Jolie et intéressante pièce. — P.

Charmante épître où elle le charge de remercier le Roi d'avoir accordé une pension à Madame des Angles. « Sans vous, Monsieur, je suis bien persuadée que je n'aurois pas obtenu cette grâce. »

✦ 2076 ✦ TENCIN (Claudine-Alexandrine Guérin, marquise de), sœur du cardinal, fameuse par sa beauté, son esprit et ses galanteries, maîtresse du Régent et du cardinal Dubois, sur lesquels elle eut une grande influence, auteur des *Mémoires du* · *comte de Comminges* et du *Siège de Calais*, n. à Grenoble, 1681, m. à Paris, 4 décembre 1749. Elle eut du chevalier Des Touches un fils qui fut l'illustre d'Alembert.

L. A. S. (au comte de Maurepas); 4 juin 1731, 1 p. in-4. Superbe pièce. *(Coll. Dubrunfaut.)*

Intéressante lettre sur la disgrâce dont elle était frappée. « Je suis, Monsieur, les conseils que vous m'avés fait l'honneur de me donner. Je part dans le moment pour Ablon. Cet la seule maison où je puisse aller sur le chan, par ce qu'elle apartiens à ma sœur. Peut estre qu'avec le secour de vos bonté et de vos bons office ce contentera-t-on de cet éloignement. J'i atendrois vos ordres. » — (L'exil de Madame de Tencin à Ablon dura quatre mois).

✦ 2077 ✦ DOUBLET DE PERSAN (N. Legendre, dame), célèbre par le salon qu'elle tint à Paris et dans lequel se rédigeaient les Nouvelles à la main, n. 1687, m. 1771.

P. S.; Paris, 31 décembre 1744, 1/2 p. in-4. Très jolie pièce. *(Coll. Dubrunfaut.)*

Reçu de Messieurs Crozat deux mille cinq cents livres pour un semestre de la pension que lui a léguée madame Crozat.

✦ 2078 ✦ GRAFIGNY (Françoise d'Issembourg d'Happoncour, dame de), célèbre femme de lettres, amie des philosophes, auteur des *Lettres Péruviennes* et de *Cénie*, biographe de Voltaire, n. à Nancy, 13 février 1695, m. à Paris, 12 décembre 1758.

P. A. S. de quatre lignes; Paris, 25 juillet et 26 décembre 1750, 1 p. 1/4 in-4. *Très rare.*

Très intéressant document. Acte par lequel madame de Gfafigny cède, le 25 juillet 1750, au libraire Duchesne sa pièce de *Cénie*. « Je cède et abandonne à monsieur Duchesne la pièce nouvelle de *Cénie*, en prose et en cinq actes, représentée pour la première fois le lendemain de la Saint-Jean dernier, pour en faire l'impression à son profit pour toujours, en obtenant pour luy le privilège à ses frais, moyennant le somme de deux mille livres, sur laquelle il a été paié par ledit sieur Duchesne mil livres comptant, et à l'esgard des mil livres, il en sera paié par ledit sieur cinq cents livres dans le courant du mois d'aoust prochain et les autres cinq cent livres lors du commencement du débit de la dite pièce. » — L'acte porte la signature des deux contractants. Au verso madame de Grafigny donne quittance, le 26 décembre 1750, des sommes convenues. — (Cette pièce est d'autant plus rare que madame de Grafigny ne signait jamais ses lettres. Le fac-similé montre que, contrairement à l'orthographe adoptée par les biographes, le nom de cette femme s'écrit avec un seul f.)

✦ 2079 ✦ GEOFFRIN (Marie-Thérèse Rodet, dame), femme célèbre par son esprit, qui tint un des salons les plus brillants et les plus fréquentés du dix-huitième siècle, amie des philosophes, n. à Paris, 1699, m. dans la même ville, 1777.

L. A. S. au libraire Guérin, à Paris; (Paris), ce jeudi matin (13 janvier 1744), 1 p. in-4, cachet.

Très jolie lettre où madame Geoffrin le prie de remettre à son laquais la boite que M. Folkes lui a mandée pour elle.

Remis le 13. Janvier 1744
a Laquais de me Geoffrin
du pourpon   H.m 6.

m.r folkes m'avoit mandé il y a
long tems que vous aviez une boîte
a me remetre de sa part, m.r l'abbé
Salien ma dis monsieur il y a deux
jours de votre part que je pourois
Her l'aler chercher, si vous voulier bien
monsieur laremetre au presant porteur
je vous cerois tres obligé, es cette letre
vous servira de recu, si vous voulé
absolumens me la remetre amoymême
faite moi dire a quelle heur on vous
trouve chez vous, nos quartiers sont
si éloigné qu'il ni apas moien de
risquer de faire une course inutil
mais si vous voulies bien donner la boîte
a celuy qui vous remetra cette letre
cela serois le plus court, es je vous
en cerois tres obligé, je suis tres parfaite.
monsieur votre tres umble et obeisante servan.

si on ne vous trouvoit pas chez   Geoffrin
vous monsieur quand on vous portera
cette letre es que vous voulissie bien me
faire scavoir votre reponce mon adresse
es, rue st honoré vis avis les capucins
ce jeudy matin

✛ 2080 ✛ **WARENS** (Louise-Françoise de LA TOUR, baronne de), l'amie de Jean-Jacques Rousseau, qui l'a immortalisée dans ses *Confessions,* n. à Vevey (Suisse), 31 mai 1699, m. à Chambéry, septembre 1762.

L. A. S. à M. de Lembert, baron d'Engeville, à La Caillie, près d'Annecy; Chambéry, 16 mai 1756, 4 p. in-4, enveloppe et cachet. Superbe et très remarquable pièce. *Très rare. (Coll. Lajarriette.)*

Intéressante lettre où elle le remercie d'avoir accueilli M. Fabre sur sa recommandation. « Soié persuadé, chér baron, que mes intention son droite et que je n'ay rien tant à cœur que de vous paier les deux cent et quinze livres que je vous doit à ce sujets, quoy que mon zelle à conserver dens ce païs l'industrie des fonderies de fert coulés, que j'y avoit fet entrer avec tent de peines, me coute aujourduy ma ruine... » On a joint une lettre du sieur Fabre sur le même sujet. — (On sait que la baronne de Warens mourut ruinée.)

✛ 2081 ✛ **DU CHASTELLET** (Gabrielle-Émilie LE TONNELIER DE BRETEUIL, marquise), fille du baron de Breteuil, épouse du marquis Florent du Chastellet (1725), célèbre femme de lettres, amie intime de Voltaire, puis de Saint-Lambert, qui fut surnommée *la divine Émilie,* n. à Paris, 17 décembre 1706, m. à Lunéville, 10 août 1749.

L. A. (à Voltaire), 3 p. in-64, papier à bordures vertes. Très jolie et piquante pièce.

Epître typique, dont voici le texte : « Dear lover, on ne peut avoir recours qu'à ses amis dans le besoin. Je vous demande pardon d'aimer mieux vous escrire que vous parler, mais enfin, dear lover, j'aurois un extrême besoin de cinquante louis pour payer mon mois d'avril, douze louis et demie que je dois du jeu, et pour n'être pas absolument sans un sol. Je n'en toucherai que le dernier du mois. J'ay envoié cinq cents livres à M. du Chatelet pour l'équipage de son fils. Je vous les paierai en loier de maison, ou bien, si vous voulés, voilà le billet de M. du Chatelet qu'heureusement je n'ai pas déchiré. Il ne sera pas étoné que je n'aie pas pu le paier. Gardés le et prêtés m'en l'argent, et nous ferons un nouveau compte, ou je ne l'emploierai pas en dépense. Cela vaudra mieux et pour moi et pour vous. Vous me ferez un grand plaisir. J'espère que vous le pourés, car je suis sûre que si vous le pouvés vous le ferés. » — En tête de ce charmant billet Voltaire a écrit de sa main ces mots : « Lettre de madame du Chastellet. » — Nous reproduisons ci-contre en fac-similé la première page.

✛ 2082 ✛ **DU CHASTELLET** (Gabrielle-Émilie LE TONNELIER DE BRETEUIL, marquise).

L. A. au comte Algarotti, avec un post-scriptum autographe de VOLTAIRE ; Cirey, 12 mai 1738, 4 p. in-4. Superbe et très intéressante pièce.

Très remarquable épitre où elle le félicite de son ouvrage l'*Exposition du système de Newton.* « L'ouvrage de M. de V. a paru précisément dans le même tems par le pur hazard et par la précipitation des libraires d'Hollande qui n'ont pas seulement attendu ni les derniers chapitres, ni les corections qu'il devoit leur envoyer. » Elle l'assure de son amitié. — Voltaire joint, en termes charmants, ses félicitations à celles de son amie. « Permettez qu'un Emilien, qui est aussi un des plus tendres Argalotiens, mêle icy ces petits hommages aux marques de souvenir d'Émilia Neutonia. Vous la retrouverez bien digne de votre livre. Vous avez bau suposer une marquise italienne. Croyez moy, la française vous entendra peut-être encor mieux que le cartésien à qui vous dédiez Neuton... »

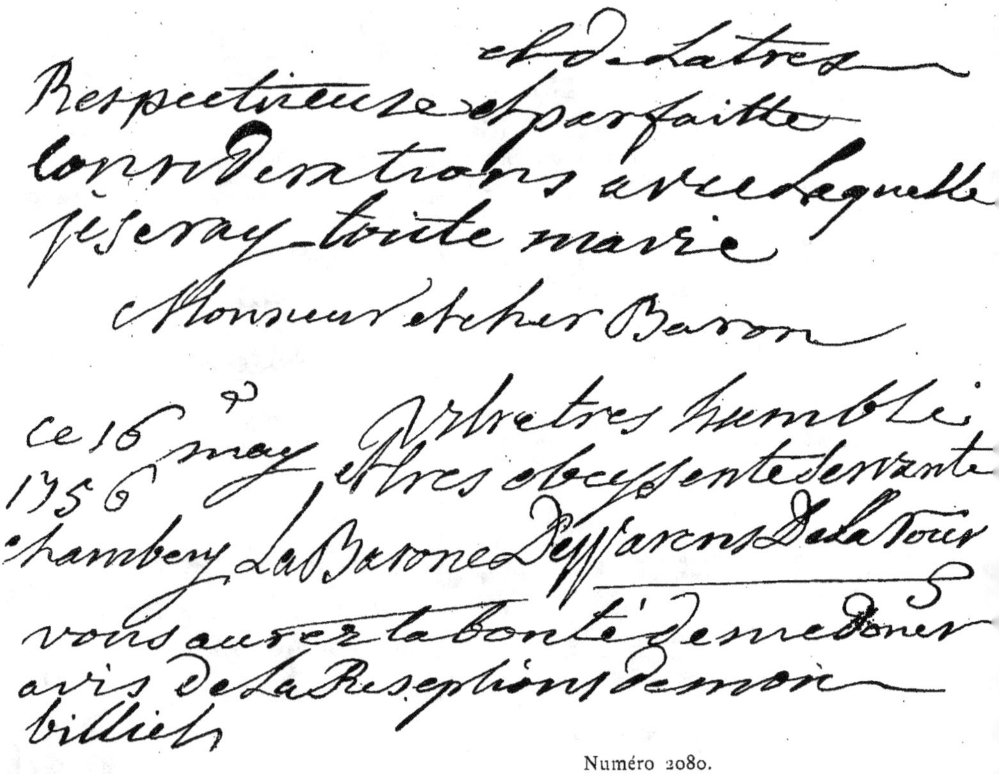

et de latres
Respectueuse et parfaitte
considerations avec Laquelle
je seray toute ma vie

Monsieur et cher Baron

ce 16.ᵈ may Votre tres humble
1756 Et tres obeyssente servante
chambery La Barone Desfarens De La Tour
vous aurer la bonté de me doner
avis de La Reseptions de mon
billiets

Numéro 2080.

100

⚔ 2083 ⚔ **DU CHASTELLET** (Gabrielle-Emilie LE TONNELIER DE BRETEUIL, marq.).

L. A. S. à l'abbé Moussinot (le correspondant financier de Voltaire, à Paris); Bruxelles, 14 février 1744, 2 p. in-4, cachet à l'effigie de Voltaire. *(Coll. Lajarriette et Dubrunfaut.)*

Précieuse lettre relative à un portrait de Voltaire que Moussinot venait d'envoyer à la marquise et qui sera parfait avec une demi-heure de retouche sur le modèle. « J'espère qu'à présent que vous avés le portrait, vous voudrés bien faire travailler à la mignature de ma bague. Je vous laisse le choix du peintre et je ne le trouverai point cher, quoiqu'il puisse coûter, s'il est bien ressemblant, mais je vous supplie que le visage ne soit point trop grand par proportion à la place et de le faire mettre dans la bague avec une petite glace, de façon qu'il ne puisse plus tomber... » — (Cette bague est fameuse; c'est celle où le portrait de Voltaire avait remplacé celui du marquis Du Chastellet et où il fut lui-même remplacé par Saint-Lambert.)

⚔ 2084 ⚔ **DU CHASTELLET** (Gabrielle-Émilie LE TONNELIER DE BRETEUIL, marq.).

L. A. à Saint-Lambert, chez M. de Vaux, à Lunéville; Cirey, jeudi à deux heures après minuit, 3 p. in-18, cachet camée. Très légère déchirure par la rupture du cachet. Précieuse pièce.

Très curieuse épître. « Je crois qu'il est bien imprudent de vous escrire une seconde lettre avant d'avoir reçu de vos nouvelles. J'arive à Cirey après une marche de treize heures. Si je ne vous escrivois pas aujourd'hui, vous n'auriés pas de mes lettres lundi. Si vous êtes digne que je vous aime, vous partirés mardi et vous serés ici jeudi ou vendredi. Allés à Joinville par Vaucouleurs. On quitte, je crois, la grande route à voie à Joinville. Quand vous y serés, demandés un marchand nommé Laurent et priés le de vous doner un guide pour Cirey. Il vous en donera surement un ou deux qui vous en servira lui-même. Il n'i a que trois lieues de Joinville ici. Mon Dieu, que Cirey me paroîtra beau quand vous y serés. Je n'en partirai point que je n'aie perdu l'espérance de vous y voir. Ainsi ce sera votre faute si vous n'i venés pas. J'escris un mot à Madame Boufflers. Faites semblant de ne pas savoir de mes nouvelles. Voiés-vous le petit papier que j'ay pris afin d'être sûre de vous escrire une petite lettre. Je veux la finir bien vite. Si je permettois à mon cœur de vous parler, il ne finiroit pas sistot et peut être ne mérités vous rien de ce qu'il auroit à vous dire. Nous verrons samedi si j'aurai une lettre de vous. Je fais ce qu'il m'est possible pour ne vous aimer qu'autant que je le devrois, mais j'ay bien peur de perdre ma peine et de vous aimer plus que vous ne le mérités... »

⚔ 2085 ⚔ **WILHELMINE DE PRUSSE**, sœur du grand Frédéric, margrave de Baireuth, femme du prince Frédéric Guillaume (1731), princesse spirituelle et lettrée, illustre protectrice de Voltaire, n. 3 juillet 1709, m. septembre 1758.

L. A. S., en français, à Voltaire; 20 avril 1752, 1 p. 1/2 in-4, cachet brisé. *Rare.* — P.

Très curieuse épître. « La pénitence que vous vous imposés a achevé de fléchir mon couroux. Je n'avois pu encore oublier votre indifférance. Il ne falloit pas moins qu'un pélerinage à Notre-Dame de Bareith pour effacer votre péché. Frère Voltaire sera pardoné à ce pris. Il sera le bien venu ici et y trouvera des amis empressez à l'obliger et à lui tesmoigner leur estime. Je doute encore de l'accomplissement de vos promesses. Le climat de l'Allemagne a-t-il pu en si peu de tems réformer la légèreté françoise. Le voyage de France et d'Italie réduits en châteaux en Espagne me font craindre le même sort pour cellui-ci. Soyez donc archi-germain dans vos résolutions et procuré moi bientôt le plaisir de vous revoir. Quoiqu'absent vous avez eu la faculté de m'arracher des larmes.

J'ai vu hier représenter votre feaux Profète *(Mahomet)*. Les acteurs se sont surpassés et vous avez eu la gloire d'émouvoir des cœurs Franconiens qui, d'ailleurs, ressemblent assez aux rochers qu'ils habitent... » — (Voltaire était alors à Berlin auprès du grand Frédéric.)

⚔ 2086 ⚔ **LOUISE DOROTHÉE**, duchesse de Saxe-Gotha, femme du duc Frédéric III (1729), protectrice de Voltaire, n. 10 août 1710, m. 11 novembre 1767.

L. A. S. de ses initiales, en français (à Voltaire); 12 décembre 1758, 3 p. 1/2 in-4. Superbe pièce.

Très intéressante lettre où elle explique les motifs de son silence. Elle fait un sombre tableau de la triste situation de son pays. Le pays d'Aitenbourg a été rançonné par les Croates. Le duché de Saxe-Gotha vient de fournir son contingent à l'armée de l'Empire. « Le Roi de Prusse a été souvent dans cette guerre au bord du précipice, mais jamais, selon moi, aussi proche que cette anée. D'abord qu'il est entré à Dresden, après avoir délivré cette ville et Neiss, il s'est logé au château et dans l'apartement du roy de Pologne, chose qu'il n'avoit jamais faite auparavant, et il a envoyé tous les ministres de conférences à l'exception d'un seul en Pologne... » Elle lui demande, en terminant, son opinion sur deux pièces de Diderot, *Le Fils naturel* et *Le Père de famille*. « Vous pouvés compter que je n'en abuserai pas. Je vous chéris trop pour être capable de vous causer la moindre peine, et de plus je suis extrêmement discrète de mon naturel. Conservés-moi cette amitié qui fait le charme de ma vie... » — (Voltaire répondit à cette charmante lettre le 25 décembre 1758.)

LETTRE DE LOUISE DOROTHÉE DE SAXE GOTHA — FRAGMENT

[fragment de lettre manuscrite]

que je n'en abuserai pas. je Vous chéris trop pour être ca
pable de Vous causer la moindre peine et de plus jé
suis extremement discrette de mon naturel. Jenme
res moi cette Amitié qui fait le charme de ma
vie. le Duc mes enfans l'aimable Buchvald
Frits veulent être només pour Vous protester
leur estime et leur affection, j'ajoute à Vos
ces sentimens l'admiration la plus parfaite

ce 12 Decembre
1768   Numéro 2086.

LETTRE DE CHARLOTTE DE PRUSSE — FRAGMENT

[fragment de lettre manuscrite]

Je ne possède point l'heureux talent de faire des vers suitte de cet
Eventaile j'espere que vous voudres recevoir mes remerciemens en
prose pour votre billet obligeant je regrette d'ene pouvoir profitter
de votre conversation je suis persuadée quelle se distingue toujours
L'esprit le savoir l'enjouement et la gayité sont des dons qui
vous sont si natturels quils ne peuvent que contribues aux charmes
de la soieté Cependant monsieur si avec toute ces richesses
d'esprit il y avoit encore un souhait à faire ce seroit que votre
corps cacochime come vous l'apelles fut plus en Etat de ce
produire Et que jouissant de votre Entretien j'eusse en même
temps la satisfaction de vous témoigner combien j'estime
vos ouvrages et avec quelle distinction je l'admire

Charlotte

Berlin ce 16 decembre

Numéro 2089.

✦ 2087 ✦ DENIS (Marie-Louise MIGNOT, dame), la nièce de Voltaire, dont elle fut la fidèle compagne, n. 1712, m. 1790. Elle a fait quelques pièces de théâtre.

L. A. S. (à l'avocat Dupont, à Colmar); Paris, 9 juillet 1768, 4 p. in-4. Très belle pièce.

Très intéressante lettre sur la donation que lui a faite Voltaire. Cette donation est mal rédigée et se trouve ainsi sans valeur pour elle, et il se pourrait que le duc de Wurtemberg ne la payât pas. « Heureusement vous verez par la consultation qu'il y a de la ressource, si mon oncle veut se prêter. Je ne doute pas qu'il ne le fasse si l'on lui propose. Je connais son cœur et sa façon de penser. Je lui ai les plus grandes obligations. Je suis très sûre qu'il ne voudrait pas me retirer un bienfait pour faire son éritier le duc de Wirtimberg. Malgré cela je ne sçaurais me résoudre à lui en parler et je vous suplie de n'en rien faire. Tant que mon oncle vivera, je suis bien convincue que je ne manquerai de rien. Si j'ai le malheur de le perdre, la perte des biens n'est pas ce qui exiterait mes regrets, et l'on vit à tout prix, ou l'on meurt, ce qui est, tout bien considéré, un fort peti malheur... »

✦ 2088 ✦ CREQUY (Renée-Caroline de FROULLAY, marquise de), une des femmes les plus spirituelles de son temps, n. au château de Montflaux, 19 octobre 1714, m. à Paris, 2 février 1803. Les Mémoires publiés sous son nom sont apocryphes.

L. A. S. à Guys (Pierre-Augustin, savant hélléniste, voyageur et écrivain, né à Marseille en 1720, mort à Zante en 1799), à Marseille; Paris, 11 mars 1776, 2 p. in-4, cachet. Superbe pièce. — P.

Très remarquable lettre où elle le remercie de l'envoi de son *Eloge de Madame de Sévigné*. — Elle porte ce piquant jugement sur la grande épistolaire : « Madame de Sévigné avoit une jolie plume, mais une petite tête; bourgeoise de qualité, s'honorant d'un regard que *César par hazard avoit lancé sur elle*. Nulle philosophie et femme de parti pour être, car d'ailleurs elle étoit douce et asservie au public. Ces défauts tiennent à l'envie qu'on a de primer dans l'opinion d'autrui, et le public ingrat ne se doute pas des malheureux qu'il fait. » Son fils est toujours à la cour. Elle lui demandera l'éloge du pauvre maréchal Du Muy (mort à Paris le 10 octobre 1775). — Dans un post-scriptum écrit sur le feuillet de l'adresse, la marquise fait l'éloge du *Discours sur l'influence du commerce sur les mœurs*, récemment publié par Guys.

je n'ai pas voulu differer a vous remercier, Monsieur, et a vous assurer que j'ay l'honneur d'être votre très humble et très obéissante servante.

Froullay de Crequy Douairière

✦ 2089 ✦ CHARLOTTE DE PRUSSE, sœur du grand Frédéric, duchesse de Brunswick-Wolffenbuttel, femme du duc Charles (1733), protectrice des arts et des lettres, correspondante et amie de Voltaire, n. 13 mars 1716, m.

L. A. S., en français (à Voltaire); Berlin, 10 décembre, 1/2 p. in-8. Très jolie et rare pièce.

Charmante épître dont voici le texte : « Je ne possède point l'heureux talent de faire des vers. Fautte de cest avantage, j'espère que vous voudrés rescevoir mes remercimens en prose pour votre billet obligent. Je regrette de ne pouvoir profitter de votre conversation. Je suis persuadée qu'elle ce distingue toujours. L'esprit, le sçavoir, l'enjouement et la gayeté sont des dons qui vous sont si naturels qu'ils ne peuvent que contribués au charmes de la société. Ceppandant, Monsieur, si avec toute ces richesses d'esprit il y avoit encore un souhait à faire, ce seroit que votre corps cacochime, comme vous l'appellés, fut plus en état de ce produire et que, jouissant de votre entretien, j'eusse en même temps la satisfaction de vous témoigner combien j'estime vos ouvrages et avec quelle distinction je les admire. »

✢ 2090 ✢ POMPADOUR (Jeanne-Antoinette Poisson, marquise de), épouse de Le Normant d'Etioles (1741), maîtresse de Louis XV (1745), non moins célèbre par l'influence qu'elle exerça sur les mœurs et coutumes de son temps que par son rôle politique, protectrice des lettres et des arts, n. à Paris, 29 décembre 1721, m. à Versailles, 15 avril 1764. Elle fit conclure, en 1759, avec l'impératrice Marie-Thérèse, le fameux traité de Versailles, qui nous engagea dans la funeste guerre de Sept ans. On a publié sa correspondance avec son frère le marquis de Marigny.

L. A. S. à « Monsieur de Crébillon le père, à Paris » ; samedi (avant 1754) 3/4 de p. in-18, joli cachet aux trois tours. Jolie et précieuse pièce. (Coll. d'Estourmel et Benjamin Fillon.) — P.

Charmante épître adressée au poète tragique Crébillon et relative à l'éducation de sa fille unique (Alexandrine-Jeanne Le Normant d'Etioles, baptisée à Paris le 10 août 1744). En voici le texte : « Je sçais les soins que vous vous donnés auprès de ma fille, Monsieur, et je vous en fais mes remerciments. Autant je désire qu'elle soit instruitte et sache s'occuper, autant je serois affligée qu'elle fit le bel esprit. Nous ne sommes faites, à ce que dit Molière, que pour coudre et filer. Je ne suis pas de son avis, mais je trouve l'air sçavant et le ton décidé on ne peut pas plus ridicule. Je pense comme vous pour madame Laforge et sa sœur et je n'ay pas envie d'introduire aucune personne étrangère dans son éducation. Vous connoissés, Monsieur, mon admiration pour le génie sublime du grand Crébillon et mon estime pour sa personne. » (La fille unique de Madame de Pompadour mourut à l'âge de dix ans au couvent de l'Assomption le 5 juin 1754. Elle fut enterrée dans l'église des Capucines de la place Vendôme, où sa mère voulut reposer auprès d'elle.)

✢ 2091 ✢ POMPADOUR (Jeanne-Antoinette Poisson, marquise de).

L. A. au duc de Nivernois (Louis-Jules-Barbon Mancini-Mazarini, né à Paris en 1716, mort en 1798), à Baireuth ; 28 au soir (1755), 1 p. pl. in-8, cachet brisé. Jolie pièce. (Coll. Dubrunfaut.)

Importante lettre politique, dont voici le texte : « Le maréchal (de Richelieu) est arrivé, petit époux. Le courier qui vous rendra ce billet vous instruira de ce qui l'a amené. Le party est bon et ferme. Il n'y a que ceux là de comparables à nous aussi grand roy que le nôtre. Vous sçavez que telle a toujours été ma façon de penser. Vous pouvés en assurer très affirmativement S. M. P. (sa Majesté Prussienne Frédéric II), ainsy que du peu d'intérest que je prends à la banque angloise, quoy que luy en ait dit son engagé de Chambrier (Charles-Henri, baron de Chambrier, né à Neuchâtel en Suisse en 1728, conseiller et confident du grand Frédéric, conseiller d'Etat de la principauté de Neuchâtel, mort dans sa ville natale en 1769). Ce n'est, en vérité, pas ma faute s'il tenoit aussy souvent de mauvaises digestions, et je ne dois pas en porter la peine. Bonsoir, petit époux. Vous devés autant compter sur M. de Séchelles (contrôleur général des finances, n. à Paris, 1690, m. 1760) que sur toute amitié pour vous. Je ne suis pas en peine de l'établissement de vostre seconde fille. » — Sur le feuillet de l'adresse, on lit ce post-scriptum : « Sy madame la marquise (Wilhelmine de Prusse, sœur du grand Frédéric), qui a demandé à M. de Catt âne une de mes gravures, en désire la suite, je seray enchantée de luy en faire une suite. J'ay remis votre lettre au Roi. » — (Il s'agit du recueil de soixante-trois eaux-fortes gravées par la marquise d'après les dessins de Guay. — Cette lettre de Madame de Pompadour a été publiée par les frères de Goncourt et par Poulet-Malassis ; ces différents ont omis lu le nom de Chambrier qu'ils ont transformé en chancelier.)

✦ 2092 ✦ BOUFFLERS (Marie-Charlotte-Hippolyte de Camper-Saujon, comtesse de), la célèbre amie de Jean-Jacques Rousseau et de David Hume, rivale de madame du Deffand et de mademoiselle de Lespinasse, n. à Paris, 1724, m. 1800.

1° L. A. au comte de Schonberg, chambellan du duc d'Orléans, colonel du régiment de Schonberg à l'armée de Soubise; (Paris), 3 janvier 1759, 4 p. pl. in-4. Belle pièce. *(Coll. Dubrunfaut.)*

Lettre des plus curieuses sur la maladie de la duchesse d'Orléans (Louise-Henriette de Bourbon-Conti, femme, en 1743, de Louis-Philippe, duc d'Orléans, mère de Philippe-Egalité). La comtesse de Boufflers raconte que le médecin Petit a fait connaître, le 1 janvier, à la duchesse la gravité de son mal. Elle rapporte les termes de la conversation qui eut lieu à cet effet. La duchesse a accepté bravement cette révélation. Elle a fait venir son mari et s'est entretenue avec lui. Elle a prié ses dames d'honneur de prendre un air plus gai et elle s'est mise à chanter : *Pour le peu de bon temps qui nous reste, rien n'est si funeste qu'un noir chagrin.* Elle a reçu, le 2 janvier, les sacrements avec beaucoup de pompe, en présence des princes et princesses et de toute sa maison. Elle a donné sa bénédiction à ses enfants, ce qui fut un spectacle très attendrissant. Puis elle s'est levée et a diné de bon appétit. Elle a été très gaie toute la journée et a parfaitement passé la nuit. « Jusqu'à présent l'on s'étoit imaginé que le plus grand effort d'une fermeté stoique étoit de voir ce moment là avec égalité d'âme. Madame la duchesse d'Orléans fait beaucoup plus; elle le voit avec gayeté, elle trouve matière de plaisanterie dans ce qui effraye les plus courageux et cela sans avoir rien qui puisse la dégoûter de la vie.» — (La duchesse d'Orléans mourut le 9 février 1759.)

2° L. A. au comte de Schonberg; (Paris), ce 29 (janvier 1759), 1 p. 1/2 in-4, cachet brisé.

Jolie lettre où elle l'engage à modérer son enthousiasme pour une merveilleuse personne qu'elle ne nomme pas. « Je vous avois écrit une lettre de quatre pages pour rabattre un peu des transports de votre admiration, mais comme depuis les traitemens de cette merveilleuse personne pour qui vous vous sentés si attendri, sont venus au point de ne plus permettre de la voir, j'ay craint que vous n'attribuiés au dépit et à la vengeance des réflexions qui, dans tout autre cas, auroient servis à vous prouver que vous vous livrez trop à l'enthousiasme et après lesquels vous auriez peut-être vu avec quelque honte l'excez de louanges où ce caractère vous a conduit. En attendant tout ce que je puis vous dire, c'est que votre comparaison avec Socrate me fait venir ce que nous appellons entre madame de Blot et moy la vilaine peau. Croyés moy, Monsieur le Comte, s'il est des Socrates dans ce siècle, ce n'est pas là qu'il faut les chercher, à moins que ce n'en soit de tels qu'on prétend qu'il étoit par la nature avant que la vertu ne l'eut refformé. » Le duc d'Orléans a été saigné pour un mal de gorge hier matin. La duchesse n'a pas huit jours à vivre. Madame de Barbantane, qui a été fort mal après ses couches, va mieux.

3° L. A. au comte de Schonberg; (Paris), 15 février 1759, 3 p. 3/4 in-4. Superbe pièce.

Très intéressante lettre relative au même sujet que la précédente. Les obsèques de la duchesse d'Orléans ont eu lieu aujourd'hui avec une grande pompe. Le duc d'Orléans a conservé aux dames d'honneur leurs appointements et leurs logements et a donné à madame de Polignac deux mille livres de rente viagère. On a condamné le livre d'Helvétius (*De l'Esprit*). « Sa personne a pensé être notée d'infamie. L'Enciclopédie sera, je crois, plus ménagée. Des commissaires ont été nommés pour l'examiner. Le discours de M. l'avocat général au sujet des livres condamnés me paroit un peu capucinal. Je n'en puis pourtant pas porter un jugement bien sûr, car je ne l'ay que parcourue, mais en général je pense que pour faire impression sur les esprits et pour protéger la morale et les mœurs il faut employer d'autres armes que celles des théologiens qui n'ont de force que pour les dévots et qui n'en ont point sur ce qu'on appelle les honnestes gens du monde... »

✦ 2093 ✦ EPINAY (Louise-Florence-Pétronille Tardieu d'Esclavelles, marquise d'), la célèbre amie de Jean-Jacques Rousseau, de Diderot et de Grimm, auteur de très curieux *Mémoires*, n. à Valenciennes (Nord), 11 mars 1726, m. à Paris, 15 avril 1783.

1° P. A. S.; Paris, 6 avril 1773, 1/2 p. in-4. Jolie pièce. *(Coll. Dubrunfaut.)*

Intéressant document dans lequel elle déclare avoir reçu de son mari la somme de mille quatre-vingt-trois livres six sous huit deniers pour un mois de sa rente viagère de treize mille livres.

2° L. A. à M.-J. Sedaine (le célèbre auteur dramatique); La Briche, 23 avril, 2 p. 1/2 in-4, cachet.

Lettre des plus curieuses où elle le remercie du jugement favorable qu'il a porté sur son ouvrage (probablement le manuscrit de ses *Mémoires*). Elle l'autorise à communiquer le manuscrit à madame Sedaine, pourvu que celle-ci lui garde le secret. « J'ai plus d'ennemis que je n'en mérite peut-être, car je n'ai jamais fait de mal à personne, et j'aime mieux me tenir tranquile, ignorée, que d'avoir à plaider ma cause ou d'en donner la peine à mes amis. Cette raison à part, je suis très fort dans vos principes et amais cet ouvrage ne verra le jour. Je redoute toute célébrité et, quand je serois sûre d'un grand succès, ce qui est toujours douteux, je n'imprimerois pas davantage... » — (On sait que les *Mémoires* de Madame d'Epinay, si précieux pour l'histoire du dix-huitième siècle, furent publiés à plusieurs éditions.)

LETTRE DE MADAME DE BOUFFLERS — FRAGMENT

Numéro 2092.

m. le duc do[...] a été [...] hier matin à 5 heures
pour la fièvre et un mal de gorge il est bien maintenant
m. le d[uc] de Boufflers ne paroît point à [...]
m. de barbentonne après être accouchée a été fort
mal elle est mieux, pour moy je me porte assez bien
je suis fâché que vous logez si loin et j'en [...]
pas pour ce qu'il paroist que vous y serez pourquoy
[...] vous a fait partir je n'ay pas de nouvelles
de mon [...] ce qui me [...]

LETTRE DE MADAME D'ÉPINAY — FRAGMENT

Numéro 2093.

aucun suffrage, Monsieur, ne pouvoir me flatter autant
que le vôtre, je me flatte qu'il est sincère et que vous m'estimez
assez pour me dire la vérité j'espérois que vous ne seriez pas
absolument mécontens de mon ouvrage, mais j'espérois en
même tems que vous me diriez votre avis sur ses défauts,
et j'y compte encore, ce sera le sujet de notre première
entrevue, je consens de tout mon cœur que vous le
communiquiez à M. Sedaine, si vous croyez qu'il puisse
lui faire plaisir et si elle veut bien en garder la lecture,

✢ 2094 ✢ CHÉNIER (Elisabeth SANTI L'HOMACA, femme), épouse du diplomate Louis de Chénier, mère de l'illustre poète André Chénier et de Marie-Joseph, auteur des *Lettres grecques*, n. à Constantinople, 1729, m. à Paris, 6 novembre 1808.

L. A. S. au citoyen Mahérault, chef de l'école centrale de Paris; Paris, 29 vendémiaire an VII (20 octobre 1798), 5 p. in-4. Très belle et très remarquable pièce. *Très rare. (Coll. Mahérault.)*

Épitre des plus curieuses où elle le supplie en termes piquants de l'aider à tirer son fils Marie-Joseph (le poète dramatique) des mains d'une maitresse. « Le citoyen Sièies (Sieyès) m'avet envoyé dire par mon fils Louis-Sauveur Chénier de dire à mon fils le député qu'il ne convené pas à un homme aussi marquant que M.-J. Chénier de ce montrer en publique ave de sertene femme. Je lui ay dit et il s'es contenté d'an rir. » Elle raconte les scènes violentes qui ont eu lieu entre son fils et sa maitresse. Dans la nuit du 26 celle-ci s'est portée à des voies de fait sur son amant. « Tachés, mon chère citoyen, de tirer votre ami d'auprès d'une objait si indigne d'un homme comme lui sur tous les rapors... » — (Cette femme s'appelait Marie-Louise-Eugénie Le Beau de l'Esparda de Maisonnave. Elle vécut avec Marie-Joseph Chénier jusqu'à sa mort et hérita de ses manuscrits. — Cf. *Revue des documents historiques*, 1877, et l'édition des *Lettres grecques* donnée par Robert de Bonnières.)

[signature]

✢ 2095 ✢ HOUDETOT (Sophie-Élisabeth-Françoise de LA LIVE DE BELLEGARDE, comtesse d'), la célèbre et fidèle amie de l'illustre Jean-Jacques Rousseau et du poète Saint-Lambert, n. 18 décembre 1730, m. à Paris, 28 janvier 1813.

L. A. S. à Suard (Jean-Baptiste-Antoine, célèbre écrivain, n. à Besançon, 1733, m. 1817), à Paris; ce mercredi 12 pluviose (1 février) 1803, 3 p. in-4. Très belle pièce. *(Coll. Lajarriette.)*

Superbe lettre où elle lui mande que Saint-Lambert a reçu l'avis de son incorporation dans la nouvelle Académie et l'invitation d'assister à la prochaine assemblée du 13 pluviôse. « Vous sçavés que son triste état ne luy permet pas de s'y rendre. Voulés-vous bien vous charger pour votre malheureux et ancien amy de porter à l'assemblée les excuses de son absence et ses remerciements? Ses derniers vœux ont été de revenir à ses anciens confrères et il verroit avec bien de la joye en arriver le moment... » — (Saint-Lambert mourut le 8 février 1803.)

[signature]

✢ 2096 ✢ LESPINASSE (Julie-Eléonore de), femme célèbre par son esprit et par le brillant salon littéraire qu'elle présida, rivale de Madame Du Deffand, la tendre et infidèle amie de d'Alembert, n. à Lyon, 1731, m. à Paris, 23 mai 1776.

L. A. à Jean-Baptiste-Antoine Suard; samedi, midi, 3 p. in-8, cachet brisé. Très jolie pièce. — P.

Curieuse épître sur M. de Mora. Elle a reçu une lettre qui la rassure sur l'état de sa santé. Elle n'en est pas moins tourmentée, car une lettre contenant plus de détails ne lui est pas parvenue. « Je suis si touchée et si persuadée de votre amitié qu'il me semble que je vous dois compte de tous les mouvements de mon âme. Elle est plus calme, mais que de choses encore qui me font peur... J'ai trouvé le secret d'être toujours dans l'ignorance sur tout ce qui m'intéresse. Cela me désole, mais cependant je suis rassurée sur le plus important. Il est mieux et il me promet de se soigner pour moi et de m'écrire une longue lettre où il me fera tous les détails dont j'ai besoin... »

✢ 2097 ✢ MARIE ADÉLAIDE DE FRANCE, fille aînée de Louis XV et de Marie Leczinska, n. à Versailles, 3 mai 1732, m. à Trieste (Autriche), mars 1800.

P. S., avec trois lignes autographes; Versailles, 19 mars 1792, 2 p. in-fol. Très belle pièce.

Très curieux document. C'est l'approbation d'un mémoire de livres et de reliures à elle fournis par le libraire Blaisot. Dans cette pièce figurent plusieurs livraisons de l'*Encyclopédie* et les *Actes des Apôtres*. Le mémoire s'élève à trois cent quatre-vingt-dix-huit livres quatorze sous.

[signature]

Numéro 2096.

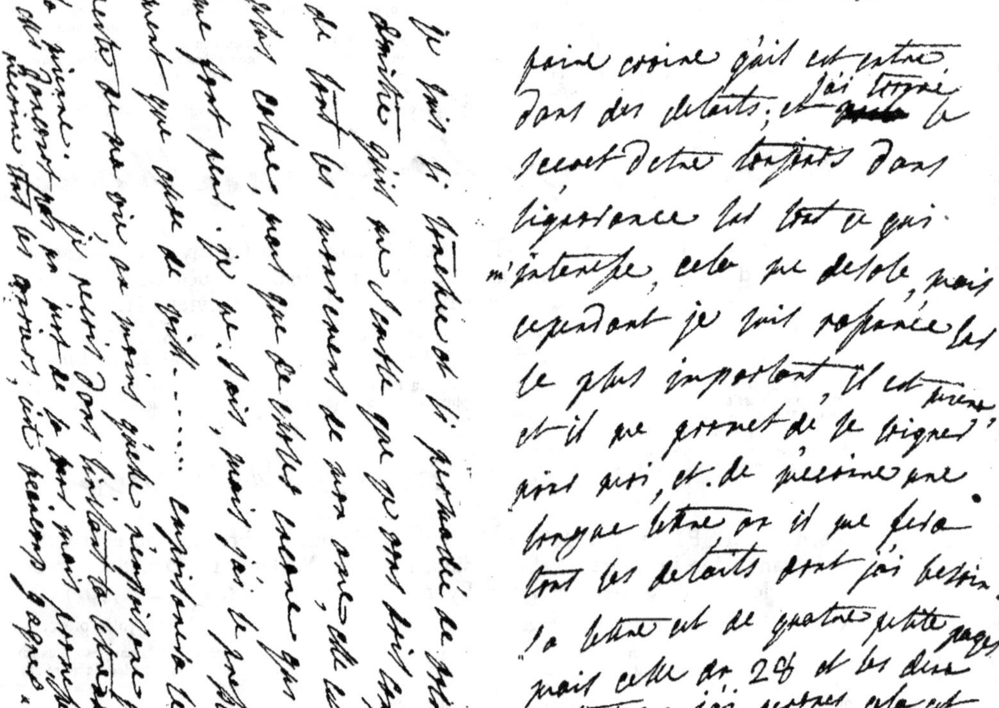

✛ 2098 ✛ NECKER (Suzanne Curchod), femme du célèbre homme d'État, renommée par ses vertus et par sa bienfaisance, fondatrice de l'hospice qui porte son nom, n. à Crassier (canton de Vaud), 1739, m. près de Lausanne, mai 1794.

L. A. S. à Bernardin de Saint-Pierre, à Paris ; Saint-Ouen, 13 mai 1773, 2 p. in-8, cachet.

Charmante épître où elle l'invite à dîner, afin qu'il leur lise le manuscrit dont il leur a parlé (sans doute les *Études de la nature*). « L'on ne peut faire l'histoire de la Suisse sans parler de sa situation, et il faut voir la nature pour l'imiter. Un peintre ne la cherche pas dans des tableaux. Tout ce que nous vous dirions sur notre patrie vous paroitroit froid et exagéré. La longue habitude du pays, comme la connoissance intime d'un homme, donne du prix aux petites choses et diminue l'impression des grandes. » Intéressants détails.

✛ 2099 ✛ ANNA AMALIA, duchesse de Saxe-Weimar, femme du duc Ernest-Auguste, régente après la mort de son mari (1758-1775), célèbre protectrice des lettres et des arts, amie de l'illustre Gœthe et de Wieland, n. 1739, m. 1807.

L. A. S. au conseiller Johann-Heinrich Merck ; Weimar, 4 août 1781, 2 p. 1/2 in-4. — P.

Belle et piquante épître : « Bien que Messieurs les poètes se tiennent volontiers à côté de la vérité, le poète Wieland vous a bien dit cette fois-ci la vérité vraie, à savoir que je suis toujours la même à votre égard.... et que si j'ai tardé à vous remercier de toutes les belles œuvres d'art que vous m'avez envoyées ces derniers temps, cela tient à un détestable vice de nature, qui s'appelle, je le confesse à ma honte, la paresse.... Le bas-relief que la poste m'a apporté hier, m'a ravie ; il est admirable. Gœthe se trouvait auprès de moi lorsque je l'ai reçu ; il a ouvert de grands yeux, et cela ne lui a certainement pas déplu. — Gœthe war eben bei mir als ich es bekam. Er machte grosse Augen, es missfiel Ihm gewiss nicht. »

✛ 2100 ✛ STEIN (Charlotte von), amie et confidente intime de Gœthe, célèbre par l'heureuse influence qu'elle exerça sur lui et sur son génie, n. à Weimar, 1742, m. 1827.

L. A. S. (à Karl-Ludwig von Knebel, à Iena, n. 1714, m. 1834) ; 31 janvier 1824, 2 p. pet. in-8. — P.

Curieuse lettre. — Elle se plaint, tout en prenant la chose philosophiquement, du mauvais état de sa santé. Elle aimerait s'enfouir sous terre, comme une taupe : « Ich sehe nur noch wie aus einer fremden Welt in das Leben hinein und mögte gern wie ein Maulwurf unter die Erde Kriechen, ich bin sehr leidend, wenn es noch Erfahrungen waren die man auf ein andres Leben anwenden könnte. » Elle ajoute en français : « N'enfonçons votre œil ni le mien dans ce profond abime, où nous ne voyons rien, sag ich mir oft vor ! »

✦ 2101 ✦ **DASCHKOW** (Catherina-Romanofna, princesse), favorite de l'impératrice de Russie Catherine II, qui lui dut son avènement au trône, n. 1744, m. à Moscou, 1810. Cette princesse a laissé plusieurs écrits en vers et en prose.

L. A. S., en français, au R. P. Hermengilde Pini, à Milan ; Pise, 10 juillet, 1 p. in-4. Superbe et curieuse pièce. *Très rare. (Coll. de la marquise de Barol avec notice autographe de Silvio Pellico.)*

Belle lettre de remerciements du cadeau qu'il lui a envoyé. « Vous m'obligeriez infiniment si vous me donnez quelques renseignements sur les endroits de l'Italie qui me restent à voir où je puisse trouver des choses qui regardent l'histoire naturelle. » Très jolie lettre au point de vue des relations littéraires qui unissaient les beaux esprits à cette époque.

✦ 2102 ✦ **LAMBALLE** (Marie-Thérèse-Louise de SAVOIE-CARIGNAN, princesse de), belle-fille du duc de Penthièvre, surintendante de la maison de Marie-Antoinette, dont elle fut l'amie la plus intime et la plus dévouée, n. à Turin (Italie), 8 septembre 1748, massacrée à Paris, dans la prison de la Force, le 3 septembre 1792.

L. A. S. à Marie-Antoinette ; Versailles, 11 janvier 1782, 1 p. in-fol. *(Coll. Dubrunfaut.)* — P.

Superbe lettre de compliments de bonne année. « Je pense que Votre Majesté ne désapprouvera pas que j'aye différé mon hommage relatif à la nouvelle année jusqu'à ce que je pusse l'assurer de la joye que me cause la convalescence de Madame la comtesse d'Artois. »

✦ 2103 ✦ **POLIGNAC** (Yolande-Martine-Gabrielle de POLASTRON, duchesse de), gouvernante des enfants de France, favorite de la reine Marie-Antoinette, dont on l'a accusé d'avoir été le mauvais génie, n. vers 1749, m. à Vienne (Autriche), 9 décembre 1793. Elle fut une des premières à émigrer après la Révolution.

L. A. S. au comte...; Passy, le 7, 1 p. 1/4 in-4. Superbe et très remarquable pièce. *Très rare.*

Intéressante lettre dans laquelle madame de Polignac le presse de terminer l'affaire qui les regarde, elle et son mari. Elle est impatiente de voir donner une forme solide aux bienfaits de Sa Majesté, afin que ses enfants puissent en jouir un jour.

✦ 2104 ✦ **BONAPARTE** (Lœtitia RAMOLINO), femme de Charles de Bonaparte, mère de l'empereur Napoléon I, n. 1750, m. à Rome, 1839.

L. S., en italien, avec la souscription aut., à son fils (Lucien) ; Paris, 8 mai 1810, 3 p. 1/2 in-4. — P.

Très curieuse lettre où elle se plaint de la lettre qu'elle a reçue de son fils. « Je vous ai conseillé le divorce et je vous le conseille encore, parce que je ne crois pas qu'il y ait d'autre moyen d'éviter votre perte et celle de vos fils, parce que votre femme ne cesse pas par là d'être leur mère et parce qu'avec le temps tout peut s'arranger. Je vous ai induit à m'envoyer Lolotte (la fille aînée de Lucien, née en 1796) parce que j'espérais que sa venue serait un moyen de réunion, et il me semble que je ne m'étais pas trompée si vous aviez voulu vous prêter aux ouvertures que l'Empereur vous a fait faire. » Elle ne comprend donc rien à sa lettre, qui lui a causé un grand chagrin. Elle l'engage à renoncer à son funeste projet de quitter l'Europe et elle le supplie de ne pas élever une barrière entre lui et sa famille.

je suis trop pénétrée des Bontés dont Vôtre Majesté
m'honore, pour ne pas saisir avec empressement l'occasion
de la suplier de m'en accorder la continuation; j'ose
me flatter que Votre Majesté ne me refusera pas
cette grace, et qu'elle voudra bien être persuadée
de la sincérité des vœux que je forme pour sa Personne.

je pense que Votre Majesté ne désaprouvera pas
que j'aye différé mon hommage relatif à la nouvelle
année, jusqu'à ce que je puisse l'assurer de la joye que
me cause la convalescence de M.de la Comtesse d'Artois.

je suis avec un profond respect

Madame

De Vôtre Majesté

Très humble et très
obéissante servante
M L T de Savoye

à Versailles ce 11.
janvier 1782

+ 2105 + DUPIN (Marie-Aurore), fille naturelle du maréchal de Saxe, d'abord comtesse de Horn, puis épouse du fermier général Dupin de Francueil, grand'mère paternelle de George Sand, n. 1750, m. 1821.

    P. A. S.; château de Ferrières, 18 novembre 1791, 3/4 de p. in-4. Très jolie pièce. *Rare. (Coll. Dubrunfaut.)*

Elle reconnaît avoir reçu de la comtesse de Senectère la somme de deux mille cinq cents livres pour un semestre des intérêts des cent mille livres à elle dues par la comtesse.

+ 2106 + OESER (Friedericke), fille du peintre Adam-Friedrich Oeser, amie de Gœthe, avec lequel elle entretint une active correspondance, n. 1750, m.

    L. A. S. à son frère, à Dresde; Leipzig, 22 novembre 1774, 3 p. in-4. Belle et rare pièce. — P.

Jolie lettre. Elle annonce à son frère la prochaine visite de leur ami commun Bach, qui examinera l'état de ses affaires; elle l'engage à ne plus faire de dettes et à ne pas se payer toutes ses fantaisies, vu qu'elle veut bien continuer à venir à son aide, mais ne peut cependant lui donner indéfiniment de l'argent. Intéressants détails intimes.

+ 2107 + CAMPAN (Jeanne-Louise-Henriette GENET, dame), lectrice de Marie-Antoinette, auteur de *Mémoires* sur cette reine, surintendante de la maison d'Ecouen sous Napoléon I, n. à Paris, 6 octobre 1752, m. à Mantes, 16 mars 1822.

    L. A. S. à Arnault (l'auteur dramatique); 11 frimaire, 2 p. 1/2 in-4. *(Coll. Dubrunfaut.)* — P.

Intéressante lettre sur la mise en musique des chœurs d'Esther pour une représentation qu'elle veut faire donner par ses élèves. Elle écrit à Méhul à ce sujet. « C'est Plantade qui fera apprendre la partie du chant. J'ai une Esther qui charmeroit Racine, si nous pouvions évoquer son ombre. Saint-Cyr n'a pu lui en fournir une semblable. Je crois qu'Esther sera représentée d'une manière étonnante et que d'aussi beaux vers bien dits par de jeunes filles sont une preuve d'éducation bien plus marquante que la grâce et l'ingénuité avec lesquelles elles ont représenté des pièces de théâtre de Madame de Genlis ou celles que j'ai eu la confiance de faire. »

+ 2108 + ALBANY (Louise-Marie-Caroline de STOLBERG, comtesse d'), femme du prétendant Charles-Edouard Stuart, amie intime d'Alfieri, n. 1753, m. à Florence, 29 janvier 1824. Elle légua sa précieuse bibliothèque à son ami le peintre Fabre.

    L. A. S., en français, aux librairies Treuttel et Wurtz, à Paris; Florence, 6 janvier 1820, 1 p. in-4. Belle pièce. — P.

Elle les prie de lui compléter l'ouvrage de M. de Salgues, dont il lui manque deux livraisons, et leur demande de lui envoyer la traduction des *Pensées de Platon*, par Victor Leclerc.

LETTRE DE FRIEDERICKE OESER — FRAGMENT

Numéro 2106.

LETTRE DE CHARLOTTE KESTNER — FRAGMENT

Numéro 2109.

✦ 2109 ✦ KESTNER (Charlotte Buff, femme), amie de Gœthe, la célèbre héroïne du roman de *Werther*, n. à Wetzlar, 11 janvier 1753, m. à Hanovre, 16 janvier 1828.

L. A. S. à sa fille, à Francfort; Hanovre, 24 février 1820, 1 p. 1/2 in-4. Belle pièce. *Très rare.*

Superbe lettre intéressante pour sa biographie et contenant des détails intimes sur sa famille et sur ses amis.

✦ 2110 ✦ MONNIER (Marie-Thérèse Richard de Ruffey, marquise de), la célèbre maîtresse de Mirabeau, qui l'a illustrée sous le nom de Sophie, n. à Pontarlier (Doubs), 9 janvier 1754, m. par suicide à Gien le 9 septembre 1789.

L. A. S. (à Boucher, celui que Mirabeau appelait son bon ange); 23 novembre (1779), 3/4 de p. in-4. Superbe et très intéressante pièce. *(Coll. Lucas de Montigny.)* — P.

Elle dit qu'elle lui renvoie la première traduction. « Vous me rassuré infiniment en me disant que vous avez mes papiers. Sut été une perte bien sensible pour moi et dont une partie eut peue devenir funeste à madame de Mirabeau la mère, déjà trop malheureuse. Si vous ne voyés pas d'inconvénians à me les faire passer, vous voudrez bien m'en avertir... »

✦ 2111 ✦ DEVONSHIRE (Georgina Spencer, duchesse de), femme célèbre par sa beauté et par son esprit, la fidèle amie de Fox, n. 9 juin 1757, m. 30 mars 1806.

L. A. S., en français, au banquier Perregaux; Marseille, 1 janvier 1792, 1 p. in-4. Jolie pièce. *(Coll. B. Fillon.)*

Belle lettre entièrement relative à des questions d'argent. Elle lui exprime le désir qu'il lui écrive à Aix.

✦ 2112 ✦ THEROIGNE (Anne-Josèphe Terwagne, dite), femme célèbre par le rôle actif qu'elle joua dans les premières journées de la Révolution française, n. à Marcourt (duché de Luxembourg), 13 août 1762, m. folle à la Salpêtrière, à Paris, le 9 juin 1817.

L. A. S. au banquier Perregaux; Lyon, 6 mai 1788, 1 p. 1/2 in-4. *(Coll. Dubrunfaut.)*

Elle réclame la somme de cent livres qui lui reste due.

✦ 2113 ✦ BANDETTINI (Teresa), dite Amarilli Etrusca, célèbre poète et improvisatrice italienne, n. à Lucques, 12 août 1763, m. 1836.

1° *A Dei Penati* et *La Navigazione*, pièces de vers autographes signées, 8 p. in-fol. — 2° L. A. S. à l'abbé Giovanni d'Ossuna; Cesène; Imola, 15 juillet 1787, 3 p. in-4. *(Coll. Dubrunfaut.)*

Lettre des plus curieuses, qui témoigne d'un état d'exaltation extraordinaire. Elle s'accuse d'infidélité envers un ami qu'elle désigne de l'initiale F.., lequel ne veut pas se réconcilier avec elle. « Oh! Dieu, je ne sais comment je vis encore, il n'est que trop vrai qu'on ne meurt pas de chagrin!... Si j'avais possédé quelque chose, j'aurais échappé à la tyrannie et à la misère qui me rendent l'existence insupportable!... Plus d'une fois, parmi les idées désespérées qui me sont venues à l'esprit, j'ai conçu celle de me donner au premier venu qui voudrait m'enlever d'ici!... » — Cette épitre, qui peint, avec tant de force et de passion, le trouble d'une âme anxieuse et maladive, est précieuse pour la biographie de Teresa Bandettini.

✛ 2114 ✛ **KRUDNER** (Julie de Vietinghoff, baronne de), célèbre romancière et mystique russe, auteur de *Valérie*, l'Egérie de l'empereur de Russie Alexandre I, n. à Riga, 21 novembre 1764, m. 25 décembre 1824.

L. A. S., en français (à l'abbé Famin) ; Leipzig, 4 avril 1793, 4 p. in-4. Superbe pièce. — P.

Épitre des plus curieuses dans laquelle la baronne de Krudner déclare qu'elle n'a pas songé à enlever l'abbé à la France et à ses occupations. Si elle lui a demandé de venir faire l'éducation de son fils, c'est qu'elle professe pour lui la plus vive admiration. Elle renonce donc à son projet. « Ah! vous le savés, ma reconnaissance n'est pas celle des âmes ordinaires, mais dans ce cas-ci je serais effraié de sa grandeur, non que je voulusse la sentir, mais de ce que je ne pourrai jamais l'acquitter. Je ne puis écrire davantage ; dites tout ce qu'il manque, faites tout ce que je désire et du moins dites-vous que ma proposition, quelque terrible qu'elle me paraisse à présent, n'était pas dicté par l'égoïsme, mais par la sensibilité, et que la manière dont vous la reçutes doit enrichir votre âme d'un bien beau souvenir. Je suis accablé de maux de nerfs. Ah! vous savés que j'ai une âme qui tue mon corps. Je vous embrasse, cher et respectable ami ; je vous aimerai toujours... »

✛ 2115 ✛ **SCHOPENHAUER** (Johanna Trosina, dame), femme de lettres, d'un esprit supérieur, mère du célèbre philosophe, amie de Gœthe, avec lequel elle entretint une active et très intéressante correspondance, n. 1766, m. à Iéna, 1838.

L. A. S. à M. Wendelstedt, à Francfort ; Bonn, 30 juin (1836), 1 p. in-4. Très jolie pièce. — P.

Très belle lettre où elle le prie de donner asile à son tableau de Paul Véronèse, que la direction du musée de Francfort a refusé de recevoir, parce que l'envoi ayant été fait trop tard, on n'avait pu en constater l'authenticité. Elle rappelle que ce tableau a été estimé à Londres cinq cents livres sterling.

✛ 2116 ✛ **CORDAY D'ARMONT** (Marianne-Charlotte), arrière-petite-nièce du grand Corneille, fameuse par l'assassinat qu'elle commit sur Marat (15 juillet 1793), n. à Saint-Saturnin (Orne), 27 juillet 1768, décapitée à Paris le 17 juillet 1793.

L. A. S. à M. Alain, négociant, à Paris ; abbaye Sainte-Trinité de Caen, 30 septembre 1789, 1 p. in-4. Très belle pièce. — (Les lettres de Charlotte Corday sont très difficiles à rencontrer.)

Précieux autographe. Elle le prie de lui renvoyer une lettre de change payable à Caen. « J'en suis très pressée. Madame l'abesse m'a chargé de vous remercier des ofre que vous lui avés faite relativement aux glaces ; elle ne veut point emprunter cette année. Ainsi ne les ayés pas. De plus elle ne fera pas faire le lit de M. le Marquis. Par conséquend elle vous prie de ne pas faire le bois, comme cela était convenu. »

✛ 2117 ✛ **VARNHAGEN VON ENSE** (Rahel-Antonie-Friederike Levin, femme), épouse du célèbre écrivain, femme supérieure, qui exerça une grande influence sur son milieu littéraire, n. à Berlin, juin 1771, m. dans la même ville, 7 mars 1833.

L. A. S. à madame de Bardeleben ; mercredi 30 mai 1832, 2 p. 1/4 petit in-4. — P.

Curieuse épitre relative à des circonstances intimes concernant madame de Bardeleben.

✦ 2118 ✦ **SOMBREUIL** (Marie-Maurille Virot de), fille du comte de Sombreuil, gouverneur de l'hôtel des Invalides, dont elle parvint par son héroïque conduite à sauver la vie pendant les massacres de septembre, comtesse de Villelume, n. au château de Leichoisier, près de Limoges (Haute-Vienne), 1774, m. à Avignon, 15 mai 1823.

L. A. S. à M. Quidant, secrétaire-archiviste de l'hôtel des Invalides; Avignon, 7 mars 1822, 3/4 de p. in-4. Jolie pièce.

Elle lui annonce que le portrait dont il a besoin pour un ouvrage, dont il prépare la publication, lui sera prêté par madame d'Annony. Détails intimes.

✦ 2119 ✦ **TALLIEN** (Jeanne-Marie-Ignace-Thérèse de Cabarrus, femme), marquise de Fontenay, puis épouse du fameux conventionnel J.-L. Tallien, la reine de la réaction thermidorienne, princesse de Chimay, n. à Saragosse vers 1775, m. au château de Chimay, 15 janvier 1835.

1° L. A. S. à Jullien de Paris ; 24 germinal an II (13 avril 1794), 3/4 de p. in-4. Belle pièce. — P.

Belle lettre signée *Theresia-Cabarrus Fontenay.* Elle exprime son regret de ne pas l'avoir vu. Elle lui transmet une adresse dont son discours du Temple lui a donné l'idée.

2° L. A. S. au citoyen...; Paris, 7 thermidor an VI (25 juillet 1798), 1 p. 1/4 in-8. Très jolie pièce.

Intéressante lettre signée *Theresia Cabarrus Tallien* et relative à la terre du Boulay, provenant de son premier mari.

« J'ignore, citoyen, les arrangements que le citoyen Fontenay prit lors de l'acquisition de la terre du Boulay, mais ce que je sais très positivement, c'est que cette terre ne m'as jamais été cédée en reprise de ma dot et qu'elle n'étoit plus même en puissance du citoyen Fontenay, parce que les créanciers d'Héricourt avoient profitté du droit de remeray. Je suis étonnée, citoyen, que ce procès, qui est encore en suspend, ne vous soit point connu. Si vous vouliés avoir de plus grands renseignements, vous pouvés vous adresser sur les lieux et vous aurés la conviction que les créanciers l'ont vendue à deux personnes depuis qu'ils l'ont reprise au citoyen Fontenay... »

3° L. A. S. à Jacques Laffitte (le célèbre banquier); 28 mai 1819, 3/4 de p. in-4. Très jolie pièce.

Jolie lettre, signée *C. princesse de Chimay.* Elle lui recommande un père de famille. « Je n'ai pas l'amour propre de penser, Monsieur, que quelques mots tracés par ma main puissent vous déterminer à exaucer les vœux du père de famille dont j'ai l'honneur de vous envoyer la requête; mais il m'a demandé, ainsi que M. Tallien, de joindre une prière aux leurs et je n'ai jamais sçu refuser une démarche, lors même que je n'en espérois aucun succès. Seulement comme je crois à votre bonté et qu'il s'agit d'un père de famille qui pourroit justifier la grace que vous lui accorderiés, je crains moins de recevoir un refus et je suis convaincue que s'il vous est dicté par l'impérieuse nécessité, vous m'excuserés de vous avoir importuné. » (Le style de cette lettre peint bien son auteur.)

✦ 2120 ✦ RÉCAMIER (Jeanne-Françoise-Julie-Adélaïde BERNARD, femme), la reine de l'Abbaye-aux-Bois, célèbre par sa beauté et par ses illustres amitiés, n. à Lyon, 4 décembre 1777, m. à Paris, 11 mai 1849. Elle tint jusqu'à sa mort une véritable cour, dont Chateaubriand et Ballanche furent les fidèles habitués.

L. A. S. à mademoiselle Laure Goyran, 2 p. 1/2 in-8. Légère déchirure. Très intéressante et très rare pièce datant de sa jeunesse. — P. de David d'Angers.

Très jolie lettre, de sa jeunesse. Elle la remercie de son bon souvenir. « Vous ne pouviez, ma chère Laure, me donner une preuve d'amitié plus agréable que de me procurer le plaisir de recevoir votre lettre. Je suis charmée que vous soyez arivée au terme de votre voyage sans accidents. Vous avez dû être reçue avec bien de la satisfaction et en éprouver beaucoup vous même. Je ne suis pas étonnée que les premiers moments ait été consacré à votre famille. J'aurois pu craindre qu'ils n'éloignassent de votre souvenir les personnes que vous avez connu ici. Votre lettre m'a rassurée et la mienne vous prouvera, j'espère, que je n'ai point oublié les moments que j'ai passés avec vous. Ils m'ont laissés des souvenirs bien agréable et un désir bien vif de les voir renaitre. Je voudrois bien réaliser le désir en faisant le voyage dont vous me parlez. Malheureusement il n'en ai point question. Ainsi il faut attendre du tems ou des circonstances le moment où je joindrois au plaisir de vous voir celui de faire connoissance avec Mesdemoiselles vos sœurs. Soyez auprès d'elle l'interprète du désir que j'en ai et recevez mes plus tendres amitiés. Rappellez-moi, je vous prie, au souvenir de M. Goyran et de madame votre mère. »

✦ 2121 ✦ RÉCAMIER (Jeanne-Françoise-Julie-Adélaïde BERNARD, femme).

1° L. A. S. de ses initiales à madame Darleus, à Plombières ; (Paris), 8 juillet 1817, 3 p. in-8.

Très intéressante lettre où elle s'excuse de ne pas être allée la voir ; elle a trop d'inquiétude de la santé de madame de Staël. « La situation de madame de Staël est toujours la même, sans dangers imédiat, mais sans espérance de guérison. Son imagination est aussi bien malade. Il est impossible de la voir sans être navré de son état. Elle ne voit plus que ses amis intimes et ne peut même pas les voir longtems de suite, mais, au milieu de toutes ses douleurs, elle conserve toujours la grâce de son esprit. Le soin de plaire dans une situation où il seroit si naturel de n'être occupé que de soi a quelque chose de si attendrissant qu'il est impossible de ne pas en être émue. Elle est soignée de la manière la plus touchante par tout

ce qui l'entoure et particulièrement par mademoiselle Bindake et madame de Broglie. » Jolis détails.

2° P. A. S., en italien, 1/2 p. in-8. Jolie pièce d'album, contenant quatre vers de Pétrarque.

Voici ces vers : « I di miei più leggier che nessun cervo — Fuggir com'ombra e non vider più bene — Ch'un batter d'occhio, e poche ore serene — Ch'amore e dolci nella mente servo. » Mes jours plus légers que n'est un cerf ont fui comme une ombre et n'ont pas vu plus de bien qu'un clin d'œil, et peu d'heures sereines dont je conserve avec amour le doux souvenir.

✦ 2122 ✦ ANGOULÊME (Marie-Thérèse-Charlotte de FRANCE, duchesse d'), fille de Louis XVI et de Marie-Antoinette, femme du duc d'Angoulême (1799), n. à Versailles, 19 novembre 1778, m. à Goritz (Autriche), 19 octobre 1851.

P. S., signée aussi par son mari LOUIS-ANTOINE DE BOURBON, DUC D'ANGOULÊME (fils de Charles X, dauphin de France, n. 1775, m. 1844) ; château de Mitau en Courlande, 11 mars 1800, 2 p. in-fol.

Très curieux document. Acte de baptême de Marie-Louise-Mathilde, fille jumelle d'Étienne-Charles, comte de Damas-Crux, maréchal de camp, premier gentilhomme de la chambre du duc d'Angoulême. Les parrain et marraine étaient le duc et la duchesse d'Angoulême. — La plupart des seigneurs de la cour émigrée ont signé cet acte : le duc et la duchesse de Sérent, le duc de Guiche, le duc d'Aumont, le duc de Pienne, le duc de Fleury, le comte de La Chapelle, le vicomte d'Agoult, le baron de Fersen, Agénor de Guiche, le cardinal de Montmorency, etc.

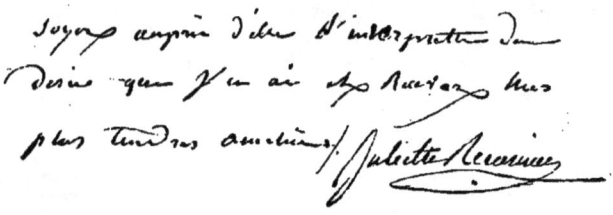

Numéro 2120.

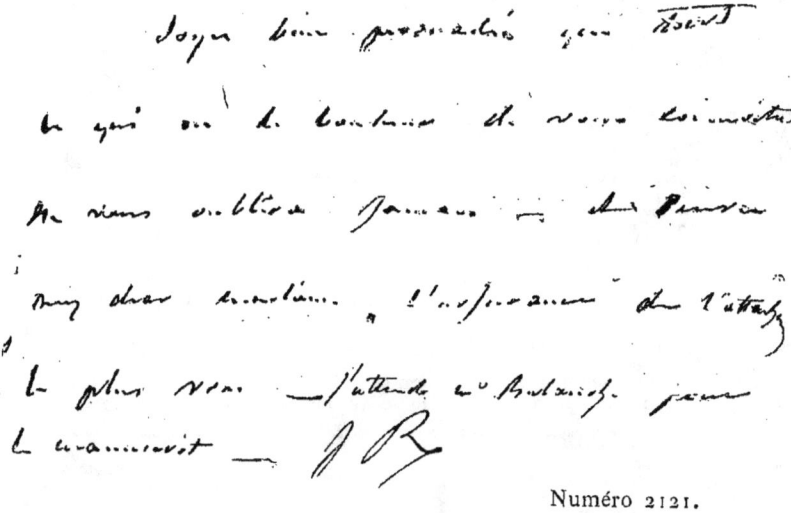

Numéro 2121.

✦ 2123 ✦ FERNIG (Théophile de), une des deux héroïnes qui ont été les aides de camp de Dumouriez pendant la campagne de Jemmapes, n. à Mortagne (Orne), 1779, m. 1818. Sa correspondance a été publiée par M. Honoré Bonhomme.

L. A. S. au général Dumouriez; Altona, 15 mars 1795, 3 p. in-4, cachet. (Coll. B. Fillon.)

Curieuse lettre, écrite au nom des deux sœurs et signée *Théophile et Félicité Fernig*, au général qu'elles appellent *digne et respectable père*. Elles se plaignent de son silence. « Dites-nous donc quel est la cause de votre cruel silence envers vos enfans infortunées? Pouriez-vous douter un moment de leur attachement inviolable pour vous... Ah! cher papa, reconnois-sez-les (vos enfants); ils sont toujours les mêmes que lorsqu'ils avoient le bonheur de combattre à vos côtés et lorsque vous les faisiés mourir mil fois quand votre trop grand courage vous faisoit oublier votre rang pour encourager vos soldats...»

✦ 2124 ✦ RÉMUSAT (Claire-Elisabeth-Jeanne de VERGENNES, comtesse de), dame du palais de l'impératrice Joséphine, auteur de piquants *Mémoires* sur la cour de Napoléon I, mère du célèbre philosophe, n. à Paris, 5 janvier 1780, m. dans la même ville, 16 décembre 1821. Son petit-fils a publié sa correspondance.

L. A. à son mari (le comte Auguste-Laurent de Rémusat, premier chambellan de l'empereur Napoléon I, n. 1762, m. 1823); (vers 1805), 1 p. 1/4 in-8, papier à entourages gaufrés. Jolie pièce.

Délicieuse épître intime. Elle l'assure de sa tendre affection. Elle est bien à la campagne et serait tout à fait heureuse s'il était près d'elle. Le repos lui fait oublier tout le mouvement de la cour et elle a peine à se rappeler Saint-Cloud. « Charles (son fils) est beau et gentil. Je lui ai donné ce matin sa première leçon de latin et nous avons décliné Musa en pensant à vous. »

✦ 2125 ✦ RÉMUSAT (Claire-Elisabeth-Jeanne de VERGENNES, comtesse de).

L. A. S. (au duc Mathieu de Montmorency); Lille, 16 août, 1 p. 1/2 in-8. *Rare. (Coll. Villenave.)*

Très belle lettre sur la fondation à Lille d'un établissement de dames de charité pour soigner les malades et donner de pieuses instructions aux enfants. Elle sollicite le concours de Mathieu de Montmorency. Intéressants détails à ce sujet.

✦ 2126 ✦ FRY (Elisabeth), célèbre quakeresse, qui eut une grande influence sur les esprits de son temps, surnommée *l'Ange de la charité*, n. 1780, m. 12 octobre 1845.

L. A. S. à la marquise Colbert de Barol; Londres, 6 décembre 1820, 2 p. 1/2 in-4. Très belle et curieuse pièce. *(Coll. de la marquise de Barol avec notice autographe de Silvio Pellico.)* — P.

Superbe lettre. Suivant l'usage des Quakers elle tutoye sa correspondante qu'elle ne connait pas. Elle a été très satisfaite du rapport que lui a fait son frère Cunningham sur la prison que dirige la marquise. Elle est sûre qu'elle a trouvé moyen de traiter les prisonnières avec bonté, non avec sévérité. Elle trouve que ces pauvres femmes sont faciles à conduire, mais très difficiles à mener de force. Elle lui conseille d'engager le gouvernement à les séparer des hommes, à leur donner une matrone pour les diriger et même à leur remettre une partie du produit de leur travail pour les encourager à se bien conduire.

Numéro 2124.

Numéro 2125.

✦ 2127 ✦ **LA VALLETTE** (Emilie-Louise de Beauharnais, comtesse de), nièce de l'impératrice Joséphine, femme du directeur général des postes, qui s'illustra par le dévouement avec lequel elle sauva son mari condamné à mort en 1815, n. vers 1780, m. en juin 1855. Cette héroïque femme avait perdu la raison en 1816.

L. A. S. à une amie; 21 thermidor, 4 p. in-8, papier à entourages gaufrés. *(Coll. Dubrunfaut.)*

Elle parle du voyage qu'elle vient de faire de Plombières à Paris avec son mari et des réceptions qu'ils ont eues à Épinal, à Nancy et à Bar. « Lavallette se propose de changer de logement et je vous dirai que je ferai en sorte d'en avoir un autre dans le faubourg Poissonnière. Je n'ai pas oubliée que c'est celui où vous demeurez et je serai bien aise d'être bien près de vous. Nous jouerons ensemble de la guitare; vous ferez mon portrait... »

✦ 2128 ✦ **ARNIM** (Elizabeth Brentano, dite Bettina von), femme du poète Ludwig Achim von Arnim, amie de Gœthe, avec lequel elle entretint une correspondance, n. à Francfort-sur-le-Mein, 4 avril 1785, m. à Berlin, 20 janvier 1859.

L. A. S. à M. de Hardegy; 10 août 1842, 3 p. in-8. Très jolie et très intéressante pièce. — P.

Elle parle de la mort récente de son frère le poète Clemens Brentano, et entre dans des considérations philosophiques.

✦ 2129 ✦ **LAMARTINE** (Marie-Anne-Elisa Birch), femme de l'illustre poète lyrique (1821), n. 1795, m. à Paris, 21 mai 1863.

L. A. S., écrite et signée au nom de son mari, à Gilbert Duprez (le célèbre chanteur), 1 p. in-8. — P.

Charmante épître dans laquelle elle l'invite, ainsi que sa femme, à une soirée.

✦ 2130 ✦ **BROGLIE** (Albertine-Ida-Gustavine de Stael, duchesse de), fille de la baronne de Staël, femme de l'homme d'État, dont le salon réunit tous les beaux esprits de la Restauration, n. à Paris, 1797, m. dans la même ville, septembre 1838.

L. A. S. au comte...; (Paris), 25 avril, 1 p. in-4. Jolie et intéressante pièce.

Belle lettre dans laquelle la duchesse lui mande que son mari ne pourra se rendre au rendez-vous convenu, à cause d'un mal à la gorge et d'une congestion qui l'obligent au repos.

✛ 2131 ✛ BERRY (Marie-Caroline de BOURBON, duchesse de), fille du roi des Deux-Siciles François I, femme du duc de Berry (1816), mère du comte de Chambord, n. à Naples, 5 novembre 1798, m. à Brunsée (Styrie), 17 avril 1870.

L. A. S. de ses initiales au comte de Chazelles; 21 mars 1832, 3 p. 1/2 in-4. Superbe pièce.

Précieux document historique. Écrit à l'encre sympathique, il fut envoyé à un fidèle serviteur; pour les yeux profanes, ce n'était qu'une lettre banale, signée d'un nom inconnu, François, mais lorsque le feu eut fait revivre les caractères, on put voir sur les deux premières pages une lettre de la duchesse, portant ses instructions et ses ordres pour préparer sa fameuse expédition de Vendée. Sur les deux autres feuillets est sa proclamation aux Français, qu'elle chargeait le comte de Chazelles de faire imprimer et de répandre dans le royaume. Voici le commencement de cette proclamation : « Français, la veuve du duc de Berry, la mère de Henri V, est au milieu de vous ; elle n'est point suivie des armées étrangères, mais seule, se confiant à l'amour des Français et ne voulant devoir qu'à leurs propres efforts le rétablissement de l'autorité légitime. Si des événements de funeste mémoire ont ébranlé le trône de vos Rois, ils n'ont pas banni de vos cœurs le souvenir de cette légitimité qui assura pendant tant de siècles la gloire et la prospérité de la France, de cette légitimité, fruit de l'expérience et du temps qui n'a point été instituée dans l'intérêt d'un seul, mais pour le repos et le bonheur de tous... »

✛ 2132 ✛ GUICCIOLI (Teresa, comtesse), la célèbre amie de lord Byron, comtesse de Boissy (1851), n. 1800.

L. A. S. au chevalier J.-B. Heath, consul de Sardaigne à Londres (célèbre amateur d'autographes); Ravenne, 23 mars 1833, 3 p. 1/2 in-4, cachet. — P.

Relative à des questions d'argent et à ses affaires. Longs et intéressants détails à ce sujet.

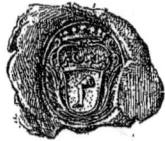

✛ 2133 ✛ BONAPARTE (Charlotte), fille du roi Joseph, femme du frère aîné de Napoléon III, célèbre par l'amour qu'elle inspira au peintre Léopold Robert, n. à Paris, 31 octobre 1802, m. à Sarzane, 2 mars 1839.

L. A. S. au comte de Saint-Leu (Louis Bonaparte, son oncle et son beau-père) ; à Florence ; Monte-Catini, 7 juillet, 2 p. in-8, cachet. — Rare.

Elle le remercie du cadeau qu'il lui a envoyé. « Cardini m'a remis la jolie bague que je porte avec bien du plaisir et tout le monde l'a trouvée ici du meilleur goût. » Elle annonce l'arrivée de son oncle Jérôme. Elle continue à prendre ses bains.

✛ 2134 ✛ HUGO (Adèle FOUCHER), femme de l'illustre poète Victor Hugo (1822), biographe de son mari, n. à Paris, 1803, m. à Bruxelles, 28 août 1868.

L. A. S. à Ulric Guttinguer (poète, né à Rouen en 1784, mort en 1866), à Saint-Germain en Laye; (Paris), 14 mai (1839), 1 p. 1/2 in-8. Jolie pièce.

Elle le remercie de ses témoignages d'amitié. Elle a été malade de la fièvre et elle a dû garder le lit pendant cinq ou six jours. « Aussitôt que je serai bien, j'irai vous voir, causer de notre passé et me retremper près d'un vieil ami comme vous. Je compte aussi me promener dans votre bois, qui est aussi une ancienne connaissance pour moi... »

✛ 2135 ✛ **BELGIOJOSO** (Cristina Trivulzio, princesse), célèbre femme de lettres italienne, une des héroïnes de la lutte pour l'indépendance de son pays, n. 28 juin 1808, m. à Milan, 5 juillet 1871.

L. A. S., en français, à un de ses amis; Locate, 23 janvier 1845, 8 p. in-4. (*Coll. Dubrunfaut.*)

Très intéressante lettre sur les bonnes œuvres qu'elle avait fondées. Elle a distribué aux malheureux près de trente mille soupes. « Mes écoles vont bien et j'en ai ajouté une de chant d'après la méthode de M. et madame Chevé. C'est moi qui suis le professeur, et vous aimeriez à voir comment tous ces jeunes gens s'y prennent pour me satisfaire. » Elle lui fait part de ses nouveaux projets, une caisse d'épargne pour les paysans et une imprimerie. Longs et curieux détails.

✛ 2136 ✛ **ORLÉANS** (Hélène-Louise-Elisabeth de Mecklembourg-Schwerin, duchesse d'), femme de Ferdinand, duc d'Orléans, fils aîné du roi Louis-Philippe (1837), mère du comte de Paris, veuve en 1842, n. à Ludwigslust (Allemagne), 24 janvier 1814, m. au château de Richmond (Angleterre), 18 mai 1858.

L. A. S. d'une de ses initiales (à madame Nancy de Bontems Salomon); (31 juillet 1846), 2 p. in-8.

Très belle lettre sur l'attentat commis le 29 juillet contre Louis-Philippe. Elle ne doute pas de sa sympathie. « On ne peut sonder l'abyme! On frémit en songeant à l'affreux malheur qui nous a menacé encore! Hélas! que Dieu est bon et que nous sommes légers de ne pas songer constamment à cette main qui nous garde. Quel déchirement, quel retour sur le passé, quels effrois! Vous les devinez tous! »

✛ 2137 ✛ **BONAPARTE** (Mathilde-Lætitia-Wilhelmine), fille du roi Jérôme, comtesse Demidoff, aquarelliste distinguée, qui tient à Paris un salon littéraire et artistique renommé, n. à Trieste, 27 mai 1820.

L. A. S. à un ami; (Paris), jeudi, 1 p. 1/4 in-8, papier à son chiffre. Très jolie pièce.

Charmante épître dans laquelle la princesse approuve en termes très sympathiques le programme d'un concert. Détails intéressants à ce sujet.

FIN DE LA

DIXIÈME SÉRIE

TABLE

DES SÉRIES VII VIII IX ET X

Paris. — Imprimeries réunies, C, rue du Four, 54 bis. — 3591.

LETTRES

AUTOGRAPHES

COMPOSANT LA COLLECTION

DE M.

ALFRED BOVET

LETTRES
AUTOGRAPHES

COMPOSANT LA COLLECTION DE M.

ALFRED BOVET

DÉCRITES PAR

ÉTIENNE CHARAVAY

OUVRAGE IMPRIMÉ SOUS LA DIRECTION DE

FERNAND CALMETTES

PARIS. LIBRAIRIE CHARAVAY FRÈRES

4 Rue de Furstenberg

1885

www.ingramcontent.com/pod-product-compliance
Lightning Source LLC
Chambersburg PA
CBHW071632270326
41928CB00010B/1883